STORY
SUBSTANCE, STRUCTURE, STYLE, AND THE PRINCIPLES OF SCREENWRITING

ストーリー
ロバート・マッキーが教える物語の基本と原則

ロバート・マッキー
ROBERT McKEE
越前敏弥 訳

FILM ART
フィルムアート社

目次

［凡例］

▼本文中の映画作品について、初出時はその制作年を（ ）内に算用数字下二桁で示した。映画作品はすべて一九〇〇年代に制作されたものである。

▼〔 〕内は、訳者による補足説明である。

さまざまな形でストーリーへの愛を教えてくれたわが両親の幸せな思い出に本書を捧げる。

本が読めるようになったころ、ときおり感心できないふるまいに及ぶわたしに、父はイソップの寓話を勧めた。そうした昔の教訓話を読めば、態度がよくなると思ったのかもしれない。毎晩、「キツネとブドウ」などの物語をわたしがどうにか読み終えると、父はうなずいて「さあ、このお話はおまえにとってどんな意味があるかな、ロバート」と尋ねた。わたしは文章やきれいなカラーの挿絵を見つめながら、懸命に自分の解釈を見つけようとし、やがて少しずつ、物語というものはことばやきれいな絵だけでなく、もっとずっと多くを伝えていることに気づいた。

その後、大学へ進学するころ、わたしはゴルフ三昧ができれば最高の人生が送れると思い、歯科医になろうと考えた。「歯科医?!」母は笑い飛ばした。「何をとぼけたこと言ってるの。みんなが歯を全部治療しちゃったらどうする? そうしたら歯医者はどうなる? ねえ、ボビー、人にはいつだって気晴らしが必要なの。あなたの未来について考えたんだけど、ショービジネスの世界へ進むべきよ」

謝辞

真理に対する鋭い感覚、ぶれない編集眼、不要な語を徹底的に削る強い意志、的確な論理、楽観主義、着想、そして……深い愛。それらによってわたしを支えてくれた妻、スザンヌ・チャイルズに感謝している。粗削りな原稿に耐え、穴をふさぎ、不ぞろいなふちをやすりで磨き、物事は著者が意図したとおりに伝わらないこともあると賢明にも指摘をしてくれたことで、ジェス・マニー、ゲイル・マクナマラ、そして編集者のアンドリュー・アルバニーズに謝意を表する。これほどの優秀な仲間たちを持てたことは幸運だった。

エージェントが絶妙の機会を作ってくれなければ、この本の刊行は次世紀へと持ち越されていただろう。デブラ・ロッドマン、ありがとう。

出版社の粘り強さがなければ、エージェントのあと押しがあっても、やはり次世紀へと持ち越されていただろう。ジュディス・レーガン、ありがとう。

エヴァンズ研究助成財団、そしてミシガン大学で出会った人々の支援がなければ、わたしの人生はせばまっていただろう。ケネス・ロウ、ジョン・アーソス、ヒュー・ノートン、クラリベル・ベアード、ドナルド・ホール、そして、名前は忘れてしまったが、そのすばらしい指導で教えでわたしの基礎を築いてくれた教授たちすべてに、心からの感謝を捧げたい。

最後に、いちばん大切なのは、生徒たちへのお礼だ。長い年月をかけて、ストーリーの技術に対するわたしの理解が深まったのは、生徒たちからの質問によるところが大きい。鋭い考察に基づいた質問であれ、実践的な質問であれ、その答えを探ることで、さらに遠く深いところに到達することができた。きみたちなしには、この本は誕生しなかっただろう。

本書の概要

本書『ストーリー』で採りあげた何百という具体例は、この一世紀のあいだに世界じゅうで書かれた脚本や制作された映画から集めたものだ。最近のよく知られた作品から複数の例をあげるよう、可能なかぎりつとめた。だれもが観たことがあって、細部まで思い出せるような映画をいくつも選ぶのは至難の業なので、ビデオで簡単に入手できる作品が中心になっている。ただし、何よりも重視したのは、本文の内容を明確に例証できることであり、そういう作品ばかりを選んである。

第1部
脚本家とストーリーの技術

ストーリーとは生きるための素養である。
——ケネス・バーク

イントロダクション

本書で論じるのは**原則であって、ルールではない。**

ルールは「このようにしなくてはならない」と命じるが、原則は「こうすればうまくいく……そして、記憶に残るかぎりずっとそうだった」と示唆する。このちがいは重要だ。「出来のよい」作品を真似て書く必要はない。それよりも、われわれの芸術を形作る原則のなかで、よい出来であることをめざすべきだ。経験が浅く自信のない作家はルールに黙従し、訓練不足で反抗的な作家はルールに従わない。真の芸術家はうまく型を使いこなす。

本書で論じるのは**永遠に変わらない普遍的な型であって、公式ではない。**

商業的成功をおさめるための定型や、たやすく書けるストーリーの手本などという考えは、すべてばかげている。流行やリメイクや続編はあっても、ハリウッド映画全体を概観すれば、ストーリー設計は驚くほど多様で、手本などない。『ダイ・ハード』(88)がハリウッド映画の典型でないのと同様に、『バックマン家の人々』(89)、『ハリウッドにくちづけ』(90)、『ライオン・キング』(94)、『スパイナル・タップ』(84)、『運命の逆転』(90)、『危険な関係』(88)、『恋はデジャ・ブ』(93)、『リービング・ラスベガス』(95)も、笑劇から悲劇まで何十ものジャンルやサブジャンルに及ぶ何万という名作も、ハリウッド映画の典型というわけではない。

本書は、六つの大陸の観客を沸かせ、繰り返し上映・上演されて何十年も生きつづける作品を生み出すことをめざしている。ハリウッドの残り物をあたためなおす方法を記したレシピ本など、もうだれも求めていない。必要なのは、われわれの芸術の根底にある理論、才能を解き放つ指針となる原則を再発見することだ。映画が――ハリウッドであれ、パリであれ、香港であれ――どこで制作されようと、元型《アーキタイプ》としての質の高さを具えていれば、映画館から映画館へ、世代から世代へと、楽しみの連鎖反応を世界じゅうに果てしなく引き起こす。

本書で論じるのは**元型であって、紋切り型ではない**。

元型的なストーリーとは、人間の普遍的な経験をあらわにして、ある文化特有の表現で包んだものだ。紋切り型のストーリーとは、これとは逆の特徴を持つもので、内容も形式も貧しい。それは特定の文化に依存したせまい経験に閉じこもり、平凡で陳腐な一般論をまとっている。

たとえば、かつてスペインには、娘を歳の順に嫁がせなくてはならないという風習があった。きびしい家父長、無力な母親、結婚できない長女、苦しみつづける末娘といった十九世紀の家族を描いた映画は、スペインの文化圏でこの風習に親しんだ人たちの心を動かすかもしれないが、スペイン文化圏以外では観客の共感を得にくいだろう。かぎられた層にしか訴えないことを恐れる脚本家は、過去に観客が喜んだおなじみの設定、登場人物、出来事にばかり頼る。その結果、どうなるだろうか。そうした陳腐な展開では、なおさら共感を得られない。

一方、この抑圧的な風習は、芸術家が腕を振るって元型を追求すれば、この題材によって世界じゅうで成功をおさめうる。元型的なストーリーは、珍しい設定や登場人物を作りあげるので、われわれの目は細部までを味わいつくしたくなり、しだいに明らかにされる真に迫った人間の葛藤が、文化の壁を越えて心に訴える。

ラウラ・エスキヴェル原作の『赤い薔薇ソースの伝説』(92)では、束縛と独立、永続と変化、自己と他者をめぐって、母と娘が衝突する。これはどんな家族にも見られる確執だ。しかし、家庭と社会、人間関係と行動についてのエスキヴェルの観察がかつてないほどくわしく豊かなので、われわれはこれらの登場人物に無性に惹かれ、未知の世界、想像もつかない世界にすっかり魅せられる。

紋切り型のストーリーは停滞をともない、元型的なストーリーは旅をともなう。チャーリー・チャップリンからイングマール・ベルイマンまで、サタジット・レイからウディ・アレンまで、映画界の名匠たちは、われわれが求めるふたつの出会いを提供してくれる。第一は未知の世界の発見だ。身近な話であれ叙事詩的な壮大な話であれ、現代の出来事であれ歴史上の出来事であれ、現実であれファンタジーであれ、すぐれた芸術家の描く世界は、つねにどこか風変わりで新鮮なものだ。われわれは森のなかを進む探検家のように、目を瞠りつつ未踏の社会に足を踏み入れ、クリシェとは無縁な、日常が非日常と化した世界を進んでいく。

第二に、いったんこの新奇な世界にはいれば、われわれはそこに自分自身を発見する。登場人物やその心の葛藤の奥深くに、人間本来の姿が見つかるのだ。われわれが映画を観るのは、新しい魅力的な世界にはいりこみ、最初は自分とかけ離れて見えても根底では似かよった別の人間の生き方を重ね合わせるためであり、架空の世界の体験によって日常の現実を浮き彫りにするためだ。われわれは人生から逃避したいのではなく、人生を発見し、斬新で実験的な方法で頭を使い、感情をうまく解放し、楽しみ、学び、日々に深みを与えたいと願っている。わたしが本書『ストーリー』を書いたのは、元型的な力と美を具えた映画を数多く生み出して、ふたつの喜びでこの世界を満たすためである。

本書で論じるのは**綿密さであって、近道ではない。**

アイディアがひらめいた瞬間から最終稿に至るまで、脚本の執筆には、小説の執筆に劣らず長い時間がかかるものだ。脚本家も小説家も、密度の濃い世界、登場人物、ストーリーを作り出す点では同じだが、脚本の紙面には余白が多いので、脚本のほうが短時間で簡単に書けると誤解されやすい。ただの創作マニアはタイピングと同じ速さでページを埋めてしまうが、映画の脚本家は最小限のことばで最高の表現をつむぎ出したいという思いから、容赦なく無駄なものをそぎ落としていく。かのパスカルは、ある友人に長々と手紙を書いたあと、短い手紙を書く時間がなかったと追伸で詫びている。パスカルと同じく、簡潔さが肝要であること、それには時間がかかること、すぐれた作品を書くには粘り強さが必要であることを有能な脚本家は知っている。

本書で論じるのは**現実であって、執筆にまつわる種明かしではない。**

芸術の真理を隠しとおすための陰謀がめぐらされたことなど、かつて一度もない。アリストテレスが『詩学』を著してから二十三世紀ものあいだ、ストーリーを書く「秘訣」は町の図書館と同じくらい、あらゆる人々の手の届くところにあった。語りの技巧は難解でもなんでもない。それどころか、映画のストーリーの作り方は、一見簡単そうにも感じられる。だが、核心に迫るにつれて、シーンからシーンへとストーリーをうまく展開させるのはむずかしくなり、スクリーンにはまったく隠れ場所がないことに気づく。

小説家であれば語り手の声、劇作家であれば独白という手立てを使えるが、脚本家の場合、演じられる場面だけで観客の心を動かさなくてはならず、ことばの陰に隠れることができない。論理の穴や染みだらけの動機、色あせた感情を、説明や形容の表現で滑らかに覆って、どう考えるべきか、どう感じるべきかをただ「示す」わけにはいかないのである。

カメラはあらゆる見せかけを暴く恐ろしいレントゲン装置だ。人生を何倍にも拡大して、ストーリーの弱点や偽りをすべてさらけ出すので、書く側は混乱と落胆のあまり逃げ出したくなる。それでも、強い意志を持って研究をつづければ、やがて答えが見つかる。脚本の執筆は不思議なことだらけだが、解けない謎ではない。

本書で論じるのは**技術の習得であって、市場の予測ではない。**

何が売れて何が売れないのか、何が大あたりして何が大失敗になるのかは、だれも教えることができない。そんなことはだれにもわからないからだ。ヒット作と同じ興行予測に基づいて作ったハリウッド映画が大失敗することもあれば、金儲けの禁則リストに並んでいるかのような陰鬱な作品──『普通の人々』(80)、『偶然の旅行者』(88)、『トレインスポッティング』(96)──が国内外で静かなヒットを呼ぶこともある。この世界に成功が約束されたものはない。だからこそ、あまりに多くの人々が「参入すべきか」、「成功するかどうか」、「作品の内容に干渉を受けるか」をめぐって頭を悩ませる。

こうした懸念に対する率直で都会的な答えは、まずはエージェントを見つけて作品を売りこみ、それが忠実に映像化されるのを見届けることだが、それは良質の作品が書けたらの話であり、まずはそんな作品を書くことを考えよう。前年のヒット作のコピーを作っていては、毎年ハリウッドを月並みなストーリーで満たす凡庸な作家たちの仲間入りをするだけだ。売れるかどうかで頭を悩ますのではなく、そのエネルギーをすぐれた作品の創作につぎこむべきだ。才気あふれる独創的な脚本を見せることができれば、エージェントはこぞって契約しようとするだろう。その後、あなたが雇ったエージェントが、ストーリーに飢えた制作者たちのあいだで争奪戦を巻き起こし、勝者から信じられないほどの大金が転がりこむ。

さらに、いったん制作にはいれば、完成された脚本への干渉は驚くほど少なくなる。組む相手に恵まれず、良質な作品が台なしになる可能性はゼロではないが、ハリウッドで有数の演技力や演出力の持ち主なら、自分のキャリアがすぐれた脚本をうまく生かすことにかかっていると理解しているにちがいない。とはいえ、ストーリーを貪欲に求めるハリウッドが、熟する前に脚本を摘みとって、撮影現場で修正を強いることも少なくない。賢明な脚本家であれば、原案の段階で売ったりはしない。辛抱強くリライトを重ねて、監督や俳優がそのまま使えるレベルにまで質を高めていく。未完成の作品は改竄を招きうるが、磨きあげられた完成度の高い作品は手を入れる余地がない。

本書で論じるのは**観客へのリスペクトであって、侮蔑ではない。**

才能ある脚本家の作品が不出来であるとき、その原因はふたつのどちらかであることが多い。自分の力を証明しなければと思いつめているか、表現したい気持ちが強すぎるかだ。一方、才能ある脚本家の作品の出来がよいのは、観客の心を動かしたい思いが原動力となっている場合が多い。

長年にわたる演技や演出を通して、わたしは夜ごと、観客とその反応力に畏敬の念をいだいてきた。魔法にかけられたように仮面が剥がれ、傷つきやすく感受性豊かな顔を見せる。映画ファンは自分の感情を隠したりしない。それどころか、恋人にすら見せないような形で語り手に心を開き、笑い、涙、恐怖、怒り、同情、情熱、愛、憎しみを喜んで受け入れる——その儀式のせいで疲れ果ててしまうこともある。

観客は驚くほど感受性が豊かであるだけでなく、照明の落とされた映画館や劇場に腰を据えるや、IQが二十五も跳ねあがる。映画を観ていると、スクリーンに映っている物事をじれったく感じることはないだろうか。あるいは、登場人物が実際に動くよりも先に何をするか予想がついたり、かなり前に結末がわかったりしないだろうか。観客はただ頭がよいどころか、ほとんどの映画よりも賢明だが、スクリーンの向こうの作り手の側へ移動しても、その事実は変わらない。脚本家にできるのは、自分が習得した技巧を余すことなく使い、集中した観客の鋭い知覚の一歩先を行くことだけだ。

観客の反応や期待を理解していなければ、どんな映画も成功させることができない。ストーリーは書き手の思いを表現しつつ、観客の望みを満たすことも考えて書かなくてはならない。ストーリー設計において、観客はほかのどの要素にも劣らない重みを持つ。観客がいなければ、創作そのものが意味を持たない。

本書で論じるのは**独創性であって、模倣ではない**。

独創性とは内容と形式が融合したもの――独自に選んだ題材に、独自の語り口を加えたもの――である。内容（舞台設定、登場人物、アイディア）と形式（出来事の選び方と並べ方）は、互いを必要とし、互いに刺激し、影響し合う。書き手は一方の手に内容、もう一方の手に形式の技術を携えて、ストーリーを彫りあげる。ストーリーの内容に手を加えるにつれ、語りはみずから形を変える。ストーリーの形をいじるうちに、知的にも感情的にも進化していく。

何を語るかだけでなく、どのように語るかも大切だ。内容が陳腐なら、語りも陳腐になるが、深遠で独創的な考えがあれば、ストーリー設計も独特なものになる。逆に、語りが型どおりで意外性に欠ければ、ありふれた行動を演じる紋切り型の役柄が必要になるが、ストーリー設計が斬新であれば、それに応じて舞台設定、登場人物、アイディアも同じように斬新でなくてはならない。内容に合うように語りの形を決め、ストーリー設計を支えるために内容を練りなおすべきだ。

ただし、奇抜さと独創性を取りちがえてはいけない。商業的必要性に隷従するのに劣らず、差別化のための差別化はむなしいものだ。何カ月も、おそらくは何年もかけて事実や記憶や想像力を掻き集めて、ストーリーの題材の宝庫を築いてきた真摯な脚本家なら、自分の考えを無理やり公式に押しこめたり、前衛的な断片へと矮小化したりはしない。「よくできた」公式がストーリーの声を詰まらせることがある一方、「芸術映画」の奇矯さは声を完全に殺してしまう。子供がおもしろ半分に物を壊し、注意を引こうとして癇癪を起こすように、スクリーン上で幼稚な仕掛けを使って「見て、見て！」と叫ぶような映画の作り手があまりにも多すぎる。成熟した芸術家はけっして自分に注目を集めようとはしないし、賢明な芸術家は固定観念を破るためだけに何かをすることはない。

ホートン・フート、ロバート・アルトマン、ジョン・カサヴェテス、プレストン・スタージェス、フランソワ・トリュフォー、イングマール・ベルイマンといった巨匠たちの映画はきわめて独創性が高く、三ページのあらすじを読めばＤＮＡ鑑定並みの正確さで作り手を特定できる。すぐれた脚本家は、その人独特の語りのスタイルを持ち、それは本人の思考のあり方と切り離せないばかりか、深い意味において思考そのものとなっている。形式上の選択――主人公の数、展開のリズム、葛藤の程度、時間の配分など――は、内容上の大きな選択――舞台設定、人物造形、アイディアなど――と互いに作用したり衝突したりしながら、やがてすべての要素が溶け合って、唯一無二の脚本となる。

だが、映画の内容をひとまず脇へやり、出来事が起こるパターンだけを検討すれば、歌詞のないメロディー、実体のないシルエットのように、ストーリー設計そのものに大きな意味があることがわかるだろう。どんな出来事を選んでどう並べるかは、個人、政治、環境、心理など、あらゆるレベルにおいての現実の結びつき方を示す隠喩にほかならない。人物像や所在地といった表面の皮を取り除くと、ストーリーの構造は作り手の内的宇宙をあらわにし、この世で物事がなぜ、どのように起こるのか、その根底にある法則や誘因についての作り手の考え方、言い換えれば、人生の秩序についての脳内地図が見えてくる。

あなたのヒーローがだれであれ――ウディ・アレン、デヴィッド・マメット、クエンティン・タランティーノ、ルース・プラワー・ジャブヴァーラ、オリバー・ストーン、ウィリアム・ゴールドマン、チャン・イーモウ、ノーラ・エフロン、スパイク・リー、スタンリー・キューブリックのどれであれ――すばらしいと感じるのは、みな唯一無二の存在だからだ。彼らがおおぜいのなかから頭角を現したのは、ほかのだれも選ばない内容を選び、ほかのだれも考えつかない形式を考え出し、そのふたつを組み合わせて、まぎれもない独自のスタイルを作りあげたからだ。あなたにもぜひそうなってもらいたい。

ただし、能力や技術だけを求めているのではない。わたしはすばらしい映画に飢えている。この二十年というもの、多くのすぐれた映画や、少数のきわめてすぐれた映画を観てきたが、圧倒されるほどの力と美を具えた映画に出会ったことはほとんどない。ひょっとすると、それはわたし自身の問題で、ただ飽きてきただけかもしれない。いや、やはりちがう。まだ飽きていない。いまでも芸術が人生を変えてくれると信じている。だが、想像の世界にどんな音楽があるにせよ、ストーリーというオーケストラのあらゆる楽器を鳴らすことができなければ、古い曲を口ずさむしかない。あなたが技巧をうまく使いこなし、人生についての独自の考えを思いのままに表現し、従来の常識にとらわれない斬新な内容、構成、スタイルを持った作品を生み出すことを願って、わたしは本書『ストーリー』を執筆した。

1　ストーリーの問題

ストーリーの衰退

地球上のある一日を思い浮かべてもらいたい。数々の小説のページがめくられ、戯曲が演じられ、映画が上映され、テレビでコメディやシリアスドラマが延々と放送され、新聞やテレビのニュースが二十四時間報じられ、お話がベッドで子供たちに語られ、バーで自慢話が叫ばれ、インターネットでゴシップが拡散される。このように、人々はストーリーを求めてやまない。ストーリーはきわめて多くを生む形式であるばかりか、われわれが目覚めているあいだのあらゆる活動――仕事、遊び、食事、運動など――と肩を並べるものだ。ストーリーを語ったり聞いたりに睡眠と同じくらいの時間を費やし、眠っているときでさえ夢を見る。なぜだろうか。いったいなぜ、そんなにも長くストーリーのなかで過ごすのだろうか。批評家のケネス・バークは、ストーリーとは生きるための素養であると説明する。

来る日も来る日も、われわれはアリストテレスが『詩学』で呈した永遠の疑問――人間はどう生きるべきか――の答えを探し求める。だが、夢の実現に向けて準備をはじめ、アイディアと情熱を融合し、願望を現実に変えようと奮闘するあいだに、答えはするりと身をかわし、あわただしい時間の靄の向こうに隠れてしまう。われわれは危険に満ちた乗り物に運ばれて、時に流されていく。引き返して人生のパターンや意味をつかもうとしても、それらはゲシュタルト理論のように反転し、深刻なものは滑稽に、静かなものは激しく、意義深いものは無意味になる。世の重大な出来事は自分の手に余り、個人的な出来事の舵とりをしようと試みても、支配されてしまうことが少なくない。

これまで人類は、アリストテレスの問いかけへの答えを四つの知恵——哲学、科学、宗教、芸術——に求め、それぞれから得たものを結びつけることによって、人生の意味を洞察してきた。しかし、今日、試験勉強のためでもないのに、ヘーゲルやカントを読む者がいるだろうか。かつて偉大な解説者だった科学は、いまでは人生をかえって複雑で難解なものにしている。では、経済学者や社会学者や政治家のことばに素直に耳を傾ける者がいるだろうか。宗教にしても、もはや多くの人にとって偽善を取りつくろう形だけの儀式と成り果てている。従来のイデオロギーに対する信頼が薄らぐにつれ、われわれはいまなお信じることができるストーリーという芸術に頼るようになる。

映画、小説、演劇、テレビが大量かつ貪欲に消費されるようになった今日の世界で、ストーリーは生きるヒントを得るための重要な源となった。混乱を秩序へ変え、人生についての深い知恵を与えてくれるからだ。われわれがストーリーを求めるのは、単に知的充足を欲しているからではなく、さまざまな生き方のパターンをきわめて個人的、感情的な体験として習得したいと強く感じているからだ。劇作家のジャン・アヌイのことばを借りれば、「フィクションは人生に形を与える」のである。

人生の探求というより、単なるエンターテインメントとして、人生からの逃避としてストーリーを求めているにすぎないと考える人もいる。では、エンターテインメントとはいったい何なのか。「エンターテイン（楽しませる）」とは、知性と感情が満たされる結末まで、ストーリーという儀式にどっぷりと浸らせることだ。映画の観客にとってのエンターテインメントとは、暗闇にすわってスクリーンに集中し、ストーリーが意味するものを体験する儀式である。その過程で感情は強く、ときに痛々しいまでに掻き立てられ、意味の深まりとともにこの上ない充足感で満たされる。『ゴーストバスターズ』（84）でのヒッタイトの破壊神に対する退治側の勝利であれ、『シャイン』（96）での心のなかの魔物が示す複雑な決意であれ、『赤い砂漠』（64）での人格の統合であれ、『カンバセーション…盗聴…』（74）での人格の崩壊であれ、良質の映画や小説や演劇は、感情的な意味を際立たせた人生の新たなモデルを示し、喜劇や悲劇のさまざまな色合いを通してわれわれを楽しませてくれる。どんな観客も映画館の入口で悩みを捨て、現実から逃避するものだという考えに甘んじるのは、芸術家としての責任を放棄した臆病な受け止め方だ。ストーリーは現実逃避ではなく、人が現実を探し求め、無秩序な人生に意味を見いだすための手段である。

だが、メディアの発達によって、国境や言語の壁を越えて何億もの人々にストーリーを届けられるようになったものの、全体としてのストーリーテリングの質は落ちてきている。すぐれた作品に出会うこともたまにあるが、われわれはたいていの場合、よいものを求めて新聞広告やビデオショップやテレビ番組表を探したにもかかわらず、小説を読みかけでほうり出したり、劇の幕間に抜け出したり、「でも映像は美しかった……」と自分を慰めながら映画館をあとにしたり、といった日々にうんざりしている。ストーリーの技術は衰退しつつある。アリストテレスが二千三百年前に述べたように、語りがおぼつかなくなれば、行き着く先は退廃である。

欠陥だらけのストーリーテリングでは、実体の代わりに派手な仕掛けを、真実の代わりに小手先の技を使わざるをえない。ストーリーが弱いと、観客の注意を引きつけようとして何百万ドルも投じた、これ見よがしの俗悪な作品ができあがる。ハリウッドでは映像がどんどん仰々しく、ヨーロッパでは装飾的になっている。俳優たちの動きはわざとらしく露骨で、暴力的になり、音楽や効果音はますます騒々しくなる。これらが相まって、全体としておぞましい映画が生まれる。率直で力強いストーリーテリングがなければ、文化は発達しない。けばけばしく中身のない疑似ストーリーばかりでは、社会は衰退する。人間の心や社会の薄汚れた片隅を澄みきった光で照らし出す、本物の風刺や悲喜劇がいまこそ必要だ。それがなければ、イェイツが警告したように「……中心はみずからを保つことができない」。

ハリウッドは毎年四百本から五百本の映画を制作し、配給している。これはほぼ一日一本のペースだ。中にはすぐれた作品もあるが、ほとんどが月並みかそれ以下だ。このように凡庸な作品ばかりだと、バビット〔シンクレア・ルイスの小説『バビット』に登場する俗物的な主人公〕のような無責任な制作者のせいにしたくなる。しかし、『ザ・プレイヤー』（92）の一シーンを思い出してもらいたい。ティム・ロビンス演じるハリウッドの映画制作会社の若手役員は、自分に敵が多いのは、毎年二万本を超える売りこみがありながら、映画化できるのがわずか十二本にすぎないからだと釈明する。これはまちがっていない。大手映画制作会社のストーリー部では、すぐれたストーリーを求めて、何千、何万もの脚本、プロット、小説、戯曲を検討する。いや、求めているのはむしろ、並み以上の映画にできそうな、まずまず出来のよい素材だと言うべきかもしれない。

一九九〇年代になって、ハリウッドが脚本にかける費用は年間五億ドルを超えたが、その四分の三は制作されることのない映画のオプション契約やリライトのために支払われた。五億ドルの投資と企画部門の膨大な労力をかけても、あの程度の作品を生み出すのがやっとだった。われわれの観てきた映画がここ数年で最高の脚本に基づいたものというのは、ちょっと信じがたい話である。

しかし、脚本家の多くはこうしたきびしい現実から目をそらし、ハリウッドが自分の才能をわかってくれないと思いこんで、その幻想の片隅にひっそり暮らしつづける。ごく一部の例外を除けば、埋もれたままの天才などというのはただの神話だ。一流の脚本家なら、制作に至らなくとも、オプション料はもらえる。良質のストーリーさえ書ければ、脚本家にとっては――過去も未来も――つねに売り手市場だ。ハリウッド映画は世界の市場を相手に年に何百本と制作されていて、今後もそれは変わるまい。そのほとんどが一般公開され、数週間上映されたのちに打ち切りとなって、幸いにも忘れ去られる。

それでもハリウッドが生き残り、繁栄してさえいるのは、ほとんど競争が存在しないからだ。以前はそうだったわけではない。ネオレアリスモの台頭からヌーヴェルヴァーグの全盛期に至るまで、北米の映画館にはヨーロッパのすぐれた映画作家たちの作品があふれ、ハリウッド映画の独占を阻んでいた。ところが、この四半世紀というもの、こうした作家の死や引退とともに、ヨーロッパ映画の質は徐々に落ちてきている。

近ごろ、ヨーロッパの映画の作り手たちは、観客を動員できないのは配給会社の陰謀だと主張する。だが、先人たち——ルノワール、ベルイマン、フェリーニ、ブニュエル、ワイダ、クルーゾー、アントニオーニ、レネ——の作品は世界じゅうで上映された。配給システムそのものは変わっていないし、ハリウッド以外の映画を観る人はおおぜいいて、忠実なファンも多い。配給会社を動かすものが、いまも昔も金であることに変わりはない。変化したのは、映画作家が前の世代のように力強いストーリーを語れないということだ。見栄えを重んじるインテリア・コーディネーターのように、一瞬だけ目を引く映画しか作れない。その結果、ヨーロッパの天才たちの嵐が去ったあとには、退屈な映画だらけの不毛地帯が残り、そこをハリウッドが埋めるという状況になっている。

一方、アジア映画はいまや北米だけでなく世界じゅうで上映され、無数の観客に感動と喜びを与えて、やすやすと国際的な注目を集めている。その理由はただひとつ——アジア映画の作り手は極上のストーリーを語るからだ。ハリウッド以外の映画の作り手たちは、配給会社を責めるのをやめて、東洋に目を向けるべきだ。そこにはストーリーを語る情熱と、それを美しく語る技巧を併せ持った芸術家たちがいる。

技巧の欠如

ストーリーという芸術は世界に大きな影響を及ぼす文化であり、中でも映画は最も強力な媒体である。世界の映画ファンは熱心だが、ストーリーに飢えてもいる。それはなぜだろうか。作り手の努力が足りないわけではない。全米脚本家組合の脚本登録サービスには、年間三万五千本以上のエントリーがある。これは登録数であり、全米で書かれる脚本の数はおそらく年に何十万本にものぼるだろうが、良質なものはごくわずかだ。理由はいろいろあるが、いちばん大きいのは、昨今の脚本家志望者が、技巧を学びもせずに、いきなり書きはじめることだ。

作曲を夢見る人が、はたしてこんなことをつぶやくだろうか──「交響曲はたくさん聴いた……ピアノも弾ける……よし、今週末に一曲作ってみよう」。そんなことはありえない。だが、脚本となると、まさにこんなふうに書きはじめる輩が多い──「映画は傑作も駄作もたくさん観た……国語の成績はAだったな……そろそろ休暇がはじまるし……」。

作曲がしたければ、音楽学校へ進んで理論と実践を学び、交響曲の勉強に力を入れるだろう。何年も努力を積み、知識と創造力を融合させ、自分を奮い立たせ、それからようやく作曲に乗り出す。すぐれた脚本を書くのは交響曲の作曲と同じくらいむずかしいが、それがわかっていない書き手があまりにも多い。ある意味では、シナリオのほうがむずかしいとも言える。作曲家が純粋に数学的な音符を使って楽譜を書くのに対し、脚本家は人間性というとらえどころのないものと向き合わなくてはならないからだ。

未熟な脚本家は経験だけを頼りに先を急ぐ。これまで歩んできた人生と観てきた映画さえあれば、何をどう語ったらいいかわかるはずだと考えているせいだ。しかし、これは経験というものを過大評価している。もちろん、逃げ隠れせずに真摯に生き、人生を深く味わってつぶさに観察するのは、脚本家にとって大切なことだ。とはいえ、それだけではじゅうぶんではない。ほとんどの脚本家にとって、読書や学習から得た知識は、本人の経験と同じかそれ以上の価値がある。経験がしっかり体得されていない場合はなおさらだ。鍵となるのは自己認識──人生経験そのものに加えて、人生に対するさまざまな反応を深く考察する力──である。

技術的なことについて言わせてもらうと、未熟な脚本家が技巧と思いこんでいるものは、それまでに出会った小説や映画や演劇から知らず識らず吸収したストーリーの諸要素にすぎない。そして、それまでの読書や鑑賞から作りあげたモデルに照らし合わせて、試行錯誤しながら書いているわけだ。訓練を受けていない書き手はそれを「直感」と呼ぶが、実は単なる癖でしかなく、むしろ大きな妨げになっている。彼らは頭のなかの手本を真似るか、自分が前衛作家だと思いこんで、それに抗う。けれども、無意識のうちに繰り返して根づいたものに、気まぐれに頼ったり刃向かったりしても、そんなものはとうてい技術とは言えず、さまざまな商業映画や芸術映画に見られるクリシェが詰まった脚本ができあがるだけだ。

とはいえ、以前からずっと、こうした場あたりの取り組み方がされていたわけではない。何十年か前の脚本家は、大学で学んだり、図書館で独学したり、舞台の制作にかかわったり、小説を執筆したり、ハリウッドのスタジオシステムで下積みを経験したり、あるいはそれらの組み合わせを通じて技巧を習得していた。二十世紀のはじめに、アメリカの大学の多くで、音楽家や画家に音楽学校や美術学校があるように、作家にも創作原理を学ぶ場が必要だという声が高まった。これを受けて、ウィリアム・アーチャー、ケネス・ロウ、ジョン・ハワード・ロースンといった学者が、劇作術や小説作法についてのすぐれた本を書いた。その理論は本質をとらえたもので、「内側から見たストーリー」――欲求、敵対する力、転換点、脊柱、進展、重大局面、クライマックス――の大きな流れから力を引き出そうとしていた。第一線の脚本家たちは、正式な教育の有無にかかわらず、こうした教本を使ってみずからの技術を高め、狂騒の二〇年代から抵抗の六〇年代までの半世紀を、アメリカの映画、小説、演劇の黄金時代とした。

ところが、この四半世紀で、アメリカの大学における創作教育の主流は、内的な手法から外的な手法へと移行した。文学理論の潮流を浴びた学者たちは、ストーリーの奥にある源泉よりも、言語や記号やテクスト、すなわち「外側から見たストーリー」へ目を向けるようになった。このため、一部の例外を除けば、昨今の脚本家たちはストーリーの基本原理についての教育を受けていない。

海外の脚本家が技巧を学ぶ機会はさらに少ない。ヨーロッパの学者たちは、そもそも執筆を教えるなど不可能だというスタンスだったため、ヨーロッパの大学のカリキュラムに創作法の講座が組みこまれることはなかった。もちろんヨーロッパでは、世界有数の美術学校や音楽学校の多くが手厚く保護されてきたのだが、ある芸術は教えることができて、別の芸術は教えられないと見なされるのはなぜだろうか。おまけに、脚本執筆が軽視されていたせいで、つい最近まで、モスクワとワルシャワ以外のヨーロッパの映画学校ではその授業がおこなわれていなかった。

ハリウッドの古いスタジオシステムには多くの問題があるだろうが、ストーリーの専門家の目が行き届いた環境で下積みができた点については評価できる。だが、それももう過去のことだ。見習い制度を再評価するスタジオもときどき見られるが、黄金期を取りもどそうと意気ごむあまり、見習いには親方が必要だということが忘れられている。昨今の映画会社の経営陣は、才能を見いだすことはできても、すぐれた人材を芸術家に育てあげるだけの技量や根気を兼ね具えた人がほとんどいない。

ストーリーが凋落した最後の原因はきわめて根深い。脚本の要になるのはさまざまな価値要素――人生のプラスとマイナスの側面――である。なんのために生きるのか、なんのために命を懸けるのか、追い求める価値がないものは何か、正義や真実の意味は何か。脚本家はこうした基本的な問いかけを軸にストーリーを形作る。数十年前は、こうした問題で脚本家と社会が多少なりとも価値観を共有していたが、近ごろは道徳や倫理をうがった目で見るようになり、相対主義や主観主義の色が濃くなっている。価値の大きな変容や混乱が見られるのだ。家族が崩壊し、性的な対立が高まるなかで、たとえば、愛の本質がわかっていると自覚できる人がいるのだろうか。仮に強い信念があったとしても、ますます懐疑の念を募らせる人々に向かってそれをどう伝えたらいいのか。

こうした価値観の崩壊は、ストーリーの崩壊ももたらした。過去の脚本家とちがって、われわれには前提となるものがない。まずは人生を深く掘りさげて、新しい見方や価値や意味を体得し、そのうえで、ますます混迷をきわめる世界に向けて自分の解釈を伝えるストーリーを築かなくてはならない。それはたやすいことではない。

ストーリーに不可欠なもの

ロサンゼルスに引っ越したとき、わたしは執筆で生計を立てるために、多くの人と同じことをした——査読だ。UA（ユナイテッド・アーティスツ）とNBCで、映画やTVドラマ用の持ちこみ作品の分析をしたのである。二、三百本読んでみると、どんな作品にも使いまわせるレポートの雛形を作れるのではないか、そこにタイトルと作者名を書き入れれば事足りるのではないかと感じるようになった。わたしが繰り返し書いたのはつぎのようなレポートだ。

すぐれた描写、自然な台詞。ところどころおもしろい部分も、繊細な部分もある。全体として、ことばの選び方は適切。だが、ストーリーがひどい。最初の三十ページは無駄な説明がだらだらとつづき、その後も大きくは変わらない。メインプロットらしきものがあるとしても、ご都合主義の偶然と説得力に欠ける動機だらけだ。だれが主人公なのかはっきりしない。サブプロットになりそうな緊張関係もうまく生かせていない。登場人物は薄っぺらだ。人物や社会の内面に踏みこむ描写もない。意外性のないありきたりのエピソードが、下手な語りで並べられているだけで、結末はとりとめもないままだ。却下。

一方、つぎのようなレポートは書いたためしがない。

すばらしいストーリーだ！　一ページ目から最後まで心を鷲づかみにされたままだった。第一幕ですぐにクライマックスが訪れ、そこからメインプロットとサブプロットがどんどんひろがっていく。登場人物には深みがあり、内面がみごとに描かれている。社会に対する驚くべき洞察。笑いあり、涙あり。第二幕のクライマックスへの展開があまりにも感動的で、そこでストーリーが終わるかと思ったほどだ。しかし、この書き手は、燃えつきた第二幕の灰のなかから、力強く美しく壮大な第三幕を作りあげている。これにはただひれ伏すばかりだ。しかしながら、二百七十ページにわたって文法の誤りが悪夢のようにつづき、五語にひとつはスペルミスがある。台詞はごちゃごちゃしていて、オリヴィエに読ませたら舌がもつれていた。ト書きには、カメラへの指示や追加の説明や哲学的なコメントがたっぷり書かれている。書式もなっていない。ぜったいにプロの書き手ではない。却下。

もしこのようなレポートを書いたら、わたしはくびになっていただろう。

その部屋のドアの表示は「台詞部」でも「ト書き部」でもなく、「ストーリー部」だった。すぐれたストーリーはすぐれた映画になる可能性があるが、ひどいストーリーからはひどい映画がほぼまちがいなく生まれる。この基本がわかっていない査読者は解雇されても仕方がない。実のところ、ストーリーは美しく語られているのに、台詞やト書きの出来が悪いという例は驚くほど少ない。ストーリーテリングが巧みな脚本は、たいがい想起させるイメージが鮮やかで、台詞の切れ味もいい。一方、話が展開しない、動機が嘘くさい、登場人物が多すぎる、サブテクストが空っぽ、矛盾が見られるなど、ストーリーに欠陥があれば、味気なくつまらない脚本になる。

つまり、文才だけでは不十分だ。ストーリーを語ることができなければ、何カ月もかけて美しいイメージや巧妙な台詞を完成させても、すべて紙の無駄となる。われわれが世界のために作り出すもの、世界がわれわれに求めるものはストーリーだ。それはいまもこれからも変わらない。何のおもしろみもないストーリーを、凝った台詞やていねいに作りこんだト書きでごてごてと飾り立て、なぜ自分の脚本が日の目を見ないのかと首をかしげる脚本家が跡を絶たない一方で、目立った文才があるわけでもないのに、強烈なストーリーテリングの力を持ち、自分の夢がスクリーンのなかで息づくのを見て深い喜びを味わう脚本家もいる。

脚本に注がれる創造的努力のうち、七十五パーセント以上はストーリー設計に費やされる。登場人物はどんな人間で、何を求めているのか。それはなぜなのか。どうやってそれを手に入れようとしているのか。それを阻むものは何か。その結果、どうなるのか。こうした大きな疑問に対する答えを見つけ、ストーリーに仕立てあげるのは気の遠くなるような創造的作業だが、脚本家にはまさにそれが求められる。

ストーリー設計において、脚本家は成熟度、洞察力、さらには社会や自然や人間心理についての知識を試される。ストーリーを作るには、生き生きとした想像力と力強い分析的思考が必要だ。自己表現は重要ではない。というのも、意図していようといまいと、あらゆるストーリーには、誠実であれ不誠実であれ、賢明であれ愚かであれ、書き手のありのままの姿が反映され、その人間性──あるいはその欠如──が露見するからだ。その恐ろしさに比べたら、台詞を書くことなどちょっとした気晴らしにすぎない。

だから、脚本家は「ストーリーを語れ」という大原則を信奉する……が、そこで立ちすくむ。ストーリーとはいったいなんだろうか。ストーリーという概念は音楽と似ている。われわれは暮らしのなかでさまざまな曲を耳にしてきた。それに合わせて踊ったり歌ったりもできる。だから音楽のことはわかっていると思いこむが、いざ作曲すると、ピアノから流れるのは猫も怯える代物だ。

『テンダー・マーシー』(83)と『レイダース／失われたアーク《聖櫃》』(81)が、どちらも映画のために美しく語られたすばらしいストーリーだとしたら──実際そうなのだが──共通しているのはいったい何なのか。『ハンナとその姉妹』(86)と『モンティ・パイソン・アンド・ホーリー・グレイル』(75)が、どちらも楽しく語られたみごとなコメディだとしたら──実際そうなのだが──そのどこが心を動かすのだろうか。『クライング・ゲーム』(92)と『バックマン家の人々』、『ターミネーター』(84)と『運命の逆転』、『許されざる者』(92)と『恋人たちの食卓』(94)を比べてもらいたい。あるいは、『ワンダとダイヤと優しい奴ら』(88)と『ありふれた事件』(92)、『ロジャー・ラビット』(88)と『レザボア・ドッグス』(92)を。

何十年もさかのぼって、『めまい』（58）と『8 1／2』（63）と『仮面／ペルソナ』（66）と『羅生門』（50）と『カサブランカ』（42）と『グリード』（24）と『モダン・タイムス』（36）と『戦艦ポチョムキン』（25）を比べてもいい――いずれも極上のストーリーを持つ映画であり、内容は大きく異なるが、生じる結果はすべて同じで、映画館から出てきた観客は「なんてすばらしいストーリーだ！」と叫ぶ。

ジャンルやスタイルの海で溺れかけている脚本家は、こうした映画すべてがストーリーを語っているなら、どんなものでもストーリーになるのではないか、と考えるかもしれない。だが、これらの作品の表層を取り払って奥を見ると、本質的にはみな同じだとわかる。どれもストーリーの普遍的な型が体現されているのだ。映画としての見せ方はそれぞれ独自だが、根本となる型はまったく同じで、「なんてすばらしいストーリーだ！」と叫ぶ観客はそれに反応している。

すべての芸術は、それぞれの基本的な型によって定義される。交響曲からヒップホップに至るまで、騒音ではなく楽曲となるのは、その根底に音楽の型があるからだ。具象画であれ抽象画であれ、キャンバスに描かれたものがいたずら書きではなく絵画となるのは、その根底に視覚芸術の基本原理があるからだ。同じように、ホメロスからイングマール・ベルイマンに至るまで、作品がただの素描や断片の寄せ集めではなくストーリーとなるのは、根底にストーリーの普遍的な型があるからだ。文化や時代を問わず、この型は無数の変種を生み出してきたが、その本質は変わらない。

とはいえ、型は「公式」ではない。ケーキとちがって、脚本にはかならずおいしく仕上がるレシピなどない。ストーリーは謎と複雑さと柔軟性に満ちているから、単純化して公式になどできない。そんなことをするのは愚か者だけだ。それより、脚本を書きたければ、ストーリーの型を体得しなくてはならない。これは避けて通れない道だ。

「巧みに」語られた上質のストーリー

上質のストーリーとは、世界じゅうが耳を傾けたいと思うような、語るに足るものを言う。それを見つけるのは孤独な仕事だ。まず才能がなくてはならない。だれも思いつかない形で物事をまとめあげる創造力を、生まれながらに具えている必要がある。そのうえで、作品に確たる輪郭を与えなくてはならないが、それは人間性や社会に対する新たな洞察と、登場人物や作中世界についての深い知識に基づく。そして、もうひとつ必要なのが、ハリー&ホイット・バーネットの名著にもあるとおり、あまりにも多くの愛だ。

ストーリーへの愛——自分の考えはストーリーを通してのみ表現でき、登場人物は現実の人間よりも「リアル」であり、フィクションの世界は現実の世界よりも奥深いと信じること。

劇的なものへの愛——人生に大きな変化をもたらす、突然の驚きや気づきに魅力を感じること。

真実への愛——嘘は芸術家を堕落させるものであり、個々人のひそかな動機に至るまで、人生のあらゆる真実を問いなおすべきだという信念。

人間性への愛——苦しむ人々に強く共感し、人々の肌の下にもぐりこんで、その目を通して世界を見たいという意志。

感覚への愛——身体的感覚だけでなく、内面の感覚も味得したいという欲求。

夢想への愛——想像の翼にゆったりと身をまかせ、行き着く先を知る喜び。

ユーモアへの愛——人生の均衡を取りもどしてくれるすばらしいユーモアを楽しむこと。

ことばへの愛——音や意味、統語論や意味論を考える喜び。

二面性への愛——人生に隠された矛盾を察知し、物事は見かけどおりではないことに気づく健全な感覚。

完璧への愛——完全になる瞬間を求めて何度も推敲する情熱。

独自性への愛――大胆さに興奮を覚え、嘲笑されても動じない冷静さ。

美への愛――すぐれた文章を大切にし、稚拙な文章をきらい、そのちがいを判別できる生まれながらの感覚。

自己への愛――つねに再確認しなくても、自分が脚本家であることを疑わない強さ。脚本家は書くことを愛し、孤独に耐えなくてはならない。

だが、上質のストーリーへの愛、最高の登場人物たちへの愛、情熱や勇気や創造的才能によって動かされる世界への愛だけではじゅうぶんではない。めざすべきなのは、上質のストーリーを「巧みに語る」ことだ。作曲家が楽理に通じていなくてはならないように、脚本家はストーリー構築の原理を習得していなくてはならない。この技巧は機械的な技術でも安易な仕掛けでもない。それはあらゆる技術を調和させたもので、うまくいけば観客と一体となっておもしろいものを生み出せる。技巧というものは、観客を深く引きこんで離さず、つまるところ、感動や意義深い経験を提供するためのさまざまな手法の総和である。

技巧を持たない脚本家にできるのは、せいぜい最初に浮かんだアイディアを頭から引っ張り出すくらいで、あとは自分の作品を前に、なす術もなく坐して、恐ろしい問いかけをみずからにぶつける。これはよい作品なのか？　それともクズなのか？　クズだとしたら、どうすればいい？　この恐ろしい自問に取りつかれると、意識が潜在意識を封じこめる。けれども、技巧の実践という客観的な作業へ意識を向けておけば、自発性がおのずと浮かびあがる。技巧を習得することで、潜在意識が解き放たれるわけだ。

脚本家は一日をどう過ごすのだろうか。まず、自分が作った想像の世界にはいる。登場人物たちの会話や行動に合わせて、少しずつ書き進める。つぎは何をするのだろうか。想像の世界から抜け出し、自分が書いたものを読む。そして、読みながら何をするのか。分析だ。「出来はいいか？　うまくいってるか？　なぜだめなんだ？　削るほうがいい？　それとも書き足す？　順序を変える？」という具合に、書いては読み、創造しては批評する。衝動と論理。右脳と左脳。再考と書きなおし。そして、書きなおしたものの質や完成度は、修正の手引きとなる技巧をどれだけ使いこなせるかにかかっている。芸術家はけっして衝動にまかせて創作したりしない。意図的に技巧を用いて、直感とアイディアの調和を生み出すのである。

ストーリーと人生

わたしは長年にわたって、脚本によくある失敗作の典型的な二種類を見てきた。第一は「自分語り」型だ。

舞台はオフィスで、主人公の女性はある問題をかかえている。昇進して当然なのに、見送られそうなのだ。腹を立てて実家へ向かうが、父親は認知症になり、母親はそれにうまく対処できない。自分のアパートメントに帰ると、だらしなくて悪賢いルームメイトと喧嘩になる。デートに出かけても、相手とは気持ちがすれちがってばかり。無神経な恋人は彼女がダイエット中であることをすっかり忘れ、高級フランス料理店に連れていく。オフィスにもどると、驚いたことに昇進する……が、新たな難題が生じる。実家にもどり、父親の問題を解決するが、こんどは母親の精神状態がおかしくなる。自分のアパートメントにもどると、ルームメイトがテレビを盗んで家賃も払わずに姿を消している。恋人と別れ、冷蔵庫をあさりまくった結果、体重は五ポンドも増える。しかし、それにもめげずに、昇進を大成功に変える。親族といっしょに食事をし、懐かしい思い出話をするうちに、母親の苦しみは癒える。新しいルームメイトはきれい好きの美女で、家賃を何週間も前に銀行小切手で払うばかりか、「新しい人」まで紹介してくれる。ここまでで九十五ページ。彼女はダイエットに専念し、最後の二十五ページでは見た目も抜群だ。「新しい人」とのロマンスが花開き、文字どおり、スローモーションで花畑を駆け抜けるような展開になる。最後に、彼女は究極の決断を迫られる。結婚に踏みきるか否かだ。彼女は自由を選び、話は悲しい結末を迎える。

第二は「売れ筋狙い」型だ。

空港で荷物の取りちがえがあり、あるソフトウェアのセールスマンが「文明の最終兵器」を手に入れる。この「文明の最終兵器」はきわめて小さい。これを仕込んだボールペンが、いつの間にかポケットにはいっているせいで、不運な主人公は三十人以上の登場人物に狙われる。みな複数の顔を持ち、かつて鉄のカーテンの両側で活動していたため、冷戦時代からの知り合い同士だ。そして全員が主人公の男を殺そうとしている。この脚本にはカーチェイスや銃撃、危機一髪の脱出劇や爆発が満載だ。爆発や銃撃のないシーンは、やたらと台詞が多く、主人公は二枚舌の相手をより分けて、信頼できる者を見つけ出そうとする。最後は暴力行為と数百万ドルをかけた特殊効果との不協和音が響き渡り、そのあいだに主人公は「文明の最終兵器」を破壊して人類を救う。

「自分語り」型のストーリーは構成が甘く、ほんとうらしさと真実をはきちがえて、ただ人生の断片を切りとっただけになっている。この書き手は、日々の出来事を細かく観察しさえすれば、世界の現状を正確に伝えられ、より多くの真実を語れると信じている。しかし、どんなにくわしく観察しようと、それは数ある事実のひとつにすぎない。真実のなかの真実は、物事の奥や裏側や向こう側や表面下で、現実を結びつけたり引き離したりしているものであり、じかに観察することはできない。この書き手は目に見える事実にしか目を向けていないので、人生の真理には近づけない。

一方、「売れ筋狙い」型は大仰かつ複雑で登場人物がやたらと多く、視覚や聴覚に訴えるばかりで、人生とはまったくかかわりがない。この書き手は身体的刺激とエンターテインメントを混同している。どんなストーリーでも、高速アクションと目のくらむような視覚表現をたっぷり盛りこめば、観客は夢中になると思いこんでいる。そして、夏に公開される作品の多くがCGを用いていることを考えれば、その期待もあながち的はずれではないのだろう。

この手のスペクタクル作品では、想像の世界ではなく、シミュレーションによる現実の世界が描かれる。見たこともないような特殊効果を使って、観客を竜巻や恐竜の口や未来の大惨事のなかへほうりこむが、ストーリーはそれらを見せるための手がかりでしかない。こうした派手なスペクタクルは、まちがいなく興奮の渦を巻き起こすものの、遊園地の乗り物と同じで、楽しさは長くつづかない。映画の歴史を見ればわかるとおり、動きによって興奮を引き起こす新たな手法は、脚光を浴びるのが速いが、すぐに「もうわかったよ」とそっぽを向かれてしまう。

およそ十年ごとに技術革新が起こり、そのたびにスペクタクルだけを売りにした、語りの稚拙な映画が量産される。映画は現実をみごとにシミュレーションできるものであり、かつてその発明自体が人々に興奮をもたらしたが、その後しばらくは気の抜けたようなストーリーばかりが生まれた。やがてサイレント映画は壮大な芸術形式へと進化をとげたが、現実をさらにリアルに描くトーキーの登場によって破壊される。俳優の声が聞ければ退屈なストーリーも厭わない観客のせいで、一九三〇年代のはじめに映画は一歩後退した。その後、トーキー映画はどんどん力強く美しくなっていったが、カラー、３Ｄ、ワイドスクリーン、そしていまやＣＧの技術が発明され、そのたびに不振に陥った。

ＣＧは呪いでもなければ、万能薬でもない。ストーリーというパレットに新しい色が加わっただけだ。ＣＧがあれば、想像したものをなんでも映像化でき、それも細かいニュアンスまで満足のいく形で仕上がる。『フォレスト・ガンプ／一期一会』(94)や『メン・イン・ブラック』(97)のように、力強いストーリーにＣＧが加わると、特殊効果は語られるストーリーの裏にまわって、さりげなくそのシーンを豊かにする。しかし、スペクタクルのまぶしい光に目がくらんだ「商業」脚本家は、映像の下に人間の真実があるからこそ息の長いエンターテインメントになるということがわかっていない。「自分語り」や「売れ筋狙い」型だけでなく、すべての脚本家は、ストーリーと人生の関係を理解しなくてはならない。ストーリーは人生の隠喩である。

ストーリーテラーは人生の詩人、つまり、日々の暮らしを、人生の内側と外側を、夢と現実を詩に変える芸術家だ。その作品は、ことばではなく出来事を組み立てて生み出され、「人生とはこんなものだ」と二時間で語る隠喩である。そのため、ストーリーは人生を凝縮して、その本質を示す必要があるが、生活感をまったく失った抽象芸術となってもいけない。ストーリーは人生に似たものであるべきだが、現実をそのままなぞるだけでは、なんの深みも意味もなく、だれにとってもありきたりのことでしかない。

「自分語り」型の脚本家は、事実は中立的なものにすぎないことを理解すべきだ。「でも、実際に起こったんだから」と強弁して、何もかもストーリーに詰めこんだところで、説得力はまったくない。この世界では、どんなことでも起こる。想像できるかぎり、なんでもだ。想像できないことですら起こりうる。とはいえ、ストーリーは現実の人生ではない。出来事を並べても真実に近づくことはできない。出来事はただの事実であって、真実ではない。真実とは、その出来事をどう解釈するかにほかならない。

「ジャンヌ・ダルクの生涯」として知られる一連の事実を考えてみよう。この女性は何世紀にもわたって、著名な作り手たちによる演劇や小説や映画の題材になってきたが、どのジャンヌも同じではない。アヌイの崇高なジャンヌ、ショーの機知に富んだジャンヌ、ブレヒトの政治的なジャンヌ、ドライヤーの苦悩するジャンヌ、ハリウッドのロマンティックな戦士。シェイクスピアの手にかかると、ジャンヌは狂気を帯びるが、これはいかにもイギリス的な見方だ。どのジャンヌも天啓を受け、軍を率い、イギリス軍を破り、火あぶりの刑に処される。ジャンヌにまつわる事実はつねに変わらないが、書き手がそこにどんな意味を与えるかによって、ジャンヌの生涯の「真実」は大きく変わる。

一方、「売れ筋狙い」型の脚本家は、抽象概念は中立的なものにすぎないことを理解すべきだ。ここで言う抽象概念とは、グラフィック・デザイン、視覚効果、色の濃淡、音の配置、編集のリズムといった戦略を指す。これらはそれ自体に意味はない。まったく同じ編集パターンでも、六つの異なるシーンで用いれば、六つのまったく異なる解釈が生まれる。映像美や音響は生きたストーリーを表現する手段であるが、それ自体が目的になってはいけない。

力と才能

「自分語り」型と「売れ筋狙い」型の脚本家たちは、ストーリーを弱点としているが、基本的なふたつの力のいずれかには恵まれているかもしれない。ルポルタージュ寄りの脚本家は五感にすぐれ、身体的な感覚を読み手に伝える力を具えていることが多い。見るもの聞くものを鋭い感受性で正確にとらえ、澄明な美しいイメージで読み手の心を打つ。一方、派手なアクション物を好む脚本家は想像力が豊かで、現実離れした世界へ観客を連れていく。不可能とされることを衝撃的な現実へと変え、観客の心を躍らせる。鋭い感性も生き生きとした想像力もうらやむべき才能だが、結婚と同じで、互いに補い合うことで力を発揮する。どちらか一方では、効果はきわめて弱い。

物事の一方の端には純然たる事実があり、もう一方の端には純粋な空想がある。この両極のあいだにひろがるのが、かぎりなく多様なフィクションの領域だ。すぐれたストーリーは、この領域のなかでうまくバランスをとっている。もし書いているものがどちらかの端に偏ってしまうとしたら、自分自身のあらゆる面を調和させる術を学ばなくてはならない。創造の領域からはずれることなく、見るもの、聞くもの、感じるものに敏感でありながら、それを想像力と両立させる必要がある。洞察力と直感という両の手で掘り進めて観客の心を動かしつつ、人間がどのように行動し、なぜそのような行動をとるのかについて、自分の考えるところを伝えるべきだ。

そして、創作に不可欠なのは鋭い感覚と想像力だけではなく、そのほかにふたつの能力で秀でていることが必要である。だが、これらの才能のあいだにはかならずしも関連はない。一方に恵まれているからといって、もう一方が具わっているとはかぎらない。

ひとつは文才——日常のことばをより高度で豊かな表現へと変え、世界を色鮮やかに描き出し、人間の声をとらえる才能だ。しかし、文学的な才能は特に珍しいものではない。程度の差はあっても、自分の文化圏で話される日常のことばから非凡な作品を生み出せる人は、世界のどこの文学界でも、何千人は大げさにせよ、何百人かはいる。そうした人々の書くものは文学としての美しさを持ち、中には極上の作品もある。

もうひとつはストーリーの才能——人生そのものをより力強く、より明確で、より意味深い経験へと作り変える才能だ。それは日常の本質を探り出し、人生を豊かにする語りへと昇華させる。純粋なストーリーの才能を持つ人はきわめて少ない。直感のみで毎年のように鮮やかなストーリーを作り出しながら、それでいて自分がどのように創作しているのか、どうすればもっとうまく書けるのかを、まったく考えない書き手はいるのだろうか。直感型の天才なら、一度くらいは良質な作品を書けるかもしれない。だが、訓練を受けていない直感だけの書き手は、完成された作品を続々と生み出すことはできない。

文才とストーリーの才能はまったく別物であるばかりか、互いの関連もない。ストーリーを語るには、書くことは必須ではないからだ。ストーリーは、人間がコミュニケーションに用いるどんな手段でも表現できる。演劇、小説、映画、オペラ、パントマイム、詩、踊り。どれもストーリーという儀式の立派な形式で、それぞれが独自の喜びを与えてくれる。歴史のその時々において、どれかの形式がひときわ注目を浴びたこともある。十六世紀は演劇、十九世紀は小説、二十世紀はあらゆる芸術が融合された映画の時代である。スクリーン上で最も力強く雄弁な瞬間を作り出すのに、ことばによる描写は必要ないし、演じるための台詞も必要ない。混じりけのない静かな映像があれば事足りる。文才が用いる素材はことばだが、ストーリーテリングの才能が用いる素材は人生そのものだ。

技巧が才能を最大限に高める

ストーリーの才能は稀有のものだが、その才能を生まれ持っているかのような人に出会うことは少なくない。街角の話術師にとって、ストーリーを語るのは微笑を浮かべるのと同じくらい造作ないことだ。たとえば、職場でコーヒーメーカーのまわりに同僚が集まると、そこでストーリーが語られる。それは人間関係の潤滑油だ。そして、その午前半ばの儀式に五、六人が集まれば、語りの才能に恵まれた人がひとりはいる。

そんな語り手のけさのお題が「子供をどうやってスクールバスに乗せたか」だったとしよう。コールリッジの詩の老水夫のように、彼女は聞き手の心を虜にする。一同はストーリーに引きこまれ、コーヒーカップを手に口をゆるめたまま耳を傾ける。彼女は話をつむぎながら、緩急をつけ、笑いあり涙ありの展開で緊張を高め、やがて最高のラストシーンで締めくくる。「と、まあ、けさはこんなふうに、チビたちをバスに乗っけたってわけ」といった具合に。同僚たちは満足げに椅子にもたれてこうつぶやく。「そうそう、ヘレン、うちの子たちもおんなじ」

つづいて、彼女の隣の男性が語り手になり、週末に母親を亡くした悲しい話をはじめるが……みんなをどうしようもないほど退屈させる。話は表面的なことに終始し、些細な事柄や、「棺のなかの母は安らかな顔をしていたよ」といった決まり文句ばかり並べ立てる。聞き手は話の途中でコーヒーのお代わりを注ぎに立ち、悲しい話を聞き流す。

平凡な題材がみごとに語られるのと、深遠な題材が稚拙に語られるのと、どちらを選ぶかと問われれば、聞き手はつねに前者を選ぶだろう。ストーリーテリングの達人は些細な題材から人生をすくいとるが、下手な語り手は深遠な題材を陳腐なものにする。仏陀のような洞察力があっても、ストーリーを語れなければ、その考えは干からびる。

つまり最も重要なのはストーリーの才能で、文才は不可欠ではあるが二番目だ。これは映画やテレビの絶対原則であり、劇作家や小説家は認めたがらないだろうが、演劇や小説もしかりである。ストーリーの才能は稀有のものだが、あなたにもその片鱗はあるはずだ。そうでなければ、書きたいなどと思うはずがない。ならば、そこからありったけの創造力を絞り出して書くことだ。ストーリーテリングの技巧についての知識を総動員しなければ、ストーリーを作ることはできない。技巧をともなわない才能は、エンジンのない燃料と同じだからだ。いくら激しく燃えても、そこからは何も生まれない。

第2部
ストーリーの諸要素

美しく語られたストーリーは交響曲のようなもので、構造、舞台設定、登場人物、ジャンル、アイディアが溶け合ってひとつになっている。自分のハーモニーを見つけるために、書き手はストーリーの諸要素をオーケストラの楽器のように——最初は別々に、それから全体として——学ぶ必要がある。

2 構成の概略

ストーリー設計にかかわる用語

登場人物が頭に浮かぶと、そこからたくさんのストーリーの可能性が生まれる。望むなら、その人物が生まれる前から語りはじめ、死に去るまでの日々を何十年にもわたって丹念に追うこともできる。その人生は、果てしなく長くて複雑な、いくつもの層から成る生活時間を内包している。

ひとりひとりの登場人物の人生の物語は、ほんの一瞬から永遠まで、頭のなかから銀河系まで、百科事典並みの多様さを持っている。巧みな作り手は、そこからわずかな瞬間を切りとって、全人生をわれわれに見せてくれる。

最も深い層からはじめるなら、主人公の内面生活に焦点をあてて、目覚めているか夢を見ているかにかかわらず、その思考や感情の内側で起こる物語の一部始終を語ってもいい。もう少し上の層へ行って、主人公と家族、友人、恋人との個人的葛藤を描くこともできる。あるいは、社会制度へまで目を移して、学校、職場、教会、司法制度と対立させる手もある。さらにひろげて、危険な街、致命的な病気、車の故障、時間切れといった周囲の状況と闘わせるのもいい。そして、これらの各層はさまざまに組み合わせられる。

　だが、このように複雑にひろがる「人生のストーリー」を「語られるストーリー」に仕立てなくてはならない。長編映画なら、波乱に富んだ「人生のストーリー」をわずか二時間程度に凝縮し、切り捨てたものすべてをそこに反映させるわけだ。そして、巧みに語られたストーリーとは、まさしくそういうものではないだろうか。映画を観てきた友人に内容を尋ねると、「語られるストーリー」を「人生のストーリー」へと敷衍して説明してくれることがしばしばある。

「すごいんだよ！　小作人の農場で育った男の話でね。子供のころ、男は照りつける太陽のもとで家族とがんばって働いた。学校にもかよったけど、朝早く起きて、草とりをしたり鍬で土を耕したりしなきゃいけなくて、成績はあまりよくなかった。ところが、だれかにもらったギターが弾けるようになって、自分で歌も作れるようになり……やがて、つらい生活にうんざりして逃げ出した男は、安酒場でギターを弾いてその日暮らしをするようになる。その後、男はすばらしい歌声を持つきれいな娘と出会う。ふたりは恋に落ち、デュオを組んだところ、ジャーン！　たちまち売れはじめた。でも、スポットライトを浴びるのはいつも女のほう。男は作曲や編曲でしっかり支えてるのに、観客は彼女だけを見にくる。彼女の陰で生きるうちに、男は酒に溺れるようになる。とうとう男は捨てられ、行くあてのない生活にもどり、どん底に落ちる。埃っぽい中西部の町、荒野の真っただなかの安モーテルで目を覚ました男は、飲んだくれで、金も友も希望もなく、電話をかける小銭もなく、そもそも電話をかける相手もいない」

『テンダー・マーシー』は主人公の誕生から語られている。だが、いま述べられた内容は作中では描かれない。映画はロバート・デュヴァル演じるマック・スレッジが、どん底で目覚める朝からはじまる。そこから二時間で、スレッジのその後の一年が描かれる。しかし、シーンのなかや合間で、観客はスレッジの過去や、その年に起こった重要な出来事すべてを知り、最後には未来を暗示する映像が示される。アカデミー賞に輝いたホートン・フートの脚本には、フェードインからフェードアウトまでのあいだに、ひとりの男の誕生から死に至るまでの人生がまるごとおさまっていると言えるだろう。

構成

脚本家は「人生のストーリー」という茫洋たる流れのなかから、さまざまな選択をしなくてはならない。フィクションの世界は楽しい白昼夢ではなく、映画の材料を探して悪戦苦闘する工場だ。とはいえ、「何を選ぶのか」と尋ねられて、同じ材料を選ぶ脚本家はふたりといない。登場人物を選ぶ者もいれば、アクションや対立、あるいはムードや映像や台詞を選ぶ者もいる。だが、ストーリーはひとつの要素だけでは組み立てられない。映画とは、対立や行動、性格や心情、気のきいた台詞や象徴といった個々の要素の寄せ集めではない。作り手が探し求めるのは「出来事」であり、そこにはいまあげた以外のものまで含まれている。

「構成」とは、登場人物の人生のストーリーから、いくつかの出来事を選んで戦略的に配列し、いくつかの感情を呼び起こしたり、ある種の人生観を表したりすることを言う。

出来事は人が引き起こすもの、もしくは人に影響を与えるものであり、したがって登場人物の造形に大きくかかわっている。出来事はある設定で起こり、イメージやアクションや台詞を生み出す。それは対立や葛藤からエネルギーを引き出し、登場人物や観客の感情を掻き立てる。ただし、選んだ出来事をでたらめに見せるのではなく、しっかり組み立てなくてはならない。ストーリーにおける「組み立て」は、音楽の場合とほぼ同義である。重要なのは、何を含めるか、何を省くか、どんな順番で並べるかだ。

これらの疑問に答えを出すためには、目的をはっきりさせなくてはならない。なんのために出来事を組み立てるのだろうか？　目的のひとつが、自分の心情を表現することであってもいいが、観客の心を動かすことができなければ、ただの自己満足に終わる。また、アイディアを具体化するという目的もありうるが、観客がついてこられなければ、独我論に陥る恐れがある。だから、出来事の設計には二元的な戦略が必要だ。

出来事

「出来事」とは、すなわち変化である。窓の外の乾いていた通りが、昼寝のあとに濡れていたら、あなたは雨と呼ばれる出来事が起こったと推測する。世界は乾いた状態から濡れた状態へと変化した。しかし、天気の変化だけで映画を作ることはできない（かつて試した者はいたが）。「ストーリーを左右する出来事」は些細なものではなく、深い意味を持つものでなくてはならない。変化に意味を持たせるには、まずそれが登場人物の身に起こる必要がある。土砂降りのなかでずぶ濡れになった人を見れば、ただの濡れた通りよりも、いくらか大きな意味を感じるはずだ。

「ストーリーを左右する出来事」は、登場人物の人生に意味のある変化をもたらす。その変化は「価値要素」として表現され、体験される。

変化に意味を持たせるには、それが価値要素という観点から表現され、観客が反応する必要がある。ここで言う価値とは、美徳のことでも、狭義で使われる道徳的な「家族観」のことでもない。「ストーリーを動かす価値要素」はもっと広い意味を持っている。価値要素の考え方はストーリーテリングの真髄であり、つまるところストーリーテリングとは、価値のとらえ方を世界に伝える技術である。

「ストーリーを動かす価値要素」とは、人間の行動に見られる数々の普遍的な性質のことであり、プラスからマイナスへ、あるいはマイナスからプラスへと目まぐるしく変化する。

たとえば、「生／死」（プラス／マイナス）はストーリーを動かす価値要素であり、「愛／憎」、「自由／隷属」、「真実／嘘」、「勇気／臆病」、「忠誠／裏切り」、「知恵／愚鈍」、「強さ／弱さ」、「興奮／退屈」もそうだ。いつでも逆転可能な二元的な性質は、すべて「ストーリーを動かす価値要素」になる。道徳的なもの（善／悪）でも、論理的なもの（正／誤）でも、単に価値を帯びているだけでもいい。「希望／絶望」は道徳的でも論理的でもないが、自分がどちら側にいるかははっきりわかる。

窓の外は一九八〇年代の東アフリカ、干ばつの世界だとしよう。ここで問題になる価値要素は生き残ること、つまり「生／死」である。われわれはマイナスからスタートする。この恐ろしい飢饉で何万もの人の命が奪われている。ここでもし雨が降って、大地が緑に返り、動物たちが草を食み、人々が生き長らえれば、この雨は深い意味を持ち、価値要素をマイナスからプラス、死から生へと逆転させるだろう。けれども、この出来事がどんなに大きな力を持っていようと、これだけでは「ストーリーを左右する出来事」とはならない。偶然起こったことだからだ。雨はいずれ東アフリカに降る。ストーリーテリングに偶然の要素を加えることは可能だが、どれだけの価値を帯びていようと、偶然の出来事だけでストーリーを組み立てることはできない。

「ストーリーを左右する出来事」は、登場人物の人生に意味のある変化をもたらす。その変化は「価値要素」として表現され、体験され、対立や葛藤を通じてもたらされる。

干ばつの世界にもどるとしよう。そこに自分が「降雨師」だと思いこんでいる男がやってくる。この人物は心の奥に葛藤をかかえていて、これまで成功したことはないが、雨を降らせることができるという激しい思いこみと、自分は愚か者か異常者ではないかという強い恐れのあいだで揺れ動いている。男はある女と出会って恋に落ちる。だが、信じてくれそうだった女が、自分をペテン師以下と断じて背を向けたので、男は苦悩する。一方、男は社会とも強く対立する。男を救世主のように信奉する人もいれば、石を投げて町から追い出そうとする人もいる。やがて、男は容赦のない現実世界——熱風、雲ひとつない空、乾ききった大地——に立ち向かう。もし男が、あらゆる内的葛藤や個人的葛藤を乗り越えて、社会や環境の力に抗い、ついに雲ひとつない空から雨を降らせることができたら、その嵐は壮大で崇高な意味を持つだろう。それは「葛藤を通じてもたらされた変化」だからだ。ここで例にあげたのは、リチャード・ナッシュが自身の戯曲を映画化した『雨を降らす男』(56)である。

シーン

典型的な映画では、脚本家は「ストーリーを左右する出来事」を四十から六十ほど選ぶ。一般にこれはシーンと呼ばれる。小説家なら六十以上必要だろうし、劇作家なら四十も必要になることはまれだ。

「シーン」とは、ある程度連続した時間と空間において、対立や葛藤から生じるアクションのことを言い、それによって、登場人物の人生でなんらかの価値を持つものが、少なくともひとつは変化する。理想としては、すべてのシーンが「ストーリーを左右する出来事」であるべきだ。

自分が書いたシーンのひとつひとつをくわしく見なおし、自問してみよう。この瞬間、登場人物の人生で問題になっているのはどんな価値要素だろうか。愛なのか、真実なのか、ほかの何かなのか。シーンのはじまりで、その価値はどうなっているのか。プラスか、マイナスか、それとも両方か。メモをとろう。つぎにシーンの終わりへ目を向け、そこで価値がどうなっているか考えよう。プラスか、マイナスか、それとも両方か。またメモをとって比べよう。シーンの最初と最後でメモした答えが同じなら、検討すべき重要な点がもうひとつある。なぜこのシーンがこの脚本にあるのか、だ。

登場人物の人生における価値要素の状態が、シーンの最初から最後まで変化していないなら、意味のあることは何も起こっていない。そのシーンには、これを話す、あれをするといった動きがあっても、価値はまったく変化していない。これでは何も起こらなかったに等しい。

では、そのシーンがあるのはなぜなのか。答えが「明瞭化」であることはほぼ確実だ。聞き耳を立てている観客に、登場人物や世界や歴史についての情報を与えるためにある。もしそのシーンが存在する唯一の理由が明瞭化だとしたら、熟練した脚本家ならそれを削り、その情報を同じ映画のほかの場所に織りこむだろう。

変化のないシーンは要らない。それがわれわれの理想だ。登場人物の人生で大きな意味を持つ価値要素を、プラスからマイナス、あるいはマイナスからプラスへと変化させて、すべてのシーンを終えること。この原則をつねに守るのはむずかしいだろうが、けっして不可能ではない。

『ダイ・ハード』、『逃亡者』（93）、『わらの犬』（71）は、わかりやすい形でこの基準を満たしているが、『日の名残り』（93）や『偶然の旅行者』は、いささかわかりにくいが厳然とこの原則を守っている。ちがいとしては、アクション重視の作品であれば「自由／隷属」や「正義／不正」といった目に見える価値要素、啓発型の作品であれば「自己認識／自己欺瞞」、「有意義な人生／無意味な人生」といった内面の価値要素が変化するということがある。だが、以下の原則はあらゆるジャンルにあてはまる――意味のないシーンは削除すべきだ。

つぎの例を見てみよう。

クリスとアンディは恋人同士で、いっしょに暮らしている。ある朝、ふたりは起きがけに口論になる。キッチンであわただしく朝食の用意をしながらも、口論は激しさを増す。ガレージでも喧嘩はエスカレートするが、ふたりはそのまま車に乗りこみ、いっしょに仕事に出かける。幹線道路を走っているとき、ついに口論から暴力へと発展する。アンディが車を路肩に寄せて外へ飛び出し、ふたりの関係は終わる。この一連のアクションと舞台設定がひとつのシーンを形作り、ふたりをプラス（愛情と同居）からマイナス（憎悪と離別）へと突き動かす。

場所は四つ――寝室、キッチン、ガレージ、幹線道路――だが、カメラの位置が変化するだけで、シーンとしてはひとつだ。ふたりの行動は激しさを増し、決定的瞬間を説得力あるものにしているが、ここでの価値要素そのものは変わらない。朝からずっと口論はつづくが、ふたりはまだいっしょにいて、おそらく愛し合っている。しかし、アクションが転換点に達し、アンディが車のドアを乱暴に閉めて「もう終わりだ！」と言い放ったとき、ふたりの人生は根底から覆されて、アクティビティ（行動の表層）がアクション（行動の本質）に変わり、ただの描写が本格的なシーン、つまりストーリーを左右する出来事へと昇華する。

アクティビティの集積が本格的なシーンを形作っているかどうかをたしかめるには、たいがいつぎの点を考える――時間と場所をまとめてひとつにすることができたかどうか。いまの例の場合、答えはイエスだ。つまり、口論が寝室ではじまり、寝室で発展し、寝室でふたりの関係が終わったとしてもおかしくない。実のところ、数えきれないほどの関係が寝室で終わる。キッチンでも。ガレージでも。幹線道路でも、オフィスのエレベーターでも。劇作家であれば、舞台の制約から時間と場所を一致させざるをえないことも多いので、おそらくひとまとめにするだろう。一方、小説家や脚本家であれば、あとのシーンとのつながりを重んじる、クリスの家具の好みを伝える、アンディの運転の癖を見せるなど、理由はいくらでも考えられるが、時間と空間をたっぷり使ってくわしく説明するかもしれない。別のシーンとのカットバックの形にして、もうひと組のカップルを巻きこむことさえできる。描き方は無数にあるが、いずれにせよ、これはひとつの「ストーリーを左右する出来事」であり、「恋人たちの別れ」のシーンでもある。

ビート

シーンのなかには、構成の最も小さな要素の「ビート」がある（台詞のあいだにはさまれる「短い間」のことをビートと呼ぶ場合もあるが、それとは異なる）。

「ビート」とは、「行動（アクション）／反応（リアクション）」の組み合わせを言う。ビートを重ねるごとに、行為の変化がシーンの転換点を作りあげていく。

前述の「恋人たちの別れ」のシーンをもっとくわしく見てみよう。目覚ましが鳴ると、クリスがアンディをからかい、アンディは同じように反応する。着替えながら、からかいは皮肉へと変わり、侮辱的なことばが飛び交う。キッチンで、クリスがアンディに「わたしが出ていったら、あなたなんて惨めよ……」と脅し文句を言う。だがアンディは「惨めなら大歓迎さ」と開きなおり、クリスに実行を迫る。アンディを失うことを恐れたクリスは、ガレージで行かないでと懇願するが、アンディは笑ってそれを一蹴する。疾走する車のなかで、とうとうクリスはこぶしを固め、アンディに殴りかかる。大喧嘩になり、ブレーキ音が響く。鼻血を出したアンディが車から飛び出し、ドアを叩きつけるように閉めると、「もう終わりだ！」と叫び、茫然としたクリスを置き去りにする。

このシーンは六つのビート、六つの大きく異なる行為、「アクション／リアクション」の六つの変化を軸に展開する。からかい合いから、侮辱的なことばの応酬、脅しと挑発、懇願と嘲笑へと発展し、ついに殴り合いに至り、最後の「ビート」と「転換点」――関係を終わらせようとするアンディの決意と行動と、ことばを失うほどのクリスの驚き――を迎える。

シークエンス

ビートはシーンを構成し、シーンはさらに、ストーリー設計上のより大きな単位である「シークエンス」を構成する。シーンでは、登場人物の人生の価値要素のレベルが変化するが、その度合いは出来事によって大きく異なる。シーンごとの変化は重要ではあるが、比較的小さい。だが、シークエンスの締めくくりとなるシーンは、ほかよりも力強く決定的な変化をもたらす。

「シークエンス」とはシーン——たいがい、ふたつから五つのシーン——の連なりのことで、前のシーンよりも大きな効果を引き起こしながら頂点に達する。

たとえば、三つのシーンから成るシークエンスを見てみよう。

設定：アメリカの中西部の会社でめざましい業績をあげていた若い女性バーバラが、ヘッドハンターの誘いで、ニューヨークの大会社の職を得るために面接を受ける。その職に就ければ、大きなキャリアアップになる。なんとしてもそうしたいが、まだ採用されていない（マイナス）。彼女は最終候補者六人に残った。社外とのやりとりが重要な仕事なので、重役たちは形式張らない場での候補者のふるまいを見てから最終的な決断をしたいと考えている。そこで、マンハッタンのイーストサイドでパーティーを催し、六人の候補者全員を招く。

シーン1　ウェストサイド・ホテル：バーバラが夜のパーティーの支度をしている。ここで問題になる価値要素は「自己信頼／自己不信」。この夜をうまく乗りきるために、あらんかぎりの自信を引き出さなくてはならないのに、不安でいっぱいだ（マイナス）。緊張で神経が張りつめ、部屋を歩きまわりながら、東部にやってくるなんて自分はなんと愚かなのか、ニューヨーカーたちに食い物にされるに決まってる、と弱音を吐く。スーツケースから服をほうり出し、あれこれ着てみるが、どれを着ても前の服より野暮ったく見える。髪はぼさぼさでもつれている。服や髪の毛と格闘しながら、もうこんなことはやめよう、恥をかきにいくことはない、と心を決める。

突然、電話が鳴る。電話は母親からで、幸運を祈ると言いながらも、自分の孤独や捨てられる不安を織り混ぜて、罪悪感を掻き立てようと懸命だ。電話を切ったバーバラは、内輪のホホジロザメに比べたら、マンハッタンのピラニアたちなどかわいいものだと思いなおす。〝自分にはこの仕事が必要だ！〟と。そのとき、試したこともなかった服とアクセサリーのコーディネートを思いつき、自分でも驚く。髪は魔法のようにまとまる。鏡に映った姿は申し分なく、目は自信に満ちて輝いている（プラス）。

シーン2　ホテル入口のひさしの下：雷鳴、稲妻、激しい雨。中西部の街テレホート出身のバーバラは、知識不足のせいでチェックインのときにドアマンに五ドルのチップを払わなかった。だからドアマンは、けちな客のために土砂降りのなかでタクシーを見つけてはくれない。そもそも、雨のニューヨークにタクシーなどいない。バーバラは観光用の地図を見ながら思案する。西八十丁目から走ってセントラル・パーク・ウェストへ出て、そこから南へ向かって五十九丁目にはいり、セントラル・パーク・サウスを抜けてパーク街にはいり、そこから北へ向かって東八十丁目に出る、などとまわり道をしていたら、パーティーに間に合うはずがない。そこで、ぜったいにしてはいけないと言われていること――夜のセントラル・パークを走り抜けること――をしようと決心する。このシーンでは新たに「生／死」の価値要素が加わる。

バーバラは頭に新聞紙をかぶり、命懸けで夜の闇へ飛び出す（マイナス）。稲妻が光り、それ見たことか、不良どもに取り囲まれる。不良どもは雨だろうがいつもそこにいて、夜の公園を走り抜けようとする愚か者を待ち伏せしている。だが、バーバラはだてに空手教室にかよっていたわけではない。不良どもを蹴散らし、顎を砕いて歯をばらばらとコンクリートの上に飛ばす。バーバラはどうにか無事に公園から抜け出す（プラス）。

シーン3　鏡張りのロビー――パーク街の高級アパートメント：ここからの重要な価値要素は「社会的成功／社会的失敗」。バーバラはなんとか生き残ったが、鏡をのぞきこむと、まるでドブネズミだ。髪にぼろぼろの新聞紙がからまり、服は血まみれ――不良どもの血だが、血には変わらない。自信は急激にしぼみ、不安と恐怖を通り越して、個人的な敗北感でうなだれ（マイナス）、社会的失敗に押しつぶされそうになる（マイナス）。

ほかの候補者五人がタクシーでつぎつぎと着く。全員がタクシーを見つけていて、ニューヨークらしい垢抜けたいでたちだ。中西部出身の哀れな負け犬に同情した一同は、バーバラをエレベーターに招き入れる。ペントハウスで、一同はバーバラの髪をタオルで拭き、サイズの合わない服を見つけてくれる。そんな恰好のせいで、バーバラはひと晩じゅう注目を集める。どうせ不合格だとわかっているから、リラックスしてありのままの姿を見せ、それまで自分にはないと思っていた大胆さが心の底から湧きあがる。公園での大立ちまわりについて、実におもしろおかしく語り聞かせる。まわりは圧倒されてぽかんと口をあけているか、大声で笑っている。この夜の終わりには、自分たちがだれを求めているのか、重役たちの心ははっきり決まっていた。公園で恐ろしい経験をしたあとで、これほどまで堂々とふるまえる人間こそ、求めている人材だ。この夜、バーバラは仕事を手にし、個人的、社会的勝利をおさめる（二倍のプラス）。

どのシーンもそれぞれの価値要素に基づいて展開する。シーン1は自己不信から自己信頼へ。シーン2は死から生、自信から敗北へ。シーン3は社会的失敗から社会的勝利へ。だが、三つのシーンがまとまってシークエンスとなると、より重要で他を包括する別の価値要素――「仕事」――が見えてくる。シークエンスのはじめに、主人公は「仕事なし」である。シーン3が「シークエンスのクライマックス」となるのは、社会的成功によって主人公が「仕事」を勝ちとるからだ。彼女にとって、「仕事」は命を懸けるに足る重要な価値要素だ。

なぜそのシークエンスが映画に必要なのかを明確にするために、ひとつひとつにタイトルをつけるのも有効だ。このストーリーにおいて、「仕事を得る」というシークエンスの目的は、「仕事なし」から「仕事あり」へと変化させることだ。その変化は、人事担当者とのシーンひとつで達成することもできたかもしれない。しかし、「彼女を採用する」ということば以上のことを伝えるために、長いシークエンスを作りあげ、仕事を得ることだけでなく、主人公の内面や母親との関係、さらにはニューヨークの街やこの会社のあり方などを劇的に表現することもできる。

幕

シーンでは、小さいながらも意味のある変化が見られる。一連のシーンが作りあげるシークエンスでは、中ぐらいだが、よりインパクトの強い変化が起こる。シークエンスがいくつかまとまると、さらに大きな構成要素である「幕」が生じ、ここでは登場人物の人生の価値要素が大きく変転する。通常のシーンと、シークエンスのクライマックスとなるシーンと、幕のクライマックスとなるシーンとのちがいは、変化の度合いだ。より正確に言えば、プラスであれマイナスであれ、その変化が登場人物のあれこれ――心情、人間関係、世俗的成功、あるいはそれらの組み合わせ――に与える影響の大きさのちがいである。

「幕」とはシークエンスの集まりであり、クライマックスのシーンで最高潮に達する。そこでは価値の大きな逆転が起こり、先行するどのシークエンスやシーンよりも強い影響を及ぼす。

ストーリー

幕がいくつか合わさって、最大の構造物――ストーリー――ができあがる。簡単に言えば、ストーリーはひとつの大きな出来事である。ストーリーの冒頭における主人公の人生の価値と、結末における価値とを比べたとき、最初の状況から最後の状況へと大きな弧――「映画の弧」――が描かれている必要がある。この最後の状況、最後の変化は、絶対的で不可逆のものでなくてはならない。

シーンが引き起こす変化は、逆転が可能だ。先に例としてあげたシーンの恋人たちは、よりをもどすこともできる。人は毎日のように恋に落ち、別れ、また恋に落ちているのだから。シークエンスも逆転が可能だ。職を得たバーバラは、いやな上司のもとで働くことになり、故郷テレホートへ帰りたいと願うかもしれない。幕のクライマックスも逆転が可能だ。『E.T.』(82)では、第二幕のクライマックスで死んだ主人公が、あとで息を吹き返す。まずいだろうか。いや、現代の病院では、蘇生などよくある話だ。このように、シーンからシークエンス、幕へと、脚本家は小さな変化、中程度の変化、大きな変化を生み出していくが、どれも逆転は可能だ。しかし、最終幕のクライマックスだけはそうはいかない。

「ストーリー・クライマックス」――ストーリーとは幕の集まりであり、それらが積み重なって最終幕のクライマックス、つまりストーリー・クライマックスを迎え、絶対的で不可逆の変化をもたらす。

ストーリーテリングを成功させるには、隅々の細かい要素までうまく機能させる必要がある。台詞の一節一節、ト書きの一行一行がアクションを引き起こして変化をもたらすようにしなくてはならない。それぞれのビートがシーンを、シーンがシークエンスを、シークエンスが幕を、幕がストーリー・クライマックスを築いていくのが理想である。

テレホート出身の主人公の人生を、自己不信から自己信頼へ、危機から生存へ、社会的失敗から社会的成功へと変えるシーンが結びついて、主人公を「仕事なし」から「仕事あり」へと変えるシークエンスができあがる。ストーリー・クライマックスへ向かって大きく弧を描いていくためには、この冒頭のシークエンスのあと、いくつかのシークエンスを重ね、「仕事なし」だった主人公を第一幕のクライマックスで「会社の社長」へまで押しあげてもいいだろう。つづく第二幕では、主人公が激しい企業間抗争に巻きこまれ、友人や同僚に裏切られる。第二幕のクライマックスで、主人公は理事会によって解任され、「路頭に迷う」。この大きな逆転を機に、主人公はライバル会社にはいる。社長時代に得た企業秘密を武器に、この会社でも一気にトップの座へとのぼりつめ、「前の会社での上司たちを破滅させる」ことができる立場になる。これらの幕が大きく弧を描き、冒頭の「勤勉で楽観的で実直な」若き職業人が、最後には「無慈悲で疑り深く堕落した」企業戦争の巧者へと変わる――これは絶対的で不可逆の変化である。

ストーリー・トライアングル

文学界の一部では、「プロット」という語が露骨な商業主義を感じると見なされ、きらわれている。これはわれわれ脚本家にとって残念なことだ。というのも、プロットというのは、相互に結びついた出来事の内的一貫性を持ったつながりを表す厳密な用語だからだ。これらの出来事が時間の流れのなかでかかわり合って、ストーリーが形作られ、設計される。すぐれた映画は思いがけないひらめきから生まれるものだが、脚本は偶然の産物ではない。たまたま思いついた題材であっても、そのまま使えるはずがないからだ。脚本家はひらめいたアイディアに繰り返し手を加え、あたかもその映画が直感からひとりでに生まれたかのように作りあげるが、無作為の自然に見せかけるにはきわめて多くの作為と加工が必要であることを知っている。

「プロットを作る」とは、ストーリーの危険地帯をうまくすり抜け、道がいくつにも分かれたときに正しい道を選ぶことを意味する。脚本家がいくつかの出来事を選び、それらを時間の流れのなかに配置することで、プロットは生まれる。

あらためて問題になるのが、何を採り入れ、何を省くか、そしてどういう順に並べるか、である。出来事の選択を避けて通ることはできず、そのよしあしは脚本家の腕にかかっている。こうして生まれるのがプロットだ。

『テンダー・マーシー』が封切られたとき、「プロットがない」と評して、そのことを絶賛した批評家もいた。だが『テンダー・マーシー』にはたしかにプロットがあるし、それどころか、絶妙なプロットによって映画芸術の最もむずかしい領域に踏みこんでいる。つまり、ストーリーが主人公の心のなかで弧を描いているのだ。そのなかで、人生や自分自身に対する主人公の姿勢が、根底から大きく変わっていく。

小説家にとって、このようなストーリーは珍しくも扱いづらくもない。三人称であれ一人称であれ、まっすぐ思考や感情にはいりこんで、主人公の内面生活だけを舞台として物語を劇的に描くことができる。ところが、映画の脚本家にとって、このようなストーリーはきわめて扱いづらく、むずかしい。俳優の額にカメラのレンズを埋めこんで、その思考を撮影することはできない（もっとも、試したい人はいるだろうが）。映画では、観客が外的行動から内面生活を読みとれるようにしなくてはならないが、説明的なナレーションを長々と加えたり、登場人物にむやみに自己説明的な台詞を語らせたりするのは論外だ。ジョン・カーペンターのことばを借りれば、「映画とは精神的なものを物質的なものへ変えること」だ。

『テンダー・マーシー』の脚本家ホートン・フートは、主人公の内面の大きな変化を描くために、スレッジが人生のむなしさに呑みこまれるシーンからはじめている。スレッジはもはや何も――家族も仕事も、この世もあの世も――信じられなくなり、酒浸りのゆるやかな自殺を考えている。この映画は、主人公が大恋愛、輝かしい成功、宗教的開眼といった圧倒的な経験に意味を見いだすようなありふれた展開をしない。代わりに、愛、音楽、気力といった数々の繊細な糸をより合わせ、素朴ながらも意味のある人生をつむいでいく男の姿を描いている。最後に、スレッジは静かな変化をとげ、生きるに足る人生を見つけるのだ。

このとらえどころのない映画のプロットを作りあげるのに、ホートン・フートは想像を絶するほどの汗と努力をつぎこんだはずだ。一歩でもまちがえば――シーンがひとつでも足りなかったり、余分だったり、出来事の並べ方が少しでもおかしくなれば――マック・スレッジのすばらしい心の旅はトランプの城のように崩れ落ち、ただの説明描写に堕する。それを考えると、プロットとは野暮な紆余曲折でも、強引なサスペンスでも、虚を突くサプライズでもない。重要なのは、出来事を厳選し、時間に沿って巧みに配列することだ。構成と設計が不可欠だという意味で、どんなストーリーにもプロットがあると言える。

アークプロット、ミニプロット、アンチプロット

ストーリーを設計するパターンはあまりにも多いが、無限というわけではない。この技巧の極点を結ぶと、さまざまな型を内包する三角形が生まれ、ストーリーの宇宙を図式化できる。この三角形のなかに脚本家の宇宙論がすべて含まれ、現実や生き方についてのあらゆるとらえ方がそろっている。自分がこの宇宙のどこにいるのかを知るために、それぞれの作品がこの図のどこに位置するかを知って、自分がいま書いている作品と比較し、それを道しるべにして、似た傾向を持つ作り手と同じ場所をめざすといいだろう。

ストーリー・トライアングルの最上部に並ぶのは、「古典的設計」を構成する要素である。これらの要素は真の意味で「古典的」である。これらは時代や文化を超え、文明化されていようと原始的であろうと、地球上のあらゆる社会の基盤となるもので、何千年にも及ぶ口承の時代を経て、深い時の闇にまでさかのぼる。四千年前に『ギルガメシュ叙事詩』が十二の粘土板に楔形文字で刻まれ、はじめてストーリーが書きことばの形を与えられたとき、古典的設計の要素はもうじゅうぶんに美しく完成されていた。

「古典的設計」のストーリーでは、能動的な主人公がみずからの欲求を達成するために、おもに外的な敵対勢力と戦う。ストーリーは連続した時間に沿って、因果関係の明確な矛盾のない架空の現実のなか

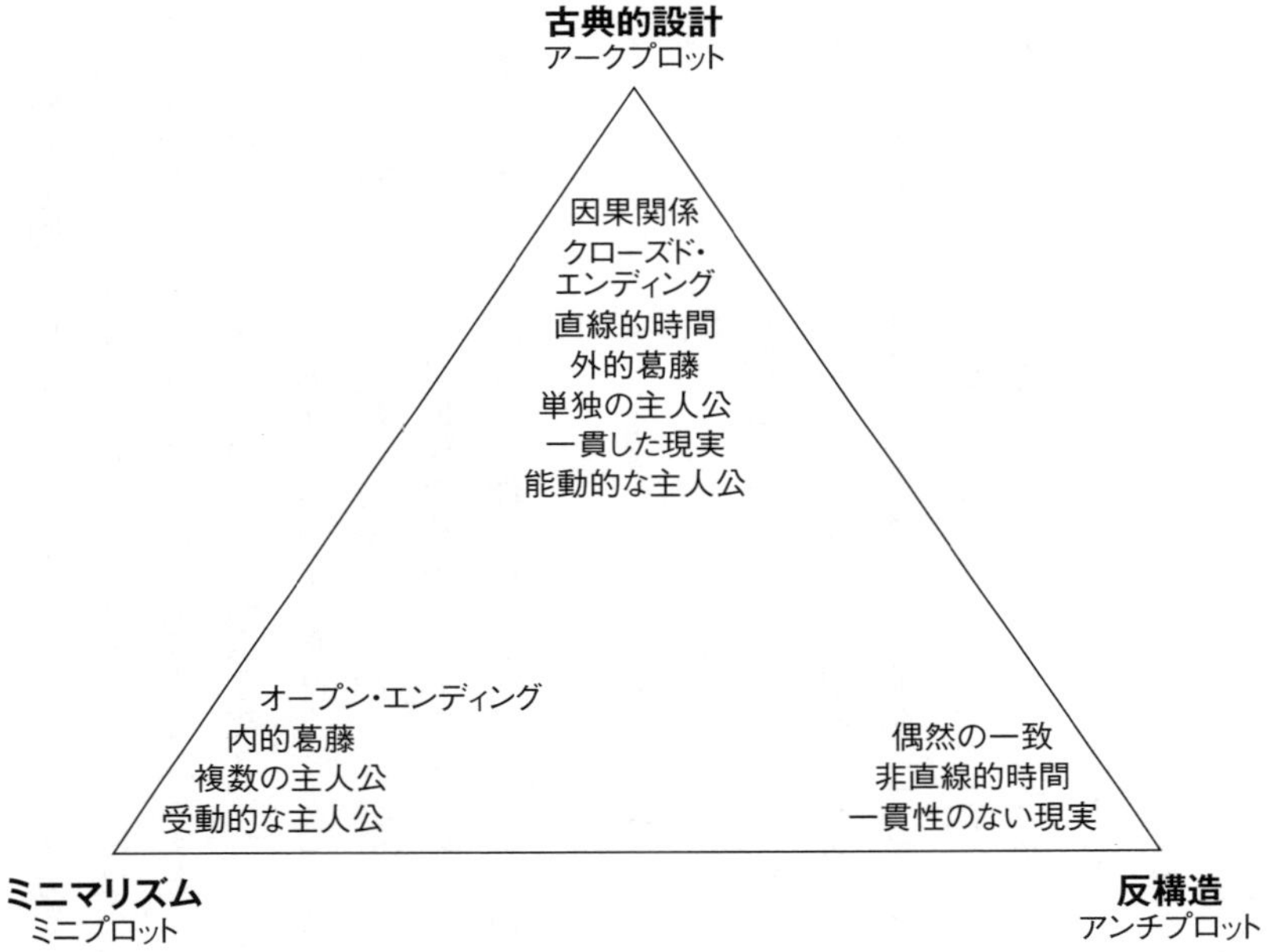

で展開し、絶対的で不可逆のクローズド・エンディングへと向かっていく。

このようにいつの時代にも通用する原則の集まりを、わたしはアークプロットと呼ぶ。「アーク」には、辞書にもあるとおり、「同種のほかのものよりまさる」という意味合いがある。

しかし、アークプロットがストーリーテリングの至高の形というわけではない。左下にはミニマリズムの例をあげている。ミニマリズムの場合、その名のとおり、脚本家は古典的設計の各要素からはじめて、それを最小限にしていく——アークプロットならではの特徴を縮めたり押し固めたり、切りつめたり刈りこんだりする。こうしたミニマリズムのさまざまな具体例を、わたしは「ミニプロット」と呼ぶ。ミニプロットはプロットが不在ということではなく、アークプロットと同じようにストーリーが美しく語られなくてはならない。簡潔さと無駄のなさを追求しながらも、観客が満足して「なんてすばらしいストーリーだ！」と思いながら映画館を出ていけるように、古典的な部分をじゅうぶんに残している。

右の隅には「アンチプロット」がある。これは反小説、ヌーヴォーロマン、不条理劇の映画版に相当する。この反構造型のプロットは、古典的要素を減らすというよりその逆を行き、伝統的な形に抗することで、形式的な原則という考えそのものの弱点を突き、おそらくは揶揄しようとしている。アンチプロットの書き手が、控えめな表現や厳粛な静けさに興味を示すことはあまりない。むしろ、「革新的な」野心を示すために、派手な表現や自意識過剰の誇張へと向かうものだ。

アークプロットは、世界の映画の肉であり、ジャガイモであり、パスタであり、ライスであり、クスクスである。この百年のうちに作られた映画の大半がこの型のプロットを用い、国境を超えてたくさんの観客の心をつかんできた。古い順にざっと例をあげると、『大列車強盗』（アメリカ／03）、『ポンペイ最後の日』（イタリア／13）、『カリガリ博士』（ドイツ／20）、『グリード』（アメリカ）、『戦艦ポチョムキン』（ソ連）、『M』（ドイツ／31）、『トップ・ハット』（アメリカ／35）、『大いなる幻影』（フランス／37）、『赤ちゃん教育』（アメリカ／38）、『市民ケーン』（アメリカ／41）、『逢びき』（イギリス／45）、『七人の侍』（日本／54）、『マーティ』（アメリカ／55）、『第七の封印』（スウェーデン／57）、『ハスラー』（アメリカ／61）、『２００１年宇宙の旅』（イギリス／アメリカ／68）、『ゴッドファーザー　ＰＡＲＴⅡ』（アメリカ／74）、『未亡人ドナ・フロールの理想的再婚生活』（ブラジル／78）、『ワンダとダイヤと優しい奴ら』（イギリス）、『ビッグ』（アメリカ／88）、『菊豆（チュイトウ）』（中国／90）、『テルマ&ルイーズ』（アメリカ／91）、『フォー・ウェディング』（イギリス／94）、『シャイン』（オーストラリア）などがある。このように、アークプロットのカテゴリーには、驚くほど多様なストーリーが含まれる。

ミニプロットは種類こそ少ないが、全世界で作られているという点では変わらない。『極北の怪異（極北のナヌーク）』（アメリカ／22）、『裁かるるジャンヌ』（フランス／28）、『新学期　操行ゼロ』（フランス／

33)、『戦火のかなた』(イタリア/46)、『野いちご』(スウェーデン/57)、『音楽サロン(音楽ホール)』(インド/58)、『赤い砂漠』(イタリア)、『ファイブ・イージー・ピーセス』(アメリカ/70)、『クレールの膝』(フランス/70)、『愛のコリーダ』(日本/76)、『テンダー・マーシー』(アメリカ)、『パリ、テキサス』(西ドイツ/フランス/84)、『サクリファイス』(スウェーデン/フランス/86)、『ペレ』(デンマーク/スウェーデン/87)、『小さな旅人』(イタリア/フランス/スイス/92)、『リバー・ランズ・スルー・イット』(アメリカ/93)、『活きる』(中国/94)、『Shall we ダンス?』(日本/96)などがあげられる。ミニプロットには『福祉』(アメリカ/75)のような物語風のドキュメンタリーも含まれる。

アンチプロットの例はさらに少なく、ほとんどがヨーロッパ映画で、第二次世界大戦後の作品である。『アンダルシアの犬』(フランス/28)、『詩人の血』(フランス/30)、『午後の網目』(アメリカ/43)、『とんだりはねたりとまったり』(イギリス/59)、『去年マリエンバートで』(フランス/60)、『8 1/2』(イタリア/フランス)、『仮面/ペルソナ』(スウェーデン)、『ウイークエンド』(フランス/イタリア/67)、『絞死刑』(日本/68)、『フェリーニの道化師』(イタリア/70)、『モンティ・パイソン・アンド・ホーリー・グレイル』(イギリス)、『欲望のあいまいな対象』(フランス/スペイン/77)、『ジェラシー』(イギリス/80)、『ストレンジャー・ザン・パラダイス』(アメリカ/84)、『アフター・アワーズ』(アメリカ/85)、『ZOO』(イギリス/オランダ/85)、『ウェインズ・ワールド』(アメリカ/92)、『恋する惑星』(香港/94)、『ロスト・ハイウェイ』(アメリカ/フランス/97)などがある。アンチプロットには、アラン・レネの『夜と霧』(フランス/55)や『コヤニスカッツィ』(アメリカ/83)といったコラージュを多用したドキュメンタリーも含まれる。

ストーリー・トライアングルに見られる形式の相違

クローズド・エンディングかオープン・エンディングか

アークプロットはクローズド・エンディングをもたらす――つまり、ストーリーが提示した疑問のすべてに答えが与えられ、引き起こされた感情のすべてが満たされる。観客は隙のない完結した体験とともに席を立ち、疑問も不満も残らない。

一方、ミニプロットは、どこか未解決のままで終わることが多い。提示された疑問のほとんどに答えが示されるが、不明のままの疑問がひとつふたつ残され、あとで観客がみずから答えを出さなくてはならない。引き起こされた感情のほとんどが満たされる一方で、自分で満たすべき部分も残される。ミニプロットでは、思考や感情に疑問符がついたまま終わるかもしれないが、「オープン」とは、映画が途中で終わって何もかもが宙吊りになることではない。残された疑問は答えられるもの、感情は解決できるものである必要がある。そこまでに描かれたことから考えて、答えは明瞭で数通りしかないため、ある程度完結させることも可能である。

絶対的で不可逆の変化が起こって、そこまでに提示された疑問のすべてが解決され、観客の感情をすっかり満たすクライマックスが「クローズド・エンディング」である。

ひとつかふたつの疑問が解決しないままで、満たされない感情が少し残るクライマックスが「オープン・エンディング」である。

『パリ、テキサス』のクライマックスで、父と息子は和解する。未来が定まり、ふたりの幸せを願う観客の感情も満たされる。だが、夫と妻、母と息子の関係は未解決のままだ。「この家族がいっしょに過ごせる未来はあるのだろうか。もしあるなら、それはどんな未来なのか」という疑問は解決していない。その答えは、それぞれが映画を観たあとに心の奥底で見つかる。この家族をひとつにしたいが、無理だと思うなら、悲しい夜になる。末永く幸せに暮らすと確信できるなら、満ち足りた気持ちで映画館をあとにする。ミニマリズムのストーリーの語り手は、この最後の重要な判断を意図的に観客に委ねるのだ。

外的葛藤か内的葛藤か

アークプロットでは外的葛藤が重視される。登場人物が強い内的葛藤をかかえている場合もあるが、中心に据えられるのは、人間関係の処し方や、社会制度への抵抗や、現実世界で働く力との闘いである。逆に、ミニプロットでは、主人公が家族や社会や環境に強い外的葛藤をいだいている場合もあるが、重きが置かれるのは、意識的であれ無意識的であれ、自分の思考や感情のなかでの闘いである。

『マッドマックス2』(81)と『偶然の旅行者』での主人公の旅を比べてみよう。前者では、メル・ギブソン演じるマッドマックスが、うぬぼれの強い一匹狼から自己犠牲のヒーローへと内的変化をとげるが、ストーリーの重点は仲間たちの生き残りにある。後者では、ウィリアム・ハート演じる旅行ガイドブックのライターの人生が、再婚して、孤独な少年の父親として迎え入れられることで変化するが、重点は主人公の魂の再生にある。この作品の中核にあるのは、感情が麻痺した男から、思いきり愛して感情をほとばしらせる男への変化だ。

単独の主人公か複数の主人公か

古典的なストーリーの場合、中心になるのは――男であれ、女であれ、子供であれ――単独の主人公であることが多い。作品全体にわたって、ひとつの主要なストーリーが語られ、主人公が核となる役割を果たす。

だが、脚本家が作品をいくつもの小さなサブプロット程度のストーリーに分け、それぞれに別の主人公を据えれば、起伏に富んだアークプロットの力が最小限に抑えられ、一九八〇年代以降人気が高まったマルチプロット型のミニプロットとなる。

『逃亡者』の緊迫したアークプロットでは、ハリソン・フォード演じる主人公をカメラはつねに追っている。脇目も振らず、サブプロットらしきものすらない。一方、『バックマン家の人々』には、六人の主人公の六つの物語がほどよく織りこまれている。アークプロットと同じく、これら六人の登場人物の葛藤はほぼ外的なもので、『偶然の旅行者』のような深い苦しみや内面の変化は経験しない。しかし、これらの家族間の諍いによってわれわれの感情はさまざまな方向へ動かされる。それぞれの話が十五分から二十分と短いため、この多重的な設計によって語りが和らげられる。

マルチプロットの例は、『イントレランス』(アメリカ／16)にはじまり、『グランド・ホテル』(アメリカ／32)、『鏡の中にある如く』(スウェーデン／61)、『愚か者の船』(アメリカ／65)を経て、今日では多くの実例——『ショート・カッツ』(93)、『パルプ・フィクション』(94)、『ドゥ・ザ・ライト・シング』(89)、『恋人たちの食卓』——がある。

能動的な主人公か受動的な主人公か

アークプロットの単独の主人公は、能動的で活力に満ち、激化する葛藤や変化をくぐり抜けて、ひたすら目標を追い求める。ミニプロットの主人公の場合、無気力とまでは言えないにせよ、どちらかというと受け身で消極的である。この受動性は、『偶然の旅行者』のように、主人公に強い内的葛藤を与えるか、マルチプロット型の『ペレ』のように、主人公のまわりに劇的な事件を配することによって補正されることが多い。

「能動的な主人公」はまわりの人々や世界と対立し、行動を起こしながら、目標を追い求める。

「受動的な主人公」は、表向きはおとなしく見えるが、自身の内面と葛藤しながら、心のなかで目標を追い求める。

『ペレ』のタイトルと同名の主人公は、大人の世界に支配される少年であり、受け身にならざるをえない。だが、脚本を書いたビレ・アウグストは、ペレの疎外感をうまく利用し、周囲でつぎつぎと起こる悲劇的な出来事の傍観者にしている。不倫中の男女が嬰児を殺し、別の女が不義を働いた夫を去勢し、反抗的な使用人が事故で廃人になる。全体に子供の視点から語られているため、こうした暴力的な出来事は映像として示されないか、遠景にとどめられている。そのため、観客にはその原因がほとんどわからず、ただ結末だけが見える。この設定のおかげで、ともすればメロドラマ的で、不快感を与える恐れさえあるものが、弱められ、最小限に抑えられている。

直線的時間か非直線的時間か

アークプロットは時間軸のどこかの点ではじまって、ほぼ連続した時間を楕円状に進み、後日に終わる。フラッシュバックが用いられる場合も、観客が数々の出来事を時系列に並べられるように処理する。一方、アンチプロットの場合、時間が逆転したり、交錯したり、分断されたりするので、出来事を時系列にまとめるのは不可能ではないにせよ、困難であることが多い。ゴダールはかつて自身の美学を語った際に、映画にははじまりと中間と終わりがなくてはならない……が、その順序どおりである必要はない、と言っている。

「直線の時間」で語られたストーリーでは、フラッシュバックの有無にかかわらず、観客が理解できるように出来事が時系列に並べられている。

「非直線の時間」で語られたストーリーでは、話がそこかしこへ飛んだり、連続性が曖昧だったりで、観客は出来事の前後関係を理解できない。

まさにうってつけの*Bad Timing*という原題を持つアンチプロットの『ジェラシー』では、精神分析医（アート・ガーファンクル）がオーストリアでの休暇中に、ある女（テレサ・ラッセル）と出会う。映画の最初の三分の一では、ふたりの恋のはじまりらしいシーンが流れるが、あいだにフラッシュフォワードがはさまれて、恋の中期や後期へ飛ぶ。中間の三分の一には、恋の中期と思われるシーンがちりばめられているが、初期へのフラッシュバックや、後期へのフラッシュフォワードがはさみこまれる。最後の三分の一のほとんどは、ふたりの最後の日々と思われるシーンだが、ところどころに中期や初期へのフラッシュバックが挿入されている。映画は屍姦行為で終わる。

『ジェラシー』は「運命どおりの人物」という旧来の概念——運命はその人そのものであり、人生の結末はその人本来の性質で決まるのであって、家族も社会も環境も運も関係ないという考え——の現代版だ。時間をサラダのように混ぜ合わせることで、『ジェラシー』の反構造は登場人物を周囲の世界から切り離す。ふたりがある週末にザルツブルクへ行こうと、つぎの週にウィーンへ行こうと、どんなちがいがあるのか。ここでランチを食べようと、あそこでディナーを食べようと、このことで喧嘩をしようと、あのことで喧嘩をしようと、あるいは喧嘩などしなくても、何が変わるというのか。重要なのはふたりの人格が起こす有毒な相乗効果だ。出会った瞬間、ふたりは不気味な運命に向かって突進する弾丸列車に乗りこんだと言える。

因果関係か偶然か

アークプロットが重きを置くのは、世界で物事がどのように起こるか、原因がどのように結果を生むか、この結果がどのように別の結果を引き起こすか、である。古典的なストーリー設計は、明らかなものから不可解なものまで、私的なものから叙事詩的なものまで、個人のあり方から国際的な情報社会まで、人生の壮大な相関図を示す。鎖のようにからみ合った因果関係を解明し、理解できた暁には人生に意味を与える。一方、アンチプロットは、因果関係ではなく偶然を用いることが多く、物事の脈絡のないぶつかり合いを重んじる。それは因果関係の連鎖を断ち、断片化や空虚や不条理へとつながっていく。

「因果関係」が動かすストーリーでは、動機づけられたアクションが効果をもたらし、それがきっかけでさらなる効果が生まれる。さまざまなレベルの対立や葛藤が結びついて、いくつかのエピソードが連鎖的に生じ、やがてストーリー・クライマックスへと至るという形で、多くの現実が密接にかかわるさまが表現される。

「偶然」が動かすフィクションの世界では、動機づけされていないアクションが引き金となって出来事が起こるが、そこからさらに効果が生まれることはない。したがって、ストーリーはばらばらのエピソードとオープン・エンディングから成り立ち、物事の隔絶されたさまが表現される。

『アフター・アワーズ』では、若い男（グリフィン・ダン）が、マンハッタンのコーヒーショップで偶然出会った女とデートの約束をする。ソーホーにある女のアパートメントへ向かうが、その途中でなけなしの二十ドルがタクシーの窓から飛ばされてしまう。その後、女のロフトにある制作中の奇妙な像にその金が留められているのに気づく。女は突然、かねてから計画していた自殺を図る。地下鉄に乗る金もなく、ソーホーで身動きがとれなくなった男は、強盗とまちがえられて、自警団に追われる。狂気じみた人々やあふれるトイレに逃げ道を阻まれ、男は像のなかに隠れるが、その像は本物の強盗に盗まれたあと、逃走するトラックから転げ落ち、男の職場があるビルの前に着く。男はちょうど始業時間にパソコンの前に腰かける。

男は神のビリヤード台に置かれた玉であり、やみくもに跳ねまわったすえ、ポケットに落ちるのだった。

一貫性のある現実か、一貫性のない現実か

ストーリーは人生の隠喩だ。それは事実の先にある本質的なものへと導いてくれる。だから、現実とストーリーの基準を一対一で対応させるのはまちがいだ。われわれが作りあげる世界は、因果関係という内在するルールに従っている。アークプロットは一貫した現実のなかで展開するが、そこでの現実とは単なる事実ではない。どれほど自然主義的に「生々しい人生」を描いたミニプロットであっても、抽象化と純化を施されたものだ。フィクションにおける現実では、物事の起こり方が独自に規定される。アークプロットでは、こうしたルールを――たとえ突飛なものであっても――破ることができない。

「一貫性のある現実」とは、登場人物とその世界の相互関係を成立させる、フィクション上の設定を言う。それは作品全体を通して一貫して守られ、意味を作りあげる。

たとえば、ファンタジーのジャンルにはいる作品は、ほぼすべてがアークプロットであり、そこでは「現実」の奇妙なルールが忠実に守られる。『ロジャー・ラビット』で、人間がアニメーションのキャラクターであるロジャーを、鍵のかかったドアに向かって追いつめるとしよう。急に体が平べったくなったロジャーはドアの下を通り抜けて逃げ、人間はドアに激突する。めでたし、めでたし。だが、こんどはこれがストーリーのルールになる。つまり、ロジャーは体が平たくなって逃げられるのだから、どんな人間も捕まえることができないというルールである。この先のシーンでロジャーを捕まえたくなったら、脚本家は人間以外の存在を考え出すか、さっきの追跡シーンにもどって書きなおすしかない。アークプロットの脚本家は、いったんストーリーの因果関係を築いたら、自分が作ったルールに従って書かなくてはならない。このように、

一貫性のある現実とは、そこでのルールが矛盾なく守られる世界を指す。

「一貫性のない現実」とは、複数の相互作用が混在した設定を言い、そこではエピソードがひとつの「現実」から別の「現実」へと気まぐれに飛びまわり、不条理の感覚が生まれる。

一方、アンチプロットの唯一のルールは、ルールを破ることである。ジャン゠リュック・ゴダールの『ウイークエンド』では、パリに暮らす夫婦が保険金目当てに妻の老母の殺害を企てる。郊外にある母親の家へ向かう途中、ふたりは現実というより幻覚に近い事故に遭い、乗っていた赤いスポーツカーが大破する。その後、ふたりが木陰の美しい道を歩いていると、十九世紀のイギリスから二十世紀のフランスの小道へとほうりこまれたエミリー・ブロンテが突然現れ、自作の小説『嵐が丘』を読んでいる。パリに住むふたりは、ひと目見ただけでエミリーに嫌悪をいだき、ジッポーのライターを取り出してエミリーのフープスカートに火をつけ、彼女を黒焦げにして……そのまま歩きつづける。

古典文学への揶揄だろうか？　おそらくそうだろうが、こういうことがまた起こるわけではない。これはタイムトラベル映画ではなく、ほかに過去や未来からやってくる人間はいない。エミリーだけで、一度きりだ。これは破るために作られたルールである。

アークプロットを覆したいという欲求は二十世紀初頭に芽生えた。アウグスト・ストリンドベリ、エルンスト・トラー、ヴァージニア・ウルフ、ジェイムズ・ジョイス、サミュエル・ベケット、ウィリアム・S・バロウズなどの作家は、作り手と外的現実を切り離し、それによって作り手と大部分の読者や観客を切り離す必要を感じていた。表現主義、ダダイズム、シュールレアリスム、意識の流れ、不条理劇、反小説、そして反構造映画は、技術的なちがいはあるかもしれないが、もたらす結果は同じである。作り手は私的世界の内側に引きこもり、選ばれた読者や観客だけがそこにはいることを許される。これらの世界では、出来事が時間とは無関係に、偶発的、断片的、無秩序に起こるばかりか、登場人物の心理も常識はずれでわかりにくい。彼らは正気でも狂気でもなく、故意に一貫性を欠いているか、過度に象徴的にふるまっているかのどちらかだ。

この種の映画は「ありのままの人生」ではなく、「頭で考えた人生」の隠喩である。現実ではなく、作り手の独自の感覚を反映することによって、ストーリー設計の限界を押しひろげて、観念的でメッセージ性の強い構造を築くわけだ。しかし、『ウイークエンド』のようなアンチプロットに見られる一貫性のない現実にも、ある種の調和はある。うまくいけば、それは作り手の主観の表出と見なされる。いかに支離滅裂であろうと、全体としての統一性が感じられれば、ゆがんだ世界に進んで足を踏み入れようとする観客にはまとまった作品と感じられる。

ここまであげた七つの形式上の対比や相違は厳密なものではない。「オープン／クローズド」、「受動的／能動的」、「一貫性のある現実／一貫性のない現実」と言っても、その程度や色合いはかぎりなくある。ストーリー設計の三角形のなかには、あらゆるタイプの語り方が存在しうるが、三つの極にぴったり位置するような純度の高い作品はほとんどない。三角形の各辺は選択の幅を示し、脚本家はストーリーをこの辺に沿って動かしながら、それぞれの要素を混ぜたり採り入れたりする。

『恋のゆくえ／ファビュラス・ベイカー・ボーイズ』(89)と『クライング・ゲーム』は、アークプロットとミニプロットの中間に位置する。どちらもやや受動的で孤独な人物の物語であり、サブプロットであるラブストーリーの行方については答えが示されないまま、オープン・エンディングになっている。どちらも、『チャイナタウン』(74)や『七人の侍』のような古典的設計ではないし、『ファイブ・イージー・ピーセス』や『青いパパイヤの香り』(93)のようなミニマリズムの色合いもない。

マルチプロットの映画も古典的設計とミニマリズムのあいだにある。この型の達人であるロバート・アルトマンは、あらゆるタイプの作品をつむぎ出している。マルチプロットがアークプロット寄りになると、

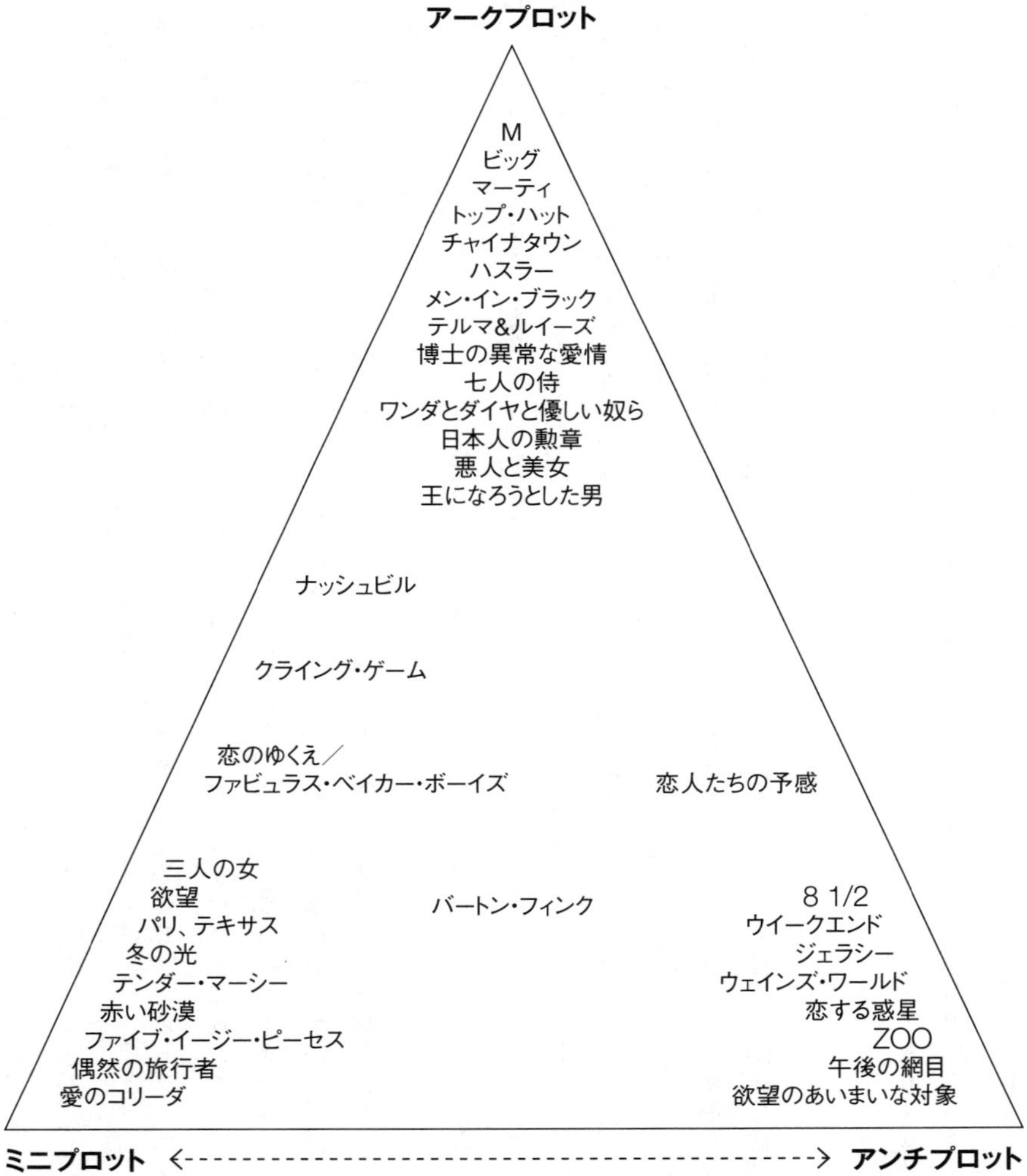
アークプロット
M
ビッグ
マーティ
トップ・ハット
チャイナタウン
ハスラー
メン・イン・ブラック
テルマ&ルイーズ
博士の異常な愛情
七人の侍
ワンダとダイヤと優しい奴ら
日本人の勲章
悪人と美女
王になろうとした男
ナッシュビル
クライング・ゲーム
恋のゆくえ／
ファビュラス・ベイカー・ボーイズ
恋人たちの予感
三人の女
欲望
パリ、テキサス
冬の光
テンダー・マーシー
赤い砂漠
ファイブ・イージー・ピーセス
偶然の旅行者
愛のコリーダ
バートン・フィンク
8 1/2
ウイークエンド
ジェラシー
ウェインズ・ワールド
恋する惑星
ZOO
午後の網目
欲望のあいまいな対象
ミニプロット
アンチプロット

個々のストーリーが目まぐるしく変化して強烈な外的結果をもたらすため（『ナッシュビル』〔75〕）、「ハードな」作品になる。逆にミニプロット寄りになると、ストーリーを展開させる台詞のテンポが遅くなってアクションが内面化し（『三人の女』〔77〕）、「ソフトな」作品になる。

疑似アンチプロット型の映画もありうる。たとえば『恋人たちの予感』（89）では、ノーラ・エフロンとロブ・ライナーが「モキュメンタリー（疑似ドキュメンタリー）」のシーンをはさみこんだために、映画全体の「現実味」が問われることになる。年配のカップルが自分たちの出会いを振り返るドキュメンタリー風のインタビューは、実は台本どおりのシーンで、俳優たちがドキュメンタリー風に演じている。ほかの点では型どおりのラブストーリーに、偽の現実をはさみこむことで、映画は反構造と自己風刺という一貫性のない現実へと向かっている。

『バートン・フィンク』（91）は三つの極それぞれの性質を併せ持ち、三角形の中央に位置づけられる。ストーリーは、ニューヨークの若い劇作家（単独の主人公）が、ハリウッドで名を成そうとするところ（外的な力との能動的な対立）からはじまる――「アークプロット」。だがフィンク（ジョン・タトゥーロ）はどんどん引きこもるようになり、深刻な創作の壁にぶちあたる（内的葛藤）――「ミニプロット」。さらにそれが幻覚へと進むと、観客には何が現実で何が空想なのか、だんだんわからなくなり（一貫性のない現実）、やがて何も信じられなくなる（時間と因果関係の乱れ）――「アンチプロット」。フィンクが海を見つめるラストはオープン・エンディングに近いが、彼がもうこの町で書くつもりがないのはまちがいない。

変化と静止

ミニプロットとアンチプロットをつなぐ線より上の作品のストーリーでは、人生がはっきりと変化する。だが、『ハズバンズ』（70）のように、ミニプロットにきわめて近い映画では、変化が内的葛藤の最も深いレベルで起こるため、ほとんど感じとれない。『モンティ・パイソン・アンド・ホーリー・グレイル』のよう

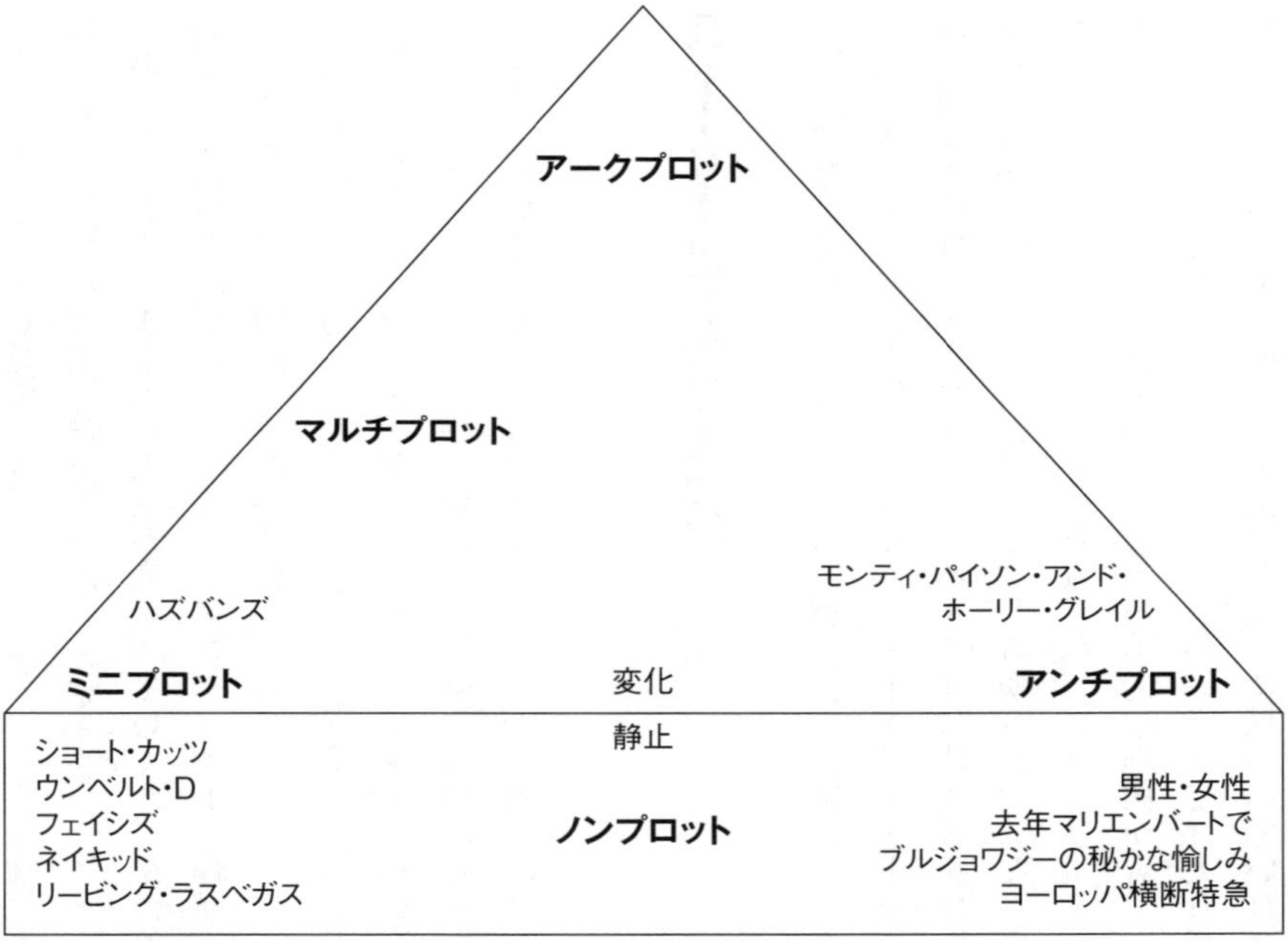

に、アンチプロットにきわめて近い映画では、変化が壮大なジョーク並みに大きくなる。しかし、どちらの場合も、ストーリーは弧を描くように展開し、よくも悪くも人生が変化する。

一方、線の下側に位置する作品では、人生が停滞したままで、弧を描かない。映画のラストにおける登場人物の重要な価値要素のあり方は、冒頭とほとんど変わらない。真実らしいものであれ、不条理なものであれ、ストーリーはただの描写にすぎない。このような映画をわたしは「ノンプロット」と呼ぶ。情報や感動を与え、独自の修辞や構造を具えているが、ストーリーを語りはしない。したがって、これらはストーリー・トライアングルの外側のあらゆるものを含む領域に配置され、「ナラティブ（叙述）」という語でゆるやかにくくられる。

『ウンベルト・D』（52）、『フェイシズ』（68）、『ネイキッド』（93）など、実生活の断片を切りとった作品には、問題をかかえて生きる孤独な主人公が登場する。主人公はさらなる試練に直面するが、映画のラストでは人生の苦悩を受け入れ、さらに大きな苦悩を背負う覚悟さえ見える。『ショート・カッツ』では、いくつものストーリーラインがあって、さまざまな人の人生が変わっていくが、冷たく不穏な空気が作品全体を支配し、やがて殺人や自殺がごく自然な風景に見えてくる。ノンプロットの作品世界では何も変化しないが、観客は静かに洞察を得て、うまくいけば内面の何かが変わる。

反構造のノンプロットでは、不自然きわまりない形式のなかで、不条理と風刺によって話が展開する。『男性・女性』（フランス／66）、『ブルジョワジーの秘かな愉しみ』（フランス／72）、『自由の幻想』（フランス／74）は、ブルジョワの滑稽な性的行動や政治的行動を揶揄するシーンをつなぎ合わせた映画だが、冒頭の見境のない愚か者たちは、エンドロールが流れる段になっても、まったく同じように見境がなく愚かなまだ。

ストーリー設計の政治力学

理想的な世界では、芸術と政治的駆け引きにはまったく接点がない。だが現実には、無関係ではいられない。ストーリー設計も例外ではなく、ストーリー・トライアングルの内側には駆け引きがひそんでいる。好みに関する駆け引き、フェスティバルや賞に関する駆け引き、そしてとりわけ重要なのが、芸術的成功か商業的成功かという駆け引きである。あらゆる政治的なものについて言えることだが、真実のゆがみは極点において最大になる。書き手にはそれぞれ、ストーリー・トライアングルのどこかに、生まれ持った居場所がある。危険なのは、個人的ではなく政治的な理由から、本来の持ち場から遠く離れた場所で執筆せざるをえないと思いこむことだ。それでは、心の底では受け入れていないストーリー設計に手を出すことになる。しかし、よくある上っ面だけの論争を虚心に見つめていれば、道を誤ることはあるまい。

長年にわたって、映画におけるいちばんの駆け引きは「ハリウッド映画」対「芸術映画」だった。古くさいと思うかもしれないが、そのような考え方をする者はいまも少なからずいて、しかも声高にそれを主張する。以前からこの問題は、高予算か低予算か、特殊効果か絵画的構図か、スターシステムかアンサンブル演技か、民間資金か政府支援か、個性派作家か職人監督かという観点から論じられてきた。しかし、これらの議論の根底には、人生に対するふたつの正反対の見方がある。その最先端はストーリー・トライアングルの底辺の両側に置かれた「静止」と「変化」という矛盾する概念であり、これらは脚本家にとって深い意味を持つ。まずは用語の定義からはじめよう。

「ハリウッド映画」と言うとき、そこには『運命の逆転』、『Q＆A』(90)、『ドラッグストア・カウボーイ』(89)、『ハリウッドにくちづけ』、『サルバドル／遥かなる日々』(86)、『旅立ちの時』(88)、『ブルーベルベット』(86)、『ボブ★ロバーツ／陰謀が生んだ英雄』(92)、『ＪＦＫ』(91)、『危険な関係』、『フィッシャー・キング』(91)、『ドゥ・ザ・ライト・シング』、『世界中がアイ・ラヴ・ユー』(96)は含まれない。これらはハリウッドの映画スタジオが制作し、国際的成功作と絶賛されている作品で、近いタイプのものはほかにも多いが、どれも「ハリウッド映画」ではない。『偶然の旅行者』の興行収入は全世界で二億五千万ドルを超え、いわゆる「アクション」映画のほとんどを上まわるが、これもやはり「ハリウッド映画」とはちがう。政治的な意味で「ハリウッド映画」と言う場合は、特殊効果を多用した年間三十作から四十作の映画と、それとほぼ同数のコメディ映画やロマンス映画にかぎられ、それはハリウッドで作られる映画全体の半分よりもはるかに少ない。

一方、「芸術映画」は、広義では非ハリウッド映画を意味し、特に外国映画、さらに特定すればヨーロッパ映画を指す。西ヨーロッパでは年間四百本以上の映画が制作され、概してハリウッドよりも多い。だが、ヨーロッパで数多く制作される血まみれのアクション物、ハードコアポルノ、スラップスティックコメディは「芸術映画」とは呼ばれない。映画通が使いがちな批評用語では、「芸術映画」（ばかげた言いまわしだ―

——「芸術小説」や「芸術演劇」ということばを想像してみるといい）は、『バベットの晩餐会』（87）、『イル・ポスティーノ』（94）、『ありふれた事件』のような、どうにか大西洋を渡ってきた少数の名画に限定される。

このふたつは文化的な勢力争いのなかで作られた用語で、両者の現実観は正反対とは言わないまでも、大きく異なっている。ハリウッドの映画の作り手は、人生は変わりうる——それも、よいほうへ——とあまりに（愚かなまでにと言われることもある）楽観的に考えがちだ。それゆえ、この考えを具体化するためにアークプロットに頼り、ハッピーエンドにする確率が極端に高い。非ハリウッド映画の作り手の場合、変化についてはあまりに（粋がってと言われることもある）悲観的で、人生が大きく変わっても実態は変わらず、ややもすると苦しむ羽目になると考える傾向がある。そのため、変化は無益で、無意味で、破壊的であると示すために、単調で動きのないノンプロットの映画や、暗い結末の極端なミニプロット映画やアンチプロット映画になりがちだ。

もちろん、これらはあくまで傾向であり、大西洋のどちら側にも例外はあるが、この対立はたしかに存在し、旧世界と新世界を隔てる海よりも深い。アメリカ人は停滞した文化と厳格な階級という牢獄からの逃亡者であり、変化を強く求める。何度も変化を繰り返し、役立つものをどうにか見つけようと努力する。莫大な金をかけて「偉大な社会」に安全網を張りめぐらしながらも、みずからそれを切り裂こうとしているわけだ。一方、旧世界は長年にわたる苦難の歴史から、社会的変化がかならず戦争や飢餓や混沌をもたらすと身をもって知り、そうした変化を恐れるようになった。

その結果、ストーリーに対する姿勢は二極化した。ハリウッドの素朴な（よい方向への変化に無邪気にこだわる）楽観主義に対して、「芸術映画」の素朴な（人間の状況は悪いか停滞していると無邪気に決めつける）悲観主義がある。ハリウッドの映画は真実味よりも商業的な事情を重んじて、無理にどんでん返しで終わらせることが多すぎる。一方、非ハリウッド映画は、真実味よりも玄人好みであることを重んじて、暗い面にこだわりすぎる。真実はつねにその中間のどこかにある。

芸術映画は内的葛藤に力点を置いているため、高学歴層の心をとらえる。教育水準の高い人たちは精神世界で過ごす時間が長いからだ。しかし、ミニマリズムの作家たちは、そういった層の人たちも内的葛藤ばかりを求めているわけではないことを見落としがちだ。さらに悪いことに、目に見えないものをスクリーンに表現するおのれの才能を過大評価している。これに対して、ハリウッドのアクション映画の作り手は、観客が登場人物や思考や感情に寄せる興味を軽んじすぎで、自分だけは紋切り型のジャンル映画を作らないと信じこんでもいる。

ハリウッド映画のストーリーはこじつけで陳腐になりがちなため、監督は観客の関心をつなぎ留めるために何か別のもので埋め合わせしなくてはならない。そのため、特殊効果や派手な音響などに頼る（『フィフス・エレメント』［97］）。同様に、芸術映画ではストーリーが薄っぺらか、まったく存在しないことも多く、監督はそれを補う必要があり、この場合、情報か感覚刺激というふたつの方法のどちらかを用いる。たとえば、政治論議、哲学的思索、登場人物の心情吐露などの台詞が詰まったシーン、あるいは、贅沢な画面設計や音楽で観客の感覚を満足させる（『イングリッシュ・ペイシェント』［96］）。

現代の映画にまつわる論争が嘆かわしいのは、「芸術映画」と「ハリウッド映画」のどちらもが極端に走り、それぞれが互いの鏡像となっている点だ。空虚な偽りのストーリーから観客の目をそらすために、豪華な映像や音響で表面をまばゆく飾り立てるが……昼のあとに夜が訪れるように、どちらもあとには退屈しか残らない。

資金や配給や賞をめぐる駆け引きの裏には、文化の深い溝があり、それがアークプロット対「ミニプロット／アンチプロット」の相反する世界観へと反映されている。脚本家は、ストーリーごとにトライアングルのどこへでも移動できるが、たいていの場合、ほかよりも居心地よく感じる場所がある。したがって、みずから「政治的」選択をして、自分の居場所を決めなくてはならない。その際に検討すべきポイントをあげよう。

執筆で生計を立てること

週四十時間の仕事に就きながら執筆することも可能だ。数えきれないほどの人がそうしてきた。しかし、そのうちに疲れ果てて集中力が落ち、創造力も萎え、書くのをやめたくなる。そうなる前に、書くことで生計を立てる方法を見つけなくてはならない。映画、テレビ、演劇、出版という現実世界で、才能ある書き手が生き残るためには、まずつぎの事実を認識することが大切だ――ストーリー設計がアークプロットから遠ざかり、三角形の底辺にあるミニプロット、アンチプロット、ノンプロットへ向かうにつれて、観客の数は減っていく。

そのことは作品のよしあしとはまったく関係がない。ストーリー・トライアングルの頂点三つのすべてで、世界の宝とも呼ぶべき名作、われわれの不完全な世界を完全にしてくれる作品が輝いている。観客数が減るのは、ほとんどの人々が以下のように考えているからだ。人生は絶対的で不可逆の変化をもたらし、それは完結した体験である、と。自分は独自の存在意義を持ったただひとりの主人公であり、葛藤を生む最大の原因は自分の外にある、と。人間というものは、因果関係で結ばれた一貫した現実のなかで、連続した時間に沿って行動する、と。そして、すべての出来事は説明可能で意味のある理由から生じる、と。遠い昔の祖先が自分の手で熾した火を見つめながら、「わたしは……」と考えはじめたころからずっと、人間は世界やそこに暮らす自分たちをそのように見てきた。古典的設計は人間の心を映す鏡なのだ。

そして、記憶や期待を語るには古典的設計のストーリーが最適である。過去を振り返るとき、われわれは個々の出来事を反構造やミニマリズムによってつなぎ合わせるだろうか。そんなことはない。アークプロットを軸に、記憶を集めて形作り、過去を鮮やかによみがえらせるはずだ。未来に思いを馳せるとき、われわれは何かが起こるのを恐れたり願ったりするが、そこで描かれるものはミニマリズムや反構造に基づいているだろうか。いや、空想や希望からアークプロットを作りあげる。古典的設計のストーリーは時間、空間、因果関係にまつわる人間の知覚の型を明示し、そこからはずれると人は反発を覚える。

古典的設計は西洋だけの人生観というわけではない。何千年ものあいだ、地中海東部からジャワや日本に至るまで、アジアの語り手たちはアークプロットの枠組のなかで作品を練りあげ、波乱に満ちた冒険や燃えたぎる情熱の物語をつむいできた。昨今のアジア映画の隆盛からもわかるとおり、東洋の脚本家たちは、西洋で用いられる古典的設計と同じ原理を用い、しかも独自のウィットやアイロニー（皮肉）で作品を豊かにしている。アークプロットは古風でも現代的でもなく、西洋的でも東洋的でもない。人間的なのだ。

ストーリーの虚構の度合いが大きすぎると、観客は退屈したり無意味に感じたりし、感情移入できずに背を向けてしまう。これは所得や経歴にかかわらず、知的で感性豊かな人すべてにあてはまる。大多数の人々は、アンチプロットの一貫性のない現実も、ミニプロットの内在化した受動性も、ノンプロットの変化のない堂々めぐりも、自分が実際に生きている人生の隠喩として受け入れることができない。ストーリーが三角形の底辺に達すると、受け入れる観客は減り、現実がときにねじ曲げられるのを好むインテリの映画ファンしか残らない。熱心で、作り手の意欲を掻き立ててくれる観客だが、きわめて少数にすぎない。

観客数が減れば予算も減る。それはやむをえない。一九六一年に『去年マリエンバートで』の脚本を書いたアラン・ロブ＝グリエは、七〇年代から八〇年代にかけても、難解だがすばらしいアンチプロットを書いた――いかに生きるかよりも、いかに書くかを示したような映画だった。反商業主義的な映画をどうやって制作したのかを、かつて本人に尋ねたことがある。映画の制作に七十五万ドル以上使ったことはなく、それは今後も変わらない、というのが彼の答えだった。彼の映画のファンは、数は少ないが忠実だ。低予算で制作されたので、出資者へは倍額が還元され、おかげでロブ＝グリエは監督の椅子にすわりつづけることができた。仮に制作に二百万ドルかけていたら、出資者たちは無一文になり、ロブ＝グリエは監督の座を失っていただろう。ロブ＝グリエは夢想的であると同時に現実的でもあった。

ロブ＝グリエのように、ミニプロットやアンチプロットを書きたいと思い、低予算で動いてくれる非ハリウッドのプロデューサーが見つかり、自分自身も比較的少ない収益で満足できるのであれば、何も問題はない。ぜひそうすればいい。しかし、もしハリウッドのために書くのであれば、低予算向けのシナリオには価値がない。この道のベテランであれば、ミニマリズムや反構造の作品を読んで、イメージの扱い方を褒めてくれるかもしれないが、映画化にはかかわりたがらないだろう。これまでの経験から、そのようなストーリーでは多くの観客を呼べないと知っているからだ。

ハリウッドでは、最も低予算の映画でも制作費は数千万ドルに達し、通常の投資より大きな儲けが出せるだけの観客数を動員しなくてはならない。不動産に投資すれば、最低でも建物のひとつは手もとに残るというのに、なぜわざわざ何百万ドルもの金を危険にさらすだろうか。それも、一、二の映画祭で上映されただけで、低温の保管室にしまいこまれ、やがて忘れ去られてしまうような映画に。ハリウッドのスタジオに危ない道を渡ることを選ばせるつもりなら、脚本家はせめてその大きなリスクを埋め合わせられるような作品を書かなくてはならない。つまり、アークプロット寄りの作品である。

古典的な形式を習得すること

すぐれた脚本家は直感や研究によって、ミニマリズムや反構造が独立した形式ではなく、古典への反動だと理解している。ミニプロットとアンチプロットは、アークプロットから生まれた――一方はそれを縮めたもので、もう一方はそれを否定したものだ。前衛作品は通俗的で商業的なものへの抵抗から生まれるが、やがてみずからが通俗的で商業的になると、逆に自己攻撃をはじめる。仮にノンプロットの「芸術映画」が大ヒットして、莫大な利益をあげたら、前衛作家は反乱を起こして、ハリウッドが寝返ったと非難し、みずからは古典へ転向するだろう。

定型重視と自由形式、対称と非対称のあいだの行き来は、古代ギリシャの劇場と同じくらい古くから見られる。芸術の歴史はリバイバルの歴史だ。確立された型が前衛によって打ち砕かれ、その前衛がやがて新しい規範となると、こんどは祖父世代が使っていた型を武器とする新しい前衛に攻撃される。「ロックンロール」はもともとはセックスを意味する黒人のスラングで、戦後に白人が生み出した音楽に逆らう前衛音楽として登場した。それがいまでは音楽の王道に位置づけられ、教会音楽として使われることさえある。

アンチプロットを真摯に用いた作品は、時代遅れどころか、もはやジョークになっている。『アンダルシアの犬』から『ウイークエンド』に至るまで、反構造の作品には一貫して暗い風刺がきいているが、昨今では、カメラに話しかけること、一貫性のない現実、もうひとつのエンディングはコメディに不可欠な要素となっている。ボブ・ホープとビング・クロスビーの『モロッコへの道』(42)にはじまるアンチプロットのギャグは、『ブレージングサドル』(74)や一連の「パイソン」映画、『ウェインズ・ワールド』のような作品にも生かされている。かつては危険で革新的だったストーリーの技法も、いまではすっかり毒を失って、むしろ愛らしささえ感じさせる。

こうした循環の歴史に目を配るすぐれた語り手は、どんな観客も――経歴や教養がどうあれ、意識的にしろ無意識的にしろ――古典的設計を予測しながらストーリーの儀式へはいっていくことを知っている。だから、ミニプロットやアンチプロットを成功させるには、この予測に沿うか抗うかする必要がある。作り手が古典的な形式を注意深く独創的に打ち砕くか、ねじ曲げるかしなければ、観客はミニプロットに隠された内面生活を理解したり、アンチプロットの寒々とした不条理を受け入れたりできない。しかし、自分で理解できていなければ、脚本家はどうやってそれを独創的に縮めたり裏返したりできるだろうか。

ストーリー・トライアングルの底辺の端で成功を手にした作り手は、まず最上部を理解しなくてはならないことを知っているので、古典的設計からキャリアをスタートしている。ベルイマンは二十年にわたってラブストーリーや社会ドラマや歴史ドラマの脚本執筆や演出をおこない、それからようやくミニマリズムの『沈黙』(63)や反構造の『仮面/ペルソナ』を手がけた。フェリーニも『青春群像』(53)や『道』(54)を制作したあとに、『フェリーニのアマルコルド』（73）のミニプロットや『8 1／2』のアンチプロットに挑戦している。ゴダールは『勝手にしやがれ』（60）を経てから『ウイークエンド』を作り、ロバート・アルトマンはまずテレビの「ボナンザ」や「ヒッチコック劇場」でストーリーの才能を完成させた。巨匠たちは、まずアークプロットをマスターしているのだ。

最初から『仮面／ペルソナ』のような脚本を書きたいという若々しい情熱には共感する。だが、前衛作家の列に加わる夢は、多くの先達たちのように、古典的な形式を習得するまで待たなくてはならない。映画をたくさん観ているからと言って、アークプロットを理解しているなどと勘ちがいしてはいけない。自分で書けてはじめて、理解したと言えるのだ。技術を磨いているうちに、知識が脳の左側から右側へ移動し、そのときにようやく観念が生きた技巧へと変わる。

自分が書くものを信じること

演技指導者のスタニスラフスキーは俳優たちにこう尋ねた――きみたちが愛しているのは、自分のなかの芸術なのか、それとも芸術のなかの自分なのか、と。脚本家も同じで、なぜいまの流儀で書きたいのか、見つめなおす必要がある。自分の脚本がトライアングルのある頂点に向かうのはなぜなのか。自分の目標はなんだろうか、と。

だれが書いたどんな物語も、観客に「人生はこういうものだとわたしは信じている」と語りかけている。どの瞬間にも作者の熱い信念が詰まっているべきで、そうでなければ嘘くさくなる。ミニマリズムで書くのは、その形式に意味があると信じているからなのか、それとも自分の経験から、人生がほとんどあるいはまったく変化をもたらさないと確信しているからなのか。古典的設計に抗うのは、人生が行きあたりばったりで無意味だと確信しているからなのか。もしそのとおりだと強く思うのなら、ミニプロットやアンチプロットを書き、あらゆる手を尽くしてそれを成功させればいい。

だが、ほとんどの場合、これらの質問に対する正直な答えはノーだろう。それなのに、反構造、そしてとりわけミニマリズムは、ハーメルンの笛吹きのように若い脚本家を引きつけてやまない。それはなぜなのか。ひょっとしたら、多くの人の心をとらえるのは、こうした形式に内在する意味ではないのではないか。それより、こうした形式が付随的に象徴するものに惹かれるのだろう。言い換えれば、政治力学である。重要なのは、アンチプロットやミニプロットが何であるかではなく、何でないかだ。つまり、ハリウッド的でないということである。

若い脚本家たちは、ハリウッドと芸術は相反するものだと教わる。そのため、芸術家として認められたい新人は、どんなものかではなく、どんなものでないかを意識して脚本を書くという罠に陥る。商業主義の汚名を避けるために、クローズド・エンディング、能動的な登場人物、時系列、因果関係を排除しようとする。その結果、これ見よがしな仰々しい作品ができあがるのだ。

ストーリーとは、われわれの考えや情熱を具体化したものであり、エトムント・フッサールのことばを借りれば「客観的相関物」として、観客の感情に訴えて識見を与える。一方の目で自分の原稿を、もう一方の目でハリウッドをにらみながら作業をし、商業主義の汚名を避けるために突飛な選択を重ねていると、執筆しつつ癇癪を起こすことになりかねない。強い父親の陰に隠れて生きる子供と同じで、ハリウッドの「ルール」を破れば、自由を感じることができるからだ。しかし、怒りをたぎらせて家長を否定することは創造性ではない。それは関心を引くために非行に走るのと同じだ。相違のための相違を求めるのは、商業主義に黙従するのと同じくらいむなしい。自分が信じるものだけを書くべきだ。

3 構成と設定

クリシェとの闘い

作家にとって、いまほど多くが求められる時代はないだろう。ありとあらゆるストーリーがあふれている現代に生きる観客と、数世紀前の観客を比べてみるといい。ヴィクトリア時代の教養人が劇場へ足を運ぶ機会は一年に何回あっただろうか。大家族で、全自動食器洗い機などなかった時代に、小説を読む時間はどれほどあっただろうか。われわれの祖父母のそのまた祖父母がストーリーに接するのは、週にせいぜい五時間から六時間程度だったと思われる——現代なら、多くの人にとっての一日ぶんだ。昨今の映画ファンは、あなたの作品を見るまでに、すでに何万時間も費やしてテレビや映画、小説や演劇に親しんでいる。だれも見たことがないものをどう作り出せばいいのか。真に独創性のあるストーリーはどこにあるのか。クリシェとの闘いにどう勝つのか。

観客が不満を持つとき、根底にあるのはクリシェである。無知によって蔓延する疫病のように、いまやあらゆる媒体でストーリーがクリシェに感染している。はじめからわかりきっていた結末にうんざりしつつ、本を閉じたり劇場から出たりするのは珍しくない。幾度となく目にしてきた陳腐な場面や登場人物には辟易する。この世界規模の疫病の原因は単純かつ明快だ。すべてのクリシェの源をたどれば、ただひとつのことに行きあたる。作り手が自分のストーリーの世界を理解していないのだ。

その手の脚本家は、設定を決めたあと、実際には知りもしない自分の架空世界を知っているものと思いこんで執筆に取りかかる。題材を求めて考えをめぐらしても、何も見つからない。そこで頼るものは何か。同じような設定を持つ映画やテレビ、小説や演劇だ。ほかの作家の作品から、見たことがあるシーンを盗み、聞いたことがある台詞を言い換え、登場したことがある人物の外見を変えて、自分の作品として売り出す。食べ残しをあたためなおしたような、退屈という名の料理を並べるわけだ。そんなことをするのは、才能のあるなしにかかわらず、自分のストーリーの設定と、そこに登場するすべてに対する理解が足りないからだ。自分のストーリーの世界を知って、深く考えをめぐらすことこそ、独創性に富んだすぐれたストーリーを書くための基礎である。

設定

ストーリーの設定を決めるのは、時代、期間、舞台、葛藤レベルという四つの要素である。

時間的要素の一番目は時代だ。ストーリーの時代設定は現代社会なのか、それとも過去なのか、仮想未来なのか。あるいは、『動物農場』(54) や『ウォーターシップダウンのうさぎたち』(78) などのすばらしいファンタジーのように、時代設定がわからないことを物ともせずに展開するのか。

時代とは、ストーリーの時間的位置である。

時間的要素の二番目は期間だ。登場人物の人生のなかでどれぐらいの長さを占めるのか。数十年か、数年か、数カ月間、数日か。ストーリーのなかで流れる時間と上映時間が同じという珍しい作品もある。『マイ・ディナー・ウィズ・アンドレ』（日本未公開、81）は、二時間のディナーを描いた二時間の映画だ。

さらに珍しい作品としては、時間を溶解させて消し去った『去年マリエンバートで』がある。カットバック、オーバーラップ、映像の反復、スローモーションによって、ストーリーのなかの時間より上映時間を長くすることも考えうる。長編映画でそこまでやってのけた作品はないが、いくつかのシークエンスでこれをみごとに実現したものがある――最も有名なのは『戦艦ポチョムキン』の「オデッサの階段」のシークエンスだ。皇帝派によるオデッサの市民への攻撃は、実際には二、三分であり、これは革の長靴を履いたコサック兵が階段を上から下までおりるのに要した時間でもある。映画では、この恐怖の時間が五倍もの長さに引き延ばされている。

期間とは、ストーリーのなかで経過する時間の長さである。

舞台とは、ストーリーの物理的要素である。ストーリーの地理上の舞台はどこなのか。どこの町か、どの通りか、その通りのどの建物か、その建物のどの部屋か。あるいは、山の上か、砂漠の果てか。はるかな惑星への旅なのか。

舞台とは、ストーリーの空間における位置である。

葛藤レベルとは、ストーリーの人間的要素である。設定としては、物理的な領域や時間的領域のほかに、社会的領域もある。この要素はさまざまな階層から成っている。問題となるのは、どの葛藤レベルにストーリーを置くかだ。社会制度の外で展開しようと、個人の内に秘められようと、社会の政治的、経済的、思想的、心理的な力が出来事のあり方を決める。時代や風景や衣装についても同じだ。したがって、さまざまな葛藤レベルにある登場人物たちもストーリーの設定の一部である。

あなたのストーリーは、登場人物の心に秘められた内的葛藤、意識下の葛藤に焦点をあてるのか。それとも、ひとつ階層をあげて、個人的葛藤に焦点をあてるのか。あるいは、もうひとつ上の階層で範囲をひろげて、社会制度との闘いを描くのか。さらに範囲をひろげて、環境との闘いを描くのか。無意識の世界から宇宙まで、多層構造を成すすべての人生経験のなかで、ストーリーの設定は、どの階層を選ぶことも、複数の階層を選ぶこともできる。

葛藤レベルとは、人生のどの階層にストーリーを設定するかということである。

構成と設定の関係

設定をおこなうことによって、そのストーリーでできることが明確に決まり、制限される。設定が架空のものだとしても、思いつくかぎりのことを書きこめるわけではない。たとえ空想の世界であっても、そのなかで起こりそうなこと、起こりうることはかぎられている。

ドラマの舞台をロサンゼルス西部の高級住宅地にするのなら、住民たちが社会的不公正に抗議して並木道で暴動を起こすことはありえまいが、豪華な料理を並べた資金集めのパーティーを開くことは考えられる。ロサンゼルス東部のスラム街の集団住宅が舞台なら、豪華な料理を楽しむパーティーはありえまいが、変革を求めてデモ行進することはあるだろう。

ストーリーのなかで起こる出来事は、その世界の法則に従わなくてはならない。だから、書き手が描く出来事は、自分が作りあげる世界のなかで起こりそうなこと、起こりうることに限定される。

フィクションの世界には、それぞれ独自の宇宙観があり、そのなかで物事がなぜ、どのように起こるのかについて独自のルールがある。設定が現実的なものであれ、風変わりなものであれ、因果関係の法則が確立したら、それを変えることはできない。実のところ、あらゆるジャンルのなかで、ファンタジーほど厳密で様式的なものはない。ファンタジーは現実世界から大きく飛躍するが、そこで起こる出来事は綿密な計算の上に成り立つもので、偶然はありえない。『オズの魔法使』(39)の厳密なアークプロットがその例だ。一方、大胆なリアリズム作品ではしばしば論理の飛躍が見られる。たとえば、『ユージュアル・サスペクツ』(95)で、脚本家クリストファー・マッカリーは、ありそうもない出来事を自由連想の「法則」のなかに取りこんだ。

ストーリーは何もないところから姿を現すのではなく、歴史上の出来事や人類の経験のなかにある素材から生まれる。最初の映像をひと目見た瞬間から、観客は架空の世界を精査し、可能と不可能、起こりうることとそうでないことを選別する。意識的あるいは無意識的に、観客はあなたの「法則」を知り、あなたの世界で物事がなぜ、どのように起こるのかを突き止めようとする。あなた自身が選んだ設定と作中の描写によって、制限やひろがりが形作られていく。それらの約束事を考え出した以上、その契約はぜったいに守らなくてはならない。観客はあなたの世界の法則をいったん理解したら、それが守られなければルール違反だと感じ、非論理的で説得力がないものとして作品を拒絶する。

こうして見ていくと、設定とは想像力の自由を奪うものだと感じられるかもしれない。映画の企画選びをしていると、具体的な設定を避けてこの束縛から逃れようとする脚本家が多いのに驚かされる。「舞台はどこ?」と訊くと、「アメリカですよ」と明るく答える。「ちょっと漠然としすぎだな。具体的な街は考えてないのかい」「それは問題じゃないでしょう。典型的なアメリカン・ストーリーですから。離婚についての物語です。これほどアメリカ的なものはありませんよね？　ルイジアナでも、ニューヨークでも、アイダホでもいい。舞台はどこだっていいんです」

いや、どこでもいいはずがない。ミシシッピの湿地帯に住む夫婦の離婚は、パーク街の数百万ドルを争う離婚とは似ても似つかない。ジャガイモ農場での不義密通ともちがう。どこにでもあてはめられるストーリーなどありはしない。本物のストーリーが存在できるのは、たったひとつの場所と時間なのだ。

創造的な制約の原則

制約は不可欠なものだ。すぐれたストーリーを書くための最初のステップは、小さくて理解可能な世界を作り出すことからはじまる。芸術家とは本質的に自由を求めるものであるから、構成と設定の関係によって創作上の選択が制限されるという原則には反発を覚えるかもしれない。だが、よく考えれば、この関係はこの上なく有益だ。設定によってストーリー設計が制限されることで、創造性は妨げられるどころか、むしろ刺激される。

すぐれたストーリーはどれも、制限のある、理解可能な世界を舞台としている。架空の世界は、どれほど広大に見えても、よく観察するときわめて小さなものだとわかる。『罪と罰』（35）はまるでミクロの世界だ。『戦争と平和』（56）は激動の時代のロシアを背景にしているが、わずかな登場人物とその家族だけに焦点が絞られている。『博士の異常な愛情』（64）の舞台は、ジャック・D・リッパー将軍の執務室、ロシアへ向かう爆撃機、ペンタゴンの戦略会議室に設定されている。クライマックスは核兵器による地球の滅亡だが、ストーリーは三つの場面と八人の主要人物のみで展開する。

ストーリーの世界は、創造主である作家の心のなかにおさまるほどの小さいものでなくてはならない。神が自分の創りあげた世界の隅々までを深く知るのと同じだ。わたしの母は「一羽の雀が地に落ちるのも、すべて神さまの思し召しなのよ」と言っていた〔マタイによる福音書十章二十九節「一羽の雀さえ、あなたがたの父のお許しがなければ、地に落ちることはできない」より〕。ストーリーの世界においても、一羽の雀が地に落ちることまで、何もかもが作り手の意図によるものでなくてはならない。最終稿を仕上げるころには、自分の作品世界についてどんな質問をされても――登場人物の食生活から九月の天候まで――即座に答えられるほど、徹底的に知りつくすべきだ。

「小さい」世界とは、とるに足りない世界という意味ではない。芸術は、広い世界から小片を切りとって、この瞬間に最も貴重で魅力豊かなものへと高めることができる。ここで言う「小さい」とは、理解できる範囲ということだ。

「知りつくす」とは、ありとあらゆる細部まで意識を向けるという意味ではない。密接なかかわりがあるものすべてを知るということだ。ありえない理想論と思えるかもしれないが、一流の作家は日常的にこなしている。『叫びとささやき』(72)の時間、場所、登場人物にまつわる重要事項について、イングマール・ベルイマンが知らないはずがない。『摩天楼を夢みて』(92)のデヴィッド・マメットや『ワンダとダイヤと優しい奴ら』のジョン・クリーズも同じだ。すぐれた作家は、自分がストーリーで描く人生の何もかもを隅々まで意識して考え抜いているわけではなく、ある段階ですべてを理解する。偉大な作家にはわかるのだ。理解できる範囲で描く、というのはそのせいだ。やたらと広く人が多い世界では、意識が薄く引き延ばされて、うわべだけしか知ることができない。限定された世界とかぎられた登場人物なら、深く広い知識を示すことができる。

設定とストーリーの関係は矛盾をはらんだものだ。世界が大きくなるほど、作家の知識は薄まり、創作上の選択肢が少なくなって、ストーリーはクリシェに陥る。世界が小さくなるほど、作家の知識は充実し、創作上の選択肢も増える。その結果、独創的なストーリーが生まれ、クリシェとの闘いに勝利する。

調査

クリシェとの闘いに勝つための鍵は調査することである。言い換えれば、知識を得るために時間と労力をかけることだ。くわしく言うと、記憶の調査、想像力の調査、事実の調査がある。ほとんどの場合、ストーリーにはこの三つすべてが必要だ。

記憶

デスクから顔をあげて、自問しよう。「これまで自分が個人的に経験したことで、作品の登場人物の人生とかかわりがあるものはないだろうか」と。

たとえば、自分の進退が決するプレゼンテーションを控えた中年の幹部社員を描くとしよう。仕事もプライベートもこの結果に懸かっている。彼は恐れている。その恐怖はどんなものだろうか。ゆっくりと、あなたの脳裏によみがえる記憶がある。母親が、いまもよくわからない理由で、あなたをクロゼットに閉じこめたまま家を出て、翌日まで帰らなかったあの日のこと。暗闇で息を凝らした長い恐怖の時間。登場人物もあんな気持ちだろうか。もしそうなら、クロゼットで過ごした昼夜のことを鮮明に描くといい。わかりきった話だと思うかもしれないが、書き記すまでは、わかっているかどうかすらわからないものだ。調査とは白昼夢を見ることではない。自分の過去を探り、追体験して、書き記すことだ。頭のなかではただの記憶だが、文章にすれば実用的な知識になる。恐怖の経験を実感しつつ、嘘のない独自のシーンを書くといい。

想像力

ふたたび自問しよう。「登場人物の人生を自分が生きてみたら、どんな毎日になるだろうか」と。

作品の登場人物が買い物をし、愛を交わし、祈るさまを鮮やかに思い描いてみよう。ストーリーには実際に使わないかもしれないシーンだが、想像の世界に浸るうちに、いつかそんな場面を見たことがある気分になるだろう。記憶は人生の一部を塊として見せてくれるが、想像がもたらすのは、一見無関係に思える人生の断片や、夢のかけらや、経験の切れ端だ。それらの隠された関係を見つけ出し、ひとつのものにまとめていく。つながりを見つけて、シーンを思い描くことができたら、それを書き記そう。活用できる想像も調査だと言える。

事実

スランプに陥ったことはあるだろうか。いやなものだ。何も書けないまま、いたずらに日々が過ぎていく。ガレージの掃除が楽しく思えてくる。デスクの上を何度も何度も整理して、しまいには気が変になったのかと感じる。治療法がひとつある。精神科医のもとへ行けと言うのではない。行き先は図書館だ。

書けなくなるのは、書くことが何もないからだ。才能が消え去ったわけではない。書くことがあれば、書きつづけられるはずだ。才能を殺すことはできないが、知識不足ゆえに昏睡させることはありうる。どんなに才能があっても、何も知らなければ書けない。才能は事実とアイディアで刺激してやる必要がある。調査をしよう。才能に題材を与えよう。調査をおこなえば、クリシェとの闘いに勝てるだけでなく、恐怖とその同類である鬱状態を乗り越えることもできる。

たとえば、ホームドラマを書いているとしよう。あなたには育った家庭があり、自分が築いた家庭もあるだろう。いくつかの家庭を見てきたのだから、家庭というものを思い描ける。だが、図書館へ行って、家庭生活のあり方を描いた定評ある作品を読むと、ふたつの大切なことに気づくだろう。

1　人生から学んだことがすべて、しっかりと裏づけられる。ページをめくるごとに自分の家庭の姿が浮かびあがる。みずからの個人的経験が普遍的なものだと知るのはとても意義深い。それはつまり、あなたの作品に共感する観客がいるということだ。独自の方法で書いたとしても、あらゆる立場の観客が理解してくれるだろう。家族のあり方というものはどこでも同じなのだ。あなたが自分の家庭生活で経験したこと――対立と連帯感、献身と裏切り、苦悩と喜び――はだれの身にも起こりうる。あなた自身にしかわからないと思える感情を表現しても、観客ひとりひとりがそれを自分のものとして受け止めるだろう。

2

どれほど多くの家族と生活し、どれほど多くの家族を見て、どれほどすばらしい想像力を持っていようとも、家族の本質についての知識は自分が経験できたせまい範囲に限定される。だが、図書館でメモをとりながら、事実を手堅く調査するうちに、その範囲が世界規模へとひろがっていく。急に見通しが開けるとともに、ほかの方法では得ることができなかった深い理解へと至るだろう。

記憶や想像や事実の調査をつづけていくと、ある現象がよく起こるが、作家たちはそれをなんとも不思議な表現で説明するものだ。いわく、登場人物が突然命を吹きこまれたように、自分の意志で道を選び、そこで起こした行動が転換点をもたらす。そこからは変化し、進展し、また変化し、タイプを打つのももどかしいほど、堰を切ったようにストーリーがあふれ出すという。

まるで「処女懐胎」のようなこの現象は、作家たちが陥りがちな愛すべき妄想だが、唐突にストーリーが形を成したように感じられるのは、主題に対する書き手の知識が飽和点に達したからだ。作家は小さな宇宙の創造主となり、自然発生のようにストーリーが湧き出すことに驚くが、それは努力のたまものにほかならない。

だが、注意すべきことがある。調査によって題材は得られるが、それは創造力の代わりにはならない。設定と配役に対する伝記的、心理的、物理的、政治的、歴史的な調査は重要だが、出来事を作り出せなければなんの意味もない。ストーリーとは、単に集めた情報をつなぎ合わせたものではなく、数々の出来事をうまく設計して意味のあるクライマックスへと観客を導くものだ。

また、調査をいつまでも引きずるのもよくない。自信が持てず、書斎に何年もこもって結局何も書けずに終わる人も多い。調査とはあくまで想像力や発想という荒々しい獣の餌であり、それ自体が目的ではない。調査には守るべき順番もない。社会的、伝記的、歴史的調査に関するノートが完成するのを待ってから、ゆっくりとストーリーを組み立てるなどというのはばかげている。創造力とはそんな杓子定規のものではない。創作と調査は交互に進めればいい。

たとえば、サイコスリラーを書くとしよう。はじめに「もし……」と考えることだろう。もし精神科の女医が職業倫理に反して患者と恋に落ちたらどうなるだろうか。興味を引かれ、そこでさらに考える。この精神科医はどんな人間だろうか。患者はどうだろう。戦争で心を病んだ元兵士かもしれない。女医はなぜ彼に魅かれたのか。分析し、掘りさげる。情報が肉づけされ、想像が飛躍する。治療によって奇跡が起こったと感じられた瞬間、彼女は恋に落ちるというのはどうか。催眠下で無気力に見開かれた彼の目に光がよみがえり、天使を思わせる美しい人間性が現れるのだ。

これでは話が甘美になりすぎるので、別な方向も模索する。すると、調査をするうちに、心を病む人のなかには、高い知性と自制心を持ち、精神科医も含めたまわりの人間に、自分の病を気づかせない者がいることを知る。作中の患者もそんな人物にしたらどうだろう。その女医は、治療に成功したかに見えたそんな男と恋に落ちるのだろうか。

このように、新しいアイディアが種を蒔き、ストーリーと登場人物が育っていく。ストーリーが育つにつれて、新たな疑問が生じ、さらに調査が求められる。創造と調査を必要に応じて行き来しながら、あれこれとまわり道をしたすえに、ついにストーリーが完全な形となって生き生きとその姿を現す。

創造的選択

すぐれた作品を書くとは、ひとつの問いに対してひとつの答えをあてはめることではない。ストーリーを埋めるのに必要な出来事を必要なだけ考え出して、そこに台詞を書きこんでいくのではない。独創性とは、ひとつの問いに五つ、いや、十か二十の答えを用意することだ。作品を書きあげるには、実際に使うよりもはるかに多くの題材を考えることが必要であり、登場人物とその世界にふさわしい独創的な場面や出来事を数多くそろえて、そこから的確な選択をしなくてはならない。俳優同士が互いを讃え合うとき、「いい選択だったね」と言うことがよくある。共演者がすばらしい演技をしたとき、リハーサルで二十種類もの異なった演じ方をしたなかから最良のものを選んだことを知っているのだ。われわれの仕事にも同じことが言える。

独創性とは、独創的な取捨選択をすることである。

イーストサイド・マンハッタンを舞台としたロマンティック・コメディを書くとしよう。別々の人生を送っている登場人物のあいだを行きつもどりつしながら、恋人たちが出会う瞬間を求めて考えつづける。突然、ひらめく。「そうだ、シングルズバーだ！　それだよ！　P・J・クラークスで出会うんだ！」それも悪くない。裕福なニューヨーカーを思い描いているなら、シングルズバーでの出会いはたしかに自然だろう。だが、まずい理由がある。恐ろしいほどのクリシェだからだ。『ジョンとメリー』（69）でダスティン・ホフマンとミア・ファローが出会ったときには斬新なアイディアだった。しかし、それ以来、数えきれないほどの映画やメロドラマやホームコメディで、都会の恋人たちはシングルズバーを出会いの場としてきた。

とはいえ、技巧さえ身につければ、クリシェを修正することはできる。「イーストサイドの恋人たちの出会い」のシーンを五通り、十通り、十五通り書いてみよう。というのも、経験を積んだ作家なら、いわゆるひらめきにはけっして頼らないからだ。たいていの場合、ひらめきとは頭のなかでいちばん上にあったものを摘みとっただけのもので、そこにあるのは、これまでにたくさん見た映画、たくさん読んだ小説から残っているクリシェにほかならない。月曜日に惚れこんだアイディアを、ひと晩寝て火曜日に読み返すと、他の作品でさんざんお目にかかったクリシェだと気づいてがっかりするのはそのせいだ。真のひらめきは、もっと奥深いところから出てくるものだ。想像力を解き放って実験してみよう。

1　シングルズバー。クリシェだ。だが、ひとつの選択ではある。とりあえずこのままにする。

2　パーク街。男のＢＭＷがパンクし、三つぞろいのスーツ姿で途方に暮れて路肩に立ちつくす。そこへ女がバイクで通りかかり、男に手を貸す。女はスペアタイヤを取り出し、修理をはじめる。男は助手役にまわり、女にジャッキ、ナット、ホイールキャップを渡していき……ふと目が合った瞬間、恋の火花が散る。

3　トイレ。オフィスのクリスマスパーティーで飲みすぎた女が、吐き気を催して男性用トイレにふらふらと歩み入る。床に倒れている女を男が発見する。ほかのだれかが来ないうちに、すばやく女を個室に入れて鍵をかけ、介抱する。だれもいないのを見定めて外へそっと連れ出し、気まずい思いをさせないようにする。

こうしてリストができていく。くわしくシーンを書く必要はない。アイディアを探している段階なので、どんなことが起こるかをざっと書いていくだけでいい。登場人物と作中世界を深く理解していれば、このようなシーンの十や二十は難なく書けるはずだ。アイディアが尽きたら、こんな問いかけをしながらリストを見なおしてみよう。この登場人物にいちばん合っているのはどのシーンか。彼らの世界にふさわしいのはどれか。そして、これまでの映画に登場したことがないのはどれか。そのシーンこそ、脚本に書くべきものだ。

しかし、リストにある出会いのシーンを見なおしてみると、それぞれに捨てがたいが、心の奥底ではやはり最初の思いつきがいちばんだと思うこともある。クリシェであろうとなかろうと、この恋人たちはシングルズバーで出会うのだ。ふたりの性格や環境を表すのにこれ以上のものはない。そこで、どうするか。直感に従って、新たなリストに取りかかることだ。シングルズバーでの出会いを十や二十は考えよう。シングルズバーへ実際に出かけて人々を観察し、深くかかわり合い、シングルズバーのことならほかのだれよりも知っていると言えるまで調べあげてもらいたい。

新しいリストができたら、前回と同じ点をくわしく見なおす。どれが登場人物とその世界に最もふさわしいか。まだ映画に登場したことがないのはどれか。脚本がついに映画になり、カメラがシングルズバーへ向かっていくと、観客はまず「ああ、またシングルズバーでの出会いか」と思うだろう。そしてドアが開き、出会いの場で何が起こるかを観客は目のあたりにする。あなたがしっかり仕事をしていれば、観客は大きく口をあけ、首を縦に振るだろう。「いいじゃないか！　〝星占いは信じる？　最近何かおもしろい本読んだ？〟じゃないんだな。うん、そりゃ気まずいよな。危ない。そう、そのとおりだ」

完成した脚本に、書きあげたすべてのシーンが残っている場合、ひとつのアイディアも捨てなかった場合、台詞を少しいじった程度で書きなおしをすませた場合、それはほぼまちがいなく失敗作だ。才能の有無にかかわらず、自分が成すことの九十パーセントはベストに及ばないことを、われわれは心の奥底で知っている。だが、綿密な調査をおこなうことによって、ひとつの問いに対して十通り、ときには二十通りのアイディアを出し、すぐれた選択によって、その十パーセントを選んで残りを捨て去れば、すべてのシーンが魅力あふれるものとなり、世界はあなたの才能にひれ伏すだろう。

愚にもつかないことを見栄えだけ整えて並べても、失敗作となるのは当然だ。天才とは、力強いシーンやビートを作り出す力だけではなく、陳腐なもの、こじつけたもの、調子はずれのもの、偽りのものを排除できる審美眼と判断力と強い意志を持つ人間だ。

4　構成とジャンル

映画のジャンル

何万年ものあいだ、物語は団欒の場で語られてきた。文字で記されるようになって四千年、演劇が生まれて二千五百年、映画が生まれて百年、テレビ放送がはじまって八十年。この間、無数の語り手がストーリーをつむぎ、驚くほど多彩な模様を織りあげてきた。こうして生まれた作品に意味づけをするために、さまざまなシステムが考案され、共通の要素に従ってストーリーを整理して、ジャンルごとに分類してきた。しかし、どの要素を使って分類するかはシステムによって異なり、ジャンルの数と種類についてもいろいろな考えがある。

アリストテレスは、結末とストーリー設計の価値要素に従って演劇を分類し、はじめてジャンルというものを示した。その説によると、ストーリーの終わり方には、喜劇的なものと悲劇的なものがある。このふたつのタイプはそれぞれ、筋が単一なもの（転換点や驚きがなく、平坦な終わり方をする）と、筋が複合的なもの（クライマックスで主人公の人生に大きな逆転がある）に分けられる。つまり、アリストテレスによる基本分類は、筋が単一で悲劇的なもの、筋が単一で喜劇的なもの、筋が複合的で悲劇的なもの、筋が複合的で喜劇的なもの、の四つである。

だが、長い年月を経て、ジャンルの体系は巨大化して曖昧になり、アリストテレスのころの明快さは失われていった。ゲーテは恋愛、復讐など、主題によって七つのタイプに分けた。シラーはもっと多くの種類があるはずだと述べたが、具体的には言っていない。フランスの劇作家ジョルジュ・ポルティは、感情を三十六通りに分類し、「三十六の劇的境遇」としてまとめたが、そのなかには「愛ゆえの意図せぬ犯罪」、「理想のための自己犠牲」など、漠然としていて使えないものもある。記号学者のクリスチャン・メッツは、映像の配列を「連辞」と呼ぶ八つのカテゴリーに分類し、すべての映画を「大連辞関係」のなかで体系化しようとしたが、芸術を科学に組みこもうという試みはバベルの塔のごとく崩れ去った。

一方、新アリストテレス主義の批評家ノーマン・フリードマンは、ジャンルをあらためて構造と価値要素によって分類するシステムを考案した。「啓発プロット」、「贖罪プロット」、「幻滅プロット」などを区別したのはフリードマンの功績だ。微妙な形式のちがいがあるこれらのプロットでは、ストーリーが内的葛藤のレベルで展開し、主人公の思考や倫理観に重大な変化をもたらす。

研究者たちが定義やシステムについて議論を戦わせる一方で、観客はすでにジャンルについて熟知している。これまで見てきた映画から学んだ予測を複雑に組み合わせ、準備を整えて映画館にはいるのがふつうだ。映画ファンがジャンルに精通していることは、脚本家にとって大きな試練となる。観客の期待に応えられなければ混乱や失望をもたらし、予想外の斬新な結末まで導かなければ退屈させてしまう。このふたつを同時に実現するには、観客以上にジャンルについて熟知していなくてはならない。

以下に、脚本家が利用しているジャンルとサブジャンルの体系を示す。これは理論ではなく実践から生まれたものであり、主題、設定、役割、出来事、価値要素のちがいによって分類されている。

1　**ラブストーリー**　サブジャンルである**仲間の救済**では、恋愛ではなく友情が描かれる。『ミーン・ストリート』(73)、『パッション・フィッシュ』(92)、『ロミーとミッシェルの場合』(97)

2　**ホラー映画**　このジャンルは三つのサブジャンルに分けられる。
異常　恐怖の原因は、地球外生物、科学の力で作られた怪獣、異常者などで、恐ろしくはあるが合理的な説明ができる。
超常　理屈では説明できない心霊現象が恐怖をもたらす。
超異常　前述のふたつのサブジャンルのどちらなのか、観客を混乱させる。『テナント／恐怖を借りた男』(76)、『狼の時刻』(68)、『シャイニング』(80)

3　**モダン・エピック**（現代叙事詩、個人と社会が対決）『スパルタカス』(60)、『スミス都へ行く』(39)、『革命児サパタ』(52)、『１９８４』(84)、『ラリー・フリント』(96)

4　**西部劇**　西部劇とそのサブジャンルの発展については、ウィル・ライトの著書*Six Guns and Society*（未訳）で明快に説明されている。

5　**戦争映画**　戦争はラブストーリーなど、ほかのジャンルの背景となることも多いが、このジャンルは戦闘をくわしく描く。おもなサブジャンルとしては、**戦争賛美**と**反戦**がある。現代の映画は一般に戦争反対の立場をとるが、かつては何十年にもわたって、凄惨な描写のあるものも含めて、多くの作品がひそかに戦争を賛美していた。

6　**自己形成プロット**　成長物語とも言う。『スタンド・バイ・ミー』(86)、『サタデー・ナイト・フィーバー』(77)、『卒業白書』(83)、『ビッグ』(42)、『バンビ』(42)、『ミュリエルの結婚』(94)

7　**贖罪プロット**　作中で主人公の倫理観が悪から善へと変わる。『ハスラー』、『ロード・ジム』(65)、『ドラッグストア・カウボーイ』、『シンドラーのリスト』(93)、『イゴールの約束』(96)

8　**懲罰プロット**　善良な人間が悪の道へ落ち、懲罰を受ける。『グリード』、『黄金』(48)、『メフィス

ト』(81)、『ウォール街』(87)、『フォーリング・ダウン』(93)

9　**試練プロット**　意志の力と誘惑の対立を描く。『老人と海』(58)、『暴力脱獄』(67)、『フィツカラルド』(82)、『フォレスト・ガンプ　一期一会』

10　**啓発プロット**　このジャンルでは、人生や他人や自分自身に対する主人公の見方がマイナス(愚直、不信、諦念、自己嫌悪)からプラス(聡明、信頼、楽観、自己信頼)へと大きく変化する。『ハロルドとモード　少年は虹を渡る』(71)、『テンダー・マーシー』、『冬の光』（62）、『イル・ポスティーノ』、『ポイント・ブランク』(97)、『ベスト・フレンズ・ウェディング』(97)、『Shall we ダンス?』

11　**幻滅プロット**　主人公の世界の見方が楽観から悲観へと大きく変化する。『ミセス・パーカー　ジャズエイジの華』(94)、『太陽はひとりぼっち』(62)、『鬼火』(63)、『華麗なるギャツビー』(74)、『マクベス』(71)

以下にあげるジャンルはメガジャンルとも呼ぶべきもので、規模が大きく複雑であるため、数多くのサブジャンルに分かれている。

12　**コメディ**　サブジャンルには、**パロディ**、**風刺劇**、**ホームコメディ**、**ロマンティック・コメディ**、**スクリューボール・コメディ**、**笑劇**、**ブラック・コメディ**などがある。すべて、からかう対象(官僚主義の愚かさ、上流階級の作法、ティーンエイジャーの求愛行動など)と、笑いの程度(穏やか、辛辣、強烈)が異なる。

13　**犯罪映画**　サブジャンルはだれの視点から犯罪を見るかによって決まることが多い。**殺人ミステリー**(名探偵の視点)、**計略**(犯罪者の視点)、**刑事**(警官の視点)、**ギャング**(悪党の視点)、**スリラー**、**復讐**(ともに被害者の視点)、**法廷**(法律家の視点)、**新聞**(記者の視点)、**スパイ**(スパイの視点)、

監獄（服役囚の視点）、**フィルム・ノワール**（視点人物は犯罪者、探偵、魔性の女《ファム・ファタール》の被害者などが考えられる）。

14　**社会ドラマ**　このジャンルでは、社会問題——貧困、教育制度、伝染病、社会的弱者、反社会的運動など——を特定し、その解決を扱うストーリーを構築する。焦点を鋭く絞ったサブジャンルが数多くある。**ホームドラマ**（家庭内で起こる問題）、**女性映画**（仕事と家族、恋人とわが子とのあいだでのジレンマなど）、**政治ドラマ**（政治の腐敗）、**環境問題ドラマ**（環境保護のための闘い）、**医療ドラマ**（病気との闘い）、**サイコドラマ**（精神疾患との闘い）。

15　**アクション／冒険**　**戦争映画**や**政治ドラマ**などのジャンルからいくつかの要素を採り入れ、そこから危険なアクションや大胆な行為を誘発する。**アクション／冒険**の映画が運命、神への不遜、宗教性といったテーマを取りこむと、**ハイアドベンチャー**というサブジャンルになりうる（『王になろうとした男』[75]）。大自然と敵対する場合は、**災害／サバイバル映画**である（『生きてこそ』[93]、『ポセイドン・アドベンチャー』[72]）。

さらに視野をひろげると、設定、演技スタイル、映像技術のちがいによって生まれた以下のようなスーパージャンルがあり、それぞれのなかにいくつかの独立したジャンルがある。スーパージャンルは多くの部屋を持つ豪邸のようなもので、基本ジャンルやサブジャンル、あるいはその組み合わせが内在している。

16　**歴史ドラマ**　歴史には素材となるものが無尽蔵にあり、考えうるあらゆる種類のストーリーが埋もれている。だが、歴史の宝箱の封印には、「過去は現在でもあるべし」という警告が記されている。脚本家は死後に発見されることを望む詩人ではない。だから、今日の観客を見つける必要がある。歴史を生かすいちばんの方法、そして、過去に舞台を設定して何百万ドルもの追加予算を認めさせる最適の手立ては、過去を透明なガラスとして、そこから現在を見せることだ。

　現代社会での争いの多くはあまりにも凄惨で、激しい対立を招いているものが多く、現代を舞台としたドラマで観客を引きつけるのはむずかしい。そういった問題も、かなりの時間を置けば安心して見守ることができる。**歴史ドラマ**は過去を磨きあげて現代を映す鏡とし、悲惨な問題をわかりやすく鑑賞に堪えうる作品とする。『グローリー』（89）では人種差別、『マイケル・コリンズ』（96）では宗教的対立、『許されざる者』ではあらゆる種類の暴力、特に女性に対するものが描かれた。

　クリストファー・ハンプトンの『危険な関係』を例にあげよう。これは結末が下降型の映画であり、フランスの貴族社会の刺激的な駆け引きが織りなす愛と憎しみのストーリーは、商業的成功は望めないと思われた。ところが、直接扱うのはむずかしい現代の憎しみに鋭い光をあてながら、女性への求愛を闘いとして描いたことで、多くの観客を集めた。ハンプトンは時代を二百年前に設定した。当時は、男女間の力関係が性的優位を求める闘いへと発展し、優位に立った側が異性に対していだく感情は愛ではなく、恐れと疑いだった。古風な設定にもかかわらず、堕落した貴族に観客はすぐさま深い親近感を覚えた——自分たちと同じだ、と。

17

伝記　**歴史ドラマ**に近いものだが、時代よりも人物に焦点をあてたものである。だが、**伝記**は単なる年代記になってはならない。ある人物が生まれてから死ぬまでのあいだに何かおもしろいことをした、というだけでは、学術的関心以上のものを望めない。伝記の作り手は事実をフィクションのように解釈し、対象となる人物の人生の意味を見いだして、その人生における主役にしなくてはならない。『若き日のリンカン』（39）は**法廷ドラマ**で無実の者を弁護し、『ガンジー』（82）は**モダン・エピック**の英雄となり、『裸足のイサドラ』（68）は**幻滅プロット**に敗れ去り、『ニクソン』（95）は**懲罰プロット**で苦悩した。

こうした注意点はサブジャンルである**自伝**にもあてはまる。この表現形式は、自分たちがよく知っていることを映画の題材にすべきだと考える作り手に人気がある。それはもっともだ。しかし、自伝映画には、あるべきものが欠けていることが多い。自己認識だ。「吟味されざる生に生きる価値なし」は真実であるが、空疎な生に吟味する価値なし、もまた真実である。『ビッグ・ウェンズデー』(78)がこれにあたる。

18 **ドキュメンタリードラマ** これもまた**歴史ドラマ**に近いが、**ドキュメンタリードラマ**は過去の出来事よりも最近の出来事に焦点をあてたものである。シネマ・ヴェリテの手法による『アルジェの戦い』(96)のヒットによって隆盛を誇り、テレビの人気ジャンルとなったが、ドキュメンタリーとしての価値はあまりないことが多い。

19 **モキュメンタリー** 事実や記憶をもとに作られたドキュメンタリーや自伝のように装っているが、完全なフィクションである。事実に基づく映画制作のふりをして、偽善に満ちた社会制度を風刺する。『スパイナル・タップ』ではロックンロールの世界の舞台裏、『フェリーニのローマ』(72)ではカトリック教会、『ありふれた事件』ではテレビ報道、『ボブ★ロバーツ／陰謀が生んだ英雄』では政治、『カメレオンマン』(83)では中流階級の道徳観、『誘う女』(95)ではアメリカの打算的価値観を批判した。

20 **ミュージカル** オペラから派生したジャンルであり、登場人物が歌と踊りでストーリーを伝えて「現実」を表現する。**ラブストーリー**の場合が多いが、**フィルム・ノワール**の場合もあり、舞台版の『サンセット大通り』(50)がその例だ。**社会ドラマ**の『ウエスト・サイド物語』(61)、**懲罰プロット**の

『オール・ザット・ジャズ』(79)、**伝記映画**の『エビータ』(96)など、どんなジャンルもミュージカルにすることが可能であり、風刺をきかせれば**ミュージカル・コメディ**になる。

21 **SF**　科学の発達した仮想未来のストーリーで、暴政と混沌に支配されたディストピア(暗黒郷)を舞台とすることが多い。個人と社会が対決する**モダン・エピック**に**アクション**／**冒険**を結びつけたストーリーとなることがよくある。『スター・ウォーズ』三部作(77〜83)や『トータル・リコール』(90)がこれに属する。過去と同じく、未来もあらゆるジャンルの舞台となりうる。たとえば、『惑星ソラリス』(72)でアンドレイ・タルコフスキーは**幻滅プロット**を用いて内的葛藤を描いた。

22 **スポーツ**　スポーツは登場人物が変化をとげるための試練であり、以下のプロットを作りやすい。**自己形成プロット**として『ノース・ダラス40』(79)、**贖罪プロット**として『傷だらけの栄光』(56)、**啓発プロット**として『さよならゲーム』(88)、**懲罰プロット**として『レイジング・ブル』(80)、**試練プロット**として『炎のランナー』(81)、**幻滅プロット**として『長距離ランナーの孤独』(62)、**仲間の救済プロット**として『ハード・プレイ』(92)、**社会ドラマ**として『プリティ・リーグ』(92)がある。

23 **ファンタジー**　時間、空間、物質を自由に使い、自然界、超自然界の法則をゆがめたり、混ぜ合わせたりする。現実を超越した**ファンタジー**の世界は**アクション**の舞台となることが多いが、ほかのジャンルにも用いられる。**ラブストーリー**の『ある日どこかで』(80)、**政治ドラマ**／**寓話**の『動物農場』、**社会ドラマ**の『ｉｆ　もしも…』(68)、**自己形成プロット**の『ふしぎの国のアリス』(51)などがあげられる。

24

アニメーション　どんなものでも別の何かになれる、という万国共通の変身のルールが土台になっている。ファンタジーやSFと同様に、**アニメーション**も**アクション**を扱うことが多く、**笑劇**の『バッグス・バニー』（38〜）や**ハイアドベンチャー**の『王様の剣』（63）、『イエロー・サブマリン』（68）などがある。低年齢層がおもな対象となるため、当然ながら『ライオン・キング』や『リトル・マーメイド』（89）など、**自己形成プロット**のものが多く作られている。だが、東欧や日本のアニメーション作家を見ればわかるとおり、このジャンルにはなんの制約もない。

最後に、ジャンルやそれぞれの約束事を気にするのは「商業」作家だけであり、真の芸術にジャンル分けの必要はないと考える人のために、ひとつ付け加えよう。

25

芸術映画　既存のジャンルを超えて脚本を書くという前衛的な考え方は幼稚だ。外界から隔絶されたなかでの創作などありえない。ストーリーテリングには何千年にもわたる歴史があり、これまでに書かれたものとまったく似ていないストーリーなど存在しない。**芸術映画**は伝統的ジャンルとなっていて、**ミニマリズム**と**反構造**のふたつのサブジャンルに分類できる。それぞれに独自の構造と宇宙観の約束事がある。**歴史ドラマ**と同様に、**芸術映画**はスーパージャンルとして、**ラブストーリー**や**政治ドラマ**など他の基本ジャンルを内包している。

これですべてのジャンルをほぼ網羅したはずだが、決定的な完全版リストと呼べるものを作ることはできない。ジャンルは互いに影響し合い、混じり合って、境界を乗り越えるものだからだ。それは静的でも不動でもなく、柔軟で進化するものだが、ジャンルを特定して取り組むことができる程度には定まっている。作曲家が取り組む音楽のジャンルが変化しうるのと同じだ。

脚本家がまずこなすべき課題は、自分のジャンルを特定し、そこでの約束事を調べることだ。この課題から逃れることはできない。われわれはみな、ジャンル作家なのである。

構造とジャンルの関係

どのジャンルにも、ストーリーを設計する上での約束事がある。幻滅プロットでの下降型の結末のような、クライマックスでのお決まりの価値要素、西部劇によく見られるお決まりの舞台設定、ラブストーリーでの男女の出会いのようなお決まりの出来事、犯罪映画での犯人のようなお決まりの登場人物などだ。観客はこうした約束事を承知し、約束どおりの展開を予想している。それゆえ、ジャンルを選ぶことによって、ストーリーのなかでできることの限界がはっきり見える。観客の知識と期待を見越した上でストーリーを設計しなくてはならないからだ。

ジャンルの約束事とは、個々のジャンルとサブジャンルを規定する具体的な設定、役割、出来事、価値要素である。

どのジャンルにも独自の約束事があるが、かなり単純で適応しやすいジャンルもある。幻滅プロットの第一の約束事は、主人公がはじめは楽観的で高い理想と信念の持ち主であり、人生観も前向きであることだ。第二の約束事は、ストーリーがマイナスの方向へと繰り返し転じていくことだ。最初は希望を捨てずにいた主人公も、しだいに夢や価値観がむしばまれていき、ついには夢破れて懐疑的な人間になる。たとえば『カンバセーション…盗聴…』の主人公は、秩序のある安定した暮らしを送っていたが、最後は悪夢のような妄想に悩まされる。この簡単な約束事は脚本家に数えきれないほどの選択を与える。人生が絶望へと至る道はいくらでもあるからだ。このジャンルで忘れがたい作品としては、『荒馬と女』(61)、『甘い生活』(60)、『レニー・ブルース』(74) があげられる。

ほかのジャンルはあまり柔軟性がなく、厳密な約束事がいくつもある。犯罪映画には犯罪が必要であり、早いうちに事件が起こらなくてはならない。プロかアマかを問わず、探偵となる人物がいて、ヒントを得て容疑者を突き止める。スリラーでは、犯人が主人公に個人的にかかわらなくてはならない。たとえば、ストーリーのはじめに登場するのは、給料のためだけに働く警官だが、ある時点で犯罪者が過激な行動を起こして、ドラマを大きく動かす。この約束事にはクリシェがたくさんある。犯人は警官の家族を脅したり、警官本人に容疑がかかるよう仕向けたりする。あるいは、『マルタの鷹』(41) 以来のきわめつけのクリシェだが、警官の相棒を殺害する。警官はなんとしても犯人を割り出して逮捕し、罰をくださなくてはならない。

コメディにも無数のサブジャンルがあり、それぞれに独自の約束事があるが、このメガジャンル全体にわたって、ドラマと異なる重要な約束事がひとつある。それは、だれも傷つかないことだ。コメディでは、登場人物がどれほど壁を叩こうとも、叫んだりのたうったりしようとも、実はたいして傷ついていないことを観客は知っている。ローレルとハーディは、崩れたビルの下敷きになっても、瓦礫の下から這い出して埃を払い、「なんてざまだ……」とつぶやいたあと、また歩きだす。

『ワンダとダイヤと優しい奴ら』のケン (マイケル・ペイリン) は、異常なまでの動物好きだが、ある老婦人を殺そうとして代わりに彼女の飼い犬のテリアをつぎつぎと死なせてしまう。最後の犬は巨大な建築用ブロックの下敷きになって命を落とし、小さな足だけが突き出ている。監督のチャールズ・クライトンはこのシーンを二種類撮った。ひとつは足だけが見えているもので、もうひとつは肉屋からもらってきた内臓を使い、つぶれたテリアから流れる血糊を見せた。試写会で二番目の残酷な映像を見せられた観客は静まり返った。内臓と血は、まさに「痛い」と物語っている。一般公開でクライトンは足だけを見せるシーンに替え、笑いをとることに成功した。このジャンルの約束事として、コメディ作家は登場人物を地獄の業火へ投げこむが、その炎でほんとうに火傷をすることはないと観客を安心させて、うまく線を引く。

その境目にあるのが、サブジャンルであるブラック・コメディだ。脚本家はコメディの約束事を曲げて、強烈だが耐えられる程度の痛みを観客に感じさせる。『ラブド・ワン』(65)、『ローズ家の戦争』(89)、『女と男の名誉』(85) など、どれも笑いで息が詰まりそうになる映画だ。

芸術映画の約束事と言えば、スター(あるいは高額出演料)と無縁であること、ハリウッドのシステムの外で制作すること、たいがい英語以外の言語を使うことなど、数多くの外的要因である。このすべてをセールスポイントとして、宣伝部は批評家に判官贔屓を求める。内容上の約束事は、何よりまず、知性に訴えることだ。芸術映画は知性を好み、強い感情をムードで覆い隠す一方、作品の難解さや象徴性や未解決の緊張感については、観客による鑑賞後の解釈と分析に委ねる。芸術映画のストーリー設計はひとつの大きな約束事の上に成り立っている。それは「約束事にとらわれないこと」だ。ミニマリズムや反構造に見られる「約束事にとらわれないこと」こそが芸術映画の最大の約束事である。

芸術映画のジャンルで成功をおさめると、すぐさま芸術家として認められるものだが、それは一時的にすぎないことが多い。一方、アルフレッド・ヒッチコックはアークプロットの枠組とジャンルの約束事を忠実に守り、つねに大衆向けの作品を作りつづけて高い人気を集めた。しかしそのヒッチコックは、今日では映画作家の殿堂の頂点に立って、二十世紀最大の芸術家のひとりとして世界的な名声をほしいままにし、その作品は性や宗教や微妙な感情を卓越した技法で映像に表現したものとして讃えられている。芸術と大衆性はかならずしも矛盾せず、芸術と芸術映画の関係は絶対ではないことをヒッチコックは知っていた。

ジャンルに精通する

われわれはみな、ストーリーの偉大な伝統の恩恵をこうむっている。脚本家は自分の書くジャンルとその約束事を尊重し、それに精通する必要がある。そのジャンルの映画を多く観たからといって、知っていることにはならない。ベートーヴェンの交響曲を九番まですべて聴いていても、交響曲を作れないのと同じだ。まず形式を学ばなくてはならない。それにはジャンルに関する批評の書物が役立つが、最新事情についてのものは少なく、完璧なものはない。それでも、できるかぎり目を通すことだ。役に立ちそうなものはなんでも入手しよう。とはいえ、最も価値のある見識は、自己発見から得られる。埋もれた財宝を発掘することほど想像力を刺激するものはない。

ジャンルを学ぶ方法を提案しよう。まず、自分の作品と似ていると思えるものを、成功作も失敗作もすべて合わせて一覧にする（失敗作から学べることは多く、謙虚な気持ちになれる）。つぎにその作品のビデオを借りて、可能なら脚本も買う。そして、脚本とゆっくり照らし合わせながら映画を再生し、設定、役割、出来事、価値要素を細かく検討する。最後に、分析結果を積み重ねて、上からひとつひとつ見ていく。自分のジャンルのストーリーに共通するものは何か。時間、場所、登場人物、行動の約束事はなんだろうか。その答えが見つからないかぎり、観客に追いつくことはできない。

観客が予想していることを予想するためには、自分のジャンルとその約束事に精通しなくてはならない。

映画の宣伝がしっかりなされていれば、観客は期待を胸に劇場へやってくる。マーケティング業界で言う「ポジショニング」がおこなわれたわけだ。観客がなんの思い入れも期待も持たず、ぼんやりと作品を観にくるのでは困る。それでは、鑑賞にあたっての予備知識の説明に最初の二十分を費やすことになる。観客には、こちらの狙いどおりの期待感を持って着席してもらいたい。

観客のポジショニングは古くからおこなわれてきた。シェイクスピアは自作の悲劇の題名を『ハムレット』ではなく『デンマークの王子ハムレットの悲劇』とした。喜劇には『空騒ぎ』や『終わりよければすべてよし』といった題名をつけた。午後のグローブ座へ向かうエリザベス朝の観客たちは、泣くか笑うかの心づもりができていたのだ。

巧みなマーケティングはジャンルへの期待を生み出す。タイトルやポスター、印刷媒体やテレビ広告を通して、どんなタイプのストーリーなのかが観客の心に植えつけられる。好きなタイプの映画を期待してやってきた観客には、期待どおりのものを見せなくてはいけない。約束事を省略したり誤用したりでジャンルを軽んじると、観客はすぐに察知して作品を酷評する。

こんな例がある。『マイクス・マーダー』（アメリカ／84）という不幸な題をつけられた映画に、観客は殺人ミステリーを期待してやってきた。ところが、作品は別のジャンルに属するもので、観客は一時間以上ものあいだ、「いったいだれが殺されるんだろう」ととまどった。これは自己形成プロットを斬新な切り口で処理した作品で、デブラ・ウィンガー演じる銀行の窓口係が、依存型の未熟な人間から冷静で自立した人間へと成長していく。佳作と呼べる作品だったが、ポジショニングの失敗のために当惑した観客から酷評され、残念な結果となった。

創作上の制約

ロバート・フロストによると、自由詩を作るのはネットをさげてテニスをするようなものだという。詩にはきびしい制約をみずから課すことが必要で、それがあるからこそ想像力が掻き立てられるということだ。たとえば、ある詩人が、六行から成る詩節で一行おきに韻を踏むと決めたとしよう。二行目と四行目で韻を踏んだあと、詩節の最後にさしかかる。六行目を二行目・四行目と韻を踏ませることに頭を悩ませた詩人は、苦心するうちに、その詩の流れには合わないが、たまたま韻を踏むことばを思いつく。だが、成り行きで思いついたそのことばから自由な節が生まれ、それによって心にイメージが浮かび、そのイメージが最初の五行と共鳴して、まったく新しい感覚が生まれ、より豊かな意味と情感を持つ詩へと高まっていく。詩人がみずから課した制約があったおかげで、どんなことばでも自由に選べた場合には成しえなかった力強さが芽生えたというわけだ。

創作上の制約とは、障害物に囲まれたなかで自由を求めることだ。才能は筋肉と同じで、負荷をかけないと衰える。だから意識して障害物を置き、想像力を喚起する必要がある。何をするかは決まっているが、どうおこなうかは自由だ。そこで、まずは自分の作品がどのジャンルに属するか、あるいはどれとどれにまたがっているかを見きわめよう。ジャンルの約束事こそ、豊かなアイディアを実らせる土台である。

脚本家にとってジャンルの約束事は、詩作における押韻の規則と同じで、独創性を妨げるのではなく、むしろ奮い起こす。むずかしいのは、約束事を守りながらもクリシェを避けることだ。ラブストーリーにおいて、男女が出会うこと自体は、クリシェではなく必須の約束事だ。ほかと似たようなお決まりの出会い方をすることがクリシェである。活動的な男女がいっしょに冒険をする羽目に陥るが、最初はまったく馬が合わないとか、ともに実らぬ片思いを心に秘めた内気な男女が、パーティー会場の片隅でほかに話し相手が見つからずに……などなどだ。

ジャンルの約束事は創作上の制約であるが、これがあることによって作家の想像力は壁を乗り越えることができる。すぐれた作家は、約束事を否定してストーリーを台なしにするのではなく、古くからの友であるかのように約束事を頼りにする。独自の手立てで約束事を守ろうと苦心するうちに、自分のストーリーを比類のない高みへ押しあげるシーンを思いつくことがあると知っているからだ。ジャンルに精通することによって、これまでの型を豊かで独創的に発展させたものを提示し、観客が望むものを、そして高い技術があれば、観客が想像すらしなかったものを見せることができる。

たとえば、「アクション／冒険」のジャンルを考えてみよう。たわいない娯楽作品として片づけられることが多いが、実のところ、いまでは書くのが最もむずかしいジャンルである。というのも、腐るほどたくさん作られてきたからだ。このジャンルで、観客がこれまでに見たことがないものを書くことなどできるだろうか。たとえば、最も使い古されたものとして、主人公の運命が悪役の手中にあるシーンがある。主人公が絶体絶命と思われる窮地から形勢を逆転させなくてはならない。このシーンは欠かすことができない。主人公の機転や不屈の闘志や危機を物ともせぬ冷静さが試され、それを鮮やかに表現できるシーンだからだ。これなしでは主人公もストーリーも魅力を失い、観客は満足しない。そこにはパンに生える黴のようにクリシェがはびこるが、新鮮な切り口があれば、ストーリーの魅力ははるかに増す。

『レイダース／失われたアーク《聖櫃》』で、インディアナ・ジョーンズは三日月刀を操るエジプト人の大男と対決する。ジョーンズは一瞬ひるむが、そこで肩をすくめ、何食わぬ顔で銃を取り出してすばやく撃ち倒す。これには余談があり、この印象的なシーンは、ハリソン・フォードが撮影中に赤痢で体調を崩し、ローレンス・カスダンの脚本にあったアクションシーンを演じることができなくなったために、みずから提案したものだという。『ダイ・ハード』のクライマックスは、ジャンルの約束事を明快に実行したものだ。上半身裸で丸腰のジョン・マクレーン（ブルース・ウィリス）が両手を頭上にあげて、武器を持った残忍なハンス・グルーバー（アラン・リックマン）と対峙する。カメラがゆっくりとマクレーンの背後にまわると、裸の背中に銃をガムテープで貼りつけてあるのがわかる。マクレーンはジョークでグルーバーの気をそらし、背中の銃をつかんで撃ち殺す。

　主人公の運命が悪役の手中にある場面で最も使い古されたものが「危ない！　後ろを見ろ！」という台詞だろう。だが、『ミッドナイト・ラン』（88）の脚本を書いたジョージ・ギャロは、この台詞を何度も繰り返して使うことによって、新たな命を吹きこみ、笑いを誘うことに成功している。

ジャンルの融合

共感を呼ぶストーリーと深みのある登場人物を作り出し、さまざまなムードや感情を表現するために、ジャンルを融合させることも多い。たとえばラブストーリーは、サブプロットとしてほぼすべての犯罪映画に組みこむことが可能だ。『フィッシャー・キング』は五本の糸——贖罪プロット、サイコドラマ、ラブストーリー、社会ドラマ、コメディ——が織りなすすぐれた映画である。ミュージカル・ホラーというのも実におもしろい発想だ。おもなジャンルだけでも二十を超えるのだから、独創的なジャンルを組み合わせる手立ては無限にある。作家がジャンルを自在に操ることができれば、これまでだれも見たことのない映画を作り出せるかもしれない。

ジャンルの再構築

また、ジャンルに精通することによって、脚本家は時流を読むことができる。ジャンルごとの約束事は不動のものではない。社会の変化にともなって進化し、成長し、順応し、変容し、分裂していく。社会はゆっくりとではあるが、確実に変化していて、社会が新しい段階にはいるにつれて、ジャンルも形を変える。ジャンルとは現実を知るための窓であり、作り手はそこからさまざまな見方で人生を観察する。窓の外の現実が変わるとき、ジャンルもそれにつれて変化する。ジャンルに柔軟性がなく、変わりゆく世界に対応することができなければ、時代に取り残される。進化したジャンルの例を三つあげよう。

西部劇

西部劇はもともと、「古きよき西部」、つまり勧善懲悪の寓話が栄えた伝説的な黄金時代を舞台にした道徳劇だった。しかし、一九七〇年代の倦怠の雰囲気のなかで、このジャンルは時代遅れで新鮮味に欠けるものとなった。メル・ブルックスが『ブレージングサドル』で西部劇の根底にあるファシズムを暴き出すと、このジャンルは二十年にわたって事実上の休止状態にはいった。一九八〇年代には、西部劇の約束事が変わり、人種差別や暴力を糾弾する疑似社会ドラマとなった（『ダンス・ウィズ・ウルブス』〔90〕、『許されざる者』、『黒豹のバラード』〔93〕）。

サイコドラマ

精神障害を最初にドラマ化したのは、ドイツの映画制作会社ＵＦＡによるサイレント映画『カリガリ博士』である。精神分析が世に知られるとともに、サイコドラマはフロイト流のある種の探偵物語として発達していった。その第一期には、精神科医が「探偵」の役をつとめ、隠された「犯罪」、すなわち、患者が心の奥深くに抑えこんだ過去のトラウマの正体に迫ろうとする。精神科医がこの「犯罪」を解明すると、患者は正気を取りもどすか、快方へ大きく足を踏み出す（『シビル』〔日本未公開、76〕、『蛇の穴』〔48〕、『イブの三つの顔』〔57〕、『アイ・ネバー・プロミスト・ユー・ア・ローズガーデン』〔日本未公開、77〕、『愛の絆』〔78〕、『リサの瞳のなかに』〔62〕、『エクウス』〔77〕）。

しかし、連続殺人が社会を不安に陥れるようになると、サイコドラマは第二期へと進化し、ミステリーと融合してサイコスリラーと呼ばれる精神サブジャンルが生まれた。刑事が素人の精神分析医となって、サイコパスを追う。検挙できるかどうかは探偵が犯人の心にどれほど踏みこめるかにかかっている。『第一の大罪』（80）、『刑事グラハム／凍りついた欲望』（86）、『ザ・コップ』（88）などの作品があり、最近では『セブン』（95）がこれにあたる。

一九八〇年代になると、サイコスリラーはさらに第三期へと進化した。『タイトロープ』（84）、『リーサル・ウェポン』（87）、『エンゼル・ハート』（87）、『モーニングアフター』（86）などの作品では、探偵自身がセックス依存症、自殺衝動、外傷性記憶障害、アルコール依存症など、さまざまな現代病に苛まれている。こうした映画では、正義を守る鍵は探偵による自分自身の精神分析である。探偵がおのれの内なる悪魔と折り合いをつけられたら、犯人の検挙はもはや付け足しにすぎない。

この進化は、社会の変化を反映したものだと言えよう。精神を病む人々はどこかに閉じこめられ、まともな人間である自分たちは収容施設の壁の外で無事に暮らしていると安心していられたのは過去の話だ。いまでは、そんな単純な考えの持ち主はいない。不幸な出来事が重なれば、だれもが現実から遊離してしまうことをわれわれは知っている。サイコスリラーはこの脅威に向き合ったものであり、人生最大の難題は自分自身を分析し、人間を理解し、心の平和を保つことだと訴えかける。

一九九〇年代になると、このジャンルは第四の段階にはいり、配偶者、精神科医、外科医、子供、乳母、ルームメイト、近所の警官などをサイコパスに設定した。こうした映画は、地域社会に強い猜疑心を湧きあがらせた。最も身近な人々、信頼すべき人々、自分を守ってくれるはずの人々が正気を失っているのだから。例としては『ゆりかごを揺らす手』(92)、『愛がこわれるとき』(91)、『ラスト・レイプ』(75)、『暗闇のささやき』(92)、『ルームメイト』(92)、『危険な遊び』(93)などがあげられる。中でも最も印象に残るのは『戦慄の絆』(88)だろう。この映画は究極の恐怖を描いたものだ。あなたにとって最も身近な人間——あなた自身——に対する恐怖だ。あなたの意識下から這い出して、あなたの正気を奪うのはどんな恐怖だろうか。

ラブストーリー

ラブストーリーを書くときにいちばんの問題となるのは「ふたりを邪魔するものは何か」ということだ。そもそも、ラブストーリーに物語などあるのか。ふたりの人間が出会い、恋に落ち、結婚して家庭を持ち、死がふたりを分かつまで支え合う……これ以上退屈な話があるだろうか。そこで、古代ギリシャの脚本家メナンドロスの時代から二千年以上にわたって、作家たちはこの質問に対して「娘の両親」と答えてきた。若い男が自分の娘にふさわしくないと考える両親が、「恋するふたりに立ちはだかる壁」というお決まりの役割を演じる。シェイクスピアは『ロミオとジュリエット』でこれを男女双方の両親とした。紀元前二三〇〇年からこの基本的な約束事は変わらなかったが……二十世紀にはいると恋愛に革命が訪れた。

二十世紀はかつてないほどのロマンスの時代だった。恋愛（セックスをともなう関係）をロマンティックなものと見なす考えは、大衆音楽や広告をはじめ、西洋文化全般に浸透している。何十年にもわたって、車や電話など、さまざまな手段を使って、若い恋人たちは親の監視を逃れるようになっていった。その一方で、親たちのほうも不倫や離婚や再婚が急速に増え、恋愛が若さゆえの情熱ではなく、一生を通して追い求めるものに変わった。若者が親の言うことに耳を貸さないのはいつの時代も同じだが、近ごろでは、作中で両親の反対に遭って、十代の恋人たちが素直に従ったりしたら、観客はスクリーンに向かって罵倒するだろう。かつて約束事だった娘の両親による反対は、親のお膳立てした結婚とともに廃れていったが、才能に富んだ脚本家たちは、あっと驚く新しい手を考え出しては、恋の邪魔をさせている。

『卒業』（67）でふたりの恋を阻んだのは、お決まりの娘の両親だったが、理由はお決まりのものではなかった。『刑事ジョン・ブック　目撃者』（85）でふたりの前に立ちはだかったのは文化のちがいだった――女性はアーミッシュで、別世界の住人も同然である。『燃えつきるまで』（84）のメル・ギブソンは殺人を犯した死刑囚で、ダイアン・キートンは刑務所長の妻である。ふたりを邪魔するのは、「良識ある」社会の住人すべてだと言える。『恋人たちの予感』に登場する男女は、友情と恋愛は両立しないというばかげた思いこみにとらわれている。『真実の囁き』（96）では人種差別が、『クライング・ゲーム』ではジェンダーが、『ゴースト　ニューヨークの幻』（90）では死が、恋するふたりの妨げとなった。

二十世紀はじめのロマンスへの情熱は、世紀末には深い倦怠感へと変わり、恋愛は暗く懐疑的な目で見られるようになった。それに応えて、下降型の結末の映画が驚くほど増えている（『危険な関係』、『マディソン郡の橋』［95］、『日の名残り』、『夫たち、妻たち』［92］）。『リービング・ラスベガス』では、破滅的なアルコール依存症のベンと自虐的な娼婦サラの不幸な恋が描かれた。こうした作品は、永遠の愛など不可能とは言わないまでも、望めそうもないという思いを反映している。

最近では、上昇型の結末を描くため、ジャンルを再編成して「憧れストーリー」に組みこまれそうな映画もある。男女の出会いはストーリーのはじめに不可欠な約束事であり、その後、愛が試され、苦難を経て、最後には愛が勝つ。だが、『めぐり逢えたら』（93）や『トリコロール／赤の愛』（94）では、男女の出会いのシーンで映画が終わる。観客は、恋人たちの運命がどのように姿を変えていくかを見守る。出会いのシーンを巧みにクライマックスに持ってくることで、恋愛のむずかしさではなく出会いのむずかしさを描くことができ、現代の恋愛にまつわる厄介な問題をうまく回避している。これらはラブストーリーというよりも憧れの物語で、どのシーンも恋にまつわる会話や願望で満たされ、純粋な愛の行為やそれにともなう苦難を描かずに終わっている。二十世紀に芽吹いたロマンスの時代は、二十世紀に終焉を迎えたのかもしれない。

ここで学ぶべきなのは、社会の受け止め方は変わっていくということだ。脚本家はこうした動きに対してつねにアンテナを張っていなければ、時代遅れの作品を書くことになる。たとえば、『恋におちて』（84）では、ふたりの恋に立ちはだかるものは、どちらも別の相手と結婚していることだ。ところが、観客が涙を流すのは大あくびが出るときだけだ。その声が聞こえるようだ。「何が問題なんだ？　つまらん相手と結婚してるだけじゃないか。捨てちまえばいい。〝離婚〟ってものがあるのを知らないのかね」

一九五〇年代には、既婚者の恋愛は最低の裏切りだと考えられていた。『逢うときはいつも他人』（60）、『逢びき』といった心を打つ映画は、不義密通に対する社会の反感が原動力となっていた。しかし一九八〇年代になると、社会の受け止め方も変わり、恋愛はかけがえのないもので、人生は短いのだから、既婚者同士が恋に落ちることもあるだろう、という考え方になってきた。正しいかどうかはともかく、それが時代の空気だったから、一九五〇年代の古風な価値観の映画は一九八〇年代の観客をひどく退屈させた。観客は危うい現代を生きる感覚を味わいたい、いまという時代に人間として生きる意味を知りたいのである。

革新的な脚本家は、現代だけでなく、将来を見通す力を持つ。歴史という壁に耳を押しあてて、物事の変化に目を留め、未来へ向かって社会がどう進んでいくかを察知できる。そして、約束事を打破する作品を生み出し、そのジャンルをつぎの世代へとつなげていく。

例として、『チャイナタウン』のすぐれた特徴を見てみよう。それまでの殺人ミステリーでは、探偵が犯人を突き止めて罰を与えてきた。しかし『チャイナタウン』では、裕福で政治的権力もある殺人者がうまく逃げきり、栄えある伝統を打ち破る。だが、このような映画は、公民権運動、ウォーターゲート事件、ヴェトナム戦争を経た一九七〇年代だからこそ生まれたものだ。アメリカ人が自国の深刻な腐敗に気づき、金持ちは実際に殺人、いや、それ以上の悪事を犯しても逃げおおせるものだと国全体が気づいた。『チャイナタウン』はジャンルを新たなものにし、『白いドレスの女』（81）、『ウディ・アレンの重罪と軽罪』（89）、『Q&A』、『氷の微笑』（92）、『甘い毒』（94）、『セブン』など、下降型の結末の新たな犯罪映画に門戸を開いた。

最高の脚本家は、将来を見通し、時代を超えた傑作を生み出すことができる。どのジャンルでも、愛と憎しみ、戦争と平和、正義と不正、成功と失敗、善と悪など、人間にとっての重大な価値要素が扱われている。そのひとつひとつが永遠のテーマであり、この世にストーリーが誕生してから数々の古典の傑作が書かれてきた。こうした価値要素は折にふれて変更を加え、現代の観客のために新鮮で意味のあるものにする必要がある。だが、すぐれた古典作品はつねに新鮮で色あせることはない。不朽の名作と呼ばれる所以だ。それらは年月を経ても新たに解釈することができ、見なおして飽きることがない。真実と人間性が詰まっていて、どんな世代でもストーリーにわが身を重ね合わせることができるからだ。『チャイナタウン』はそんな古典のひとつである。ジャンルを知りつくしたロバート・タウンとロマン・ポランスキーは、才能をいかんなく発揮して、かつてないほどの傑作を生み出した。

忍耐という才能

ジャンルに精通することが重要なのには、もうひとつ理由がある。脚本は短距離走者ではなく、長距離走者向けのものだ。週末にプールサイドで一気に脚本を書きあげた、というような話を聞いたことがあるとはいえ、上質な脚本なら、最初のひらめきから最終稿を仕上げるまで、六カ月、九カ月、一年、あるいはもっとかかる。一本の映画の世界観、登場人物、ストーリーを作り出すために必要な労力は、四百ページの小説にも劣らない。大きなちがいは、語るのに必要なことばの数だけだ。脚本ではことばを最小限にまで切りつめるために、大変な労力と時間がかかるので、自由にページを埋められる小説のほうがむしろ簡単で、早く仕上がることとすらある。書くことはすべて試練をともなうものだが、脚本ほどきびしいものはない。だから、自分自身に問いかけてもらいたい。何カ月にもわたって情熱を燃やせるのは、なんのためだろうか、と。

一般に、偉大な作家は多くのものに手を出さず、ひとつの主題にしっかりと全力を傾ける。それはおのれの情熱に火をつけるただひとつのテーマであり、生涯をかけてさまざまに形を変えて追い求めるテーマだ。たとえばヘミングウェイは、死とどう向き合うかという問題に心を奪われていた。父親の自殺を目撃して以来、それは作品のみならず、人生の中心的テーマでありつづけた。戦争で、スポーツで、狩猟で、ヘミングウェイは死を追究しつづけ、ついにはみずから猟銃をくわえて、死を知ることになる。チャールズ・ディケンズは、父親が借金の不払いで投獄された過去を持つため、『デイヴィッド・コパフィールド』、『オリバー・ツイスト』、『大いなる遺産』と、亡き父を探し求める孤独な子供を繰り返し描いた。モリエールは、十七世紀のフランスの愚かさと堕落に批判的な目を向けて戯曲を書きつづけた。『守銭奴』、『人間嫌い』、『病は気から』といった作品名は、人間のいやな面を並べあげたかのようだ。どの作家も自分のテーマを見つけ、それが作家としての長い旅路を支えた。

あなたのテーマはなんだろうか。ヘミングウェイやディケンズのように、自分の人生をもとに書くのか。

それとも、モリエールのように、社会や人間の本質に対する自分の考えを書くのか。発想の原点がなんであれ、ひとつ注意しなくてはならない。作品が完成に至るはるか前に、自己愛が消え去り、アイディアへの愛着も朽ち果てることがある。自分自身や自分の考えについて書くのに疲れ果てて、ゴールにたどり着けなくなってしまう。

だからこそ、自分が好きなジャンルはなんだろうかとあらためて自問しよう。そして、好きなジャンルで書くのだ。アイディアや体験への情熱は色あせることもあるだろうが、映画への愛は永遠のはずだ。ジャンルはつねに発想を取りもどすための出発点でなくてはならない。自分が好む種類のストーリーで、雨のなかで並んでも観たいような映画であればこそ、読み返すたびに興奮を覚える。インテリの友人から社会的意義があると言われた、などという理由で書いてはいけない。「フィルム・クォータリー」誌で賞賛されそうだ、などという考えもまずい。ジャンルは自分の心に正直に選んでもらいたい。書きたいと思う理由はいろいろあれど、変わることなく自分を支えてくれるのは仕事そのものへの愛情だけだ。

5　構成と登場人物

プロットか、登場人物か。どちらが重要だろうか。これは芸術が生まれて以来の論争だ。アリストテレスはこのふたつを秤にかけ、まずストーリー、つぎに登場人物だと結論をくだした。この意見は長きにわたって優勢だったが、小説の進化とともに振り子は反対側へ振れた。十九世紀になると、構成とは人間性を表現するために設計された器にすぎず、読者が求めているのは魅力的で複雑な登場人物だという考えが多く見られるようになった。今日に至っても議論はつづき、結論は出ていないが、その理由は単純だ。空疎な議論だからだ。

構成と登場人物のどちらが重要かという問いには意味がない。というのも、構成が登場人物を形作り、登場人物が構成を形作るからだ。このふたつは等しいものであり、どちらが重要ということはない。それでも、いまだに議論がやまないのは、作中人物のふたつの重要な側面――実像と性格描写のちがい――について広く混同が見られるからだ。

実像と性格描写

性格描写とは、ある人間に関して、目に見えるすべての性質をまとめたものであり、どれも綿密に調査すればわかる。年齢や知能指数、性別や性的指向、話し方や身ぶり、家や車や洋服の好み、学歴や職業、人間性や性癖、価値観や主張など、日々観察すればわかる人間性のすべての側面だ。こうした特徴がまとまって、人間は個性を持つ。われわれはみな、持って生まれたものと積み重ねてきた経験の組み合わせによって唯一無二の存在となるからだ。このように、さまざまな特徴が独特に組み合わさったものが性格描写だ。しかし、それは実像とはちがう。

人間の実像は、緊迫した状況でおこなう数々の選択によって明らかになる──重圧がかかるほど、深い部分が明らかになり、おこなう選択はその人物の本質に迫るものとなる。

表面的な特徴や外見の下に隠された、その人物の真の姿はどんなものだろうか。その心の奥底にわれわれは何を見いだすのだろう。愛情深いのか、冷酷なのか。寛大なのか、利己的なのか。強いのか、弱いのか。誠実なのか、嘘つきなのか。勇敢なのか、臆病なのか。真実を知る方法はただひとつ。自分の思いを満たすために、追いつめられた状況下でどのような選択をするかを見ることだ。その選択から、その人物がどんな人間なのかがわかる。

その際、重圧があることが大切だ。何もリスクにさらされていない状況でおこなう選択には意味がない。嘘をついても得るものがない状況でほんとうのことを言ったとしても、その選択はとるに足りないもので、その行動は何も表さない。だが、同じ人物が、嘘をつけば窮地を脱することができるにもかかわらず、真実を語ることに執着したとしたら、その人物の根底にある誠実さを感じとることができる。

こんなシーンを想像してみよう。二台の車がハイウェイを走っている。一方は、荷台にバケツやモップやほうきを積んだ錆びだらけのステーションワゴン。運転しているのは不法入国者の女――臆病で口数が少なく、家政婦として得る違法な賃金が一家の唯一の収入源だ。横を走るのは、輝くようなポルシェの新車。運転するのは、富も名声もある神経外科医だ。経歴、信仰、個性、言語――何もかもがまったく異なり、ふたりの性格描写は正反対だ。

突然、この二台の車のすぐ前で、満員のスクールバスが制御を失って陸橋に激突し、すぐに炎に包まれて、おおぜいの子供たちが閉じこめられる。さて、この悲惨な状況で、ふたりが実はどんな人間かを見ていこう。

車を止めるのはどちらだろうか。走り去るのはどちらだろうか。ふたりとも、走り去るだけの正当な理由がある。家政婦が心配しているのは、事件に巻きこまれて警察から事情聴取を受けたら、不法入国がわかって国外へ追放され、家族が路頭に迷ってしまうことだ。医師が恐れているのは、負傷して手に火傷を負ったら、神業のような顕微鏡手術をおこなえなくなり、救えるはずの何千人もの患者の命が失われることだ。ともあれ、ここはふたりともブレーキを踏んで車を止めることにしよう。

この選択はふたりの実像を知る手がかりとなる。車を止めたのは救助のためなのか。事故を目撃したショックで運転できなくなったからか。ふたりとも救助のためだったとしよう。さらに実像が見えてくる。救急車を呼んで、到着を待つのか。燃えさかるバスに飛びこんで、みずから助けるのか。ふたりともバスに飛びこむとしよう。実像がより深いところまで明らかになっていく。

医師と家政婦は窓ガラスを割って、炎をあげるバスにどうにか飛びこみ、泣き叫ぶ子供たちを捕まえてはバスの外へ出していく。だが、そこでまたしても選択を迫られる。炎はたちまち地獄の炎と化し、顔の皮膚が焼かれていく。息を吸えば肺がただれそうだ。恐怖のなか、ふたりが車内に残された多くの子供たちを救うには、もうわずかな時間しかない。医師はどう行動するのか。瞬時の判断で、白人の子供を救うのか、それとも、そばにいる黒人の子供を救うのか。家政婦の判断はどうだろう。小さな男の子を救うのか。足もとで震えている女の子か。どんな「ソフィーの選択」をするのだろうか。

そして、正反対の性格描写がなされたふたりの奥深くに、同じ人間性があるのがわかる——ふたりとも、見知らぬ他人に対して、躊躇なく命を投げ出せる人間である、と。そして、勇敢と思われた人物が臆病とわかる場合も、臆病と思われた人物が勇敢な場合もあるだろう。ふたりのどちらであれ、英雄的な自己犠牲だけが真の姿ではないことが露見するかもしれない。聖人のごとく勇猛にふるまうさなかにも、長年かけて染みついた習慣ゆえに見えざる力が働き、無意識のうちに性的、人種的偏見をあらわにした行動をとるかもしれない。そのシーンをどのように描こうとも、緊迫した状況での選択によって性格描写の仮面が剥がれ、内なる本質が垣間見えて、鮮烈な実像が顔を出す。

登場人物の実像を明らかにする

性格描写と比較あるいは対立させて実像を明らかにすることは、すぐれたストーリーを書く基本である。人生が教える大きな教訓は、何事も見かけどおりではないことだ。人間は表向きの顔とはちがう。外見上の特徴の陰に真の姿が隠されている。どんな発言をし、どうふるまおうとも、その登場人物の真の姿を知るには、緊迫した状況での選択を見るしかない。

いかにも「思いやりのある夫」に見える人物が登場し、最初の印象が物語の最後まで変わらず、秘密もなく、破れた夢もなく、秘めた情熱もない、思いやりのある夫のままだったとしたら、拍子抜けだ。性格描写と実像が一致し、見かけと内面がコンクリートのブロックのようにぴったり一致していたら、その役柄は反復可能、予想可能な行動を寄せ集めたものでしかない。そのような登場人物が嘘っぽいというのではない。薄っぺらで深みがない人間は実在するが……退屈だ。

たとえば、ランボーはどこからおかしくなってしまったのか。シリーズ一作目の『ランボー』（82）では、彼は魅力豊かな人間――疲弊したヴェトナム帰還兵で、孤独を求めて山間を歩くひとりぼっちの男――だった（性格描写）。そこへ保安官が理由もなく高圧的な態度をとると、冷酷でだれにも止められない殺人者であるランボーの姿（実像）が現れる。しかし、いったん真の姿を表したら、あとへはもどれない。二作目以降では、オイルで光らせた隆起した筋肉に弾薬帯をかけ、もつれた髪に赤いバンダナを巻きつけたランボーは、スーパーヒーローとしての性格描写と実像がひとつに混じり合い、土曜朝のアニメーション番組のヒーロー以下の薄っぺらな人物となってしまった。

この単調なパターンをジェームズ・ボンドと比べてみよう。ランボーの続編は三作が限界だったようだが、ボンド映画は二十作ほど作られている。ボンドのシリーズがつづいているのは、性格描写に反した深みのある実像が毎回明らかになるのを全世界が心待ちにしているからだ。ボンドはプレイボーイを演じ、タキシードに身を包んで華やかなパーティーに顔を出し、カクテルグラスを片手に美女に誘いをかける。だが、物語の緊張が高まると、プレイボーイの外見に隠されていた知性派のランボーが現れる。遊び人という性格描写を覆す機知に富んだスーパーヒーローの姿に観客が飽きることはない。

この原則をさらに見ていこう。主要人物を描くときには、性格描写と比較もしくは対立させて、奥深い実像を描くのが基本である。脇役の場合は絶対とまでは言わないが、主役は深く掘りさげて描かなくてはならない――見かけと心のなかが同じではいけないのだ。

登場人物の変化

この原則をさらに進める。すぐれた作品では、登場人物の実像が明らかにされるだけでなく、物語が進むにつれて、よい方向であれ悪い方向であれ、内面の性質が変化していく。

『評決』（82）の主人公フランク・ギャルビンは、三つぞろいのスーツに身を包んだボストンの弁護士で、見かけはポール・ニューマンそのものだ。デヴィッド・マメットの脚本はこの表向きの仮面を剥ぎとり、すさんだ酒浸りの日々を送る自堕落な一文なしの姿と、何年も裁判に勝っていないことを明らかにする。離婚と苦境で、心はぼろぼろだ。新聞の死亡欄を見て交通事故や労災で命を落とした人を探したのち、葬式会場へ出かけては悲しみに沈む遺族に名刺を渡し、保険訴訟の仕事をあさる毎日だ。あげくの果てに、酒をあおって激しい自己嫌悪に陥ったギャルビンは、自分の事務所をめちゃくちゃにし、壁に飾られたいくつもの免状を引き破ったすえ、取り散らかったなかで寝こんでしまう。そこへひとつの仕事が舞いこんだ。

医療過誤で植物状態になった女性の弁護だった。手早く示談に持ちこめば、七万ドルを手にすることができる。だが、絶望的な状態で横たわる依頼人の姿を目にしたギャルビンは、この件はたやすく大金がはいるかどうかの問題ではなく、自分自身を救済する最後の機会ではないかと感じ、カトリック教会と政界の権威を敵にまわして、依頼人だけでなくみずからの魂も救うために戦うことを選ぶ。やがて勝利は再生をもたらす。法廷での戦いによって、ギャルビンは酒に負けない実直で優秀な弁護士に変わる。生きる気力を失う前の姿だ。

フィクションの長い歴史を通して、登場人物と構成は以下のような関係になっている。第一に、ストーリーは主人公の性格描写をおこなう。父の葬儀のために大学からもどったハムレットは、悲しみに沈み、混乱のあまり自分の死を願う。「ああ、この穢れに穢れた肉体が溶けて崩れて……」

第二に、観客は登場人物の心のなかへすぐさま引きこまれる。主人公が行動を重ねるたびに、その本性が明らかになる。ハムレットの父の亡霊が、ハムレットの叔父で現国王であるクローディアスに殺されたと告げたとき、ハムレットがおこなう選択からは、未熟さゆえに性急に動こうとする激情と、それを抑えようとする聡明で用心深い本性が明らかになる。ハムレットは復讐を心に誓うが、王の罪の確証を得るまでは行動を慎む。「ことばの匕首は突きつけても、本物の匕首は使うまい」

第三に、こうして現れた本性は、登場人物の表向きの姿とは一致しないもので、矛盾とは言わないまでも、対照的だ。観客はハムレットが見かけどおりの人間ではないと気づく。悲しみに暮れた繊細な人物というだけではなく、外面の下に隠された別の性質がある。「ぼくは北北西の風が吹くときだけ狂うんだ。南風なら、鷹か鷺か、それくらいの見分けはつく」

第四に、登場人物の本性が明らかになるにつれて、ストーリーがかける圧力もしだいに大きくなり、さらに困難な選択を強いる。ハムレットは父を殺した犯人を探し、ストーリーは、ひざまずいて祈りのさなかにあるのを見つける。簡単に殺せるところだが、もしクローディアスが祈りのさなかに死んだら、その魂が天国へ行くと気づく。そこで、はやる心を抑え、クローディアスの魂が「落ちぬさきから黒々と地獄の呪われた色に染まる」ときに殺そうと決める。

第五に、ストーリー・クライマックスに至っては、そこまでの選択によって登場人物のあり方はすっかり変わっている。ハムレットの闘いは、目に見えようと見えまいと、終わりを迎える。鋭敏な知性が英知として実を結んだとき、ハムレットは静かに成熟のときを迎える。「もう、何も言うことはない」（『ハムレット』野島秀勝訳、岩波文庫）

構成と登場人物の役割

構成の役割は、しだいに高まっていく重圧を登場人物に与えて、困難でリスクをともなう選択を強いられる窮地へと追いやり、自分自身でも気づかないほどの本性を表すよう徐々に仕向けることである。

登場人物の役割は、説得力のある行動を起こすのに必要な良質の性格描写をストーリーにもたらすことである。端的に言うと、登場人物には真実味がなくてはいけない。若いか高齢か、強いか弱いか、世

慣れているか純朴か、教養があるか無知か、寛大か利己的か、機知に富んでいるか退屈か、適切な設定にする必要がある。どの人物も、そういった行動をとるのが自然だと観客に感じさせるような資質の組み合わせをストーリーにもたらさなくてはならない。

構成と登場人物は密接に結びついている。ストーリー内の出来事の構成は、重圧のなかで登場人物がどんな選択をし、どんな行動をとるかによって決まる。登場人物のほうは、重圧のなかでどう行動するかを選ぶことによって本性が明かされ、変化していく。一方を変えれば他方も変わる。出来事の設計を変えるなら、登場人物も変えなくてはならない。心の奥底を変えるなら、構成も作り変えて登場人物の変化した内面を表出する形にしなくてはならない。

たとえば、深刻な危機にある主人公が真実を打ち明けるという重要なシーンがあるとしよう。けれども、脚本家は最初の原稿に納得していない。熟考を重ねてこのシーンを書きなおした脚本家は、主人公が嘘をつくことにし、この正反対の行動に合わせてストーリー設計を変える。初稿から第二稿へのあいだに、主人公の表向きの人物像に変化はない。服装も職業も変わらず、同じジョークで笑う。だが、初稿では正直者だったのが、第二稿では嘘つきになっている。出来事を正反対にすることで、脚本家はまったく新しい人物を生み出すことになる。

これとは逆のプロセスをたどる場合もある。脚本家は主人公の本質を突然深く見抜いて、まったく新しい心理的要素を加えることを思いつき、正直な男を嘘つきへと変える。すっかり変わったこの人物を描き出すためには、特徴を書き換える程度ではとうてい足りない。辛辣なユーモアの感覚を持たせれば人物の厚みが増すかもしれないが、それでは不十分だ。ストーリーが同じなら、登場人物も同じままだ。登場人物を作り変えるなら、ストーリーも作り変える必要がある。新しくなった登場人物は新しい選択をし、異なる行動をとり、新しいストーリー――その男だけのストーリー――を生きていく。最初に手を加えるのが登場人物であれ構成であれ、結果として同じところに行き着く。

だから、「性格劇」ということばはあまり意味を持たない。あらゆるストーリーは登場人物の性格が主導するものだからだ。出来事を考えるのと登場人物を考えるのは、合わせ鏡のようなものだ。登場人物を深く表現するには、ストーリーをしっかりと設計しなくてはならない。

鍵となるのは、ふさわしいかどうかだ。

登場人物をどれほど複雑にするかは、ジャンルによって決まる。「アクション／冒険」や笑劇では、単純な登場人物が求められる。こうしたジャンルには無謀なアクションやばかげたふるまいが付き物だが、複雑な性格はそういったものにそぐわないからだ。逆に、個人的葛藤や内的葛藤を描く啓発プロットや贖罪プロットでは、複雑な登場人物が必要だ。こうしたジャンルでは人間の本質を見つめることが不可欠であり、単純な性格では物足りない。当然である。では「性格劇」の真の意味とはなんだろうか。多くの作り手が性格描写に終始し、薄っぺらな仮面だけをていねいに描いているが、心の奥深くにある実像については、掘りさげも表現もせずに終わっている。

クライマックスと登場人物

構成と登場人物は均整のとれた形で連動していき、やがてエンディングの問題に行きあたる。ハリウッドには「映画は最後の二十分間で決まる」という名言がある。つまり、世界で通用する映画にするためには、最終幕とそのクライマックスをだれにとってもいちばん満足できるものにしなくてはならない。最初の九十分がどんなにすばらしくても、最終幕の出来が悪ければ、映画は封切り直後に打ち切りとなる。

二本の映画を比べてみよう。『ブラインド・デート』（87）の最初の八十分間は、キム・ベイシンガーとブルース・ウィリスのスピード感あふれるコメディで、爆笑の連続だ。だが、第二幕のクライマックスで笑いは止まり、第三幕は完全な失敗である。ヒット作になると思われたが、残念な結果に終わった。一方、『蜘蛛女のキス』（85）は、最初の三十分から四十分は退屈だが、徐々に観客を引きこみ、クライマックスではかつてないほどの感動をもたらした。八時に退屈していた観客が十時には夢中になった。口コミも手伝って映画は大ヒットとなり、この作品でウィリアム・ハートはアカデミー主演男優賞を手にした。

ストーリーは人生の隠喩であり、人生は時の流れのなかで生きるものだ。したがって、映画は時間芸術であり、造形芸術ではない。映画の仲間は絵画、彫刻、建築、スチール写真のような空間芸術ではなく、音楽、舞踏、詩、歌唱など、時間の流れに影響されるものだ。お楽しみは最後にとっておくこと。それがすべての時間芸術の第一の戒律だ。バレエの最終楽章、交響曲のコーダ、ソネットの最後の対句、映画の最終幕とクライマックス――こうした最高潮の瞬間は、最も満足できる意義深いものにしなくてはならない。

完成した脚本は、言うまでもなく百パーセントが書き手の独創的な努力のたまものである。その労力の大半、おそらく七十五パーセント以上は、登場人物の実像と関連する出来事を考えて配置することに費やされ、残りが台詞と情景描写に使われる。ストーリー設計に費やされる多大な労力のうち、七十五パーセントは最終幕のクライマックスを書くことに向けられる。ストーリーの山場は脚本家の仕事の山場でもある。

ジーン・ファウラーはかつて「書くことはたやすい。血の汗が額から流れ出すまで、真っ白な紙をじっと見つめるだけだ」と語った。額から血の汗を流すときがあるとすれば、それは最終幕のクライマックスを書くときにほかならない――すべての意図と感情が最高潮に達し、張られた伏線がすべて回収されるシーンであり、観客を満足させられるかどうかはここで決まる。このシーンが失敗すると、作品全体が失敗に終わる。このシーンがなければ、ストーリーなど存在しない。想像力を結実させた最高のクライマックスを生み出せなければ、そこに至るまでのシーン、登場人物、ダイアローグ、情景描写を書いたことがすべて、複雑なタイピングの練習でしかなくなる。

ある朝目覚めて、こんなクライマックスを思いついたとしよう――「主人公と悪役が三日三晩にわたって、モハーヴェ砂漠を追いつ追われつ歩きまわる。周囲には百マイル以上水源がなく、脱水症状と極度の疲労で錯乱状態を起こす寸前でふたりは戦い、一方が殺される」。わくわくする話に思えるが、あらためて主人公を見ると、杖が頼りの七十五歳の元会計士で、砂塵にアレルギーを持っていることを思い出す。これでは悲劇のクライマックスがお笑いになってしまう。さらに悪いことに、書きあがったらウォルター・マッソーが演じたがっているとエージェントから連絡があった。さて、どうすればいいか。

主人公の紹介ページを開き、ジェイク（七十五歳）の七を消して三に書き換えよう。つまり、性格描写を修正するのだ。三十五歳でも七十五歳でも、モハーヴェ砂漠で死力を尽くす意思と粘り強さはあるのだから、実像の部分は変わらない。だが、真実味を持たせる必要がある。

一九二四年にエリッヒ・フォン・シュトロハイムは『グリード』を撮った。クライマックスでは、主人公と悪役が三日三晩にわたってモハーヴェ砂漠で逃走劇を繰りひろげる。フォン・シュトロハイムはこのシーンを、実際に気温が摂氏五十五度に及ぶ八月のモハーヴェ砂漠で撮影した。キャストもスタッフも疲弊したが、望みどおりの映像を撮ることができた。干あがった塩湖が地平線の彼方までつづく、どこまでも白い風景。焼けつくような日差しのなか、主人公も悪役も、皮膚は荒涼とした大地のように乾いてひび割れている。格闘がはじまり、もみ合ううちに悪役が石をつかんで主人公の頭を割る。死に瀕した主人公は、遠のく意識のなか、最後の力を振り絞って悪役と自分を手錠でつなぐ。殺したばかりの男とつながった悪役が砂の上に倒れ、映画は幕を閉じる。

『グリード』の壮絶な結末は、登場人物を深く描ききる究極の選択によって生まれたものだ。こうした行為の真実味を損なうような属性は排除しなくてはならない。アリストテレスが言うように、プロットは性格描写よりも重要だが、物語の構成と登場人物の実像は、ひとつの現象を異なる視点から見ているにすぎない。登場人物が表向きの仮面の下でおこなう選択が、その人物の内面を形作るとともにストーリーを推進させる力ともなる。オイディプス王からフォルスタッフ、アンナ・カレーニナからロード・ジム、ゾルバからテルマとルイーズに至るまで、熟達したストーリーテリングにはすべて登場人物と構成の力学が働いている。

6　構成と意味

美的感情

アリストテレスはストーリーと意味の問題を考えたとき、このように問いかけた。街で少年の死体を目にしたときの反応と、ホメロスの叙事詩で死について読むときや、劇場で死の場面を目にするときの反応がちがうのはなぜだろうか。それは、人生において、理性と感性は別物だからだ。思考と感情は人間のなかの異なる領域で働き、調和することはまれで、たいがい対立する。

実生活において、街で少年の死体を見たら、感情が激しく揺さぶられる。「大変だ、死体だ！」恐怖のあまり、その場から走り去ることもあるだろう。時間が経って落ち着いてから、その見知らぬ少年の死について思いをめぐらし、いつか訪れるみずからの死や、死の影に付きまとわれる生について考えることもあるだろう。こうして深く考えることによって、自分のなかで何かが変わり、つぎに死と向き合ったときにはもっと思慮深い反応ができるかもしれない。

あるいは、それとは逆に、若いころは愛について深く考えながらも、賢明な判断ができず、理想を追い求めるあまり、刺激的だが苦しい恋に落ちることもあるだろう。それによって心を閉ざした皮肉屋になり、歳をとってからは、恋に夢中な若者に対して辛辣な見方をするかもしれない。

思考をつねに働かせることで、感情的な経験に対する準備が整う。そして、その経験は新しい感覚への刺激となり、さらに新しい出会いによって化学反応が起こる。思考と感情というふたつの領域は互いに影響し合うが、変化はまず一方に起こり、それからもう一方に起こる。実際の人生においては、両者が融合する瞬間などほとんどなく、あるとしたら神秘的体験とさえ感じられるだろう。だが、人生が感情から意味を切り離すものであるのに対して、芸術はそのふたつを結びつける。ストーリーは、こうした神秘の瞬間を意のままに作り出すことができる。この現象は「美的感情」と呼ばれる。

あらゆる芸術は、人類が言語を持つ前の原始的な心の要求に端を発している。それは、美と調和によって緊張や不和を解決したい、創造力によって単調な日々に輝きを与えたい、真実に対する本能的な感覚で現実とつながりたい、という願いだ。音楽や舞踏、絵画や彫刻、詩や歌曲のように、ストーリーは最初から最後まで変わることなく美的感情――思考と感覚が遭遇する瞬間――を体験できる。

感情の変化に観念がともなうと、いっそう力強く、いっそう深く、いっそう忘れがたいものになる。街で少年の死体を見た日のことは忘れても、ハムレットの死は一生心に残る。芸術の導きがなければ、人は混乱と混沌のなかで生きていくしかないが、美的感情は知識と感覚を調和させ、現実世界での居場所を確実に意識させる。つまるところ、すぐれたストーリーは人生からは得られないものを与えてくれる。それは、意味のある感情的経験である。人生において、経験が意味を持つのは、後日振り返ったときである。芸術では、経験した瞬間に意味を持つ。

その意味で、ストーリーは本質的には知性に訴えるものではない。論文のような冷静かつ知的に概念を表すものとはちがう。とはいえ、ストーリーが知的でないと言っているのではない。書き手は意義深く見識のあるアイディアを持つことが望まれる。さらに言えば、観客のあいだでは、感覚や知覚、直観や感性を通して直接考えのやりとりがなされる。やりとりを正当化したり、ことばで表現できない感情を説明して抽象表現に置き換えたりするための仲介者や批評家がいる必要はない。学術的な洞察力は審美眼や判断力を磨くが、批評と芸術を取りちがえてはならない。知的分析は、どれほど刺激的なものであっても、魂の保養にはつながらない。

すぐれたストーリーは、時計のように規則的に命題を論証するものではなく、まとまりのない激情を吐き出すものでもない。合理的なものと非合理的なものを融合させたものだ。単に感情的なだけの作品も、単に知性的なだけの作品も、共感、感情移入、予感、洞察といったわれわれの繊細な能力——持って生まれた、真実を感じとる心——に訴えることはできない。

前提

創作の作業はふたつの基本的なアイディアから成り立っている。ひとつは「前提」であり、これは作家がストーリーを創作しようという欲求を喚起する。一方、「統制概念」はストーリーの究極の意味であり、最終幕のクライマックスでのアクションと美的感情によって具体化される。ただし、前提は統制概念とちがって、結論が示されているわけではなく、たとえば「もしも……なら、どうなるだろう」という問いかけになる。もしもサメがビーチリゾートに現れて、休暇を楽しむ人々を襲撃したらどうなるだろう（『ジョーズ』[75]）。もしも主婦が夫と子供を置いて家を出たらどうなるだろう（『クレイマー、クレイマー』[79]）。スタニスラフスキーはこれを「魔法のもしも」と呼んだ。これは心に浮かぶ白昼夢のような仮説で、何が起こっても不思議ではない想像の世界へのドアをあけてくれる。

だが、「もしも……なら、どうなるだろう」以外の形の前提もある。脚本家はどこからでも着想を得ることができる。友人が陽気に語る暗い欲望、脚のない物乞いの嘲笑、悪夢や白昼夢、新聞記事や子供の空想。創作活動そのものから刺激を得ることもあるだろう。つぎのシーンへの自然なつなぎ方を考えたり、台詞が重ならないように編集したり、純粋に技術的な作業をするうちに想像がふくらむこともあるだろう。前提はいつでも手に入れられる。たとえば、窓の外に目をやっただけでも。

一九六五年にイングマール・ベルイマンは内耳炎にかかり、眠っている時でも絶えず回転性のめまいに襲われた。何週間にもわたって安静を命じられたベルイマンは、頭部を装具で固定され、めまいを起こさないよう、医師が天井に描いた点を見つめていたが、少しでも視線をそらすと部屋全体が回転木馬のようにまわった。天井の一点に意識を集中させながら、ベルイマンは混じり合うふたつの顔を想像するようになった。その後、回復の途にあったベルイマンが窓の外へ目をやると、ひとりの看護師が患者とすわって、手を比べ合っているのが見えた。こうして、看護師と患者の関係、溶け合う顔というイメージから、名作『仮面／ペルソナ』が生まれた。

ひらめきや直感は、とりとめもなく自然に生まれるように見えるが、実はそうとも言えない。ある脚本家を刺激したものに、ほかの脚本家が何も感じないこともある。前提は、作家が内に秘めた構想や信念を目覚めさせる。経験の積み重ねがその瞬間を呼び起こすのであり、反応できるのは自分だけだ。こうして創作がはじまり、書き手は解釈し、選択し、判断していく。人生についての最終的な主張が、一部の人間から独善的すぎると受け止められたとしても、それはそれでよい。当たり障りがなく、穏やかなだけの作り手など退屈でしかない。われわれが求めるのは、果敢に自分の意見を表す自由な精神の書き手であり、鋭い洞察力で驚きと刺激をもたらす芸術家である。

最後に、忘れてはいけないのは、書くきっかけとなった物事を作中に残しておく必要はないということだ。前提そのものは特に貴重ではない。作品の進行にかかわるなら残してよいが、ストーリーが方向を変えたなら、最初の着想は捨てて、進化するストーリーを追うべきだ。大切なのは書きはじめることではなく、書きつづけることであり、新たなひらめきを取りこむことだ。行き着く先はたいていわからない。書くことは発見である。

レトリックとしての構成

誤解のないように言っておこう。夢をきっかけに生まれたストーリーで、最終的な効果が美的感情だとしても、自由発想の前提から充実したクライマックスまで作品を動かせるのは、作者に確たる考えがあるときだけだ。脚本家には、表現のためのアイディアだけでなく、証明のためのアイディアも必要だ。アイディアをただ提示するだけではじゅうぶんではない。観客に理解させるだけでなく、信じさせなくてはならない。あなたが書いたストーリーが人生の隠喩だと納得させなくてはならない。観客をうまく引きこめるかどうかは、ストーリー設計にかかっている。ストーリーをつむぎながら、あなたは証明もしていく。アイディアと構成は表現のなかで深く関係し合っている。

ストーリーテリングとは、真実を独創的に実証することである。ストーリーとはアイディアの正しさを伝える生きた証拠であり、アイディアを行動へと具体化したものだ。ストーリーのなかで出来事を構成することによって、まずアイディアを表現し、それから証明するが、説明をしてはいけない。

ストーリーの達人は、けっして説明しない。彼らは創造力が問われる困難な仕事をやってのける――ドラマとして表現するのだ。アイディアについての解説を延々と聞かされて、興味を持つ観客などいるだろうか。ましてや納得などしまい。ダイアローグとは、欲求を追い求める登場人物の自然な会話であり、映画作家が自分の哲学を披露する場ではない。ダイアローグにせよ、ナレーションにせよ、作者がそこで説明をはじめると、映画の質は著しく落ちる。名作と呼ばれるストーリーは、さまざまな出来事をつなげるだけでアイディアを立証していく。人間の純粋で自然な選択と行動を積み重ねて人生観を描くことができなければ、作品として失敗であり、気のきいたことばをどれだけ並べても挽回できない。

例として、多数の作品が作られている犯罪映画のジャンルを見てみよう。探偵物語のほぼすべてに共通する考えは「犯罪は引き合わない」ということだ。これをどう観客に伝えるのか。登場人物がこんなふうにだれかに語るのは願いさげだ――「ほらな、おれの言ったとおりじゃないか。犯罪は引き合わないんだよ。うまく逃げおおせたように見えても、お天道さまはお見通しってことさ……」。そうではなく、その考えは行動で示されるべきだ。犯罪が起こる。しばらくは犯人が自由に逃げまわる。やがて犯人は逮捕され、罰を受ける。懲罰のシーン――終身刑に処されるか、街なかで射殺されるか――で、感情の混じった考えが観客に伝わる。ことばに表すなら、「犯罪は引き合わない」というような品のよいものではなく、「やっつけたぞ！」という感じだろう。正義が勝ち、社会的制裁がくだるシーンに観客は興奮する。

美的感情の種類と質はジャンルによってちがう。サイコスリラーでは強烈な効果が求められる。幻滅プロットやラブストーリーでは、悲しみや同情など、柔らかな感情が求められる。だが、ジャンルにかかわらず、原則は同じだ。喜劇でも悲劇でも、ストーリーの意味するところは、感情豊かなクライマックスで、説明的な台詞の力を借りずに行動として伝えなくてはならない。

統制概念

「テーマ」は作家にとっては曖昧なことばとなった。たとえば、「貧困」や「戦争」や「愛」はテーマではなく、設定やジャンルに関連したことばだ。真のテーマはひとつの単語ではなく、文で表される。明快で整然として、ストーリーの意図を余すところなく伝える文である。わたしはこれを「統制概念」と呼んでいる。テーマと同様に、ストーリーの原点や中核概念を伝え、その役割も示すものだ。統制概念は作家の戦略的選択の方向づけをする。ストーリーのなかで何が適切で何が不適切かを判断する創作上のひとつの基準であり、これを語るために残すべきものと、無関係だから削除すべきものを取捨選択する。

完成したストーリーの統制概念は、ひとつの文で表せなくてはならない。まず前提を考えて、話が動きはじめたら、心に浮かぶすべてのことを探っていく。とはいえ、最終的には、映画はひとつの概念に沿って形作る必要がある。これは、ストーリーをひとつの見出しにまとめてしまうということではない。ストーリーのなかには、ことばでは伝えきれないさまざまなもの――繊細さ、隠された意味、奇抜な比喩、二重の意味、あらゆる種類の豊かな表現――がとらえられている。ストーリーは生きた哲学となり、観客は無意識のうちにその全体を瞬時にして把握する。自分の人生経験と結びつけて認識するのだ。しかし、ここで注意すべきことがある。

ひとつの明快な考えに基づいてうまく作品を構築すると、観客はその作品から多くの意味を見いだし、その考えを自分の人生に採り入れてあらゆる側面に結びつける。逆に、ひとつのストーリーに多くの概念を詰めこみすぎると、内部爆発が起こって、でたらめな考えが破片のごとく散らばり、何も伝わらなくなる。

統制概念はひとつの文で表現できるものであり、冒頭の状況から最後の状況へ、人生がどんな理由でどのように変化するかを表す。

統制概念には、ふたつの構成要素がある。価値と原因である。それによって、ストーリーの重大な価値要素が最終幕のクライマックスでプラスとなるかマイナスとなるかが決まり、その価値要素がそのように変化した主原因もわかる。このふたつの構成要素、すなわち価値と原因で構成される一文が、ストーリーの核心的意味を説き明かす。

「価値」とは、ストーリーの最後の出来事の結果として登場人物の世界や人生にもたらされた、プラスあるいはマイナスの価値要素のことである。たとえば、上昇型の結末の犯罪映画（『夜の大捜査線』〔67〕）では、不公平な世界（マイナス）に正義がもどり（プラス）、統制概念は「……正義がもどる」で終わる一文になるだろう。下降型の結末の政治的スリラー（『ミッシング』［82］）では、軍事独裁政権がストーリーの世界を支配し、「……独裁政権が勝利する」というマイナスの意味の一文になる。前向きな結末の啓発プロット（『恋はデジャ・ブ』）では、高慢で自己中心的な主人公が愛情深く思いやりのある人間へと変わり、「……人生は幸福に満ちたものになる」とまとめられる。暗い結末のラブストーリー（『危険な関係』）では、情熱が自己嫌悪へと変わり、「……憎しみがわれわれを破滅させる」ということばが喚起される。

「原因」とは、主人公の人生や世界がプラスあるいはマイナスの価値へ至ったおおもとにあるものである。ストーリーを結末から冒頭へと逆にたどっていくと、登場人物や社会や環境の奥深いところに、その価値要素が存在するに至った主原因を見つけることができる。複雑なストーリーでは、変化をもたらす力がいくつか存在する場合もあるが、通常はひとつの大きな原因がほかにまさる。したがって、犯罪映画では「犯罪は引き合わない」（正義が勝利する）や「犯罪は引き合う」（不正がまかり通る）だけでは統制概念として不十分である。これでは、結末での価値要素についてしか表しておらず、残る半分が欠けている。内容に富んだストーリーでは、その世界や主人公がなぜその価値要素を持つに至ったか、その原因も描かれているはずだ。

たとえば、クリント・イーストウッドのダーティハリーの脚本を書いているとしよう。価値と原因で構成される統制概念は「主人公が犯人よりも暴力的なので、正義が勝利する」ということになるだろう。ダーティハリーは地道な犯罪捜査もおこなうが、変化をもたらす最大の原因はその暴力的手段だ。そこへ意識を向ければ、何が適切で何が不適切かが見えてくる。被害者の遺体に歩み寄ったダーティハリーが、逃亡した殺人犯が残したスキー帽を発見し、拡大鏡を取り出して調べてから、こう言うとしたらどうか――「男は三十五歳ぐらい。赤毛でペンシルヴェニアの炭鉱地区の出身です――無煙炭の粉がついていますからね」。これではダーティハリーではなく、シャーロック・ホームズだ。

ピーター・フォークの刑事コロンボの脚本を書いているなら、統制概念は「主人公が犯人よりも聡明なので、正義が回復する」となるだろう。スキー帽の分析もコロンボならふさわしい。刑事コロンボのシリーズで変化をもたらす最大の原因は、シャーロック・ホームズばりの推理だ。しかし、よれよれのレインコートの下から四四口径マグナムを取り出して撃ちまくるのは、刑事コロンボに似合わない。

先にあげた映画の例を完成させてみよう。『夜の大捜査線』では「有能なよそ者の黒人が白人の悪事を見抜いたので、正義がもどる」だ。『ミッシング』では、「腐敗したCIAの後ろ楯があるので、独裁政権が勝利する」。『恋はデジャ・ブ』では、「見返りを求めない愛を学んだので、人生は幸福に満ちたものになる」。『危険な関係』では、「異性への恐れのせいで、憎しみがわれわれを破滅させる」となるだろう。統制概念は、ストーリーの最も純粋な意味であり、変化がもたらされた原因と過程であり、観客が自分の人生に照らし合わせる想像図でもある。

意味と創作の過程

あなたの作品の統制概念はどんなものだろうか。創作の過程はどこからはじめてもいい。「もしも……ならどうなるだろう」という前提から着想を得る場合もあれば、登場人物やイメージからはじめる場合もあるだろう。中盤からでも、冒頭や終幕からでもいい。架空の世界と登場人物が形作られるにつれて、それぞれの出来事がつながり、ストーリーが構築されていく。そして、ストーリー・クライマックスを考える重要な瞬間を迎える。最終幕のクライマックスは、行動を起こすための刺激となり、達成感と満足感をもたらすものだ。こうして統制概念が形になる。

ストーリーの結末を見て、考えてみよう。クライマックスの行動によって、主人公の世界にもたらされる価値要素はプラスのものだろうか、マイナスのものだろうか。つぎに、このクライマックスからストーリーを逆にたどって、深く掘りさげよう。この価値要素を主人公の世界にもたらしたのは、どんな原因や力や手段だっただろうか。このふたつの問いの答えとなる一文が統制概念だ。

言い換えれば、ストーリーがあなたに意味を教えるわけだ。あなたがストーリーの意味を決めるのではない。考えから行動を引き出すのではなく、行動から考えを引き出すのである。どんなひらめきから生まれたにせよ、ストーリーは最終的に統制概念をクライマックスに組みこんだものとなり、その出来事が意味を成すとき、物書きとして最も衝撃的な瞬間のひとつを迎えることになる——自己認識の瞬間だ。ストーリー・クライマックスはあなたの内面を映す鏡であるから、内なる最高のものを源としてストーリーを書いているとしたら、そこに映し出されたものに驚嘆するにちがいない。

やさしく愛に満ちた人間であるはずの自分が、暗くアイロニーに満ちた結末を持つストーリーを書いていることに気づく。あるいは、人生経験が豊富で世慣れた人間であるはずの自分が、ほのぼのとした心あたたまる結末を書いているのに気づく。自分のことはよくわかっているつもりだったのに、表現の必要に迫られたときに内面を知って、驚かされることはよくある。つまり、最初に考えたとおりにプロットが形になるということは、想像力や直感がはいりこむ余地を作っていないことになる。ストーリーは、書いている自分が何度も驚きを覚えるものでなくてはならない。主題を見つけ、想像力を働かせ、余裕を持ちつつ思慮深く技巧を発揮する。すばらしいストーリーは、そういうことを組み合わせて生まれる。

基本概念と対立概念

かつてパディ・チャイエフスキーがこんなことを話していた。自分のストーリーの意味を最終的に突き止めたら、それを書きつけたメモをタイプライターに貼りつけ、書くものすべてが中心的テーマとなんらかのかかわりを持つように心がけたという。ストーリーを動かす価値要素と原因を目につくところに貼っておくことで、無関係なことに気を散らされることなく、中心的テーマに沿ってストーリーをまとめることができたわけだ。チャイエフスキーが「なんらかのかかわり」と言ったのは、重大な価値要素をプラスとマイナスの両極間で行き来させながら、ストーリーをダイナミックに構築していくことである。その結果、シークエンスごとに統制概念のプラス面とマイナス面が交互に表現されることになる。つまり、基本概念と対立概念を戦わせることによってストーリーを形作っていくわけだ。

重大な価値要素のあり方がプラスとマイナスのあいだをダイナミックに行き来することによって、ストーリーが進展する。

着想を得た瞬間から、あなたは架空の世界を構築しはじめる。ストーリーのはじまりから終わりまで、前提から統制概念に至る一連の出来事を考えなくてはならない。こうした出来事は、ひとつのテーマについての相反するふたつの考えを反映させる。シークエンスごと、多くはシーンごとに、プラスの基本概念とマイナスの対立概念が行きつもどりつしながら、優勢を競って戦う。クライマックスでどちらかが勝ち、それが統制概念となる。

犯罪映画によくある流れを例にとると、典型的なオープニングは、「犯人たちは知的で無慈悲なので、犯罪は引き合う」というマイナスの対立概念を表現する。ドラマが進行すると、謎めいた事件（『めまい』）や、極悪人による犯行（『ダイ・ハード』）が観客に衝撃を与え、「やつらなら逃げきれるかもしれない」と思わせる。だが、ベテラン刑事が登場して逃走した犯人が残した手がかりを発見し（『三つ数えろ』［46］）、つぎのエピソードでは観客の恐怖をプラスの基本概念が打ち消す——「主人公のほうがより知的で無慈悲なので、犯罪は引き合わない」。しかしつぎに、刑事はまちがった人物に容疑をかける（『さらば愛しき女よ』［75］）——「犯罪は引き合う」。けれども、すぐに主人公は真犯人を突き止める（『逃亡者』）——「犯罪は引き合わない」。ところが、主人公が犯人に捕まって、万事休すとなる（『ロボコップ』［87］）——「犯罪は引き合う」。しかしながら、刑事は一命を取り留めてよみがえり（『ダーティハリー4』［83］）、またしても犯人を追う――「犯罪は引き合わない」。

同じ概念についてのプラスの考えとマイナスの考えが作品全体を通して交互に入れ替わりながら激しさを増し、重大局面では真っ向からぶつかり合う。ここからストーリーはクライマックスを迎え、どちらかの概念が勝利する。プラスの基本概念の場合もあれば――「主人公が粘り強く、すぐれた戦略と勇気の持ち主なので、正義が勝利する」（『日本人の勲章』[55]、『スピード』[94]、『羊たちの沈黙』[91]）、マイナスの対立概念の場合もある――「敵は圧倒的に無慈悲で狡猾なので、悪が勝利する」（『セブン』、『Q&A』、『チャイナタウン』）。このふたつのどちらかが最終幕のクライマックスで表現され、価値と原因を合わせた統制概念となる。ストーリーの純然たる最終結論である。

この基本概念と対立概念のリズムは、脚本術の基本であり、不可欠なものである。どんなアクションが内在していようと、すぐれた作品の心臓部ではすべてこのリズムが脈打っている。そのうえ、この単純なリズムはきわめて複雑にも、繊細にも、アイロニーの意味合いを持たせることもできる。

『シー・オブ・ラブ』（89）で、刑事ケラー（アル・パチーノ）は容疑者（エレン・バーキン）と恋に落ちる。そのため、彼女の犯行をほのめかすようなシーンでは、正義の価値要素はプラス、愛の価値要素はマイナスというアイロニーに満ちた状況となる。自己形成プロットである『シャイン』では、デイヴィッド（ノア・テイラー）の音楽的才能（プラス）が父（アーミン・ミューラー＝スタール）の嫉妬心ときびしい支配（マイナス）を招き、それによってデイヴィットは精神を病む（二重のマイナス）。だが、最終的に彼は音楽面でも精神面でも成熟を果たす（二重のプラス）。

教訓主義

ひとつ忠告しよう。ストーリー内で対立する要素を作り出すときは、双方にじゅうぶん力を持たせるよう注意を払うべきだ。統制概念を支えるシーンやシークエンスと同じ真実味とエネルギーをこめて、対立するシーンやシークエンスを書かなくてはならない。映画が「犯罪は引き合う」という対立概念で終わるのであれば、正義が勝つのではないかと観客に思わせるシークエンスを力強く描く。「正義が勝利する」という基本概念で終わるのであれば、「悪が大きな勝利をおさめる」と主張するシークエンスをくわしく描く。つまり、対立をどちらか一方に偏らせてはいけないということだ。

道徳劇を書く場合、悪役を近々破滅しそうな無教養で愚かな人物にしたら、正義が勝つ結末に観客は納得しまい。一方、古代神話のように、悪役が全能の神のごとき存在で、成功の一歩手前だとしたら、主人公も難局を物ともしない強靱で聡明な存在とするしかない。こうしてバランスをとることで、善が悪を打ち負かす話の信頼度が増す。

世界にぜひ伝えたい理想を前提に置いて、有無を言わさずその正しさを証明するようなストーリーを設計すると、教訓主義への道をひた走ることになる。納得させたいという熱意が強すぎて、対立する意見を抑えつけてしまうのだ。誤った技巧を凝らした主張を重ね、世界を変えようともがくうちに、脚本は論文のようになり、薄っぺらな説教と化す。ストーリーは社会の病巣をえぐり出すメスだという青くさい情熱から、この教訓主義は生まれる。

そういったストーリーは社会ドラマによく見られる。このジャンルにはふたつのはっきりした約束事がある。社会悪を突き止めることと、その解決策を描くことだ。たとえば、戦争の悲惨さを訴え、救済のための平和主義を描くとしよう。その脚本家は、世界を説き伏せたい情熱のあまり、登場させる善人はどこまでも善人に、悪人はどこまでも悪人に描く。台詞はすべて戦争の無益さと狂気を嘆く正論で、戦争の原因が体制側にあることを渾々と訴える。初稿から最終稿まで、胸が悪くなるようなシーンの連続で、どのシーンも声高に主張する。「戦争は悲惨だが、平和主義が解決できる……戦争の悲惨さを解決できるのは平和主義だ……平和主義こそ戦争の悲惨さを解決でき……」と。観る側は、しまいには銃を手にとりたくなる。

だが、反戦映画（『素晴らしき戦争』［69］、『地獄の黙示録』［79］、『誓い』［81］、『ハンバーガー・ヒル』［87］）に託された平和への願いが、戦争に対する人々の気持ちを揺り動かすことはほとんどない。それは、脚本家が主張を示すことを急ぐあまり、だれもがよく知っている真実――人類は戦いを好むということ――に目を向けないからだ。

理想論からはじめるとかならず教訓的な作品になるわけではないが、その危険はある。ストーリーが展開するにつれて、対立する意見、ときには不快な意見も進んで受け入れなくてはならない。すぐれた脚本家は柔軟な心を持ち、異なる視点から物事を見ることができる。プラスの面、マイナスの面、そしてさまざまな矛盾をすべて理解し、それらの意見にひそむ真実を誠実に力強く探し求める。こうしてすべてを知ることによって、独創性と想像力と洞察力がさらに増していく。最終的には、あらゆる問題を秤にかけて、すべてに向き合ったうえで、自分が深く信じるものを表現する。

すぐれた作家となるには、哲学者のような資質に加えて、強い信念を持たなくてはならない。自分の理想にとらわれるのではなく、人生を深く考えることだ。信念を伝えられるかどうかは、統制概念をどれだけうまく主張できるかでなく、みずから配した強大な対抗勢力に勝利することにかかっているからだ。

スタンリー・キューブリック監督による三作の反戦映画の絶妙なバランスを見てみよう。キューブリックと脚本家たちは、対立概念を徹底的に研究して掘りさげ、人間の心の奥深くに目を向けた。これらの作品は、戦いと殺戮を愛するという人間の本質の延長が戦争であることを暴き出し、人類は愛ゆえに戦争をおこなう――はるか昔から、いま現在も、そして未来永劫にわたって――という事実を観客に突きつけて戦慄させる。

キューブリックの『突撃』（57）では、フランス軍がなんとしてもドイツ軍を撃退したい状況にある。フランス軍が敗退すると、激怒した大将は自軍を鼓舞するために革新的な戦略を考えつき、砲兵隊に味方を撃てと命じる。『博士の異常な愛情』では、アメリカとロシアはともに、核戦争では勝つことよりも負けないことのほうが重要だと知っているが、互いに負けないための策を弄したすえ、地球上の全生物を絶滅させる。

『フルメタル・ジャケット』(87)では、人間同士で殺し合うことへの拒否感を消すという難題に海兵隊が取り組んでいる。手っ取り早い解決策は、新兵を洗脳して、敵は人間ではないと思わせることだった。そうすれば人間を殺すのが簡単になる——たとえ自分の訓練教官であっても。じゅうぶんな武器を与えられると、人間は殺し合いをはじめるということをキューブリックは知っていた。

すぐれた作品は生きた隠喩であり、「人生はこういうものだ」と示す。時を超えて、古典の名作が与えてくれるのは、解決策ではなく洞察力であり、答えではなく詩的感性である。古典は、あらゆる世代が人間らしくあるために解決すべき問題を明らかにする。

楽観、悲観、そして二面性のアイロニー

脚本家とそれぞれが生み出すストーリーは、統制概念がプラスかマイナスかによって、便宜上大きく三つに分類することができる。

楽観的な統制概念

上昇型のストーリーは、理想主義、希望、夢を表し、人間の精神を肯定的にとらえたもので、われわれが願う人生だと言える。以下に例をあげる。

「知的幻想に打ち勝って本能に従うとき、人生は愛に満ちたものになる」(『ハンナとその姉妹』)。マルチプロットを持つこの映画には、愛を求めるニューヨーカーたちが多く登場するが、なかなかうまくいかない。男女間の力関係、キャリア、貞節、死への恐れなど、いつもさまざまなことを考え、分析し、隠れた意味を読みとろうとするからだ。けれども、知的幻想をひとつずつ捨て去り、自分の心の声を聞こうとしたとき、みな愛を見つける。ウディ・アレンの作品のなかで特に楽観的な作品だ。

「悪を出し抜いたとき、善が勝利する」（『イーストウィックの魔女たち』［87］）。女たちは悪魔の卑怯な手口を巧みに使って当の悪魔を追い払い、三人それぞれが赤ん坊を生んで、その丸々とした頬にあたたかな幸せを見いだす。

「人間の勇気と才知が苛酷な自然に打ち勝つ」。「アクション／冒険」のサブジャンルであるサバイバル映画は、大自然の力との生死を賭けた闘いを描く上昇型のストーリーだ。主人公たちは生命の危機に追いやられながらも、精神力と機知によって、ときに残酷な顔を見せる大自然との闘いを耐え忍ぶ（『ポセイドン・アドベンチャー』、『ジョーズ』、『人類創世』［81］、『アラクノフォビア』［90］、『フィツカラルド』、『飛べ！フェニックス』［65］、『生きてこそ』）。

悲観的な統制概念

下降型のストーリーは、厭世主義、喪失感、不運を表し、文明の衰退や人間の暗い側面を否定的にとらえたもので、われわれが恐れる人生だと言えるが、それもまた世の常である。例をあげよう。

「快楽の対象として他人を利用すると、情熱が暴力へと姿を変え、人生を破滅させる」（『ダンス・ウィズ・ア・ストレンジャー』［85］）。このイギリス映画に登場する恋人たちは、自分たちの問題は階級のちがいだと思っているが、階級のちがいなら無数のカップルが乗り越えてきた。ふたりの関係の大きな問題は、病的なまでの欲望の対象として互いを私物化しようとしたことだった。そして、女は恋人の命を奪い、永遠に自分のものにする。

「悪は人間の本質の一部なので、悪が勝利をおさめる」（『チャイナタウン』）。表面的には、金持ちは殺人を犯しても逃げきれることを示している。それは事実だ。しかし、もっと奥深いところで、この映画は悪がどこにでも存在すると主張している。現実には、善と悪は人間の本質の半々を占めていて、善が悪を倒すこともあれば、悪が善を打ち負かすこともある。人間は天使であり、悪魔でもある。人間の本質がどちらか一方

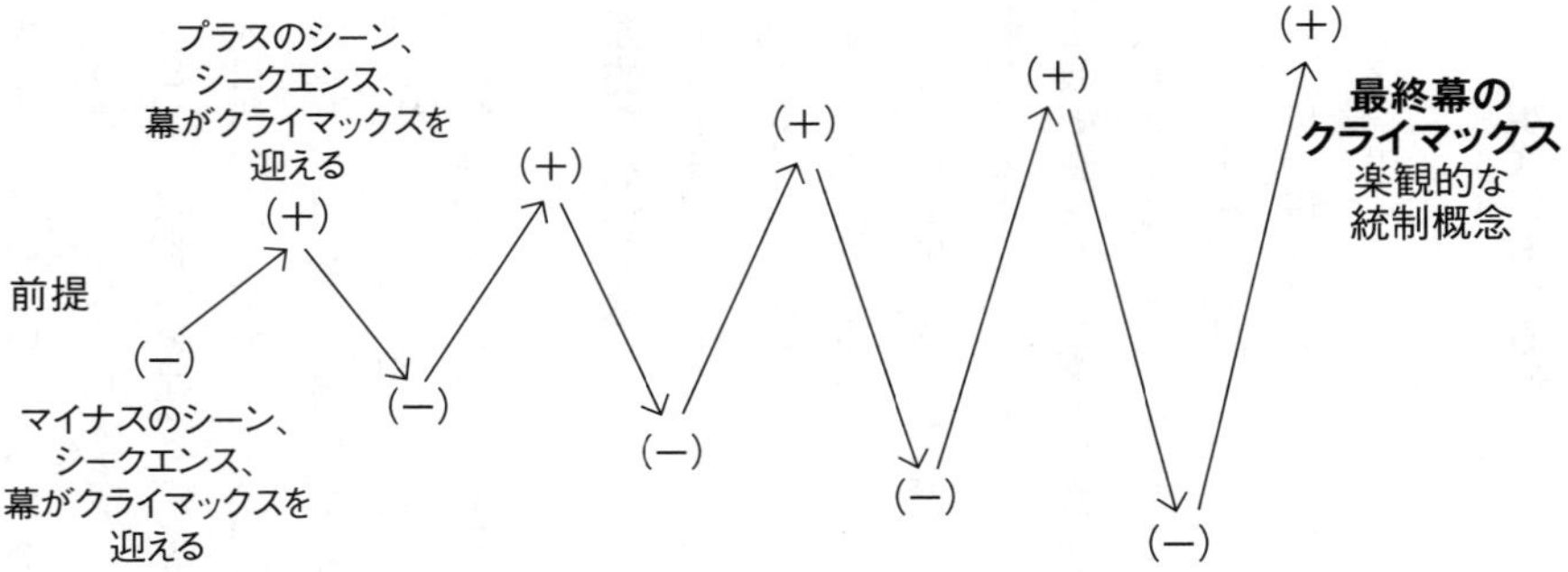
プラスのシーン、
シークエンス、
幕がクライマックスを
迎える
前提
マイナスのシーン、
シークエンス、
幕がクライマックスを
迎える
(+)
(−)
最終幕の
クライマックス
楽観的な
統制概念

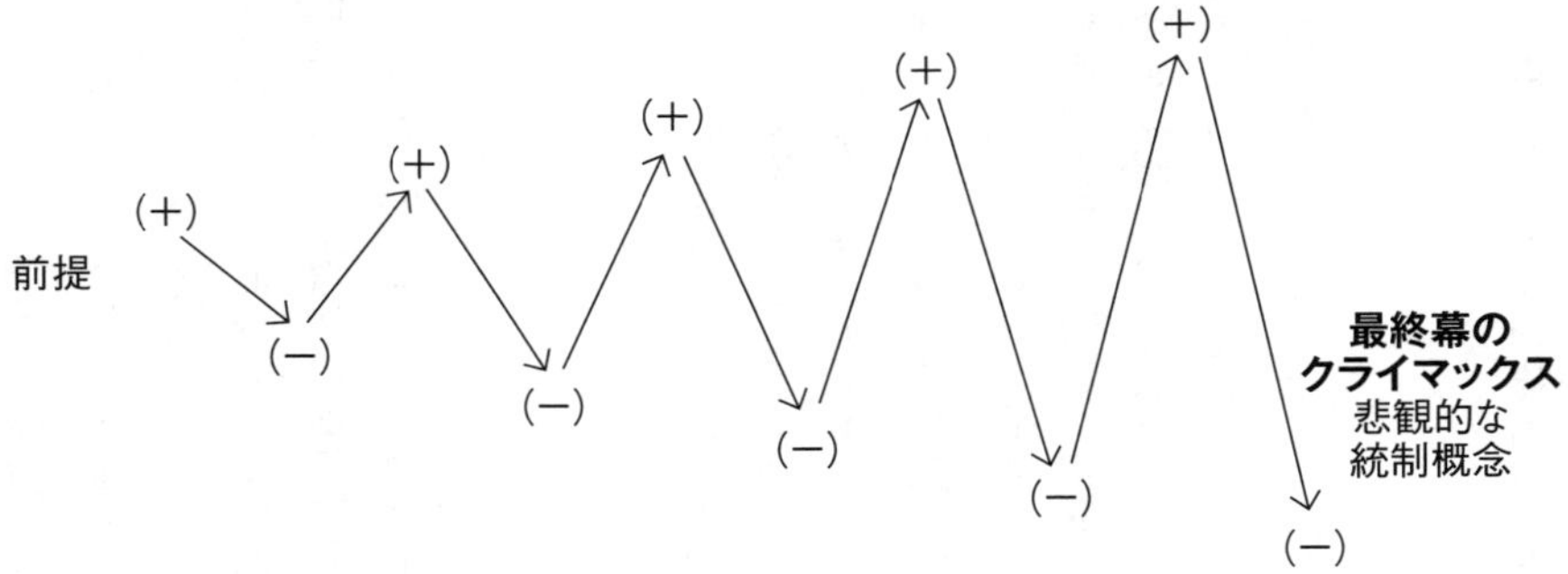
前提
(+)
(−)
最終幕の
クライマックス
悲観的な
統制概念

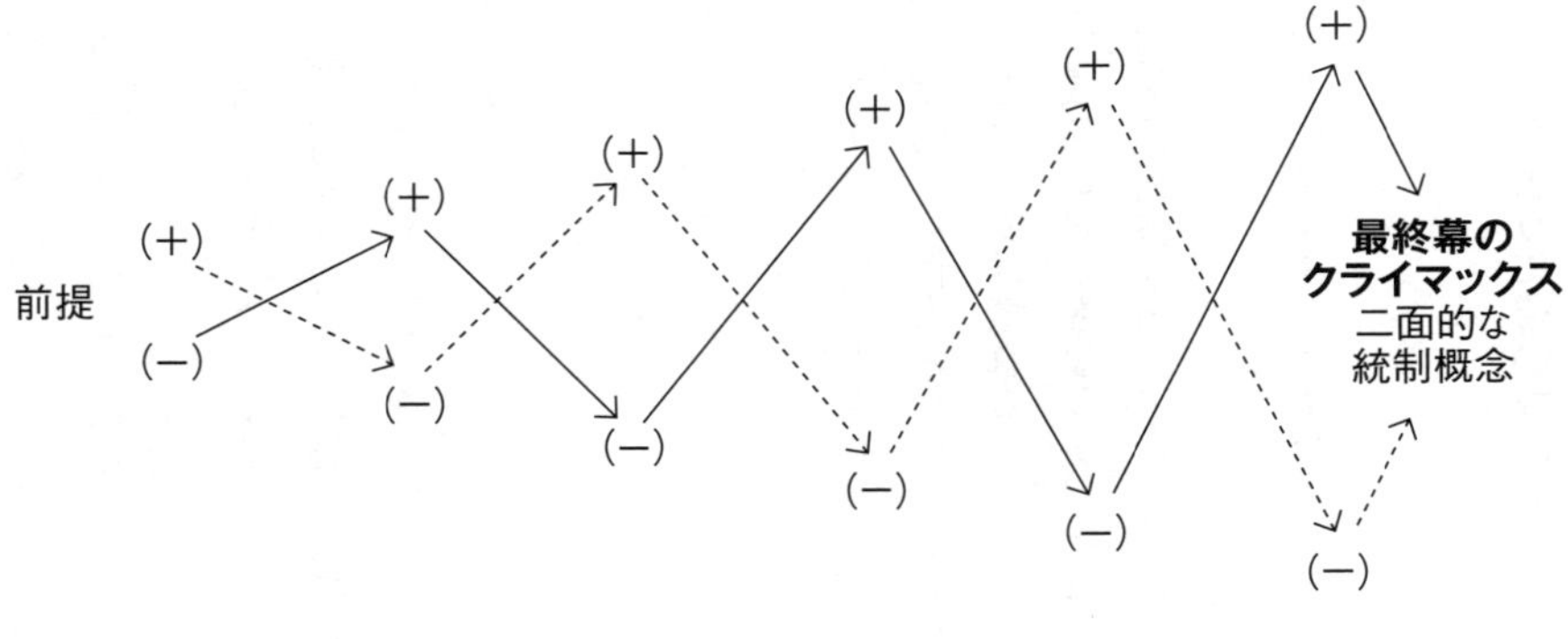
前提
(+)
(−)
最終幕の
クライマックス
二面的な
統制概念

に少しでも傾いていたら、社会的ジレンマなど何世紀も前に解消されていただろう。だが、人間にはふたつの面があり、日に日にどちらへ変わるかすらわからない。ノートルダム大聖堂を建てるのも人間なら、アウシュビッツ収容所を建てるのも人間だ。

「大自然の力の前では、人類の努力などむなしい」。サバイバル映画で対立概念が統制概念となると、このジャンルでは珍しい下降型となり、人間は牙をむく自然の前に敗れ去る。『南極のスコット』(48)、『エレファント・マン』(80)、『大地震』(74)、『鳥』(63) といった映画では、大自然が人間に警告を発する。こうした映画が少ないのは、きびしすぎる真実として目をそむける人がいるからだ。

二面的な統制概念

上昇下降型のストーリーは、人間という存在の複雑な二面性を表現するもので、プラスとマイナスの方向を同時に表す。これが人生の完璧かつ現実的な姿だとも言える。

「楽観主義／理想主義」と「悲観主義／厭世主義」が渾然一体となり、ストーリーは両端のどちらか一方ではなく、二面的な考えを表す。『クレイマー、クレイマー』に見られる理想主義的な「他人のために自分を犠牲にするとき、愛は勝つ」が、『ローズ家の戦争』の「利己心に支配されるとき、愛は壊れる」という悲観主義と融合し、「愛とは喜びと苦しみの両方であり、激しい苦悩とやさしい残酷さをともなうが、それでも人が愛を求めるのは、愛なき人生には意味がないからだ」という二面的な統制概念が生まれる（『アニー・ホール』[77]、『マンハッタン』[79]、『恋におぼれて』[97]）。

以下に、現代アメリカ社会の倫理観や風潮を浮き彫りにする二面的な統制概念の例をふたつあげる。まず、プラス寄りのものだ。

現代における価値——成功、富、名声、セックス、権力——を取りつかれたように追い求めると、破

滅が訪れる。だが、その真実に気づいて、執着心を捨て去れば、自分を取りもどせる。

一九七〇年代まで、上昇型の結末とは、「主人公が望むものを手にすること」だと大まかに定義できた。主人公の欲求の対象――理想の恋人（愛）、悪人の死（正義）、勲章（富、勝利）、社会的評価（権力、名声）――がそれぞれの価値を反映して一種のトロフィーとなり、クライマックスでそれを獲得するというわけだ。ところが、七〇年代になると、ハリウッドでは二面性を持つ成功物語である贖罪プロットの作品が多く作られるようになった。かつて貴ばれていた価値――富、名声、キャリア、愛、勝利、成功――を強迫観念に駆られたように追い求めるあまり、主人公が自滅寸前に陥り、人間性はおろか、命すら失いかける。だが、執着心が自分を破滅させかねないことに気づくと、限界を超える前に立ち止まって、それまで大切にしてきたものを捨てる。この展開はアイロニーに満ちた結末を生み出す。クライマックスで主人公は自分の夢（プラス）を犠牲にする。夢への執着は魂を堕落させるほどだったが（マイナス）、それを捨てることによって誠実で健全な安定した人生を手に入れる（プラス）。

『ペーパーチェイス』（73）、『ディア・ハンター』（78）、『クレイマー、クレイマー』、『結婚しない女』（77）、『テン』（79）、『ジャスティス』（79）、『愛と追憶の日々』（83）、『出逢い』（79）、『お達者コメディ／シルバー・ギャング』（79）、『クイズ・ショウ』（94）、『ブロードウェイと銃弾』（94）、『フィッシャー・キング』、『わが街』（91）、『レインマン』（88）、『ハンナとその姉妹』、『愛と青春の旅だち』（82）、『トッツィー』（82）、『心の旅』（91）、『普通の人々』、『偽りのヘブン』（88）、『ノース・ダラス40』、『愛と哀しみの果て』（85）、『赤ちゃんはトップレディがお好き』（87）、『ドクター』（91）、『シンドラーのリスト』、『ザ・エージェント』（96）は、どれもアイロニーに満ちた結末へ向かう映画であり、それぞれに独特で説得力のある表現で描かれていた。列挙した作品名を見ればわかるように、この種の作品はアカデミー賞を獲得しやすい。

技巧に関して言えば、いまあげた作品のクライマックスはどれもすばらしい出来栄えだ。それ以前の映画では、上昇型の結末とは、主人公が行動を起こして自分の望むものを手に入れるシーンのことだった。しかし、いまあげた作品では、主人公は自分の執着心のために行動することを拒むか、かつて望んでいたものを捨て去る。失うことによって、新たに得られるものがある。片手だけを打ち合わせよという禅問答を解くのに似て、これらの作品の脚本家にとっての問題は、行動を起こさないこと、あるいはマイナスの行動をとることをいかにプラスに感じさせるかだった。

『ノース・ダラス40』のクライマックスでは、オールスターチームのワイドレシーバー、フィル・エリオット（ニック・ノルティ）が両腕をひろげて、ボールが胸から転がり落ちるままにする。この子供っぽいゲームに別れを告げるというジェスチャーだ。

『出逢い』の終幕では、朝食用シリアルのCMタレントに成りさがったかつてのロデオスター、サニー・スチール（ロバート・レッドフォード）が、スポンサーの名馬を自然のなかへ解き放つ。名声を求める欲望から自分自身を解放することを象徴するシーンだ。

『愛と哀しみの果て』は、「人間は何を持っているかで決まる」という一九八〇年代の倫理観で生きている女性が主人公だ。ストーリーは、カレン（メリル・ストリープ）の「わたしはアフリカに農園を持っていた」ということばではじまる。カレンはデンマークから家具を持ってケニアへ渡り、そこに屋敷と大農園を築いた。自分の所有物をみずからの存在証明とするカレンは、農園の労働者たちを「わたしの使用人」と呼んでいるが、彼らを実際に所有しているわけではないと恋人から指摘される。夫から梅毒をうつされても離婚することはない。「妻」という称号のもとに「夫を持つこと」が自分の存在証明だからだ。しかし、やがて彼女は、人間は何を所有しているかではなく、価値観や才能や能力こそが大切だと気づく。恋人が死んで悲しむが、それでも自分を失うことはない。自分は自分だからだ。夫や屋敷やあれこれに静かに別れを告げた彼女は、何もかもを失ったが、自分自身を取りもどしたのだ。

『愛と追憶の日々』では、別の種類の執着が描かれる。オーロラ（シャーリー・マクレーン）は快楽主義者で、幸福とはけっして苦しい体験をしないこと、人生の秘訣とはマイナスの感情を持たないことだと信じている。仕事と男は不幸をもたらす二大原因として避けている。老いの悲哀を恐れ、実年齢より二十歳も若作りをし、家はおままごとの家のように生活感がない。人生と言えば、電話を通して聞く娘の人生のことであり、それをいっしょに生きているだけだ。しかし、五十二歳の誕生日に、ほんとうの喜びの深さはどれだけの痛みを引き受けられるかに比例することだと気づく。最終幕で彼女は、痛みのない人生の空虚さを捨て、子供たちや恋人や年齢、そしてそれらがもたらす喜びと苦しみを受け入れる。

つぎに、マイナス寄りの結末となる例を見てみよう。

執着心にとらわれ、どこまでも追い求めていくと、欲望はかなうが破滅に至る。

『ウォール街』、『カジノ』（95）、『ローズ家の戦争』、『スター80』（83）、『ナッシュビル』、『ネットワーク』（76）、『ひとりぼっちの青春』（70）は、先に述べた贖罪プロットと対照を成す懲罰プロットの映画である。これらの映画では、主人公たちが躍起になって名声や成功を追い求め、あきらめることを知らないため、下降型の結末を持つ対立概念が統制概念となる。ストーリー・クライマックスで主人公は欲望を果たすが（プラス）、結局は欲望によって破滅する（マイナス）。『ニクソン』では、大統領（アンソニー・ホプキンス）がみずからの政治的権力を過信して身の破滅を招き、国民の政府に対する信頼も失われる。『ローズ』（79）では、ローズ（ベット・ミドラー）がドラッグとセックスとロックンロールへの情熱で身を滅ぼす。『オール・ザット・ジャズ』では、ジョー・ギデオン（ロイ・シャイダー）が酒やセックスやミュージカルにのめりこんだすえ、病に倒れる。

二面的な結末

二面的な結末によって、観客から「そう、人生ってそんなものだよ」という反応を引き出せればすばらしい。楽観と悲観が人生の両端にあることをだれもが知っている。人生は明るく希望に満ちた日ばかりではなく、泥にまみれた失意の日ばかりでもない。その両方だ。最悪の経験からも何かしら学べるものがあり、豊かな経験のためには大きな代償を払う必要がある。人生の航路をまっすぐに進もうとしても、予測不能の荒波に流される。現実とは苛酷で皮肉なものであるからこそ、二面的でアイロニーに満ちた結末のストーリーは長く心に残り、世界のどこでも受け入れられ、観客から最大の愛と敬意を勝ちとることができる。

クライマックスで考えられる三つの型のなかで、これを書くのが格段にむずかしいのもそのせいだ。以下の三つの理由により、きわめて深い知識と高い技巧が必要となる。

第一に、観客を満足させる力強い結末を書くことは、明るく楽観的なものであれ、暗く悲観的なものであれ、困難きわまりない。ましてや、二面的な結末では、ひとつのアクションがプラスの主張とマイナスの主張をしなくてはならない。ふたつを同時におこなうにはどうしたらいいのか。

第二に、そのふたつを明確に示すにはどうするのか。二面的というのは曖昧ということではない。曖昧とは不鮮明ということであり、ふたつのことが区別しづらい場合に使う。だが、二面性のアイロニーに曖昧さはまったくない。得たものと失ったものを並べて、はっきりと対照させるのだから。また、偶然ということでもない。真のアイロニーは明確な意図を持つものだ。偶然のうちに終わるストーリーは、たとえ両方の要素があったとしても意味がなく、二面性のアイロニーとは言えない。

第三に、クライマックスでの主人公の状況がプラスでもマイナスでもあるとして、そのふたつが互いに消し合うことなく、観客の心にはっきり残るようにするには、どう表現したらいいのだろうか。

意味と社会

統制概念を見つけたら、それを尊重することだ。「ただのエンターテインメントじゃないか」などと考える余裕はない。そもそも、「エンターテインメント」とはいったい何だろうか。エンターテインメントとは、暗闇にすわってスクリーンを見つめ、多大な集中力とエネルギーを注いで向き合ってくれる人たちに対して、満足できる意義深い感情的体験を期待どおりに提供する儀式である。人の心をつかみ、最後まで夢中にさせて、来た甲斐があったと思わせる映画はすべてエンターテインメントだ。『オズの魔法使』（アメリカ）、『大人は判ってくれない』（フランス／59）、『甘い生活』（イタリア／フランス）、『白雪姫と道化もの』（アメリカ／61）は、どれもひと筋縄ではいかない。首尾一貫したストーリーはみな、アイディアを感動の魔力に隠して表現している。

紀元前三八八年、プラトンはアテネの有力者たちに対して、詩人と作家をすべて追放するよう促した。社会にとっての脅威だから、というのが彼の主張だった。作家が考えを表現するときは、哲学者のように開かれた論理的な形ではなく、芸術という人を惑わすものに隠して感情へ訴えかける。だが、プラトンが指摘するように、感情を媒介としたものも、考えであることに変わりはない。よくできたストーリーはわれわれのなかへ力のある考えを送りこみ、心を強く動かすため、信じずにはいられない。それどころか、ストーリーの説得力はあまりにも大きく、たとえ不道徳と思えるものでも、その意味を信じこませる可能性がある。プラトンは作家を危険人物と見なしたが、それはまちがいではない。

『狼よさらば』（74）を例にとってみよう。統制概念は「市民がみずから銃をとって、殺害に値する人間を殺せば、正義が勝利する」だ。人類の歴史には数ある危険な考え方があるが、これはそのなかでも最悪の部類に属するものだ。この考え方を楯に、ナチスはヨーロッパを荒廃させた。ヒトラーは、殺されるべき人間を殺しつくせばヨーロッパは楽園となると信じ、殺害予定リストを持っていた。

『狼よさらば』が公開されると、チャールズ・ブロンソンがマンハッタンをさまよいながら、強盗とおぼしき人間を撃ち殺していく光景に、全米の新聞の評論家が痛烈に非難を浴びせた。「ハリウッドはこれを正義として認めるというのか」、「法の適正手続きはどうなった」などなどだ。しかし、わたしが読んだほぼすべての批評で、評論家は「……が、観客は楽しんでいるようだった」とも記していた。これはすなわち「評論家も楽しんだ」という意味だ。評論家は、自分も楽しんでいなければ、観客が楽しんだと書くはずがない。憤慨しつつも、評論家も心を動かされたわけだ。

ともあれ、『狼よさらば』のような作品を作れない国には住みたくないと思う。いかなる検閲にも反対だ。真実を追求するためには、最悪の嘘も受け入れる覚悟が必要だ。ホームズ判事が唱えた「思想の自由市場論」を信じなくてはならない。すべての人間が発言する自由を得られれば、そこに無分別で急進的な考えや極右的な考えがあったとしても、人間はさまざまなものを振り分けて正しい選択をするものだ。プラトンの時代から、市民が真実を知りすぎたために滅びた文明はひとつもない。

プラトンのように権威のある人間は、思想ではなく、感情から生まれる脅威を恐れる。権力者たちは市民が感情を持つことを望んでいない。思想は統制や操作が可能だが、感情は頑なで予測しがたい。芸術家は嘘を暴き、変革を求める情熱を呼び覚まして権威を脅かす。権力を得た独裁者が、まず作家に攻撃の矢を向けるのはそのせいだ。

最後に、ストーリーの持つ影響力を考えて、芸術家の社会的責任について述べよう。われわれ作家には社会悪を是正したり、人類愛を取りもどしたり、社会の精神を高揚させたりする責任はないとわたしは考えている。自分の内面を表現する必要すらない。われわれの責任はただひとつ、真実を伝えることだけだ。自作のストーリーのクライマックスを精査し、そこから統制概念を引き出してみよう。そして、つぎへ進む前に、自問してもらいたい――これは真実だろうか、このストーリーを自分は心から信じているのか、と。答えがノーなら、一から書きなおす必要がある。イエスなら、作品が世に出るよう、あらゆる力を尽くしてもらいたい。芸術家も実生活では他人を欺くときがあるかもしれない。自分に嘘をつくこともあるだろう。だが、作品では真実を語らなくてはならない。嘘にまみれたこの世界で、誠実な作品を世に出すことは、まちがいなく社会的責任のある行為だ。

第3部
ストーリー設計の原則

制限ある枠組のなかで創作を強いられると、想像力を極限まで振り絞ることになり――それによってこの上なく豊かな発想が生まれる。まったくの自由を与えられると、作品は締まりのないものになりがちだ。

――T・S・エリオット

7 ストーリーの本質

スクリーンを縦横無尽に動きまわるようなシーン、おのずと語りはじめるようなシーンは、何から生み出せるのだろうか。ひねったり形をつけたり、とっておいたり捨て去ったりする、ストーリーにとっての粘土はどんなものか。つまり、ストーリーの本質とはなんだろうか。

ほかの芸術分野なら答えは明らかだ。作曲家は楽器と音符で曲を奏でる。ダンサーは自分の体で表現する。彫刻家は鑿で石を削る。画家は絵の具で描く。すべての芸術家は作品の素となるものに手をふれることができるが、作家だけは別だ。というのも、ストーリーの核にあるのは「本質」だからだ。それは原子のなかで渦巻くエネルギーと同じく、直接見たり聞いたりさわったりはできないが、われわれはその存在を知っているし、感じることもできる。ストーリーの素となるのは、生きているが実体のないものだ。

「実体がないって?」こんな声が聞こえてきそうだ。「でも、ことばがあるじゃないか。台詞とか、説明描写とか。ページの上に手を置くこともできる。作家にとっての原材料は言語だろ」しかし、実はそうではない。才能ある多くの脚本家が——特に、文学の訓練をしっかり受けたのちに脚本家になった者は——この原則を著しく誤解しているせいで、前へ進めずにもたついている。ガラスが光を伝える媒体であるように、空気が音を伝える媒体であるように、言語はストーリーテリングの数ある媒体のひとつにすぎない。ことばよりもはるかに重大なものが、ストーリーの奥底に息づいている。

そして、ストーリーの外側でも、同じくらい重大な現象が起こる。ストーリーの本質に対する観客の反応だ。考えてみると、映画を観る行為はなんとも奇妙だ。知らない者同士が何百人か集まって、暗い室内で肘と肘を突き合わせて、二時間かそれ以上すわっている。トイレへも行かず、一服吸いもしない。その代わりに、目を大きく開いてスクリーンを見つめ、仕事で発揮する以上の集中力を注ぎつづけ、実生活ではなんとしても避けたいような感情を体験するために金を払う。ここから第二の疑問が生じる――ストーリーのエネルギーを生み出す源は何か。観客からそのような強靭な精神力と繊細な注意力をどうやって引き出すのか。そして、ストーリーはどのように作用するのか。

これらの問いの答えは、創作の過程を主観的に探求することで見つかる。ストーリーの本質とその描き方を理解するためには、自分の作品を内側から見る必要がある。登場人物になりきって、その目を通して外の世界をながめ、実際の登場人物のようにストーリーを体験するといい。主観的で想像力豊かな視点を得るためには、なりきるつもりの登場人物、特に主人公をじっくり観察しなくてはならない。主人公も登場人物であることに変わりないが、中心的で不可欠な役まわりを担うので、そこにはあらゆる特徴がしっかりと体現されている。

主人公

ふつう、主人公は単独の登場人物だ。しかし、ストーリーは『テルマ&ルイーズ』のようなふたり組、『イーストウィックの魔女たち』のような三人組、『七人の侍』や『特攻大作戦』(67)のような複数人が動かすこともある。『戦艦ポチョムキン』では、労働者階級全体が大きな「複数主人公」のまとまりとなっている。

二名から三名の登場人物を複数主人公にする場合、満たすべき条件がふたつある。第一に、全員が同じ欲求を共有していること。第二に、その欲求を満たそうと動いているときに、全員が共通して苦しんだり利益を得たりすることだ。ひとりが成功すれば、全員が恩恵を受ける。ひとりが挫折すれば、全員が損害をこうむる。複数主人公のなかでは、動機や行動や結果が共通している。

一方、「多主人公」のストーリーもありうる。これは複数主人公とは異なり、それぞれの人物が個別の欲求や苦悩や利益を独自に追い求める（『パルプ・フィクション』、『ハンナとその姉妹』、『バックマン家の人々』、『ダイナー』［82］、『ドゥ・ザ・ライト・シング』、『ブレックファスト・クラブ』［85］、『恋人たちの食卓』、『ペレ』、『戦場の小さな天使たち』［87］、『ハイ・ホープス　キングス・クロスの気楽な人々』［88］）。ロバート・アルトマンはこの分野の名手だ（『ウエディング』［78］、『ナッシュビル』、『ショート・カッツ』）。

映画における多主人公のストーリーは、『グランド・ホテル』を嚆矢とする。小説ではさらに古く、『戦争と平和』があり、演劇では『真夏の夜の夢』までさかのぼれる。多主人公のストーリーはマルチプロットになる。単独であれ複数であれ、決まった主人公の欲求に絞って語りかけていくのではなく、こうした作品は、それぞれに主人公がいるいくつかの小さなストーリーから成り、ある特定の社会を生き生きと描く。

主人公は人間である必要はない。動物でもいいし（『ベイブ』［95］）、漫画のキャラクターでもいい（『バッグス・バニー』）。それどころか、子供向けの物語『ちびっこきかんしゃだいじょうぶ』のヒーローのように、生き物でなくてもいい。自発的な意志を持ち、要求したり、行動を起こしたり、結果に思い悩んだりできるものなら、なんでも主人公に仕立てられる。

まれなケースだが、ストーリーの途中で主人公を切り替えることも可能だ。『サイコ』（60）がその例である。この映画はシャワー室の殺人を描いていて、感情面でも形式面でも衝撃的な作品だが、途中で主人公が死んでしまい、観客はしばし混乱する。これはだれについての映画なのだろうか、と。そこからは、被害者の妹と恋人と探偵が複数主人公としてストーリーを引き継ぐ。ただ、どのような性格描写がされようとも、単独であれ複数であれ、ばらばらな多人数であれ、すべての主人公はいくつかの顕著な特徴を持っている。第一は「強い意志」だ。

主人公は意志の強い人物である。

粘り強い、あるいは強情な登場人物はほかにもいるだろうが、主人公は意志の強さで際立っている。とはいえ、意志の量を正確に測定するのはむずかしい。強大な意志と絶対的な不可抗力の対決を描いたからといって、すぐれたストーリーになるとはかぎらない。量と同じく、その質も重要だ。主人公の意志は、聖書に登場するヨブほど強靱でなくてもいいが、葛藤を乗り越えて欲求を持ちつづけ、最後に意味のある決定的変化を引き起こせるだけの強さは具えていなくてはならない。

真の強さを受け身の性格の奥に隠してもいい。『欲望という名の電車』(51)の主人公ブランチ・デュボアを見てみよう。一見すると、彼女は弱々しく、意志もなさそうで、ただ現実的な暮らしを望んでいるだけだ。けれども、その弱々しい性格描写の奥で、ブランチの実像が無意識の欲求を突き動かす強い意志を支配している。彼女がほんとうに求めているのは、現実からの逃避だ。だから、自分を呑みこもうとする醜悪な世界から身を守るために、あらゆる手を尽くす。貴婦人を演じ、角がすり減った家具の脚にマットを敷き、裸電球に笠を取りつけ、鈍感な男を白馬の王子に仕立ててあげようとする。そのどれもがことごとく失敗に終わると、ブランチは現実からの最終逃避を図る――正気を失ってしまうのだ。

ブランチは受け身に見えるだけだが、ほんとうに受動的な人物を主人公にするのはまちがっている。残念ながら、そういう例がよく見られる。主人公が何も欲せず、決断できず、その行動がどんなレベルにおいても変化をもたらさなければ、ストーリーを語ることはできない。

主人公は欲求を意識している。

主人公の意志は、欲求をますます駆り立てるものだ。主人公には目標や必要な事物、すなわち「欲求の対象」があり、自分でもそれを知っている。主人公を近くに呼び寄せて、その耳に「何が望みなんだ」とささやけば、「きょうはX、来週はYだけど、最後にはZがほしい」と答えが返ってくるだろう。欲求の対象は外にある場合もあれば（『ジョーズ』でのサメを仕留めたいという欲求）、中にある場合もある（『ビッグ』での大人になりたいという願望）。どちらにせよ、主人公は自分の望みを理解していて、また多くの場合、単純明快な欲求をひとつ自覚していれば事足りる。

主人公は自己矛盾した無意識の欲求を持っていてもいい。

しかし、最も印象的で魅力に満ちた登場人物は、意識的な欲求だけでなく、無意識的な欲求も持っていることが多い。そういう複雑な性格の主人公は潜在的な欲求に気づいていないが、観客はそれを感じとり、内なる矛盾として意識している。多面性を持つ主人公の意識的な欲求と無意識的な欲求は、互いに矛盾していてもおかしくない。手に入れたいと思っているものが、知らず識らずほんとうに求めているものと異なるのは当然のことだ。登場人物の無意識の欲求が、本人が探していたものとぴったり一致した、などという話の何がおもしろいというのか。

主人公が欲求の対象を追い求めることに無理があってはならない。

主人公の性格描写は無理のないものであるべきだ。望みを追い求めるための資質がほどよいバランスで組み合わされていて、だれもが納得できる必要がある。望んだものをなんでも手に入れられるということではない。失敗してもいい。だが、主人公の欲求は、その意志や能力と見合った現実的なものでなくてはならない。それが満たされていれば、観客は主人公が行動する姿を見て、成功のチャンスがあると信じることができる。

主人公には、少なくとも一度は欲求に到達するチャンスが訪れる。

観客は、欲求を実現する可能性がゼロの主人公を早々に見かぎる。理由は簡単で、そんな人生があると思いたくないからだ。望みをかなえるチャンスがひとかけらもないと信じる者はいない。もっとも、カメラを実社会に引きもどせば、大局的に見てこんな結論に至るかもしれない。ヘンリー・デイヴィッド・ソローのことばを借りれば、「人の巨大な集団が、静かな絶望のままに、その日その日を暮らして」いて、大多数の人は貴重な時間を無為に過ごし、夢を果たせなかったと感じつつ死んでいくものだ、と。辛辣で正直な見方だろうが、だれもそんなことは認めたくない。むしろ、人は最後まで希望を捨てないものだ。

つまるところ、希望とは不合理なものではなく、ただの仮説である。「もしこうだったら……ああだったら……もっと勉強したら……もっと愛情を注いだら……自制したら……宝くじにあたったら……状況が変わったら、望みどおりの人生を送るチャンスがあるのに」などなど。どんなに分が悪かろうと、人はみな胸に希望をいだいている。だから、文字どおりなんの希望も持たず、欲求をかなえる能力がかけらもない主人公には、だれも興味を示さない。

主人公は、ストーリーの最後の最後まで、設定とジャンルによって定められた限界まで、意識的、無意識的な目標を追い求める意志と能力を持っている。

ストーリーという芸術は、中道を歩む人生を語るのではなく、ぎりぎりまで振りきった振り子のような、人生で最も強烈な瞬間を語ることだ。探求するのはその体験の途中の部分だが、あくまで最後の一行へ至るための通り道としてである。観客は極限を察知して、そこへ到達することを願う。設定が身近なものであろうと大がかりなものであろうと、観客は本能的に登場人物とその世界を円で囲む。それは架空の現実によって定義される体験の領域だ。そこには内側の精神世界も、外側の宇宙空間も含めることができるし、また両方同時にということもある。それゆえ、観客が作り手に期待するのは、深みのある遠大な世界へとストーリーを運ぶことができる、想像力豊かな芸術家であれということだ。

ストーリーは、観客がそれ以上のものを思いつけない決定的な結末を作りあげなくてはならない。

言い換えれば、映画が終わって館外へ出た観客がストーリーを書き換えたくなるようではまずい。「ハッピーエンドだったけど……父親と和解すべきじゃなかったんじゃないかな。マックのところへ引っ越する前にエドと別れないほうがよかったのでは？　それに……」あるいは「気が滅入るね……あの男が死ぬなんて。でも、なぜ警察を呼ばなかったんだろう。それに、ダッシュボードの下に銃を隠してなかったっけ？あとは、だめだったのは……」などなど。エンディングの前か後ろにこんなシーンがあるべきだったと思いながら出口へ向かうことは、映画ファンにとって幸福なことではない。脚本家は観客よりすぐれた書き手であるべきで、観客は極限ぎりぎりまで連れていってもらうことを願っている。すべての疑問が解消され、すべての感情が満たされて、おしまい、となることを。

主人公はその極限へと観客を連れていく。主人公は、人間が体験できる深さや広さの限界まで欲求を追いつづけ、あともどりできないほどの決定的な変化をとげる。もっとも、だからと言って続編があってはいけないということではない。同じ主人公がほかにも伝えたい物語を持っていてもかまわない。要は、ストーリーはひとつひとつ、しっかり完結している必要があるということだ。

主人公は共感できる人物でなくてはならない。好感が持てるかどうかは問題ではない。

好感が持てるというのは、単に好きということだ。はまり役を演じたときのトム・ハンクスやメグ・ライアン、あるいはスペンサー・トレイシーやキャサリン・ヘプバーンがいい例だ。彼らがスクリーンに登場するや、観客はもう好感をいだいている。友人や家族の一員や恋人になってほしいと思っている。彼らにはもともと人から好かれる素質があり、それが好感を呼び起こす。しかし、共感はもっと奥深い反応だ。

共感には「自分も同じようだ」という含みがある。主人公の心の奥底に観客は共通の人間性を見いだす。もちろん、登場人物と観客はあらゆる点で似ても似つかないので、共通するのはただひとつの特徴かもしれない。だが、登場人物の何かが心の琴線にふれる。それに気づいた瞬間から、観客は唐突に、また本能的に、なんであれ、主人公が欲するものを手に入れてもらいたいと思いはじめる。

観客は無意識のうちにこう考える。「この人は自分と似ている。だから、望むものはなんでも手に入れてもらいたい。わたしがこの人なら、こんなとき自分のために同じことをするだろうから」と。観客が自分と主人公のあいだに築く共感のつながりについては、「身につまされる」「心がかよう」などの言い方があるだろう。感動のあまり、作中の全登場人物に共感する人もいるかもしれないが、まずは主人公に共感させなくてはならない。でなければ、観客とストーリーの絆が絶ち切られてしまう。

観客との絆

観客の感情移入は、共感という接着剤によって支えられている。作り手が観客と主人公の絆を結べなければ、観客は何も感じない傍観者となる。感情移入は利他主義や憐れみとは無関係だ。自己中心的とまでは言わないが、感情移入はごく個人的な理由によって引き起こされる。実のところ、観客は主人公とその人生の欲求に感情移入をして、自分自身の人生の欲求を追いかけている。創作上の人物に代償的な結びつきを見いだす共感を通して、観客は人間らしさを堪能する。ストーリーの醍醐味は、自分自身という範囲を越えて人生を生きる機会を与えられ、数かぎりない場所と時代で夢を追ったり苦悩したりして、ありとあらゆるレベルの体験を味わえることだ。

だから、共感は不可欠で、好感は必須ではない。人好きはするが同情は誘わない人物に出会った経験はだれでもあるだろう。したがって、主人公は愛すべき人柄であってもなくてもかまわない。好感と共感のちがいがわからない脚本家は、主人公がいい人でないと観客が心情的につながりを持てないと考えて、なんの工夫もなく好人物のヒーローを作り出す。だが、魅力的な主人公を起用して商業的にひどく失敗した例は、枚挙にいとまがない。好人物だからと言って、観客が感情移入するとはかぎらない。それは主人公の性格描写のほんの一面にすぎないからだ。観客はその人物の奥底にある実像に共鳴し、緊迫した状況での選択であらわになる本来の性質に感情移入する。

共感を生み出すことは、一見むずかしくないように思える。主人公は人間で、客席は人間で埋めつくされている。観客がスクリーンをながめれば、主人公の人間性を見いだし、共感し、自分を同化させてストーリーに没頭する。それどころか、偉大な作家の手にかかると、どんなきらわれ者も共感を呼ぶ。

たとえば、マクベスは客観的に見て極悪非道の人間だ。情け深い年老いた王の寝こみを襲って刺殺する。王はマクベスになんら危害を加えてはいなかった——それどころか、マクベスに昇進を申し渡したその日に殺されるのだ。マクベスはさらに王の従者二名を殺害して、王殺しの罪をなすりつける。親友を殺害する。ついには敵方の妻と幼い子供たちの暗殺を命じる。マクベスは冷酷な殺人者だ。ところが、シェイクスピアの手にかかると、悲劇のヒーローとして共感を誘う。

シェイクスピアはマクベスに良心を与えることで、この偉業を成しとげた。マクベスはひとりごとをつぶやいて歩きまわりながら、迷い、苦悩する。「なぜこんなことをするのだ。わたしはどのような人間なのか」と。観客は耳を傾け、考える。「どんな人間か？　罪の意識に苛まれた……自分と同じような人間だ。悪事をすると思えば気が滅入る。実際に果たしたときにはひどい気分になるし、その後も罪の意識は消えない。マクベスは人間だ。自分と同じように良心を持っている」と。それどころか、悶え苦しむマクベスの魂に引きこまれるあまり、マクダフがマクベスの首を切り落とすクライマックスでは痛烈な喪失感を味わう。『マクベス』は、作家の神がかった力を見せつける驚嘆すべき実例で、ほかの点では卑劣そのものの登場人物のなかに共感の中核を見いだしている。

一方、近年は多くの映画が、ほかは文句のつけようがないのに、この点で失敗して観客と絆を築けずにいる。数あるなかからほんの一例をあげよう。『インタビュー・ウィズ・ヴァンパイア』(94) で、ブラッド・ピット演じるルイに対する観客の反応はつぎのようなものだ。「自分がルイだったら、死んでもなお地獄の苦しみにとらわれるくらいなら、一瞬で決着させるだろう。吸血鬼だなんて不運だ。吸血鬼になりたい者などいない。でも、なんの罪もない人々の命を奪うのに嫌気が差したなら、幼い子を悪魔に変える自分が憎いなら、ネズミの血にうんざりしたなら、簡単な解決策があるじゃないか。日がのぼるのを待てばいい。あっと言う間に終わるのに」アン・ライスの小説はルイの思考と感情を通して進展していくので、読者はルイに共感できるが、カメラの冷徹な目を通すと、泣き事を並べ立てる詐欺師に見えてくる。観客はつねに偽善者とは距離を置くものだ。

はじめの一歩

机について、さあ書こうとするときから「出だしはどうしよう。主人公は何をしているだろう」といった思索がはじまる。

あなたが生み出した主人公、さらにはすべての登場人物は、どんな欲求を追っているときも、ストーリー内のどの瞬間にも、つねに自分の視点から見て最低限の無難な行動をとる。人はみないつもそうしている。人間の根本は保守的で、実は自然界のあらゆる生き物がそうだ。よけいなエネルギーを費やしたり、要らぬ危険を冒したり、必要もないのに行動を起こす生き物は存在しない。そんな必要がどこにあるのか。喪失や苦痛をこうむる危険を冒すことなく、あるいはエネルギーを消費することなく、容易に成しとげられるなら、困難で危険が多く、体力や気力が消耗する行為をわざわざ選ぶ生き物がいるだろうか。もちろん、いるはずがない。自然界がそれを許さず、人間はその自然界の一部にすぎない。

実生活で、愚かとまでは言わないが、必要とは思えない極端なふるまいをする人を——ときには動物を——目にすることはある。だが、それは相手の状況を客観的に見たものだ。当事者の経験から主観的に見れば、度を越したように思える行為は、必要最低限の無難なものだ。「無難」をどうとらえるかは、なんと言っても、つねに視点しだいである。

たとえば、ふつうの人が家にはいりたいと思えば、最低限の無難な行動を起こす。ドアをノックしながら「ノックすればドアは開くだろう」と考える。だが、武闘派のヒーローなら、無難なはじめの一歩は空手チョップでドアをぶち割ることで、それを賢明かつ最小限の行動と感じるのかもしれない。

必要最小限の無難な行動は、それぞれの登場人物のそのときどきの視点に関連する。たとえば、わたしは実生活でこんなふうに心のなかで言う。「いま道を渡れば、遠方から走ってくる車のドライバーはわたしのことが目にはいるし、必要ならスピードを落とす余裕があるから、横断できるだろう」と。あるいは「ドロレスの電話番号が見つからない。でも友達のジャックの名刺ホルダーにはいってるのはわかってる。ジャックの仕事中に電話をかけたら、友達だから、仕事の手を止めて番号を教えてくれるだろう」と。

言い換えれば、実生活では、意識していようといまいと（人生の大半の時間は、思いつきで口を開いたり足を踏み出したりするものだ）、われわれは以下のように考えたり感じたりしながら行動を起こしている。「こうした状況で、この最小限の無難な行動を起こせば、わたしが望んだ方向へ一歩踏み出せるように、世界は反応するだろう」と。そして、人生において、九十九パーセントの場合、これは正しい。ドライバーはあなたの姿をしっかり認めてブレーキを踏み、あなたは無事に通りを渡りきる。あなたはジャックに電話をして、仕事の手を止めさせたことを詫びる。ジャックは「問題ないよ」と言い、電話番号を教えてくれる。人生ではそんなふうに事が運ぶ。だが、ストーリーのなかでは、けっしてそうはならない。

ストーリーと実生活の大きなちがいは、ストーリーでは日々のとるに足りない出来事が省かれていることだ。実生活では、人は周囲からの反応を予測しながら行動を起こし、そしてたいがい予想どおりのものを得る。

ストーリーで重要な瞬間は、登場人物が周囲からプラスの反応が返ってくることを予想して行動を起こしたのに、結果として敵対する力を呼び起こしてしまうときだ。登場人物の世界では、予想とは異なる反応や予想以上に強い反応、あるいはその両方が起こる。

受話器を取りあげてジャックに電話をし、「仕事中すまないけど、ドロレスの電話番号が見つからないんだ。たしかきみの――」と言うなり、ジャックが大声で言う。「ドロレス？　ドロレスだと！　あの女の番号など、よくも聞けたもんだな」そして電話を叩きつける。こうなると、俄然人生がおもしろくなる。

登場人物の世界

この章では、登場人物の中核にはいりこんだ作家の視点に立ち、そこから見えるストーリーの本質を探究する。人間の「中核」とは内面の奥深くにある最小限の意識であり、それは二十四時間つねにあなたについてまわる。あなたのすることをすべて観察し、まちがえれば叱りつけ、まれに正しいことをしたときには褒め讃える。人生最悪の辛い経験をしているさなか、床にくずおれて胸が張り裂けるほど泣き叫んでいるときに、あなたのもとを訪れる深層の観察者……そう、「マスカラが落ちそうだよ」とささやく、あの小さな声のことだ。この内なる目はあなただ。あなたの本体であり、自我であり、あなたという存在の意識が凝縮されたものである。この主観的な中核の外にあるのは、すべて客観的な世界だ。

登場人物の世界は、ありのままの自我や意識を中心にした三つの同心円で表すことができる。それぞれの円は登場人物の人生の葛藤レベルを区分けするものだ。最も内側の円（すなわちレベル）はその人物の自我と、本人の核心的要素――知性、肉体、感情――から生じる葛藤とを示している。

たとえば、登場人物が何かの行動を起こすとき、知性は予想していたように反応しないかもしれない。思考は期待していたほど速くなく、洞察に満ちても機知に富んでもいないかもしれない。肉体は想像どおり反応しないかもしれない。ある作業を成しとげるほどの強さや器用さがないかもしれない。そして、感情がわれわれを裏切ることはだれでも知っている。だから、登場人物の世界でいちばん内側にある厄介な円は、まさしくその人自身だ。感覚と感情、知性と肉体のどれもが、ある瞬間からつぎの瞬間にかけて、予想どおりに反応するかもしれないし、しないかもしれない。往々にして、自分にとっての最大の敵は自分自身である。

三段階の葛藤レベル

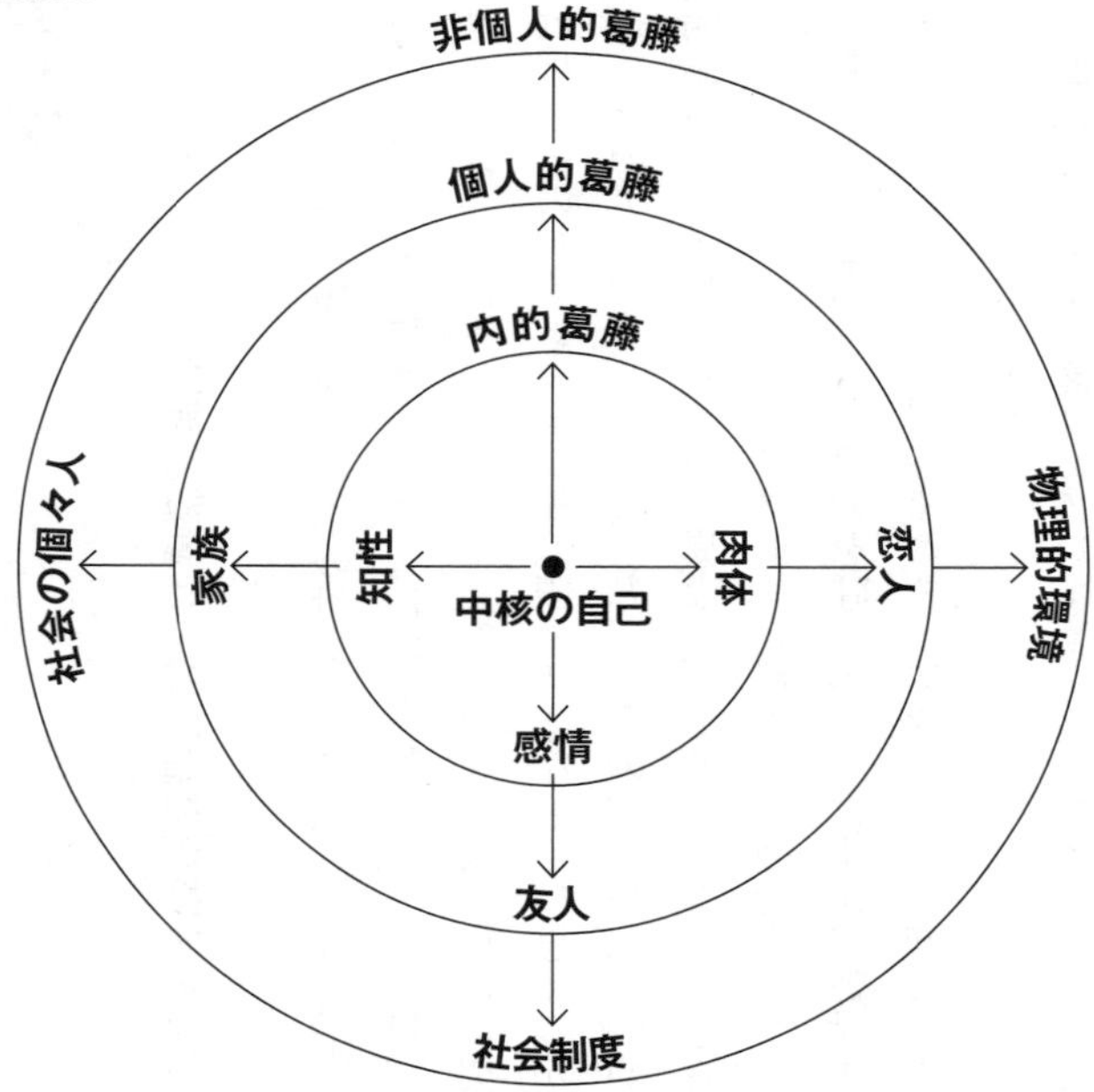

　二番目の円は、社会的役割を超えた個人間の親密な関係を示している。われわれは社会的な慣習によって、演じるべき外側の役割を割り振られる。たとえば、いまわたしとあなたは教師と生徒の役を演じている。しかし、いつの日か互いの道が交差して、友人同士に変わるかもしれない。同様に、社会的役割としての親子関係がそれ以上に深まることもあるし、ないかもしれない。たいがいの親子関係は、生涯を通じて権威と反発という社会的定義のなかにとどまるものだ。慣習的な役割を取り払ってはじめて、家族や友人や恋人とのほんとうの親密さが見つかるが、相手から期待どおりの反応が返ってこないとき、二番目のレベルの個人的葛藤が生じる。

　三番目の円は、対立の原因がすべて個人的関係の外側にある、非個人的葛藤を示している。社会制度と個人のあいだの葛藤には「政府／市民」、「教会／信者」、「企業／顧客」などがあり、個人同士の葛藤には「警官／犯罪者／犠牲者」、「上司／部下」、「客／ウェイター」、「医師／患者」などがあり、物理的環境（人工、自然の両方）との葛藤には、時間、空間やそこに存在するあらゆるものが考えられる。

ギャップ

ストーリーは主観的領域と客観的領域が接する場所で生まれる。

主人公は手が届かない欲求の対象を追いかける。意識していようといまいと、主人公はある特定の行動（アクション）を起こすことを選択するが、それは、自分の欲求へ向かって一歩前進させてくれる反応（リアクション）が世界から返ってくるという目測や思いに突き動かされてのことだ。本人の主観的な視点から見れば、そのアクションは最低限の無難なものに思えるが、望みの反応を得るにはそれでじゅうぶんである。だが、そのアクションを起こすと、本人の内面や個人的関係や非個人的関係、あるいはそれらのすべての客観的領域が、予想より強いか異なる形でリアクションを返す。

世界から返ってくるリアクションが主人公の行く手を阻み、裏を掻き、屈折させて、アクションを起こす前より遠くへと退ける。協力を呼び起こすはずが、敵対する力が引き起こされ、主観的な予想と客観的な結果のあいだにギャップが生まれる。アクションを起こしたときの予測と実際の出来事のあいだ、目算と現実のあいだと言ってもいい。

人間はだれもが、認知していてもいなくても、ある瞬間からつぎの瞬間へとアクションを起こすときに、ほぼ予想どおりのことが起こりそうだという感覚に従って行動する。われわれはみな、自分自身や近しい人々や社会や世界について理解していると思いながら、少なくともそのはずだと望みながら、この地球上を歩いている。自分自身や周囲の人々や環境にまつわる真実だと信じるものに基づいて行動する。しかし、完

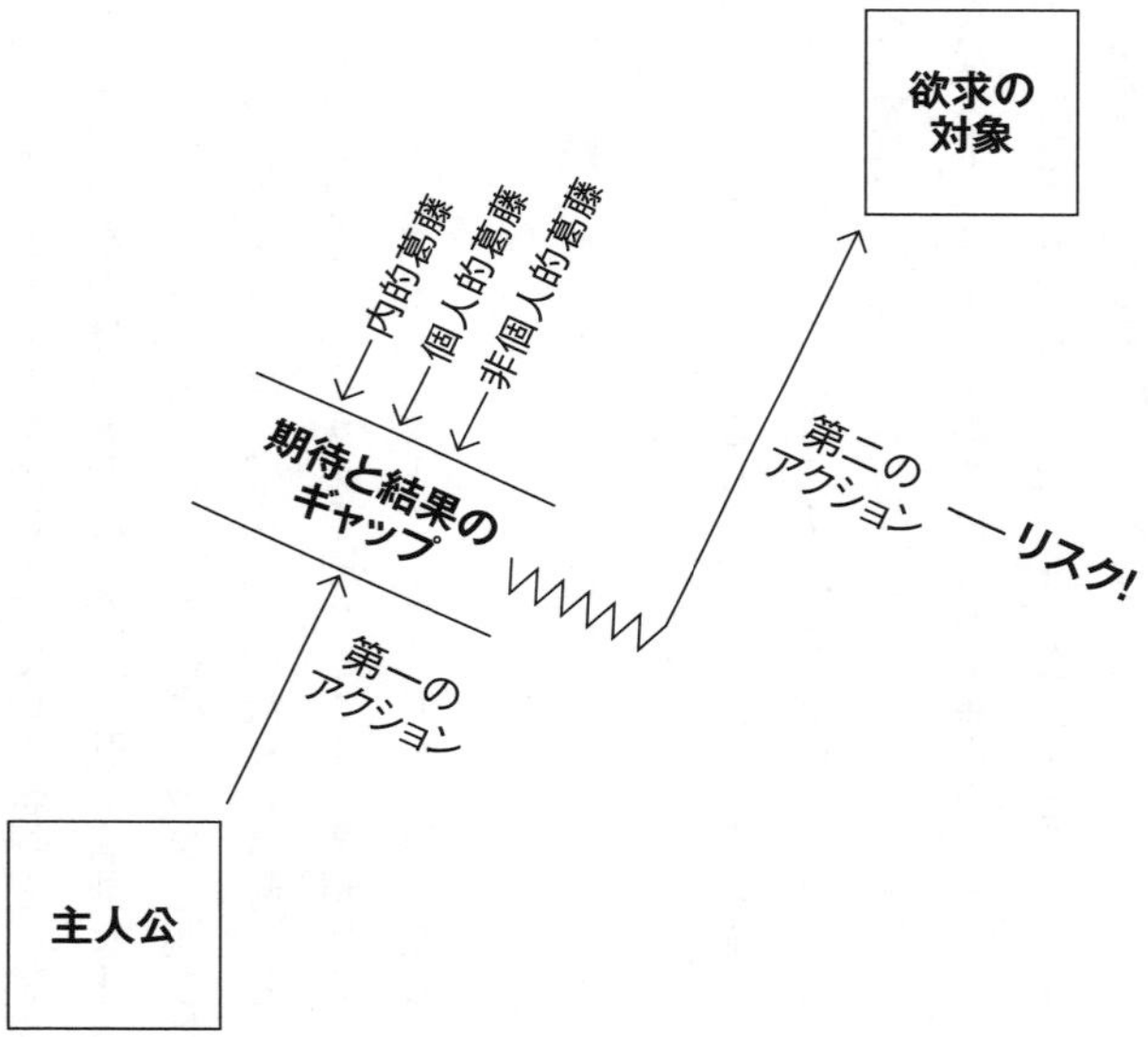

全に知ることができないのも事実だ。真実だと信じているにすぎない。

またわれわれは、どんな決断も自由にでき、どんなアクションも起こせると信じている。だが、思いつきであれ熟慮のすえであれ、すべての選択とアクションは、みずからの体験――その瞬間までに実際に起こったことや、想像したことや、夢見たこと――の総和に端を発している。人生のこの集積物が、世界から返ってきそうなリアクションを教えてくれるので、われわれはそれに基づいてアクションを選択する。そこでようやく必然を知る。

必然は絶対の真実である。必然はアクションを起こすまさにそのときに発生する。この真実は、広大で奥深い世界へ向かってアクションを起こし、リアクションに勇ましく立ち向かうときにはじめてわかる。そのリアクションこそがその瞬間の真実で、それ以前に何を信じていたかは関係ない。必然とは、起こらなくてはならず、また実際に起こることであり、見こみとは、起こってもらいたいと願ったり期待したりすることだ。

物語の世界も現実の世界と変わらない。客観的な必然と登場人物の見こみが齟齬をきたすと、創作上の現実に突然ギャップが生じる。このギャップは主観と客観が衝突する場所にある。それは期待と結果の差異であり、アクションを起こす前に感じていた世界と、アクションを起こして発見した真実との差異でもある。

ギャップが口をあけたとたん、意志が強く有能な主人公は、最低限の無難な方法では望むものが手にはいらないと気づく。気を引き締め、このギャップを跳び越えて第二のアクションを起こさなくてはならない。この第二のアクションは、登場人物が最初には起こそうとしなかったものだ。さらなる意志の力が要求され、人としての能力をいっそう深く掘り起こす必要があるからだが、何より重要なのは、この二番目のアクションが大きなリスクをともなうことだ。何かを得るためには何かを失うしかない。

リスクを負う

だれしも一挙両得を望むものだ。一方、危機に陥ったときには、望むものを得たり持っているものを守ったりするために、ほかのものを捨てる覚悟やあきらめる覚悟がなくてはならないが、これはできれば避けたいジレンマだ。

どんなストーリーにもあてはまる簡単なテストがある。こう問いかけるといい。ここでのリスクは何か。望んだものを得られなければ、主人公は何を失うのか。もっと具体的に言うと、欲求を満たせない場合、主人公に起こる最悪の事態はどんなものか。

この問いに説得力のある答えを返せなければ、そのストーリーには本質的な欠陥がある。たとえば、「主人公が失敗したら、通常の人生にもどる」という答えなら、そのストーリーは語るに値しない。それでは主人公が望むものに真の価値がないことになるが、ろくな価値のないものを追い求める者のストーリーは退屈と相場が決まっている。

人生が教えてくれるのは、人間としてのどんな欲求も、その価値の度合いは追求する際のリスクの大きさに比例するということだ。価値があればあるほどリスクも大きくなる。われわれは究極のリスクを負わなくてはならないもの——自由、生命、魂——に究極の価値を見いだす。だが、リスクに関するこの原則は、ただの美的傾向ではなく、ストーリーという芸術の根幹に根差している。というのも、ストーリーは有意義な人生の隠喩として作られるからだ——そして、有意義に生きるなら、リスクはつねに付きまとう。

あなた自身の欲求を考えてみるといい。あなたにとっての真実は、あなたが生み出すどの登場人物にとっても真実だ。あなたは映画の脚本を書きたいと思っている。現代の世界において、映画は独創的な考えを表現できる最も有効なメディアだ。あなたは現実との向き合い方を形成するのに役立つ、意義あるすばらしい作品を届けたいと思っていて、その見返りに世間から認められたい。それは高潔な野望であり、実現すれば多大な達成感を味わえる。あなたは真摯な芸術家だから、その夢をかなえるためなら、人生できわめて重要ないくつかのことを危険にさらしてもかまわないと感じているはずだ。

まず、時間。オリバー・ストーン、ローレンス・カスダン、ルース・プラワー・ジャブヴァーラなどの才能に恵まれた脚本家でさえも、三十代や四十代になるまで日の目を見なかったことはよく知られている。よい医者や教師になるために十年以上かかるのと同様に、何千万という人が聞きたがることを見つけるには成人してから十年以上かかるし、脚本という注文の多い技巧に熟達するには、多くの作品を書いては売れずに終わるということを十年以上もつづけなくてはならない。

つぎに、金銭。売れない脚本を書くためにつぎこんだ十年の労力と創造性を標準的な職業へ振り向ければ、最初の脚本が映画化されるより早く引退生活が送れることだろう。

そして、人間関係。毎朝机に向かって、自分が生み出した人物たちが繰りひろげる物語の世界へはいりこむ。夢想しては書き、やがて日が暮れて頭が痛みだす。そこでワープロを終了し、愛する人と過ごすことにする。ただし、電源をオフにできても、想像をオフにすることはできない。食卓についてからも登場人物たちが頭のなかを駆けめぐり、そばにメモ帳を置いておけばよかったと悔やむことになる。やがて愛する人が言うだろう。「ねえ……心ここにあらずって感じだけど」——そのとおりだ。あなたは大半の時間うわの空で、どこか遠くにいる。そんな人間と暮らしたい人はいない。

その野望に人生を左右する力があるから、脚本家は時間や金や人間関係を危機にさらす。脚本家にとっての真実は、自分が生み出したすべての人物にとっても真実だ。

登場人物が持つ欲求の価値の大きさは、それを達成するために負うリスクと比例する。価値があればあるほど、リスクも大きくなる。

ギャップの連鎖

主人公の最初のアクションによって、欲求を阻む敵対する力が引き起こされ、期待と結果のあいだにギャップが出現する。現実に対する考えを否定されて、世界に対する葛藤がさらに激しくなり、リスクもまた増える。けれども、回復力に富む人間の心はすばやく現実をとらえ、こうした反発や予期せぬ反応を組み入れて、行動パターンを作り変える。そこで主人公は、それまでより困難でリスクも大きい第二のアクションを起こす。それは新たにとらえなおした現実と矛盾しないアクションであり、世界への新たな期待に基づくアクションである。しかし、またしてもそのアクションが敵対する力を引き起こし、現実のなかに大きなギャップがひろがる。そこで主人公は不測の事態を調整し、危険を顧みずに一段と大きな賭けに出て、向上した判断力に見合ったアクションを起こす。主人公は能力と意志のさらなる深みへ到達し、さらに大きな危険にみずからをさらして、三度目のアクションを起こすことになる。

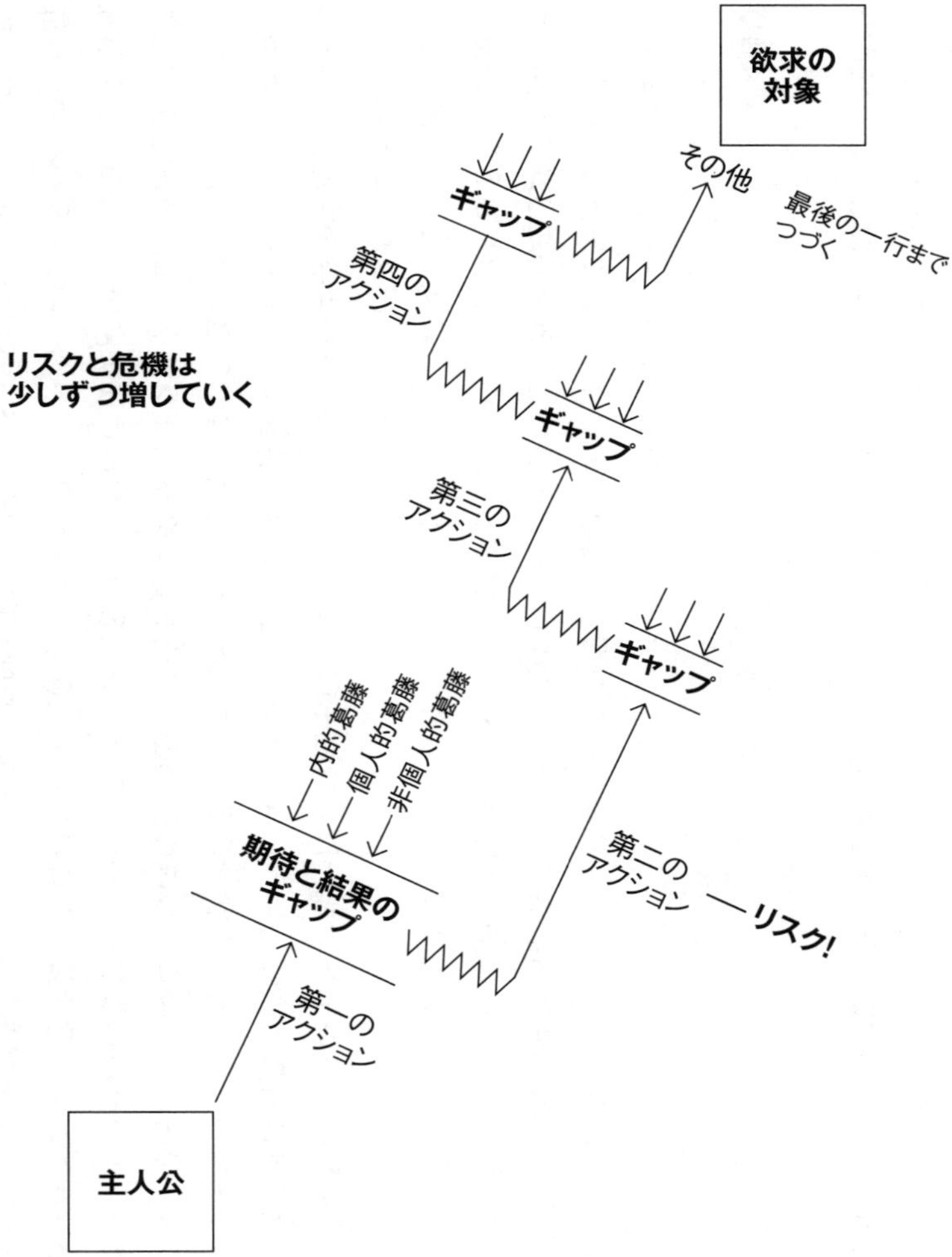
欲求の
対象
その他
最後の一行まで
つづく
ギャップ
第四の
アクション
リスクと危機は
少しずつ増していく
ギャップ
第三の
アクション
ギャップ
内的葛藤
個人的葛藤
非個人的葛藤
期待と結果の
ギャップ
第二の
アクション
―リスク!
第一の
アクション
主人公

そのアクションはよい結果につながって、その時点では欲求へ一歩近づくかもしれないが、つぎのアクションでまたしてもギャップがひろがる。主人公は、さらに意志力と能力と犠牲が求められる困難なアクションを起こさなくてはならない。それらのアクションは、一気にではなく段階的に、敵対する力を引き起こし、現実のなかにギャップを生み出していく。このパターンはストーリーの結末までさまざまなレベルで繰り返され、最後のアクションへ至るが、それは観客がほかの結末を思いつけないものでなくてはならない。

そのときどきの現実に生じる裂け目は、劇的なものと平凡なものの差異や、アクションとアクティビティの差異を示すものだ。アクションとは肉体や音声や精神の真の動きであり、予想と現実にあいだにギャップを生じさせて重要な変化を作り出す。アクティビティとは予想されたとおりのふるまいであり、変化を起こしたとしてもわずかなものでしかない。

だが、予想と現実のギャップは、ただの因果関係をはるかにしのぐものだ。最も深い意味では、見せかけの原因と実際の結果のあいだの亀裂は、人間の精神と外界が接する場所に生じる。一方にわれわれが信じる世界があり、他方に真の現実がある。このギャップこそがストーリーの核心であり、物語を煮詰める大釜である。脚本家はそこで人生を変転させる最も力強い瞬間を見つけ出す。このきわめて重要な分岐点にたどり着く唯一の手立ては、ストーリーを内側から書くことだ。

内側から書く

なぜその必要があるのだろうか。シーンを創作するときに、各登場人物の中核にはいりこんで、それぞれの視点からそのシーンを体験しなくてはいけないのはどうしてか。そうすることで何が得られ、そうしないと何を失うのか。

人類学者のように丹念な観察をおこなえば、たとえば、社会や環境にまつわる真実を発見できるだろう。

心理学者のようにこまめにメモをとっていけば、行動に関する真実がわかるだろう。そして外から内へ書けば、登場人物の表層を誠実かつ魅力的に描写できるだろう。しかし、「感情の真実」という重要な一面だけは、それでは生み出せない。

感情の真実に関して、信頼できる唯一の情報源は自分自身だ。あなたが登場人物の外側にとどまったままなら、感情にまつわるクリシェを書くことは避けられない。人間らしい反応を描くには、登場人物はもちろん、自分自身の内面にもはいりこむ必要がある。では、どうすればいいのか。机について登場人物の頭のなかへはいりこんで、心臓が激しく打ったり、手のひらに汗がにじんだり、胃が締めつけられたり、目に涙が浮かんだり、腹の底から笑ったり、性的に興奮したり、怒りや憐みや悲嘆や喜びなど、さまざまな反応を感じとるにはどうしたらよいのだろう。

ある出来事がストーリーに欠かせないものだとする。物語が進展して転換する場面だ。洞察と感情が豊かに満ちたシーンにするには、どうすればいいのだろう。このアクションを起こすには何をすべきか、とあなたは自問するかもしれないが、それではクリシェや教訓めいたものしか引き出せない。では、何をするのがいいか、ではどうだろう。それでは巧妙だが不誠実な、わざとらしいシーンができあがる。ならば、「この登場人物がこんな状況に置かれたら、どうするだろう」と考えるのはどうか。だが、これでは登場人物と距離を置くことになる。その人物が人生という舞台を歩きまわるさまを思い描き、感情を推測するが、それはまちがいなく陳腐なものだ。もしくは、「こんなとき、自分だったらどうするだろう」と自問するかもしれない。この問いはあなたの想像力を刺激するので、心臓が高鳴るかもしれないが、当然ながらあなたは登場人物ではない。自分にとっては正直な感情かもしれないが、登場人物は正反対の反応をしてもおかしくない。では、どうすればいいのか。

問いかけるべきことばは「自分がこの登場人物で、こんな状況に置かれたら、どうするだろう」である。スタニスラフスキーの「魔法のもしも」を用いて、その役を演じるのだ。エウリピデス、シェイクスピア、ハロルド・ピンターといった歴代の偉大な劇作家や、D・W・グリフィス、ルース・ゴードン、ジョン・セイルズなどの名だたる脚本家が俳優でもあるのは偶然ではない。作家はワープロを前にしながら、あるいは部屋を歩きまわりながら、男、女、子供、怪物と、あらゆる登場人物を即興で演じる。想像のなかで役を演じていると、登場人物にふさわしい正直な感情に血がかよってくる。あるシーンが作り手にとって感情的に意味を持つのなら、観客にとっても意味を持つだろう。自分自身が感動できる作品を生み出せれば、観客を感動させることができる。

『チャイナタウン』

内側から書く実例を示すために、きわめて巧みに書かれた名シーン、ロバート・タウン脚本による『チャイナタウン』の第二幕のクライマックスを引用する。ここでは映画として上映されたシーンを採りあげるが、タウンによる一九七三年十月九日付の第三稿の脚本でも同じものを参照できる。

あらすじ

私立探偵のJ・J・ギテスは、ロサンゼルス市水道電力局施設部長のホリス・モウレーの死について調査している。モウレーは貯水池で水死体となって発見され、事件はギテスのライバルであるエスコバー警部補の頭を悩ませる。第二幕の終盤で、ギテスは容疑者とその動機をふたつに絞る。ひとつは、冷酷な義父ノア・クロスを中心とした富豪たちが共謀して、政治的権力と金のためにモウレーを殺害した場合。もうひとつは、モウレーの浮気が発覚し、嫉妬に駆られた妻のイヴリンが殺した場合だ。

ギテスはサンタ・モニカの一軒家までイヴリンを尾行する。窓からのぞき見ると、ホリスの愛人とおぼしき女がいて、薬を呑まされて軟禁されているらしい。イヴリンが出てきて車に乗りこんだとき、ギテスが詰め寄ると、あれは妹だとイヴリンは言った。ギテスはイヴリンに姉妹がいないことを知っているが、そのときは何も言わない。

翌朝、市を見おろす丘に建つモウレー邸の海水池で、ギテスはモウレーのものと思われる眼鏡を発見する。これでモウレーの死因と殺害現場がわかった。ギテスは発見した証拠を手にサンタ・モニカへ引き返す。イヴリンと対決し、ギテスの探偵免許を取り消すと言い張るエスコバーに引き渡すつもりだ。

登場人物

J・J・ギテス。地方検事のもとで働いているときに、チャイナタウンの女と恋に落ちるが、ギテスが助け出そうとしたことがきっかけで、女は死んでしまう。ギテスは辞職し、汚職まみれの政治と悲劇の過去から逃れるべく、私立探偵になった。ところがいま、ふたたび両方と対峙することになった。さらに悪いことに、この窮地に陥ったのは、殺人事件の数日前、だまされてモウレーの浮気調査を引き受けたことからだった。何者かがギテスを笑い者にしたわけだが、ギテスは人一倍プライドの高い男だ。落ち着き払った物腰の奥に、衝動的で向こう見ずな人間がひそみ、辛辣で皮肉めいた態度の裏に、正義を渇望する理想主義者が隠れている。そして、イヴリン・モウレーと恋に落ち、事態はさらに複雑になる。ギテスにとってのこのシーンの目的——真実の究明。

イヴリン・モウレー。被害者の妻で、ノア・クロスの娘。夫について問われると神経質に身構え、父親の名を出されると口ごもる。何か隠し事があるのではないかと観客は察する。イヴリンはギテスを雇って、夫が殺害された事件の調査を依頼するが、それは自分自身の罪を隠蔽するためかもしれない。だが、調査を進めるギテスにイヴリンは惹かれたようでもある。暴漢から辛くも逃げおおせたのち、ふたりは愛を交わす。イヴリンにとってのこのシーンの目的——秘密を隠してキャサリンと逃げること。

カーン。イヴリンの執事。未亡人となったイヴリンのボディーガード役も自認する。威厳ある物腰と、困難な状況を巧みにさばく手腕を誇りに思っている。カーンにとってのこのシーンの目的――イヴリンを守ること。

キャサリン。過度に保護された人生を送ってきた、内気で無垢な若い女。キャサリンにとってのこのシーンの目的――イヴリンに従うこと。

シーン

〇室内／屋外。サンタ・モニカ――ビュイック――移動――昼

ギテスがロサンゼルス市内を車で走っている。

内側から描写するために、イヴリンの隠れ家へ向かうギテスの意識にはいりこもう。ギテスの視点で想像しよう。車を走らせながら、こう問いかける。

「自分がギテスだったら、いまこの瞬間、どうするだろう」

想像力を放浪させることで、おのずと答えが浮かぶ。

「リハーサルだ。人生の一大事に対するとき、自分はいつも頭のなかで予行練習する」

ここでギテスの感情と意識へさらに深くはいりこむ。

ハンドルを握る手に力がこもり、さまざまな考えが頭を駆けめぐる。「イヴリンは夫を殺して、おれ

を利用した。おれに嘘をつき、色目を使った。ああ、まんまと引っかかったさ。不安でたまらないが、落ち着こう。ドアまでゆっくり歩いていき、中にはいったら問いつめよう。イヴリンは嘘をつく。おれは警察を呼ぶ。イヴリンは、しらを切って、少しばかり涙を流す。だがこちらは冷静な態度に徹し、モウレーの眼鏡を突きつけて、現場にいたかのように犯行の手順をひとつずつ説明する。イヴリンは自白して、おれはエスコバーへ引き渡す。これで晴れて放免だ」

○屋外。サンタ・モニカの一軒家
ギテスの車が私道へはいっていく。

引きつづき、ギテスの視点で内側から考えよう。


「冷静に、冷静に……」家が目にはいったとたん、イヴリンの姿が脳裏に浮かぶ。こみあげる怒り。冷静にという決意と、耐えがたい怒りとのあいだにギャップが生じる。

ビュイックがキーッと音を立てて停まる。ギテスはすぐに車から出る。

「あんな女、知ったことか！」

ギテスは勢いよく車のドアを閉め、足早に踏み段をあがっていく。

「いますぐ捕まえるんだ、逃げられる前に」

玄関のドアノブに手をかけるが、施錠されているので、ドアを激しく叩く。

「くそっ」

○屋内。一軒家
イヴリンの中国人執事カーンが音を聞きつけ、玄関へ向かう。

登場人物が出たりはいったりするときは、頭のなかで一方の視点からもう一方の視点へと行き来させて考える。カーンの視点に移って自問する。

「自分がカーンの立場なら、このとき何を考え、何を感じ、何をするだろう」

カーンの心にはいりこむと、こんな考え方になる。

「いったいだれだ」執事の笑みを浮かべる。「十中八九、またあの減らず口の探偵が来たんだろう。適当にあしらってやろう」

カーンが開錠すると、玄関先にギテスが立っている。

カーン お待ちください。

ギテスの思考にもどる。

「いけ好かない執事のおでましだ」

ギテス　おまえが待て。チョー・ホイ・キー・ダイ（くたばれ、役立たず）！

ギテスはカーンを押しのけて、家のなかへはいりこむ。

カーンの視点に切り替えて考えると、予想と結果の唐突なギャップに笑みが引っこむ。

困惑、怒り。「無断で押し入っただけでなく、広東語でわたしを侮辱するとは！　追い払え！」

ギテスが顔をあげると、家の奥の階段にイヴリンが現れる。不安げにネックレスを直しながらおりてくる。

カーンの視点。

「モウレー夫人だ。お守りしなくては！」

イヴリンはその日の朝、ずっとギテスに電話していた。手を貸してくれないかと思ってのことだ。荷造りに時間がかかったので、五時三十分発のメキシコ行きの列車に間に合うように急いでいる。イヴリンの視点に切り替える。

「自分がイヴリンなら、この状況でどうするだろう」

この非常に複雑な女の心のなかへ、どうにかはいりこもう。

「ジェイクね。よかった。わたしのことを気にかけてくれてる。きっと助けてくれるはず。わたし、きれいに見える？」無意識に髪や顔へ手をやる。「カーンは心配そうね」

イヴリンは安心させるようにカーンへ微笑みかけ、さがるよう手ぶりで示す。

イヴリン　だいじょうぶよ、カーン。

イヴリンはギテスに向きなおりながら考える。

心強さが増す。「もう、ひとりじゃない」

イヴリン　どうしてたの？　ずっと電話してたのよ。

〇屋内。居間——同じ一軒家

ギテスは背を向けて室内へ足を踏み入れる。

ギテスの視点。

ギテス　**「なんて美しいんだ。見ちゃだめだ。しっかりしろ。覚悟はいいな。嘘で塗り固めてくるぞ」**

イヴリン　……へえ？

イヴリンはギテスの表情を探りながら、ついていく。

イヴリンの視点。

イヴリン　**「目を合わせてくれない。気がかりなことがあるみたい。疲れ果ててるようだし……」**

ギテス　きのうは眠れた？

イヴリン　ぐっすりさ。

ギテス　**「……お腹もすいてるのね。かわいそうに」**

イヴリン　お昼は食べたの？　カーンに作らせてもいいけど。

ギテスの視点。

「昼食なんかどうでもいい。さあ、行け」

ギテス　女はどこだ。

イヴリンの視点にもどると、衝撃で予想と現実にギャップができている。

「なぜそんなことを訊くの？　変ね。落ち着いて。なんでもないふうを装うの」

イヴリン　二階よ、どうして？

ギテスの視点。

「やさしい声、いかにも無邪気に〝どうして？〟と来た。だまされるな」

ギテス　会いたいんだ。

イヴリンの視点。

「キャサリンになんの用があるって？　だめ。いま会わせるわけにはいかない。嘘を言って、まずは

探らなきゃ」

イヴリン　……いまお風呂にはいってるの。会いたいって、どうして？

ギテスの視点。

嘘にうんざりしている。「だまされるんじゃないぞ」

ギテスは部屋を見渡して、荷造り中のスーツケースに目を止める。

「逃げるつもりだな。ここへ来てよかった。油断するな。また嘘をつくぞ」

ギテス　旅行か？

イヴリンの視点。

「話しておけばよかった。でも時間がなかったの。もう隠せない。ほんとうのことを話すのよ。きっとわかってくれる」

イヴリン　ええ、五時半の列車に乗るの。

ギテスの視点に移り、心に小さなギャップが生じる。

「なんだと？　嘘じゃない気もする。まあ、いい。戯言はもう終わりだ。こっちが本気だとわからせろ。電話はどこだ。あそこか」

ギテスは受話器を手にとる。

イヴリンの視点。

うろたえ、恐怖で息が詰まる。「だれに電話するつもり？」

イヴリン　ジェイク？

「電話をかけてる。ああ、どうしよう……」

ギテスの視点。耳に受話器をあてる。

「さっさとだれか出ろ！」内勤の巡査部長が電話に出る。

ギテス　Ｊ・Ｊ・ギテスだが、エスコバー警部補は？

イヴリンの視点。

「警察！」アドレナリンが一気に放出される。パニック。「だめ、だめ。落ち着いて。落ち着いて。きっとホリスのことよ。でも、こうしてはいられない。すぐに出発しないと」

イヴリン ねえ、どうしたの。何か問題でも？ さっきも言ったけど、五時半の列車に――

ギテスの視点。

「もうたくさんだ！ だまらせろ」

ギテス それには乗れない。（電話に向かって）ルー、キャニオン通り一九七二番地へ来てくれ……ああ、大至急だ。

イヴリンの視点。

怒りがこみあげる。「そんな、ばかな……」一抹の希望。「でも、警察に電話してるのは、わたしを助けるためかも」

イヴリン なぜ警察に？

ギテスの視点。

自己満足。「強がろうとしてるが、とうとう追いつめたぞ。いい気分だ。これで安心できる」

ギテス（帽子をテーブルへほうる）知り合いに腕のいい刑事弁護士はいるか？

イヴリンの視点。どんどん大きく開くギャップを閉じようと試みる。

「弁護士？　いったいどういうこと？」恐ろしいことがいまにも起こりそうで、背筋が冷たくなる。

イヴリン　いない。

ギテスの視点。

「ほう、冷静沈着だな。最後までしらを切るつもりか」

ギテス（銀の煙草入れを取り出しながら）心配ないさ。何人か紹介できる。高くつくが、それはだいじょうぶだろ。

ギテスは悠然とポケットからライターを取り出し、腰をおろして煙草に火をつける。

イヴリンの視点。

「まさか、脅してるわけ？　寝た仲なのに。何よ、あの態度。自分を何さまだと思ってるの？」怒りで喉が締めつけられる。「取り乱しちゃだめ。なんとか切り抜けるのよ。これには理由があるはず」

イヴリン　どういうことなのか、説明してくれる？

ギテスの視点。

「頭に血がのぼってるな。いいぞ。これを見せてやれ」

ギテスはライターをポケットへもどし、その手でハンカチにくるんだものを取り出す。テーブルの上に置き、ハンカチを注意深くひろげると、眼鏡が現れる。

ギテス　きみの家の池で見つけた。きみの夫のものだろ……どうだ？

イヴリンの視点。

ギャップは閉じない。めまいがする。何がなんだかわからない。恐怖がこみあげる。「眼鏡？　ホリスの釣り池で？　何が言いたいの？」

イヴリン　わからない。そうかも。

ギテスの視点。

「突破口が開いた。さあ、いまだ。白状させろ」

ギテス　（勢いよく立ちあがる）まちがいない。きみの夫はあの池で溺れたんだ。

イヴリンの視点。

驚愕する。「わが家で?!」

イヴリン　なんですって?!

ギテスの視点。

怒り。「吐かせろ。さあ！」

ギテス　驚いてる暇はない。検死官の報告で、きみの夫が殺害されたとき、肺に海水がたまってたことがわかってる。嘘じゃない。さあ、どうやって殺されたのかを教えてくれ。なぜ殺されたのかもね。エスコバーがここに着く前に知りたい。このままじゃ探偵免許を取り消されるんだ。

イヴリンの視点。

ギテスの冷笑を浮かべた血色の悪い顔が迫る。混沌。恐怖で身がすくむ。どうにか自分を落ち着かせたい。

イヴリン　なんのことだかさっぱりわからない。こんなとんでもない、ばかげた話は――

ギテス　いいかげんにしろ！

ギテスの視点。

自制心を失い、両手を突き出してイヴリンの肩をつかむ。指先が食いこんでイヴリンの顔がゆがむ。だが、イヴリンの目に衝撃と苦痛の色が浮かび、ギテスの胸に憐憫の情が湧く。ギャップがひろがる。苦悶するイヴリンへの同情心と、おさまらない怒りとがせめぎ合う。両手を離す。「傷ついてるな。そう、夫を殺したとしても、血も涙もない人間というわけじゃない。だれにでも起こりうることだ。チャンスを与えよう。ひとつずつ要点を説明してやる。だが、真相はかならず聞き出す！」

ギテス　じゃあ、説明してやろう。きみは嫉妬して、夫と激しく争った。そのさなかに夫が倒れて、頭を打った……事故だったが……愛人が目撃していた。となると、だまらせなきゃならない。彼女を殺す度胸はないけれど、口封じする金ならある。どうだ、ちがうか？

イヴリンの視点。

ギャップが一気に閉じるが、それは恐ろしい意味を持っている。「わたしが殺したと思ってるのね！」

イヴリン　ちがう！

ギテスの視点に変わり、断固たる返答を聞いて思う。

「よし、ようやくもっともらしい答えが聞けた」心を落ち着かせる。「だが、いったいどうなってるんだ」

ギテス　あの女はだれだ。妹なんて戯言はもうたくさんだ。妹なんかいないことくらいわかってる。

イヴリンの視点。

最大の衝撃がイヴリンを引き裂く。「あの子が何者かを知りたがってる……どうしよう」長年の秘密に迫られて心がくじけそうだ。窮地に立たされている。「教えなきゃ、警察を呼ばれる。でも教えたら……」だれにも頼れない……ギテスのほかには。

イヴリン　わかった……ほんとうのことを言うから。

ギテスの視点。

安堵し、答えに集中する。「ようやくか」

ギテス よし。名前は？

イヴリンの視点。

「名前……ああ、あの子の名前は……」

イヴリン ……キャサリンよ。

ギテス 姓は？

最悪の事態に備える。「全部打ち明けよう。信じてくれるかどうか……わたしは耐えられるか……」

イヴリン あの子はわたしの娘よ。

ギテスの視点にもどり、イヴリンの告白をようやく聞き出せるという期待が打ち砕かれる。

「まだ嘘をつくのか！」

ギテスはイヴリンに詰め寄り、頬を平手で叩く。

　イヴリンの視点。

焼けつくような痛み。しびれて無感覚に陥る。長年背負ってきた罪の重みで麻痺している。

ギテス　ほんとうのことを話せと言ったはずだ。

イヴリンは無抵抗に立ちつくし、頬を差し出す。

イヴリン　あの子はわたしの妹——

　ギテスの視点。

もう一度平手打ちをしながら……

イヴリン　——あの子はわたしの娘——

　イヴリンの視点。

何も感じず、茫然とやり過ごす。

ギテスの視点。

……もう一度叩き、相手の目に涙が見え……

イヴリン　――わたしの妹――

……さらに強く叩き……

イヴリン　――わたしの娘、わたしの妹――

……逆手で打ち、こぶしを開き、体をつかんでソファーへ投げ出す。

ギテス　真実が知りたいと言ったろう。

イヴリンの視点。

はじめは殴られていてもどこかうわの空だったが、ソファーに叩きつけられて現実に引きもどされる。

そして、これまでだれにも言わなかったことを叫ぶ。

イヴリン　あの子はわたしの妹でもあり、娘でもあるのよ。

ギテスの視点。

とんでもないギャップだ！　驚きで声も出ない。ゆっくりとギャップがふさがるにつれて怒りが鎮まり、イヴリンのことばの裏の恐ろしい意味を理解する。

突然、カーンが足音を立てて階段をおりてくる。

カーンの視点。

モウレー夫人を守るために、闘う覚悟がある。

イヴリンの視点。突然思い出す。

「キャサリン！　どうしよう、わたしの声が聞こえてたら」

イヴリン　（カーンに向かって）カーン、お願い、もどって。お願いだから、あの子を二階に引き留めておいて。さあ、もどりなさい。

カーンは鋭い目つきでギテスをにらみつけ、二階へ引き返す。

イヴリンの視点。振り返り、凍りついたような顔のギテスを見る。

ギテスに対する奇妙な憐憫。「かわいそうな人……まだわからないのね」

イヴリン　……父とわたしは……もうわかった？　それとも、受け入れるのは無理？

イヴリンはうなだれてすすり泣く。

ギテスの視点。

同情の念が押し寄せる。「クロス……あの人でなし……」

ギテス　（静かに）やつは力ずくで？

イヴリンの視点。

何年も前の自分と父親の姿が目に浮かぶ。痛烈な罪悪感。だが、もう嘘はつかない。

イヴリンは首を横に振る。

この個所で重大な書きなおしがおこなわれている。第三稿では、イヴリンは長広舌を振るって、十五歳のときに母が死んだこと、嘆き悲しんだ父が「神経衰弱」に陥って、自分で食事も着替えもできない「幼児」へと退行したしたことを説明する。その結果、ふたりは近親相姦の関係に陥るが、みずからの行為を直視できずに、父は娘に背を向けるようになった、と。この明瞭化はシーンのペースをもたつかせるばかりか、さらに重大なことに、共感しやすい脆さを父親に与えることで、敵対する力をひどく弱めてしまう。その部分は削除され、ギテスの「やつは力ずくで？」という台詞と、イヴリンの否定だけが残った。そのみごとな処理によって、クロスの残虐さの核はそのままに、ギテスのイヴリンへの愛情が苛酷にも試されることになった。

イヴリンがレイプを否定した理由は少なくともふたつ考えられる。第一に、子供は自分の立場が悪くなっても親をかばおうとすることがよくある。レイプだった可能性もじゅうぶんあるが、いまに至ってもイヴリンは父親を責められずにいる。第二に、イヴリンが共謀者である場合だ。母が死んだことで、「女主人」の座に就けたというわけだ。こうした状況下での父と娘の近親相姦の例がないとは言えない。しかし、だからと言ってクロスが許されるわけではない。どちらの場合でも責任はクロスにあるのに、イヴリンは罪悪感に苛まれている。イヴリンが否定したために、ギテスはその正体を見定める選択を迫られる。この女を愛しつづけるか否か、殺人罪で警察へ引き渡すか否か。イヴリンの否定はギテスの予想と相反し、そこで大きなギャップが生まれる。

ギテスの視点。

「力ずくでないなら……」混乱する。「まだ何かあるにちがいない」

ギテス　で、それから？

イヴリンの視点。

さまざまな記憶が脳裏をよぎる。妊娠という衝撃、冷笑を浮かべた父の顔、メキシコへの逃避、出産の苦しみ、異国の診療所、孤独……

イヴリン　家出したの。

ギテス　メキシコへか。

イヴリンの視点。

あれこれがよみがえる。メキシコでホリスと出会い、誇らしげにキャサリンを披露したこと。わが子を奪われたときの悲しみ、修道女たちの顔、キャサリンの泣き声……

イヴリン　（うなずく）ホリスと会って、面倒を見てもらった。あの子には会えなかった……わたし、まだ十五歳だったのよ。会いたかったけど、会えなかった。だから……

ともに暮らすためにロサンゼルスへキャサリンを連れてきたときの喜び、父の目から逃れてキャサリンを安全にかくまっていたときの様子が目に浮かぶ。だが突然の恐怖に襲われる。「キャサリンはぜったいに見つかってはだめ。父は異常だ。何を望んでいるかわかる。この子に手をふれたら、また同じことをするにちがいない」

イヴリン　（懇願するような顔つきでギテスを見る）だから、いまはいっしょに暮らしたい。あの子の世話をしたいの。

ギテスの視点。

「ようやく真相にたどり着いた」ギャップが閉じ、それとともにイヴリンへの愛情が高まるのを感じる。イヴリンのこれまでの大きな苦しみに同情し、キャサリンを守ろうとする勇気とひたむきな愛情に敬服する。「見逃してやろう。いや、それより、自分で街の外まで送っていってやろう。ひとりではとうてい無理だ。それに、イヴリンには借りがある」

ギテス　あの子を連れてどこへ行く気だ。

イヴリンの視点。

希望が一気に湧きあがる。「どういうこと？　助けてくれるの？」

イヴリン　メキシコへもどるつもりよ。

ギテスの視点。

考えをめぐらす。「どうやったらエスコバーを出し抜けるだろうか」

ギテス　まず、列車は使えない。エスコバーが血眼になって探す。

イヴリンの視点。

ギテスのことばに驚く。高揚感。「助けてくれる！」

イヴリン　なら……飛行機は？

ギテス　だめだ、もっと危ない。でも、とにかくここを出るんだ。荷物は置いたままで。(間) カーンはどこに住んでるんだ。正確な所番地を聞き出してくれ。

イヴリン　ええ……

テーブルの上の眼鏡に光が反射し、イヴリンの目に留まる。

イヴリンの視点。

「この眼鏡……」ホリスが読書している姿が頭に浮かぶ……眼鏡はかけていない。

イヴリン　これはホリスのものじゃない。

ギテス　なぜわかる。

イヴリン　遠近両用の眼鏡はかけてなかったもの。

ギテスが眼鏡を見つめているあいだに、イヴリンは二階へ向かう。

ギテスの視点。

「モウレーの眼鏡じゃないとしたら……？」ギャップが生じる。真実の最後の一片がまだ見つかっていない。記憶をさかのぼり、頭に浮かぶのは……ノア・クロスとの昼食で、クロスが遠近両用眼鏡越しに、焼いた魚の頭部をながめる姿だ。ギャップが一気に消える。「クロスがモウレーを殺したんだ。実の娘に生ませた娘の居場所を教えなかったからだ。クロスはあの子を手に入れたかったんだ。しかし、そんなことはさせない。あの男のとどめを刺す証拠があるからな……このポケットに」

ギテスは眼鏡を注意深くヴェストにしまいこむ。顔をあげると、階段にイヴリンがいて、内気そうな少女の肩を抱いている。

「愛らしい。母親そっくりだ。ちょっと怯えてるな。さっきの声を聞いたにちがいない」

イヴリン　キャサリン、ギテスさんに挨拶しなさい。

キャサリンの視点へ移る。

自分がキャサリンなら、こんなときどう思うだろう。

キャサリンの視点へ移る。

不安。狼狽。「お母さんはずっと泣いてた。この人のせい？　でも、いまは笑顔を見せてる。きっとだいじょうぶね」

キャサリン　こんにちは。

ギテス　こんにちは。

イヴリンはだいじょうぶだと言いたげにキャサリンを見て、二階へもどす。

イヴリン　（ギテスに）カーンはアラメダ一七一二番地に住んでる。どこだかわかる？

ギテス　ああ……

ギテスの視点。

最後のギャップが生じ、かつて愛した女の姿と、チャイナタウンのアラメダでの凄惨な死のイメージが押し寄せる。恐怖を感じ、人生が一回転してもとの位置にもどったような感覚が訪れる。「今回はうまくやってみせる」と思いながら、ギャップはゆっくりと埋まっていく。

ギャップの内側で創作する

わたしは俳優が「内的独白」と呼ぶものを書いて、ペース配分のみごとなシーンを超スローモーションにし、感情のほとばしりや洞察のひらめきなどをことばで表してみた。机に向かっているときはこんなふうに考えている。スクリーン上で数分、ことによると数秒しかないシーンを書くために、何日か、ときには何週間もかかることもある。ひとつひとつの瞬間を思考の顕微鏡で観察しては再考し、創作してはやりなおしながら、登場人物たちの一瞬一瞬を通じて、口に出さない考えやイメージや感覚や感情に満ちた迷宮を作りあげていく。

だが、内側から書くといっても、シーンの開始から終わりまで、ひとりの登場人物の視点に固定するわけではない。いま分析したシーンのように、脚本家は視点を移動させて書く。登場人物の意識の中核にはいりこみ、「自分がこの登場人物だったら、こんなときどうするだろう」と問いかける。自分自身の心のなかで、人間らしいなんらかのリアクションを感じとり、その人物のつぎのアクションを思い描く。

ここで持ちあがるのが、どうやってシーンを進めるのかという問題だ。つぎのビートを組み立てるために、作家は登場人物の主観的な視点から抜け出して、書いたばかりのアクションを客観的に観察しなくてはならない。このアクションは、登場人物が世界からある種のリアクションが返ってくることを予想して起こされたものだ。けれども、予想どおりのリアクションを返してはいけない。そこでギャップを生じさせるべきだ。そのためには、はるか昔から作家たちがみずからに問いつづけてきた質問をするとよい――「それとは反対のこととは何か」。

作家は元来、対立や矛盾を採り入れて思考するものだ。ジャン・コクトーは「創作の精神は矛盾の精神であり、表層を突き破って未知の現実をめざすことだ」と述べている。見た目を疑い、当然と思われることの逆を追い求めなくてはならない。上澄みをすくって、額面どおりに物事を受け止めるようではいけない。人生の上っ面を剥ぎとって、隠されたもの、予想外のもの、一見不適当なもの――すなわち真実――を探るべきだ。そのギャップのなかに、自分にとっての真実が見つかるだろう。

あなたは自分が創造する宇宙の神だ。自分が生み出した登場人物も、その思考も、肉体も、感情も、人間関係も、世界も、すべて把握している。ある視点からひとつのアクションを創作したら、自分が作り出した世界を動きまわり、ときには無生物のなかにまではいりこんで、別の視点を見つけ出すといい。そこで意外なリアクションを起こして、予想と結果のあいだのギャップを生じさせるのだ。

それがすんだら、最初の登場人物の頭のなかへもどって、「自分がこの登場人物だとしたら、この新たな状況でどうするだろう」と再度問いかけて、新たな感情の真実へ至る道を見つける。そのリアクションとアクションがわかったら、またつぎへ進んで、「これとは反対の行動はなんだろう」と自問するわけだ。

すぐれた創作は、リアクションを重んじる。

どんなストーリーでも、アクションの多くはおおむね予期されている。ジャンルの約束事によって、ラブストーリーでは恋人たちが出会い、スリラーでは探偵が犯罪を暴き、啓発プロットでは主人公の人生がどん底へ落ちる。こういったアクションは広く知られ、観客も予想している。だから、すぐれた作品は、何が起こるかより、だれの身に、どうやって、なぜ起こるかに重きを置く。実のところ、最も豊かで最も満足感を得られるのは、出来事が引き起こすリアクションと、そこから得られる洞察に焦点をあてたストーリーだ。

『チャイナタウン』のシーンにもどろう。ギテスは招き入れられることを想定して玄関をノックする。ギテスが食らうリアクションは何か。カーンが行く手をさえぎり、そこから進ませない。ギテスのリアクションは？　広東語で罵倒して乱暴に押し入る。イヴリンがギテスが助けてくれると期待して一階へおりてくる。それに対するリアクションは？　ギテスが警察に連絡し、殺人を自白させて「もうひとりの女」の正体を打ち明けさせようとする。そのリアクションは？　その女は近親相姦で生まれた自分の娘だとイヴリンが明かし、常軌を逸した父親が殺人犯だとほのめかす。きわめて静かで内面を描くシーンでありながら、「アクション／リアクション」のギャップ、「新たなアクション／驚きのリアクション」のギャップという力強いビートの連続は、リアクションで観客を驚かして魅了しながら、転換点へ向かってシーンを組み立てていく。

登場人物がドアへ向かい、ノックして待っていると、そのリアクションでドアが開いてうやうやしく招き入れられるというビートを脚本家が書いたとし、さらに映画監督が愚かにもこれを撮影したとしても、スクリーンにお目見えすることはないだろう。編集者という肩書きに値する者なら、すぐさま切り落として監督にこう告げる。「ジャック、これは八秒間の無駄だ。ノックしたら、すんなりドアが開く？　カットしてソファーのところへ飛べる。これは最初の重要なビートだ。スターに玄関をくぐらせて五万ドルを無駄づかいしたのは残念だが、ペースが台なしになるし、意味がないよ」と。リアクションが洞察と想像に欠けるために、予想と結果が同じになっていては、ペースが台なしで無意味なのも当然だ。

頭のなかにシーンが浮かんだら、ビートごと、ギャップごとに書き進めていこう。これから起こることとそのリアクション、見えること、口にされること、成されることを生き生きと描く。そのページをほかの人が読んだときに、あなたが机上で体験してきた人生のジェットコースターを、ビートごとに、ギャップごとに、その人も読み進められるように書かなくてはならない。ページに綴られたことばは、読む者を大きなギャップに毎回陥れることができる。あなたが夢想したことを見せ、あなたが感じたことを感じさせ、あなたが理解したことを学ばせ、その結果――あなたと同様に――読む者の脈拍が高まり、感情が押し寄せて、真意を理解することになる。

ストーリーの本質と活力

本章の冒頭で投げかけた問いの答えはもうわかっただろう。ストーリーの本質はことばではない。机上で思い描いた人生のイメージや感情を表現するためには、明晰な文章でないといけないが、ことばは目的ではなく、手段であり媒体だ。ストーリーの本質は、ある人がアクションを起こして、そのつぎに起こると思っていることと、実際に起こることのあいだに生じるギャップ、つまり予想と結果、可能性と必然性のあいだの隔たりだ。脚本家はシーンを組み立てるために、現実のなかにこうした裂け目をつぎつぎと作っていく。

ストーリーの活力についても、同じことが言える。源はギャップだ。観客は主人公に感情移入して、その人物の身になって欲求を追いかける。そして、その人物の予想と大差のないリアクションを世界が返すと予想する。主人公の眼前にギャップがひろがれば、観客の前にもギャップが口をあける。それこそが、考え抜かれたストーリーで何度も体験するあの衝撃の瞬間、「まさか！」や「だめだ！」や「いいぞ！」である。

つぎに映画館へ行ったら、壁際の最前列にすわって、映画を観る人々を観察してみるといい。参考になること請け合いだ。眉毛が跳ねあがり、口が大きく開き、体が縮こまったりこわばったりし、大笑いし、涙が類を伝う。主人公の世界にギャップが生じるたびに、観客にもギャップが生じる。主人公はつぎのアクションを起こすために、毎回、それまでよりも多くエネルギーを費やして努力しなくてはならない。登場人物に共感している観客は、映画を観ているあいだじゅう、ビートごとに同じエネルギーの高まりを体験する。

磁石の極と極のあいだで電流が引き起こされるのと同じで、人生は自身と現実のあいだのギャップを跳び越えることできらめきを放つ。この一瞬のエネルギーをもとに、脚本家はストーリーの力に火をつけて、観客の心を動かす。

8　契機事件

ストーリー設計には五つの要素がある。作中での最初の重要な出来事は、契機事件（インサイティング・インシデント）と呼ばれる。これはそのあとに起こるあらゆる出来事の発端となり、ほかの四要素――段階的な混乱、重大局面、クライマックス、解決――を始動させるものだ。契機事件が作中にどのように組みこまれ、どのような働きをするかを理解するために、まずはそれが起こる物理的、社会的な世界について包括的に考えよう。その世界を「設定」と呼ぶ。

ストーリーの世界

設定は、時代、期間、舞台、葛藤レベルによって定義される。これらの四つの要素はストーリーの枠組を作るだけでなく、クリシェとは無縁の独創的なストーリーに欠かせない創作の材料をたくさん提供するので、充実した中身で枠組を埋めていかなくてはならない。すべてのストーリーについて考えるべき問いかけを以下に並べる。そこから先は、探求心の赴くままに、作品ごとに独自のリストを作成するといい。

登場人物はどうやって生計を立てているのか。 われわれは人生の三分の一かそれ以上を仕事に費やしているものだが、働いているシーンを映画のなかで見ることはめったにない。理由は簡単で、ほとんどの仕事は退屈だからだ。仕事をしている当人はそう思っていないかもしれないが、見る側は退屈だ。どんな弁護士や刑事や医師でも、就業時間のほとんどは、代わり映えしない日常業務や報告や会議に費やしている——予想と結果が一致する典型だ。だから、法廷や犯罪や医療などの職業物のジャンルでは、仕事で扱う問題がやすやすとは解決しないときにのみ焦点があてられる。とはいえ、登場人物の内面に迫るためには、一日二十四時間のあらゆる側面について疑問を投げかけなくてはならない。仕事だけでなく、遊びや信仰やセックスのことも考える必要がある。

その世界の政治はどのようなものか。これは右寄りか左寄りか、共和党か民主党かということではなく、政治ということばの真意、すなわち権力のことだ。どの社会でも、組織化した権力のことを政治と呼ぶ。人が集まって何かを成そうとするときは、かならず権力の不均等な分配が起こる。企業、病院、宗教団体、政府系機関などでは、頂点に立つ者が強大な権力を持ち、底辺にいる人々はほとんど、もしくはまったく持たず、中間層はある程度持っている。労働者はどうやって権力を得たり失ったりするのだろうか。あらゆる種類の平等論を駆使して、格差をなくそうと試みても、人間社会は頑なに、そして本質的に権力のピラミッド型の構造を崩さない。それが政治だ。

家庭について書くときも、政治に思いをめぐらすといい。ほかの社会構造の場合と同じく、家族も政治的なものだ。その家庭は父親が主導権を握る家父長制だろうか。父親の留守中は権力は母親へ移り、さらに母親が不在のときは長子へ移るのだろうか。あるいは、母親がすべてを仕切る女家長制の家庭だろうか。それとも、子供が親を虐げる現代風の家庭だろうか。

恋愛関係も政治的だ。ロマに伝わる古い言いまわしに、「先に告白したほうが負け」というものがある。最初に「愛している」と言ったほうが負けなのは、言われたほうはすぐに満足げに笑みを浮かべ、自分のほうが愛されていて、この関係を支配する者だと自覚するからだ。運がよければ、キャンドルの明かり越しに、

で示すといい。

ふたり同時に言うことができるだろう。あるいは、極端に運がよければ、口に出す必要もなく……行動だけ

その世界の約束事は何か。世界のどこでも、人生は習慣と深く関係している。わたしはこの本の著者で、あなたは読者である。これも一種の約束事ではないだろうか。時と場所がちがえば、わたしとあなたはソクラテスと弟子さながらに、木陰で休んだり散歩をしたりするかもしれない。われわれはあらゆる行為に約束事を作り出す。公の式典はもちろん、ごく個人的な日ごろの習慣に対してもだ。わたしはバスルームの洗面台のまわりに洗面用具類を並べているが、その配置を勝手に変えた者がいたら、ただではすませない。

あなたが創作した登場人物はどのように食事をするだろうか。食事の約束事は世界じゅうで異なる。たとえば、先ごろの調査によると、アメリカ人は食事の七十五パーセントをレストランでとるらしい。登場人物が自宅で食事する場合、そこは、身なりを整えて決まった時刻に夕食をとる古風な家庭だろうか。あるいは、冷蔵庫から好き勝手に食べ物をとる現代的な家庭だろうか。

その世界では何に価値を見いだすのか。登場人物は何を善と見なし、何を悪と見なすのか。何を正しいと感じ、何をまちがっていると感じるのか。その社会の法律は？　善と悪、正と誤、合法と違法は互いに関連するわけではないことを忘れてはならない。登場人物が信じているのは命を懸けるに値するものなのか。ばかばかしいものを追い求めているのか。何に対してなら命を投げ出すのか。

ジャンルは何か。またはどのジャンルを組み合わせたものか。そして、どんな約束事があるのか。ジャンルは設定とともに、作家に有意義な制約を与える。その制約を守るのか、鮮やかに改変するのかを決めなくてはならない。

登場人物たちの生い立ちはどのようなものだったのか。生まれてから最初のシーンまで、その人物はどんなふうに生きてきたのか。

バックストーリーは何か。この語はしばしば誤解される。これは伝記でも生い立ちでもない。バックス

トーリーは登場人物の過去に起こった重要な出来事の一部であり、それを用いてストーリーを進展させていく。バックストーリーを使ってストーリーを語る手立ての詳細は後述するが、さしあたっては、無から登場人物を生み出してはならないと言っておこう。登場人物の生い立ちにさまざまな出来事の苗を植えつけて、何度も収穫を迎えられる菜園にするのだ。

どんな人々を登場させるのか。芸術作品に偶然がはいりこむ余地はない。アイディアのいくつかは自然に湧き起こるかもしれないが、それらを意識的、創造的に組み立てて、全体を作りあげる必要がある。ふと脳裏に現れた人物を、気まぐれにストーリーに組みこんだり役割を与えたりしてはいけない。それぞれの役割が目的と一致していなくてはならないが、第一の原則は対立させることだ。好対照もしくは正反対の態度をとる人物をさまざまに配した相関図を作成するといい。

理想的な人物たちが夕食のテーブルを囲んでいて、何かが起こったとする。それがワインをこぼしたような些細なことであれ、離婚の発表のような重大なことであれ、すべての登場人物からそれぞれの特徴が際立った反応が返ってくるものだ。どんなことに対しても、まったく同じ考えを持つ者はふたりといないので、だれかと同じリアクションをする者はいない。ひとりひとりが独自の人生観を持った個人であり、それぞれの異なるリアクションはほかの人々と対照を成す。

登場人物のうち、ふたりが同じ考え方をして、何かにつけて同じ反応をするようなら、ふたりを合わせてひとりにしてしまうか、ストーリーからどちらかを追い出すべきだ。登場人物が同じ反応をすると、対立や葛藤の機会が最小限に抑えられることになる。しかし、その機会を最大限にすることこそが、まさしく脚本家のとるべき戦略である。

つぎのような人物構成を考えてみよう。父親、母親、娘、ジェフリーという名の息子。アイオワ州在住。家族そろって夕食のテーブルについているときに、ジェフリーが三人に向かって、「母さん、父さん、姉さん、大事な話がある。あすハリウッドへ出発して、映画の美術監督の修行をすることにした。飛行機のチケットはもう買ってある」と言う。それに対して三人が「すばらしい考えだ!」、「すごいじゃない」、「ジェフがハリウッドへ旅立つのね」と口々に言う。それから全員で、ミルクのはいったグラスで乾杯する。

場面転換。ジェフリーの部屋。家族全員で荷造りを手伝って、壁に飾ってあるジェフリーの写真をながめながら、美術学校の学生時代の思い出にふけり、才能を褒め讃え、成功を確信する。

場面転換。空港。一家総出でジェフリーを見送る。涙を浮かべながらの抱擁。「仕事に就いたら手紙を書いてね、ジェフ」

そうではなく、こんなふうにしたらどうだろう。食卓についたジェフリーが重大決意を発表すると、いきなり父親がこぶしでテーブルを叩く。「何を言ってるんだ、ジェフ。美術監督だかなんだか知らないが、そんなものになるためにハリウッドへ行くなんて、もってのほかだ。おまえはこのダヴェンポートにとどまるんだ。ジェフ、おまえも知ってのとおり、わたしは自分のために何かをしたことなど、生涯ただの一度もないんだからな。一度もだぞ。すべておまえのためだ、ジェフ。おまえのためだけにやってきたんだ! そう、わたしは配管資材にかけてはアイオワ州の王者だ……しかし、ジェフ、いずれおまえは中西部一帯の配管資材を仕切る皇帝になれる。もう戯言は聞きたくない。話は終わりだ」

場面転換。自室でむくれているジェフリー。母親が静かにやってきて、こうささやく。「父さんの言うことなんか聞かなくていいのよ。ハリウッドへ行って美術監督になりなさい……美術監督ってなんなのかわからないけど。アカデミー賞がもらえるのよね、ジェフ」と。ジェフリーが「そうだよ、母さん」と言う。「すてき! ハリウッドへ行って、わたしのためにオスカー像をもらって、あのろくでなしの鼻を明かしてよ。ジェフ、あなたならできる。だって才能があるもの。わかるのよ、わたしのほうの家系から受け継いでるから。わたしにだって才能はあったのに、あの人と結婚したばかりに泣く泣くあきらめて、ずっと後悔してる。そう、ダヴェンポートなんかに居すわってちゃだめ。ソファーの名前だからどうしたってわけ? (かつて製造会社があり、ソファーのことをダヴェンポートと呼ぶ人は全米にかなりいる) さあ、ハリウッドへ行って自慢の息子になってちょうだい」

場面転換。ジェフリーが荷造りをしている。姉がはいってきて驚く。「ジェフ！　何してるの。荷造り？　あたしを置いて？　あのふたりのもとに？　父さんと母さんがどんなだか、わかってるでしょう。あたしが犠牲になるのよ。あんたがハリウッドへ行くなら、あたしがここで配管の仕事を継ぐしかないじゃない！」スーツケースからジェフの荷物を引っ張り出す。「どこにいたって芸術家にはなれる。どこでも日は沈むし、どこにでも風景はひろがってる。なんのちがいがあるのよ。それに、いずれあんたは成功する。あたしにはわかるわ。あんたの絵にそっくりな絵をいくつも見たもの……シアーズ〔大型量販店〕でね。行かないで、ジェフ。あたしを見殺しにしないで！」

ジェフリーがハリウッドへ行くか行かないかはともかく、対照的な役柄を配することで、われわれが心底求めているもの――シーン――が生まれる。

作家であること

設定についての調査が十二分におこなわれると、奇跡のようなことが起こる。ストーリーに独特の雰囲気が漂いはじめ、これまで幾多のストーリーが語られてきたにもかかわらず、ほかのどれとも異なる個性が芽生えてくる。驚くべき現象だ。人間は洞窟で焚き火を囲んで以来ずっとストーリーを語り継いできたが、語り手が渾身の技巧を凝らすときは、熟練の画家が描く肖像画さながらに、どんなときも比類ないストーリーに仕上がる。

あなたが懸命に生み出そうとしているストーリーと同様に、あなた自身も独創性を認められたい、無二の存在として尊敬を集めたいと思っているだろう。そのように願うなら、「作家（author）」、「力強さ（authority）」、「信憑性（authenticity）」という三つの語について考えてもらいたい。

まず、「作家」。小説家や劇作家はよく「作家」と称されるが、脚本家はめったにそう呼ばれない。だが、「創造者」という意味を厳密にとらえれば、脚本家は設定や登場人物やストーリーを生み出すのだから、やはり「作家」である。作家であるかどうかは知識の有無にかかっている。真の作家は、媒体に関係なく、自分が取り組む主題について神がかった知識を持つ芸術家であり、作品からはまぎれもない力強さが感じられる。脚本を開いてすぐ作品に身をまかせることができるのは、すばらしい喜びであり、引きこまれるのは台詞の行間やその裏に隠された言い表されない何かが「この作者はわかっている。力強い作品だ」と伝えているからだ。そして、力強い作品には信憑性がある。

観客が感情移入できるかどうかを決める原理はふたつある。第一は共感で、われわれは主人公に同化することでストーリーに引きこまれ、自分の人生の欲求を重ね合わせて応援する。第二は信憑性だ。つまるところ、われわれは信じなくてはならない。あるいは、サミュエル・テイラー・コールリッジが提唱したように、みずから不信感を一時停止しなくてはならない。作家は観客を引きこんだら、終わりまで逃がさない義務がある。そのためには、ストーリーの世界に信憑性があると思わせなくてはならない。観客はストーリーテリングが人生の隠喩をめぐる儀式だと知っている。だから暗闇のなかで、その儀式を満喫するために、あたかも現実であるかのように受け止める。皮肉な態度を引っこめて、信憑性があるかぎり架空の物語を受け入れるが、信憑性が失われた瞬間、共感が消えて何も感じなくなる。

だが、信憑性とは現実を指すわけではない。ストーリーに現代の生活環境を反映させても、信憑性が増すとはかぎらない。信憑性とは内的に一貫している世界のことで、その範囲も深さも細部に至るまでみずからに忠実であるということだ。アリストテレスが述べたように、ストーリーには、「信じがたいが可能であることよりも、ありそうでしかも不可能であることのほうを選ぶべき」である。映画を観て、「信じられない。人はあんなことをしない。意味を成していない。物事はあんなふうに起こらない」と文句を言いたくなった経験は、だれにでもあるだろう。

信憑性はいわゆる現実とはなんの関係もない。けっしてありえない世界を描いたストーリーの設定が、完全に信憑性があるものになりうる。ストーリーという芸術は、現実の世界と、ファンタジーや夢や空想などのさまざまな非現実とを分け隔てたりはしない。これらが作家の創造的知性によって混ぜ合わされることで、独特でありながら納得できる架空の現実ができあがる。

『エイリアン』(79)の冒頭のシークエンスでは、星間宇宙貨物船の乗組員たちが休眠カプセルから起き出して、散らかり放題のテーブルのまわりに集まる。作業衣にオーバーオール姿の乗組員たちは、コーヒーを飲んだり煙草を吸ったりしている。テーブルの上には、コップの水をついばむおもちゃの鳥が置かれている。ほかにも、たいした価値のない日用品が居住空間のそこかしこにあふれている。天井からはビニール袋がぶらさがり、船内の壁にはポスターや家族写真などが張られている。乗組員たちが話しているのは——仕事のことでも故郷へもどることでもなく——金のことだ。この停泊は契約時の計画にはなかったのでは？　雇用主は通常勤務外の作業に割増金を払ってくれるのか？

大型トレーラートラックの運転台に乗りこんだことはあるだろうか。そこはどんなもので飾られているだろう。価値などないに等しいありふれた品々——ダッシュボードに載ったプラスチックの聖人像、郡の品評会で一等を獲得したときのブルーリボンのバッジ、家族の写真、雑誌の切り抜き。トラックの運転手は自宅より多くの時間をトラックのなかで過ごすので、家にあるちょっとした品々を持ちこむものだ。休憩時間によく話題にのぼることは何か。金にまつわる話題——割増支給、時間外労働、この作業は契約外ではないのか、などだ。トラック運転手の心情に強い脚本家のダン・オバノンは、これを些細な部分に入れこんで再現した。だから、このシーンが演じられると観客は「こりゃすごい！　あいつらはバック・ロジャースやフラッシュ・ゴードンみたいな宇宙探検家じゃない。トラック運転手じゃないか」と思って、物語の世界に身を委ねるわけだ。

つぎのシークエンスでは、ケイン（ジョン・ハート）がエイリアンの成長ぶりを観察していると、何か物体が飛び出してきて宇宙服のヘルメットを破壊する。巨大な蟹のような生き物がケインの顔面を覆い、何本もの脚で頭部をしっかりかかえこむ。さらにケインの喉にチューブ状のものをねじこみ、それが腹部まで達してケインを昏睡状態に陥らせる。その生き物を引き離そうとすれば、顔面の皮膚もろとも剥がれてしまうと判断した科学主任のアッシュ（イアン・ホルム）は、その脚を一本ずつ切断することにした。

しかし、最初の脚を砂糖のように溶かし、床を腐食してスイカ大の穴をあける。乗組員たちが階下のデッキへ急行して天井を見あげると、酸によって穴があき、床にも同じくらいの大きさの穴がひろがっている。さらに階下のデッキへ駆けおり、天井と床の穴を認めるが、そこでようやく腐食の進行が止まる。この時点で観客の頭にひとつの考えがよぎる――「かなりまずい状況だ」。

酸性の血液は、鋼鉄を砂糖のように溶かし、床を腐食してスイカ大の穴をあける。

つまり、オバノンは自分が生み出したエイリアンについてよく調べあげている。オバノンはこんなふうに自問したはずだ。「この奇怪な生物の生態はどのようなものだろう。どうやって進化する？　食べ物は？成長の仕方は？　生殖方法は？　何か弱点はあるか？　強みは？」と。「酸性の血液」というアイディアがひらめくまでに、オバノンが思いついては調合したであろう数々のものを想像してみるといい。多くの文献や資料を調査したはずだ。地球上の寄生虫について猛勉強したのかもしれないし、八世紀に書かれたアングロサクソンの英雄叙事詩『ベオウルフ』のなかで、水辺に住む怪人グレンデルの血が勇者の楯を溶かすことを覚えていたのかもしれない。あるいは、みずからの悪夢から発想を得た可能性もある。用いたのが調査であれ想像であれ記憶であれ、オバノンが生み出したエイリアンは驚くべき創造物だ。

『エイリアン』を作りあげた芸術家たち――脚本家、監督、デザイナー、俳優――はみな、限界まで才能を振り絞って、信憑性のある世界の構築に取り組んだ。信憑性が恐怖の鍵となることを理解していたからだ。実のところ、観客になんらかの感情をいだかせたければ、信じさせるしかない。ある映画が度を越えて悲しかったり、恐ろしかったり、楽しすぎたりしたとき、われわれはどうやってその感情から逃れようとするだろうか。「これは映画だ」と自分に言い聞かせて、その信憑性を否定しようとするものだ。しかし、すぐれた映画であれば、スクリーンに目をもどすやいなや、観客は胸もとを鷲づかみにされて、たちどころに感情の渦へ引きもどされる。やがて映画のほうから解放してくれるまで、逃げ出すことはできない。そもそも、そのために料金を支払っているのだ。

信憑性を得るには「詳細を伝えること」が必要だ。選り抜きの詳細を使うと、観客の想像力がほかの部分を補って、全体が信頼できるようになる。逆に、脚本家や監督が現実感を出そうと躍起になると、セックスや暴力シーンの場合は特にそうだが、観客の反応は、「あまり現実っぽくない」、「うわっ、生々しすぎるよ」、「ほんとうはセックスしてないな」、「えっ、ほんとうにセックスしてる」となる。どの場合も、観客は作り手の技巧を意識してストーリーに集中できなくなるので、信頼度は低くなる。疑う理由を与えられないかぎり、観客は信じつづけるものだ。

脚本家は物理的、社会的な要素だけでなく、感情に対する信憑性も考えなくてはならない。作り手による調査は、かならず登場人物の信頼できる言動となって成果をあげるだろう。個々の言動が信頼できるだけでなく、ストーリー自体が説得力を具える必要がある。ある出来事から別の出来事へ移る因果関係が納得できて、理にかなっていなくてはならない。ストーリー設計の技巧は、ありきたりなことも珍しいことも万人に共通する元型的なものに作り換える手腕にかかっている。何を強調して発展させるべきか、あるいは何を目立たせずそっとしておくべきかは、主題についての知識が正確に教えてくれる。それを持ち合わせている作り手は、いつも同じ音しか奏でない凡百の作り手から図抜けた存在になるだろう。

個性は信憑性を築こうとつとめることで芽生える。奇をてらって得られるものではない。言い換えれば、個人のスタイルは意図的に確立することはできない。設定と登場人物に関する作者としての知識と自分自身の個性が出会ったとき、膨大な材料から選んで並べたものは、あなただけの財産だ。その作品はまさしくあなたを表す独自のものとなる。

ウォルド・ソルト脚本のストーリー（『真夜中のカーボーイ』〔69〕、『セルピコ』〔73〕）とアルヴィン・サージェント脚本のストーリー（『ニッキーとジーノ』〔88〕、『普通の人々』）を比較してみるといい。一方はきびしい視点で他方は柔和、一方は曲線的で他方は直線的、一方は皮肉めいて他方は情け深い。それぞれの独特なストーリーの語り口は、両者がクリシェとの果てしない闘いに挑んで、それぞれの主題に熟達したすえに、自然にもたらされた成果である。

契機事件

ストーリーをはじめるのが時系列のどこからで、どんな前提からであっても、調査が出来事を創作する肥やしとなり、出来事が調査の方向を変えていく。だから、ストーリーはかならずしも最初に起こる大きな事件から設計しなくてもいい。だが、自分の作品世界を形作るどこかの時点で、「どうやってストーリーを動かしはじめようか。この重大事件をどこに置こうか」という疑問にぶつかるだろう。

契機事件が発生するとき、それは力強くてじゅうぶんに作りこまれた出来事でなくてはならず、変化のない曖昧なものではだめだ。たとえば、つぎにあげるものは契機事件ではない。大学を中退した若い女がニューヨーク大学の近くで暮らしているが、ある朝目覚めて「こんな人生、もううんざり。ロサンゼルスへ引っ越そう」と言う。そして愛車のフォルクスワーゲンに荷物を詰めこみ、西へ向かう。だが、住所が変わったところで、人生の価値になんの変化も起こらない。無気力な感情がニューヨークからカリフォルニアへ移動したにすぎない。

では、これはどうだろう。彼女の家のキッチンには、数百枚もの駐車違反チケットから成るみごとな壁紙ができている。突然、ドアをけたたましく叩く音とともに、警官が現れる。その手には罰金一万ドルの未納による逮捕令状が握られている。彼女は非常階段を駆けおりて逃げ出し、西へ向かう——これは契機事件に

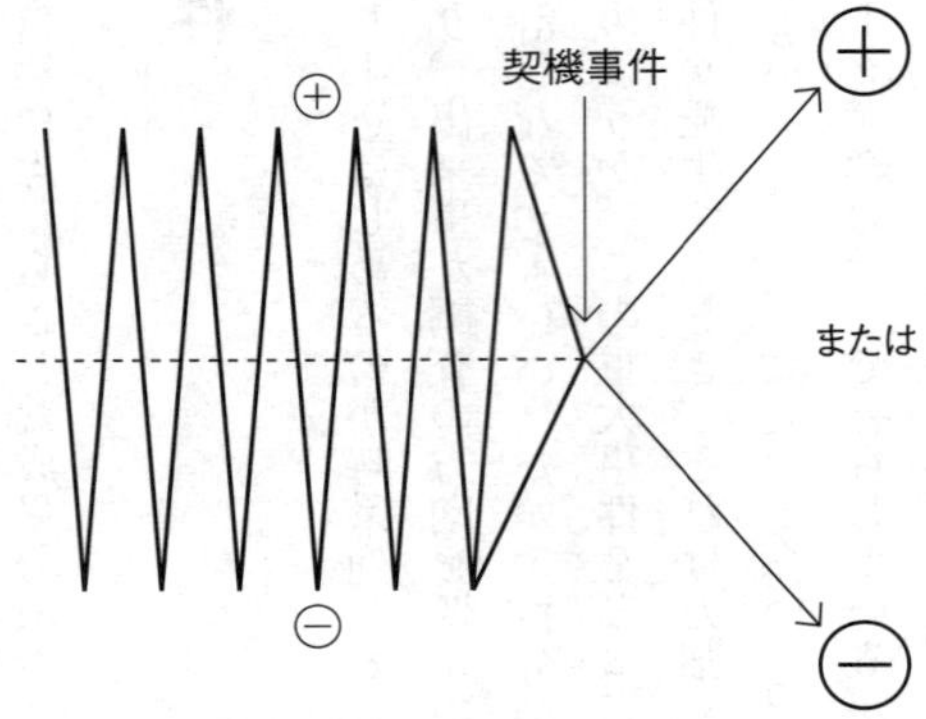

なる。契機事件としての条件が満たされているからだ。

契機事件は、主人公の人生の均衡を大きく崩す。

主人公は、ストーリーの開始時にはおおむね均衡のとれた人生を送っている。成功もあれば失敗もあり、好調なときも不調なときもある。だれの人生もそんな感じだろう。ともかく、人生はまずまずうまくいっている。そしておそらく唐突に、だがかならず今後を左右する出来事が起こって、人生の均衡が激しく崩れ、主人公にとっての現実の価値要素がプラスかマイナスのどちらかに傾くことになる。

マイナスの場合。ニューヨークから逃げてきた女はロサンゼルスにたどり着くが、ふつうの職に就こうとしても、社会保険番号を尋ねられることに気づく。コンピューター化された世の中では、マンハッタンの警察が国税庁を介して追跡してくると危ぶむ。では、どうしたらいいのか。地下へもぐるか。ドラッグの売人になるか。娼婦になるか。

プラスの場合。玄関のドアをノックしたのは、遺産相続人を探す業者で、匿名の縁者によって百万ドルの財産が遺されたという知らせを運んできた。一躍金持ちになったが、そのとたんにひどいプレッシャーに悩まされる。失敗の口実はもう使えないので、実現した夢をぶち壊しにしてしまわないかという不安で、胸が押しつぶされそうになる。

たいていの場合、契機事件は単独の出来事で、主人公の身に直接起こるか、主人公によって引き起こされる。だから人生の均衡がよいほうか悪いほうへ傾くと、すぐにわかるのだ。恋人となる男女がはじめて出会うときは、直接顔を合わせることによって、人生はさしあたりプラスへ変化する。ジェフリーがダヴェンポートの家族のもとを離れてハリウッドへ旅立つとき、ジェフリーは承知のうえでみずからリスクを負う。

ときには、契機事件にふたつの出来事が必要なこともある。つまり、「伏線」と「落ち」だ。『ジョーズ』の場合、伏線は「サメに襲われた若い女の死体が浜辺へ打ち寄せられる」で、落ちは「警察署長（ロイ・シャイダー）がその死体を発見する」だ。契機事件に伏線が必要な場合、落ちはただちに提示しなくてはならない――少なくとも、長々と待たせてはいけない。また、主人公が自分の人生が均衡を失ったことにずっと気づかないままなのもまずい。たとえば、『ジョーズ』のストーリーがこんなふうに設計されていたらどうだろうか。サメが海水浴客を襲う。つづくシーンで警察署長がボウリングへ出かけ、駐車違反のチケットを切り、妻と愛を交わし、PTAの会合に出席し、病気の母を見舞うが……そのあいだに死体はビーチで腐り果てていく。ストーリーは、二等分にした契機事件のあいだに人生の挿話の薄切りをはさんだサンドウィッチではない。

設計を失敗した例として、『ザ・リバー』（84）を見てみよう。この映画は契機事件の前半部分からはじまる。実業家のジョー・ウェイド（スコット・グレン）が川にダムを建設することにする。それによって五つの農場が水底に沈むことは承知のうえだ。そのうちのひとつは、トムとメイのガーヴェイ夫妻（メル・ギブソンとシシー・スペイセク）が運営する農場だ。しかし、そのことをトムとメイに告げる者はいない。そのため、そこから百分間にわたってわれわれが観るのは、野球をするトム、利益を捻出しようと苦心するトムとメイ、工場へ出稼ぎに行って労働紛争に巻きこまれるトム、トラクターの事故で腕を骨折するメイ、メイに言い寄るジョー、スト破りとして工場に閉じこもる夫を訪ねるメイ、ストレスから性的不能に陥るトム、そんなトムにやさしく語りかけるメイ、元気を取りもどすトム、などなどだ。

契機事件の後半が示されるのは、映画が終わる十分前だ。トムが何気なくジョーの事務所に足を踏み入れ、ダムの模型を目にして、「ダムを建設するつもりなのか、ジョー。うちの農園が水没するじゃないか」と言う。ジョーは肩をすくめる。その後、天の配剤で、雨が降りだして川の水位が上昇する。トムと仲間たちはブルドーザーで堤防を補強しようとする。ジョーはブルドーザーとならず者を使って、堤防を破壊しようとする。トムとジョーはブルドーザー対ブルドーザーの膠着状態に陥る。この期に及んで、ジョーが身を引き、そもそもダムなんか建設したくなかったと言い放つ。完。

主人公は契機事件に反応しなくてはならない。

反応とひと口に言っても、主人公の性質は無限に考えられるので、どんなものもありうる。たとえば、つぎのようにはじまる西部劇はどのくらいあるだろうか。ならず者たちが町を襲撃して、年老いた保安官を殺害する。住民たちが集まり、そろって貸し馬屋へ向かう。そこは元拳銃使いのマットが経営する店で、マットは二度と殺しをしないと誓いを立てていた。「マット、どうか保安官のバッジをつけて、わたしたちを助けにきてもらいたい。きみだけが頼りなんだよ」と町長が懇願する。「だめだ、銃にはとっくの昔に見切りをつけたんだ」とマットが答える。「でも、マット」女教師がすがりつく。「あいつらはあなたのお母さんを殺したのよ」マットはブーツの先で地面を蹴って言う。「まあ……おふくろもいい歳だったし、お迎えが来たってところだろう」マットは行動を起こさないが、これもリアクションのひとつだ。

人生の均衡に突然プラスかマイナスの変化が生じると、主人公は自分の性格や作中世界に見合った形でそ

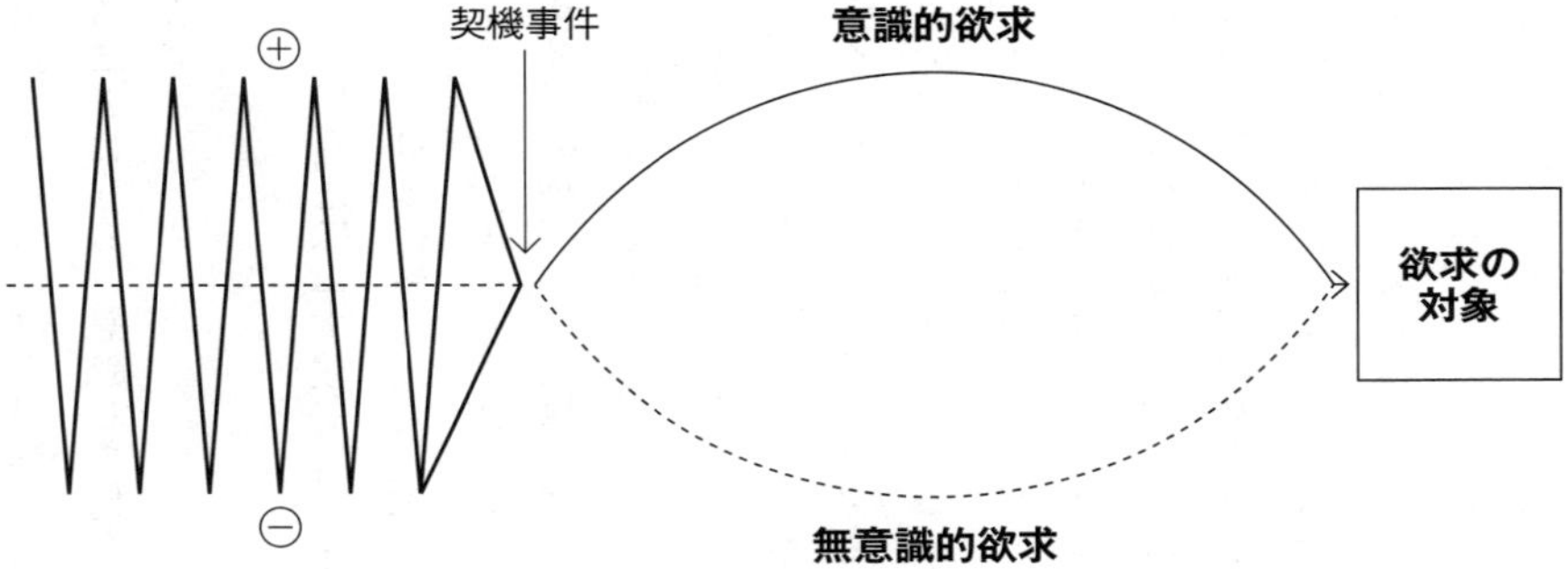

れに応じる。ただし、行動の拒絶はあまり長くつづかない。それはミニマリズムのノンプロットに登場する極端に受動的な主人公であっても同じだ。だれでも自分の人生の主導権を握りたいはずであり、何かの出来事によって安定と自制の感覚を激しく揺さぶられたら、何を求めるかは決まっている。主人公も含めて、だれもが求めるのは、人生の均衡を取りもどすことだ。

だから、契機事件はまず主人公の人生を揺るがし、均衡を取りもどそうという欲求を起こさせる。その思いから――しばしば迅速に、ときにはゆっくりと――主人公は欲求の対象を思いつく。欲求の対象とは、人生という船を水平に保つために必要または不足していると思われるもので、物質の場合、状況の場合、考え方の場合などがありうる。契機事件は主人公を駆り立てて、この欲求の対象や目標へ突き進ませる。たいていのストーリーやジャンルはそれでじゅうぶんだ。ある出来事が主人公の人生の均衡を崩し、回復したいという意識的な欲求を主人公が起こして、それを追いかける。

だが、われわれが最も強く惹かれるのは、契機事件によって、意識的な欲求だけでなく無意識的な欲求も起こす主人公だ。ふたつの欲求が真っ向からぶつかり合うため、主人公は内面で繰りひろげられる激しい闘いに苦悩することになる。意識して何を求めていようと、心の奥底では正反対のものを求めていることを観客は察知する。

『愛の狩人』（71）では、主人公ジョナサン（ジャック・ニコルソン）を脇へ呼び寄せて、「何が望みだ」と尋ねたら、ジョナサンの意識的な返答はこうだ。「自分は見かけがよくて、いっしょにいて楽しい人間で、公認会計士としてすばらしい人生を送っている。あとは、ともに過ごす最高の伴侶が見つかれば言うことなしだ」ジョナサンの理想の恋人探しは、学生時代から中年期まで三十年に及ぶ。美しくて知性のある女性と何度も出会うのだが、ムード満点のロマンスはすぐにどす黒い感情へ、さらには身体的な暴力行為へと変わって、ついに別れが訪れる。毎度ロマンティストを演じるものの、女が自分に夢中になるとジョナサンは攻撃的になり、プライドを傷つけて、自分の人生からほうり出す。

映画のクライマックスで、ジョナサンは学生時代の友人サンディ（アート・ガーファンクル）を夕食に招待する。ジョナサンは余興として、これまでかかわりを持った女たちを写した三十五ミリスライドを映写する。ジョナサンはこれに『タマ抜きにした女たちの大行進』と銘打っている。女たちが代わる代わる映し出されるたびに、ジョナサンはサンディに女の欠点を指摘してはこきおろす。解決のシーンで、娼婦（リタ・モレノ）といっしょにいるジョナサンは、自分のペニスを賛美した自作の頌詩をいちいち読み聞かせてもらわないと勃起できない。理想の女性を追い求めてきたとジョナサンは思っているが、無意識に女を蔑んで破壊したいと思い、生涯にわたってそれを実行してきたことが見てとれる。ジュールス・ファイファーの脚本は、多くの女が知りすぎるほど知っている、男のぞっとするような姿を描き出した。

『燃えつきるまで』では、一九〇一年、かつて殺人を犯した強盗（メル・ギブソン）が死刑執行を待っている。刑務所長夫人（ダイアン・キートン）が、信心からこの男の魂を救おうと決心する。聖書の引用を読み聞かせ、刑が執行された晩には、地獄ではなく天国へ行けるようにと願う。ふたりは互いに惹かれ合う。女は脱獄の手引きをし、男と落ち合う。逃亡中にふたりは一度きりの愛を交わす。追跡隊に追いつめられ、男が死ぬつもりだと気づいた女は、男とともに死のうと決心する。「わたしを撃って」と男に懇願する。「たとえ一日でもあなたより長く生きていたくない」と。男は引き金を引くが、致命傷には至らない。解決のシーンで、女は終身刑に服すが、看守の顔に唾を吐きかけるも同然の態度で、堂々と監獄にはいる。

主人公のソッフル夫人は、選択から選択へと絶えず揺れ動いているように見えるが、心変わりの奥底に感じとれるのは、純然たる恋愛に対する異様なまでの無意識の欲求だ。その思いが強烈なあまり、今後の人生を無為に過ごしてもかまわない……崇高な一瞬を生きたのだから。ソッフル夫人は究極のロマンティストだ。

『クライング・ゲーム』では、アイルランド共和軍（ＩＲＡ）のメンバーであるファーガス（スティーブン・レイ）が、所属するＩＲＡ部隊が捕らえたイギリス軍伍長（フォレスト・ウィテカー）の見張りをつとめる。ファーガスは伍長の身の上に同情する。その伍長が殺されると、ファーガスは無断外出してイギリスへ向かい、イギリス軍からもＩＲＡ軍からも身を隠す。ファーガスは伍長の恋人ディル（ジェイ・デイヴィッドソン）について調べる。やがてディルに恋をするが、ディルは服装倒錯者の男性だった。やがてＩＲＡがファーガスを見つけ出す。ＩＲＡは大学の友愛会などではないと承知しつつ、その志願兵となったファーガスに、イギリス人判事を暗殺する命令がくだり、ついに自分の政治信念と折り合いをつけなくてはならなくなった。ファーガスは祖国に忠実なのか、そうではないのか。

ファーガスが政治信念をめぐって葛藤するのはたしかだが、人質との最初のやりとりやディルとの思いやりのある最後のシーンなどで、観客はこの映画が大義への献身の話などではないと感じとる。揺れ動く政治信念の裏で、ファーガスは最も人間らしいものを心に秘めている。つまり、愛することと愛されることだ。

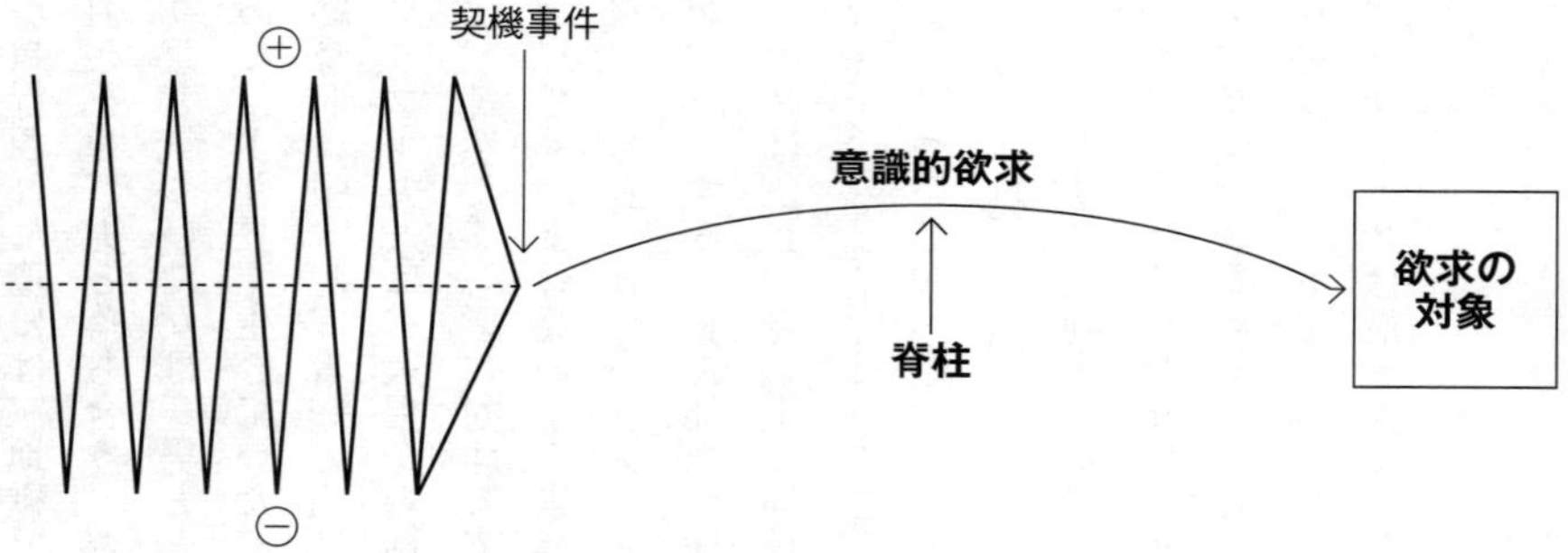

ストーリーの脊柱

主人公の欲求を追い求めるエネルギーは、設計上の重要な要素であるストーリーの「脊柱」（スルーライン、究極目標とも言う）を形成する。脊柱とは、人生の均衡を取りもどしたい主人公の深層にある欲求とその活動のことだ。そのほかのすべてのストーリー要素を結びつけ、統一をもたらす最重要の力である。ストーリーの表面で何が起こっても、ひとつひとつのシーン、イメージ、ことばは、突きつめていくとストーリーの脊柱の一部であり、そのかかわり方は軽いものだったり主題と結びついたりさまざまだが、この欲求と行動の中核につながっている。

主人公に無意識的欲求がない場合は、意識的な目標がストーリーの脊柱になる。たとえば、００７シリーズの脊柱は「悪党を倒すこと」と言い表すことができる。ジェームズ・ボンドには無意識的欲求がなく、求めているのは世界を救うことだけだ。ストーリーを推進させる力として、ボンドの意識的な目標は変えることができない。もしボンドが、「ドクター・ノオなど知るもんか。スパイ稼業はこりごりだ。南国へ行って、

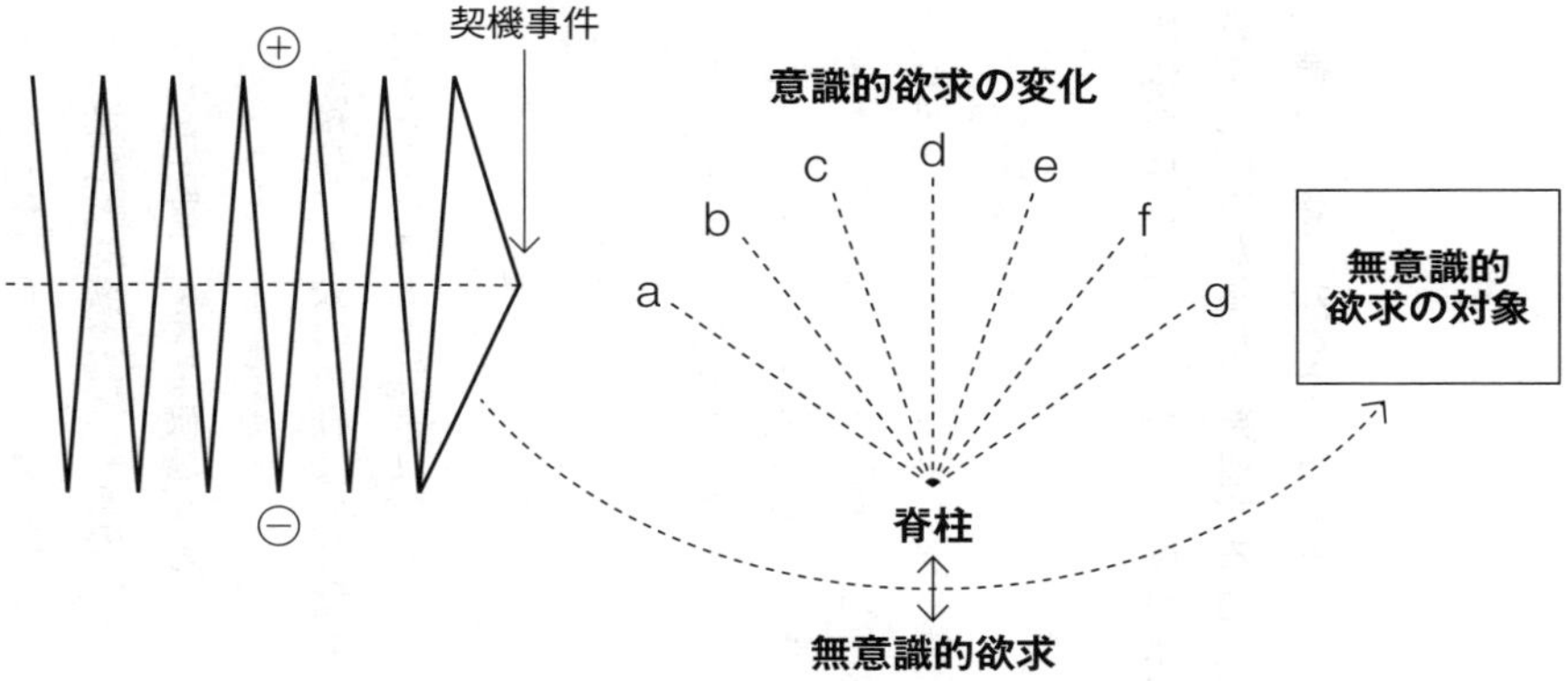

ゴルフのバックスイングの練習にいそしみ、ハンディを減らそう」と言い放ったら、ストーリーは崩壊する。

逆に、主人公に無意識的欲求がある場合、これがストーリーの脊柱となる。無意識的欲求は主人公の心の内奥に根差しているので、つねに意識的欲求より強くて耐性がある。無意識的欲求がストーリーを動かしているときは、意識的欲求が何度も変化するような、はるかに複雑な主人公を造形することができる。

『白鯨』(56)で、もしメルヴィルがエイハブ船長を単独の主人公にしていたら、白鯨の息の根を止めたい船長のすさまじい執念に突き動かされた、単純ながら活気に満ちた胸躍るハイアドベンチャーになったことだろう。だが、イシュマエルをもうひとりの主人公に据えたために、複雑さを具えた第一級の啓発プロットへと昇華した。ストーリーは心のなかの悪魔と闘うイシュマエルの無意識的欲求に動かされて進んでいく。イシュマエルがひそかに追い求めるのは、エイハブに見られるような破壊的執念だ。その欲求は、異様な船旅から生還したいという意識的欲求と相反するばかりか、エイハブと同じく、みずからの身を滅ぼしかねないものだ。

『クライング・ゲーム』では、ファーガスが政治信念をかけて苦悶するが、物語を動かすのは「愛し、愛されたい」という無意識的欲求だ。『愛の狩人』のジョナサンは「理想の女性」を探し求めてつぎつぎと恋人を作るが、「女に屈辱を与えて破壊する」という無意識的欲求は変わらない。ソッフル夫人の心の欲求は――救済から堕落へと――とてつもない変貌をとげる一方で、無意識のうちに「超越した恋愛体験」を追い求めている。複雑な主人公の衝動は揺れ動くものの、けっして変化しないひとつのもの、すなわち無意識的欲求の表れにすぎないことを観客は感じとる。

探求

契機事件からストーリーの脊柱を伝って最終幕のクライマックスまでを見る脚本家の視点に立つと、これまでジャンルについてや、アークプロットからアンチプロットまでのさまざまな形式を述べてきたとはいえ、実のところ、ストーリーにはただひとつの種類しかない。人類の夜明け以来、われわれは人から人へとさまざまな手立てで同じストーリーを語り継いできた。それを効率よく呼べば「探求」ということになる。すべてのストーリーは探求の形をとる。

ある出来事によって、人生の均衡がよいほうか悪いほうへ傾くと、もとへもどしたいという意識的欲求や無意識的欲求が生じ、敵対する力（内的、個人的、非個人的）に抗って欲求の対象を追う探求をはじめる。達成できるかどうかはわからない。これがストーリーの中核にある。

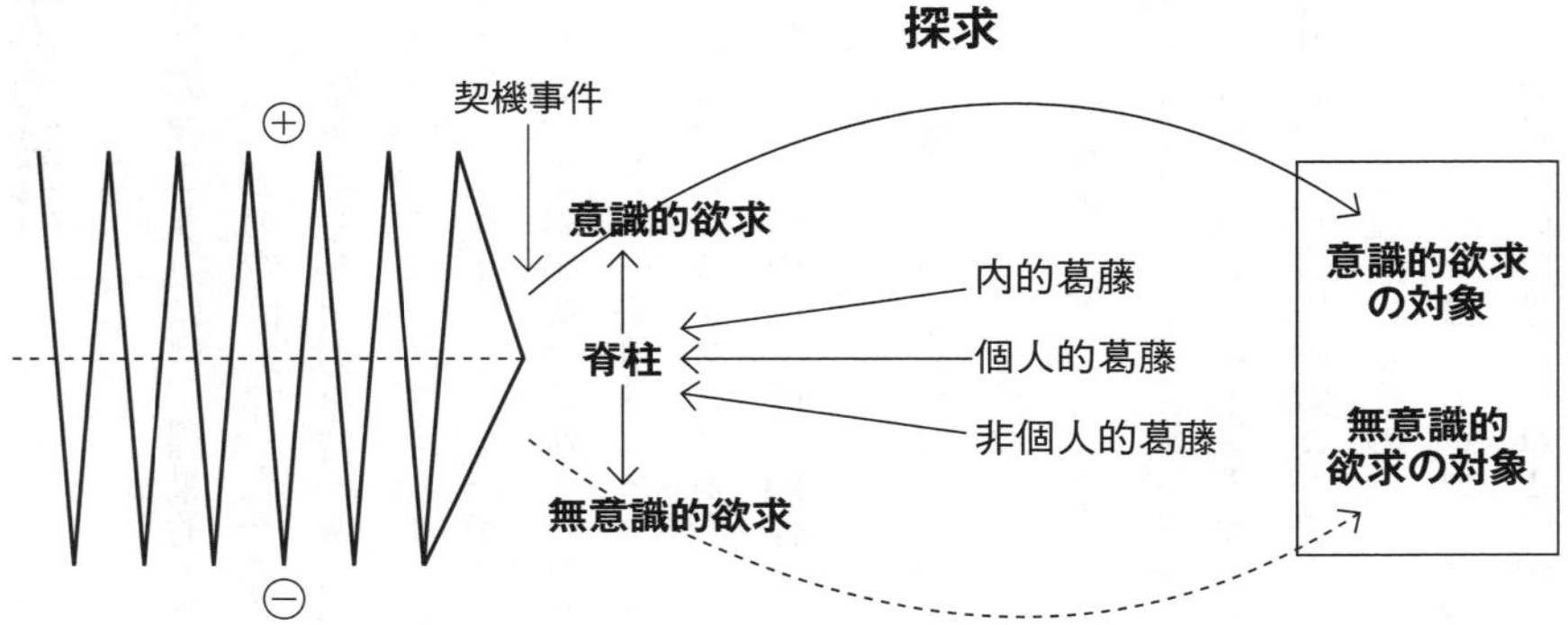

ストーリーの基本形は単純だ。しかしそれは、音楽の基本形は単純だと言っているようなものだ。たしかにそのとおりで、音楽は十二個の音符から成っている。この十二個の音符が相重なって、音楽と呼ばれるありとあらゆるものが作られる。ところが、ピアノに向かう作曲家さながらに、作家が一見単純そうなこの作業に取りかかろうとすると、その驚異的な複雑さや、尋常ではないむずかしさに直面することになる。

自分が書くストーリーの探求の形を理解するには、主人公の欲求の対象を見きわめるといい。心理の壁を突き破り、「何が望みだ」と問いかけて、正直な返答を見つけ出そう。それは、だれかを抱きしめたいという欲求かもしれない（『月の輝く夜に』［87］の「だれかを愛したい」）。内面の成長を求めているのかもしれない（『ビッグ』の「大きくなる」）。現実世界の重大な変化であれ（『ジョーズ』の「人を襲うサメからの身の安全」）、精神面での重大な変化であれ（『テンダー・マーシー』の「有意義な人生」）、主人公の心をのぞきこんで欲求を見つけ出せば、ストーリーの軌跡や、契機事件からはじまる探求の旅が見えてくる。

契機事件の設計

契機事件の起こり方には、因果的と無作為の二種類があり、意図的な場合と偶然の場合に分かれる。前者の場合は、主人公の意図（『リービング・ラスベガス』で、ベンが死ぬまで酒を飲むと決めたこと）でも、主人公の人生を揺るがす力を持つ者の意図（『クレイマー、クレイマー』で、クレイマー夫人が夫と子供を置いて去ると決めたこと）でもいい。後者の場合、悲劇的な出来事（『アリスの恋』［74］での、アリスの夫の事故死）かもしれないし、思いがけない発見（『パットとマイク』［52］での、スポーツプロモーターと天才美人ゴルファーの出会い）かもしれない。故意か偶然か、そのどちらかだ。

メインプロットの契機事件はスクリーン上で起こる必要があり、バックストーリーやシーン間の画面外であってはならない。各サブプロットにもそれぞれの契機事件があり、それらは画面外でもいいが、メインプロットの契機事件については、観客が実際に目にすることがストーリーを設計するうえで不可欠だ。その理由はふたつある。

第一に、契機事件を体験すると、「これからどんな展開になる？」という大きな疑問が観客の心に湧き起こる。『ジョーズ』――署長がサメを退治するのか、サメが署長を殺すのか。『夜』（61）――リディア（ジャンヌ・モロー）が夫（マルチェロ・マストロヤンニ）に愛想が尽きたので出ていくと告げる。リディアは夫のもとを去るのか、それともとどまるのか。『音楽サロン（音楽ホール）』――人生を音楽に捧げた貴族階級のビスワンバー・ロイ（チャビ・ビスワース）が、美への情熱に対する資金を調達するために、妻の宝石を売り払い、自身の屋敷まで売ることを決断する。無謀な散財によって、この音楽好きの通人は破滅するのか、それとも復活できるのか。

ハリウッドの俗語では、メインプロットの契機事件は「つかみ」と呼ばれる。これがスクリーン上で起こらなくてはいけないのは、これこそが観客の好奇心をとらえて刺激するからだ。大きな疑問の答えを知りたいと思わせて、観客の関心を引きつけ、最終幕のクライマックスまで引っ張るわけだ。

第二に、契機事件を目撃することによって、観客の頭に必須シーンのイメージが浮かびあがる。必須シーン（重大局面とも言う）とは、ストーリーが終わる前に観客がかならず見なくてはいけないと自覚しているシーンを指す。探求をつづけた主人公は、そのシーンに及んで、最強の敵対する力――契機事件をきっかけに生まれ、ストーリーの進展とともに勢いや規模を大きくしていった力――と対峙することになる。その瞬間を待ちわびるように仕向けた脚本家は、期待に応えてそれを見せなくてはならない。

『ジョーズ』では、サメが海水浴客を襲い、署長がその残骸を発見すると、観客の頭に「サメと署長の直接対決」という鮮明なイメージが浮かぶ。そこまでどうやってたどり着くのか、結果がどうなるのかはわからない。だが、サメがその口で署長にかぶりつこうとでもしないかぎり、映画は終わらないのはわかっている。脚本家のピーター・ベンチリーがこの重大局面を町の住民の視点で書くということは、ありえなかった。たとえば、浜辺に立つ住民が望遠鏡で沖をながめながら、「あれが署長？　あっちがサメ？」と首をかしげている。ドカン！　その後、署長と海洋生物学者（リチャード・ドレイファス）が泳いできて、「ああ、すごい戦いだったよ。いまから話すから、みんな聞いてくれ」と叫ぶ。そんな結末をだれが見たいものか。観客の脳裏にイメージを焼きつかせたのだから、サメと署長の死闘を見せる以外の選択はない。

必須シーンは、アクション物のジャンルならすぐさま鮮明に浮かぶが、個人の内面を描くジャンルの場合、契機事件では暗示される程度で、その後、現像液に浸したネガフィルムのように、ゆっくりと像を結んでいく。『テンダー・マーシー』では、マック・スレッジが酒に溺れて、あてどのない日々を送っている。どん底から這いあがる兆しが見えたのは、父親を求める少年とその母親と出会ったときだ。それがきっかけとなって、スレッジは新しい曲をいくつか作り、洗礼を受け、疎遠になっている実の娘と和解しようとする。ひとつずつピースが集まり、有意義な人生が形作られていく。

けれども、スレッジをどん底に突き落とした虚無という名の怪物が、ふたたび醜怪な頭をもたげるはずだと観客は察している。このまま映画が終わるはずはない、残酷ではあるが人生は不条理なものだから、こんどは魂をぶち壊すほどの力で襲いかかってくるだろう、と。この映画の必須シーンは、悲惨な事故でひとり娘を失うという形でやってくる。大酒飲みがまた酒瓶に手を伸ばす口実が要るとしたら、これでじゅうぶんだ。それどころか、スレッジの元妻は娘の死を機に薬漬けになる。だが、スレッジは前へ進む力を見いだす。

この場合、スレッジの娘の死はやはり「必須」だ。ホートン・フートがつぎのような脚本を書いたとしたらどうだろう。友人のいない大酒飲みのスレッジは、ある朝目覚め、生きる目的がないことに気づく。スレッジはある女性と出会って恋に落ち、その息子のことも気に入って育てたいと思い、信仰心に目覚め、新しい曲を作る。完。これはストーリーではなく、白昼夢だ。有意義な人生を探求することが内面の奥底からスレッジを変化させるとしたら、フートはそれをどう描けばいいだろうか。心境の変化を宣言してはだめだ。説明だらけのあけすけの会話では、だれも説得できない。それは緊迫した状況で主人公が選択とアクションに及ぶ決定的な出来事――必須シーン（重大局面）と最終幕のクライマックス――によって描かれる必要がある。

観客は必須シーンが待ち受けていることを自覚しているが、それを淡々と確認しようとまではしていない。このシーンの扱いをしくじったからといって、観客は「お粗末な映画だ。必須シーンがなかったじゃないか」と思いながら席を立つわけではない。観客は何かが足りないと直感的に悟るのだ。これまでストーリーの約束事を数多く見聞きした経験則から、契機事件によって、敵対する力が引き起こされ、人間の経験の限界まで至ること、そして最大化したその力と主人公が対峙して物語が終わることを知っている。

ストーリーにおいて、契機事件と重大局面を結びつけることは、伏線を張ること、つまり、のちの展開に備えていくつかの出来事を配することの一環である。実のところ、あなたの選択は――ジャンルも、設定も、登場人物も、ムードも――すべて伏線だと言える。台詞のひとつひとつ、アクションのひとつひとつによって、あなたは観客にいくつかの予想を促していく。そして、その出来事が起こると、観客はある意味であなたの計算どおりに満足する。だが、伏線の最も大事な役割は、契機事件によって必須シーン（重大局面）のイメージを観客に描かせることだ。

契機事件の配置

ストーリー全体の設計のなかで、契機事件はどこに配すればいいのだろうか。だいたいの目安で言うと、メインプロットの最初の大きな出来事は話がはじまってから四分の一までに起こる。これは媒体に関係なく役に立つ指針だ。演劇で、ストーリーに没頭させる前に、どのくらいまで観客にすわっていてもらえるだろうか。四百ページの小説があったとき、最初の百ページまでなら、メインプロットがなんだかわからないまま読者に読んでもらえるのだろうか。どうしようもなく退屈になるまで、どのくらいかかるのか。映画の上映時間が二時間であれば、メインプロットの契機事件は最初の三十分までに置くのがふつうだ。

映画がはじまってすぐでもいい。『サリヴァンの旅』（41）では、開始三十秒後に、中身はないが儲かる映画をいくつも撮っている映画監督のサリヴァン（ジョエル・マクリー）が、映画会社の重役たちに楯突いて、社会的に意義のある映画を撮影しようと旅に出る。『波止場』（54）では、二分も経たないうちに、テリー（マーロン・ブランド）がギャングの一味の手助けをしたばかりに、友人が殺されてしまう。

逆に、ずっと遅くてもいい。『タクシードライバー』（76）では、開始から二十七分後に、十代の娼婦アイリス（ジョディ・フォスター）がトラヴィス・ビックル（ロバート・デ・ニーロ）のタクシーに乗りこんでくる。だが、卑劣な周旋人のマシュー（ハーヴェイ・カイテル）に見つかり、強引に連れもどされたことで、アイリスを救いたいというトラヴィスの思いに火がともる。無名のクラブボクサーを描いた『ロッキー』（76）では、開始から三十分後に、ロッキー・バルボア（シルベスター・スタローン）がアポロ・クリード（カール・ウェザース）とのヘビー級世界タイトルをかけた対戦に応じる。『カサブランカ』では開始から三十二分後、サムが「アズ・タイム・ゴーズ・バイ」を演奏するなかでイルザが突然リックの人生に再登場し、映画史上屈指のラブストーリーがはじまる。

あるいは、中間のどこでもいい。だが、メインプロットの契機事件が十五分よりかなりあとに起こると、退屈になる危険が大きい。そのため、メインプロットを待っているあいだ、観客の関心を引くサブプロットが必要となる。

『タクシードライバー』では、トラヴィスが過激にも政治家の暗殺を企てるというサブプロットが観客の心をつかむ。『ロッキー』では、もどかしいほど内気なエイドリアン（タリア・シャイア）と、同じくらい不器用なロッキーの庶民的なラブストーリーに引きつけられる。『チャイナタウン』では、ギテスがだまされてホリス・モウレーの浮気調査に乗り出し、その策略から自由になろうとギテスがあがくサブプロットに観客は夢中になる。『カサブランカ』の第一幕には、五個ものサブプロットの契機事件が巧みに組みこまれていて、それらが観客を誘いこむ。

だが、なぜ先にサブプロットを見せて、メインプロットがはじまるまで観客を三十分待たせるのだろうか。たとえば、『ロッキー』のジャンルはスポーツ物だ。手っとり早く、ふたつのシーン――「ヘビー級チャンピオンが無名ボクサーにタイトル戦で対決する機会を与える」（伏線）、「ロッキーがその誘いに乗る」（落ち）のようにできないものか。なぜメインプロットからはじめないのだろうか。

それは、もし『ロッキー』で最初に目にする出来事が契機事件だとしたら、観客は肩をすくめ、「それがどうした」としか感じないからだ。だから、スタローンは最初の三十分を使ってロッキーの人柄や取り巻く世界を効率よく描写し、ロッキーが試合に応じたときに、「え？　あの負け犬が？」という強烈な反応が観客から起こるように誘導したのだ。観客は驚き、叩きのめされて血まみれになる敗北が待ち受けているのではないかと恐れるようになる。

メインプロットの契機事件は、なるべく早く導入するのがいい……ただし、機が熟してからだ。

契機事件は観客の心をつかんで、じゅうぶんに強い反応を得なくてはならない。その反応は合理的なものであるべきだ。また、感情に訴えるだけでなく、先々の展開への大きな疑問を呼び起こし、必須シーンのイメージを引き起こさなくてはならない。だから、メインプロットの契機事件をどこに置くべきかは、「観客がじゅうぶんに反応するためには、主人公とその世界についてどの程度まで知る必要があるか」と自問すると答えが出る。

まったく知る必要がないストーリーもある。契機事件が人類普遍の元型的なものなら、伏線を張る必要はなく、すぐに描くべきだ。カフカの『変身』の一行目は、「ある朝、グレーゴル・ザムザが不安な夢から目を覚ましたところ、ベッドのなかで、自分が途方もない虫に変わっているのに気がついた」である。『クレイマー、クレイマー』では、冒頭の二分で妻が夫を見かぎり、息子を置いて出ていく。だれの人生に起こっても強い衝撃を与えることがすぐにわかるから、説明は不要だ。『ジョーズ』では、サメが海水浴客を食らい、署長が死体を発見する。映画がはじまるとすぐにこのふたつのシーンが現れ、観客は瞬時に恐ろしさを理解する。

仮にピーター・ベンチリーが、ニューヨーク市警を辞めた男が平穏な人生を過ごすために、リゾート地のアミティ島に引っ越してくるシーンで『ジョーズ』をはじめたらどうなるだろうか。署長の家族、市議会の面々や市長も登場する。初夏の陽気に誘われて観光客がやってくる。楽しいひととき。そしてサメが人を食らう。そしてスピルバーグが、こうした明瞭化のためのシーンを律儀にすべて撮ったとして、われわれはそれを目にすることになっただろうか。いや、それはない。編集のヴァーナ・フィールズがフィルムを切り落とし、編集室の床へ投げ捨てて、こう言ったにちがいない。署長や家族や市長や市議会や観光客について観客が知るべきことは、サメの襲撃に対する町のリアクションですべて明らかになる……とにかく『ジョーズ』はサメからはじまるんだ、と。

なるべく早く、ただし機が熟してから。どのストーリーも世界や登場人物が異なるので、契機事件の内容も配すべき位置もいろいろある。早すぎれば観客は混乱するし、遅すぎれば退屈するだろう。観客が登場人物とその世界をじゅうぶんに理解して、しっかり反応できるようになったその瞬間に、契機事件を組み入れたい。それより一シーン早くても遅くてもいけない。正確なタイミングは、分析よりも感覚によって探しあてられる。

　契機事件の設計と配置について、脚本家がよく犯す誤りは、メインプロットを遅らせ、冒頭のシークエンスに解説を詰めこんで明瞭化したがることだ。作り手はしばしば観客の知識と人生経験を低く見積もるので、登場人物とその世界について、常識でまかなえるような些細なことまで、ついくどくど説明してしまう。

　イングマール・ベルイマンが傑出した映画監督なのは、極上の脚本家でもあるからだとわたしは見ている。とりわけ、無駄のなさという点において、ベルイマンの脚本は図抜けている——どんなことについても、最小限の情報だけを伝えるのだ。たとえば、『鏡の中にある如く』で、四人の登場人物について観客が知ることは、父親は妻に先立たれたベストセラー小説家、義理の息子は医者、息子は学生、娘は統合失調症を患っていて、母親が同じ病で他界したことだけだ。家族とともに海辺で数日過ごすために、娘は精神科病院を退院してきたのだが、その行為自体が登場人物全員の人生の均衡を崩すことになり、この力強いドラマを最初の瞬間から大きく動かしていく。

　この映画には、父親の小説が批評家受けしないが売れ行きはよいことを示すためのサイン会のシーンなどはない。医者の職業を実演する手術室のシーンもない。いかに息子が父親を必要としているか、そのことを説明する寄宿学校のシーンもない。娘の苦悩を説明するための電気ショックによる治療シーンもない。ベストセラー、医者、寄宿学校、精神科病院ということばから鋭敏な観客が何を察するかを、ベルイマンは知っている。そして、少ないほど豊かになることも。

契機事件の性質

映画興行の関係者は、よくこんなジョークを交わす。典型的なヨーロッパ映画は、太陽に照らされた黄金の雲からはじまる。つぎのショットは、さらに輝かしいたっぷりとふくらんだ雲。つぎのショットは、さらに堂々たる紅潮した雲。ハリウッド映画は、大きくふくらんだ黄金の雲からはじまる。つぎのショットで、雲間からジャンボジェット機が現れる。つぎのショットで、機体が爆発する。

契機事件には、どのような性質が求められるのだろうか。

『普通の人々』は、型破りの設計のせいで、よくメインプロットとサブプロットが取りちがえられる。コンラッド（ティモシー・ハットン）はサブプロットの主人公で、契機事件は海上の嵐に見舞われて兄を亡くしたことだ。コンラッドは生き延びるが、罪悪感と自殺願望に苛まれる。兄の死はバックストーリーであり、サブプロットの重大局面／クライマックスで回想シーンの形で挿入される。コンラッドはボート事故を思い起こし、生きる選択をする。

メインプロットは、コンラッドの父親カルヴィン（ドナルド・サザーランド）によって進められる。一見受け身のようだが、定義に従えばカルヴィンが主人公だ。最後まで望みを捨てない意志と能力を具えた登場人物に、われわれは共感する。全編にわたってカルヴィンは、何が自分の家族を苦しめているのか、なぜ息子と妻は和解できないのかを探求する。痛ましい葛藤ののちにカルヴィンは気づく。妻がコンラッドをきらっていることを。兄の死からではなく、コンラッドの誕生からずっときらっていることを。

この映画の重大局面で、カルヴィンは妻のベス（メアリー・タイラー・ムーア）に真実を突きつける。ベスは極度なまでに几帳面な女で、子供はひとりしかほしくなかった。ふたり目の子が生まれたが、最初の子しか愛せないベスは、その子からも愛情を求められて腹立たしかった。ベスはずっとコンラッドをきらっていて、コンラッドはそのことを感づいていた。兄の死に責任を感じ、絶えず自殺願望をいだいている理由はそれだ。カルヴィンは強引にクライマックスへと突き進む――コンラッドを愛することを学べ、さもなくばこの家から出ていけ、と。ベスはクローゼットへ向かい、スーツケースに荷物を詰めこんで、家を去る。わが子を愛せないという事実を直視できないまま。

このクライマックスは、「この家族は自力で問題を解決できるのか、それともばらばらになってしまうのか」という大きな疑問に対する答えである。そこからさかのぼって、契機事件を探してみよう。カルヴィンが人生の均衡を崩し、探求をはじめたのは何がきっかけだったのか。

この映画は、コンラッドが精神科病院から帰宅するシーンからはじまる。おそらく自殺願望の神経症が治ったのだろう。カルヴィンは、家族が長男の死から立ちなおり、崩れた均衡も回復したと思っている。翌朝、暗鬱とした気分のコンラッドが、朝食の席で父親の正面にすわる。ベスが息子の目の前にフレンチトーストの皿を置く。コンラッドは食べない。ベスはさっと皿を引っこめると、流しへ持っていき、ごみ処理機へ投げ入れて言う。「フレンチトーストはすぐ傷むから」

ロバート・レッドフォード監督のカメラは、父親の人生が崩れていくさまをとらえる。カルヴィンは、憎悪がすさまじい勢いでもどってきたことを自覚する。その裏には恐ろしいものが隠れている。背筋が寒くなるこの出来事によって、観客は大きな不安を覚えつつ、こう思う。「息子に対して、なんということを！退院してきたばかりなのに、そんな仕打ちをするなんて」

原作者のジュディス・ゲストと脚本家のアルヴィン・サージェントは、カルヴィンを物静かな人物として描いた。カルヴィンは、即座に立ちあがって妻と息子の和解を無理強いするような男ではない。最初に頭をよぎった考えは、少し時間を与えて、家族で写真を撮るなどして愛情が湧くように促すことだった。コンラッドが学校で問題をかかえていることに気づいたカルヴィンは、息子のために精神科医を雇う。妻に対しては、理解してくれることを願いながら、穏やかに語りかける。

カルヴィンは控えめで思いやりのある男なので、サージェントはストーリーを力強く進めるためにサブプロットを利用した。コンラッドの自殺願望との闘いは、カルヴィンのとらえがたい探求よりもはるかに動きがある。だから、コンラッドのサブプロットを前面に押し出し、大幅に時間を割いて強調しつつ、バックグラウンドで注意深くメインプロットを勢いづけていった。サブプロットが精神科医のオフィスで終わりを迎えるとき、カルヴィンはメインプロットの衝撃の結末へ向かう準備が整っている。だが重要なのは、『普通の人々』の契機事件が、フレンチトーストをごみ処理機に捨てた女性によって引き起こされたことだ。

小説家のヘンリー・ジェイムズは、自著の序文に、ストーリーの技巧に関する卓抜した意見をいくつか記していて、そのなかに「つまるところ、出来事とは何か」と問いかけている個所がある。女がテーブルに手を置いて「あんな」目つきで見つめてくるという、ほんの些細なしぐさでも出来事になりうるとジェイムズは述べている。文脈しだいでは、一瞬のしぐさと一瞥が「もう二度と会わない」にも「あなたを永遠に愛する」にも——人生の破滅にも幸福にも——なりうる。

契機事件（結局のところ、すべての出来事）の性質は、その世界、登場人物、ジャンルと密接な関係がなくてはならない。契機事件を思いついたら、脚本家はその働きをしっかり考える必要がある。その契機事件によって、主人公の人生の均衡が根本から崩れるだろうか。主人公は均衡を取りもどしたいと思うだろうか。取りもどしたいのが無形のものであれ有形のものであれ、それに対して主人公は意識的欲求を持つようになるだろうか。複雑な性格の主人公の場合、それと矛盾した無意識的欲求も芽生えるのだろうか。これを機に主人公は探求をはじめるだろうか。観客の頭に大きな疑問は浮かぶだろうか。脳裏に必須シーンのイメージが描かれるだろうか。これらの問いの答えがすべて得られるようなら、女がテーブルに手を置いて「あんな」目で見つめてくるというごく些細な出来事も、契機事件になりうる。

契機事件の創作

　最終幕のクライマックスを創作することは、何にも増してむずかしい。クライマックスは物語の魂であり、うまくいかなければストーリー全体が失敗する。そのつぎにむずかしいのは、メインプロットの契機事件だ。脚本家はほかのどれよりも多くこのシーンを書きなおす。その手助けとするために、こんな問いかけをしたらどうだろうか。

　主人公にとって、最悪の事態とはどんなことか。また、それがどう変わると最高の結果で終わるのか。

『クレイマー、クレイマー』。最悪──妻が自分と息子を置いて出ていってしまい、仕事人間のクレイマー(ダスティン・ホフマン)に災難が訪れる。最高──愛される人間になりたいという無意識の欲求を満たすためには、この荒療治が必要だった。

『結婚しない女』。最悪──エリカ(ジル・クレイバーグ)は夫から別の女と暮らすと告げられて、吐きそうになる。最高──夫が出ていったことで、男に依存しきりだった女が自由を得て、独立と落ち着きを得たいという無意識の欲求が満たされる。

　あるいは反対に、主人公にとって最高の事態とはどんなことか、また、それがどうなると最悪の結果で終わるのか、と問いかける。

『ベニスに死す』(71)。フォン・アシェンバッハ(ダーク・ボガード)は妻と子を疫病で亡くす。その後アシェンバッハは仕事に没頭し、ついに体も心も壊してしまう。療養のために、医師によってベニスの保養所へ送られる。最高──アシェンバッハはベニスの地で、狂おしいほどの、抗いがたいほどの恋に落ちる……ただし、相手は少年だ。最悪──ありえないほど美しい少年に対して熱い思いをいだくが、思いがかなうはずもなく、それが絶望へつながる。最悪──新たな疫病がベニスを襲い、母親に急き立てられて青年は去っていく。一方、アシェンバッハはベニスにとどまって死を待ち、惨めさから苦痛から逃れようとする。

『ゴッドファーザー　PARTⅡ』。最高——コルレオーネ・ファミリーのドンとなったマイケル（アル・パチーノ）は、ファミリーを合法的な世界へ導く決断をする。最悪——マフィアの忠実の掟に従わせる冷酷さゆえに、長年の仲間たちを殺害し、妻と子供たちとは疎遠になり、実の兄までも始末し、マイケルは抜け殻のような孤独な男に成り果てる。

ストーリーのなかで、このサイクルは一度きりでなくてもいい。最高なのは何か、どうなると最悪になるのか、それがさらにどうなると主人公の救いとなるのか。または、最悪なのは何か、どうなると最高になるのか、それがどのように主人公の破滅へつながるのか。「最高」と「最悪」ばかりをめざすのは、ストーリーという芸術が中途半端な人生体験について語るものではないからだ。

契機事件の衝撃は、人生の極限へと達する機会を生み出す。それは一種の爆発だ。アクション物のジャンルなら、契機事件が文字どおり爆発ということもありうるし、ほかのジャンルならただ一度の微笑ということもあるだろう。直接的であれ控えめであれ、契機事件は主人公の現状を掻き乱して、それまでの生き方を大きく変え、その人物の世界を混沌に陥らせるものであるべきだ。そして脚本家は、クライマックスに及んで、よかれあしかれ、主人公の世界に新たな秩序をもたらす解決を見つけ出さなくてはならない。

9　幕の設計

段階的な混乱

設計の五要素の二番目は「段階的な混乱」だ。これは、契機事件から最終幕の「重大局面／クライマックス」に至るまでのストーリー全体の主要部分を表す。混乱とは、登場人物の人生に困難をもたらすことで、段階的な混乱とは、徐々に強まっていく敵対する力に登場人物を直面させて、つぎつぎと葛藤を生み出し、一連の出来事のなかに引き返せない地点を何度か作ることである。

引き返せない地点

契機事件をきっかけに、主人公は人生の均衡を取りもどそうとして、意識的または無意識的に欲求の対象を追いかけていく。その探求をはじめるために、主人公はまず最小限の無難なアクションを起こして、現実世界からプラスの反応を引き起こそうとする。だがその結果、内的葛藤、個人的葛藤、社会的・物理的葛藤から、敵対する力が生じて欲求を阻み、予想と結果のあいだのギャップが大きく口をあける。

ギャップが生まれると、そこが引き返せない地点だと観客は認識する。小さな努力ではうまくいかない、控えめのアクションでは人生の均衡を取りもどせない、と。そうなると、これ以降は、主人公が最初に起こしたようなアクション、つまり質も規模も物足りないアクションはストーリーから排除せざるをえない。危機にさらされた主人公は、さらなる意志の力と能力を使ってギャップを乗り越え、むずかしさの増した二度目のアクションを起こす。だが、その結果がまたしても敵対する力を生じさせ、予想と結果のあいだに第二のギャップが生まれる。

観客は、これも引き返せない地点だと感じとる。二度目のような中程度のアクションでは成功しないだろう、と。だから、同じ規模や質のアクションは、この先もう使えない。

さらに大きな危機にさらされた主人公は、新たな環境に順応して、前以上に強い意志の力と能力が要求されるアクションを起こし、協力的か、せめて御しやすいリアクションを周囲に求めたり、少なくとも願ったりする。しかし、一段と強大になった敵対する力が三度目のリアクションを起こし、またもやギャップが口をあける。

これもまた引き返せない地点だと観客は察知する。主人公はすでにかなりのアクションを起こしているが、それでも目標のものを得られないので、やはり同じような行動はもうさせられない。

主人公はつぎつぎと高い能力や強い意志の力を求められ、危機にさらされる。アクションの規模と質を高めて、あともどりさせずに展開させていくことで、ストーリーは組み立てられていく。

ストーリーにおいては、規模や質の劣化したアクションへ後退することは許されない。ほかの結末を観客が思いつけないような最後のアクションへ向かって、段階的に突き進んでいかなくてはならない。

こんな経験が何度かあるのではないだろうか。映画の滑り出しは順調で、あなたは登場人物たちの人生に引きこまれる。最初の三十分間、あなたの関心は重要な転換点へ向かって着実に強くなっていく。ところが、四十分か五十分経つと、映画の歩みが鈍くなる。スクリーンを見る目はうつろで、腕時計につい目が行き、もっとポップコーンを買っておくんだったと悔やみつつ、同伴者の体つきのほうに関心が移りはじめる。その後、映画はペースを取りもどして上々のエンディングを迎えることもあるが、中盤のたるんだ二十分か三十分はつまらなかった。

ベルトの上に贅肉が乗っかっている映画はたくさんある。そのたるんだ腹の肉をつぶさに観察すると、そこが作者の洞察と想像力がもたついている個所だとわかる。ストーリーを進展させられず、事実上後退させている。それは、第一幕で起こしたアクションより劣るものを、第二幕の中盤で登場人物に与えたからだ——まったく同じアクションではなく、似たような規模と種類、つまり最小限の無難な、この時点ではもうとるに足りないアクションだ。映画を観る側からすると、第一幕でこの手で成功しなかったのだから、第二幕でうまくいくはずがないと直感が告げる。作り手がストーリーを使いまわせば、観客は足踏みを強いられる。

映画の流れを保って、さらに強く動かすには、調査——記憶の調査、想像力の調査、事実の調査——に精を出すしかない。一般に、長編のアークプロットは四十から六十のシーンから成り、シーンがまとまって十二から十八のシークエンスを形作り、シークエンスが三つ以上の幕を構成し、それらが途切れることなく展開して結末へたどり着く。四十から六十のシーンを、似たような要素のない形で仕上げるには、数百ものシーンを考え出す必要がある。それらについて膨大な量の概略を書いたあと、そこからごくわずかな珠玉のシーンを選び出し、それを組み合わせて、印象的で心を動かすシークエンスや幕を築きあげるわけだ。百二十ページの脚本を埋めるのに、四十から六十のシーンしか考え出せなければ、その映画は似たようなシーンだらけのたるんだ作品になると見てほぼまちがいない。

葛藤の法則

主人公が契機事件から足を踏み出すと、そこは葛藤の法則が支配する世界だ。すなわち、「ストーリーにおいては、葛藤なしには何も進まない」。

別の言い方をすれば、ストーリーテリングにとっての葛藤は、楽曲にとっての音と同じだ。ストーリーも音楽も時間芸術であるが、いちばんむずかしいのは、鑑賞者の心をつかみ、途切れずに集中させて、最後まで時間の経過を感じさせないことだ。

音楽の場合、その効果は音がもたらす。楽器の音や歌声が聴き手の心をとらえて離さず、時間を忘れさせる。交響曲を聴いているときに、突然オーケストラが演奏をやめたとしよう。どんな反応があるだろうか。われわれはまず、なぜ音楽が止まったのかととまどい、それからすぐ時計の秒針の音が聞こえてくる。時間の経過を過敏なまでに意識するようになるが、時間は主観的なものだから、演奏の中断がたった三分だったとしても、三十分に感じられることだろう。

ストーリーにとっての音は、葛藤である。思考と感情が葛藤に引きつけられているかぎり、観客は時間を気にせずにストーリーを旅することができる。そして映画が突然終わる。時計に目をやって、驚く。しかし、映画から葛藤が姿を消せば、観客の関心も消える。目に楽しい映像や、口ずさみたくなるような美しい旋律があれば、しばらくは観客を引きつけておけるだろうが、葛藤の出番がないままだと、観客の目はスクリーンから離れる。そして目が離れれば、思考も感情も離れる。

葛藤の法則はただの審美的な決まり事ではなく、まさにストーリーの魂だ。ストーリーは人生の隠喩であり、生きるとは、永久につづくかに見える対立や葛藤と付き合いつづけることだ。ジャン＝ポール・サルトルが述べたとおり、現実の本質は欠乏であり、時空を問わず不足が解消されることはない。この世界にじゅうぶんと呼べるものなど何もない。食料も、愛情も、正義も、そして時間も、満ち足りてはいない。時間は存在と密接な関係にあるとハイデガーも考察している。人は刻々と縮む時間の影のなかで生きている。つかの間の人生のあいだに何かを達成し、無駄な時間を過ごしたと思わずに死んでいきたいのなら、われわれの欲求を阻む「欠乏」という現実との激しい対立や葛藤を覚悟しなくてはならない。

人ははかない存在だという真実を理解できない脚本家は、現代社会のまがい物の快適さに惑わされ、ゲームのやり方さえ知っていれば人生はたやすいものだと思いこんで、葛藤に調子はずれの抑揚をつけてしまう。そういう輩が書いた脚本は、暴力のともなう無意味でばかげた葛藤が並んでいるか、または真実を反映した重みのある葛藤が欠けているか、どちらかの原因によって失敗する。

前者はテンポの速い、特殊効果を多用した映画でよく見られるもので、教科書どおりに葛藤を作りあげた作家が書く脚本だが、現実の人生にある本物の葛藤に関心がないか鈍感であるせいで、暴力に対してわざとらしいまやかしの口実を考え出す。

後者は葛藤自体を認めない書き手による単調で退屈な脚本だ。この手の脚本家は、人生はほんとうにすばらしい……葛藤さえなければ、と考える底抜けの楽天家にすぎない。だから彼らの脚本は、葛藤を避けて当たり障りのない描写を好み、もう少しうまく人とやりとりできたら、もう少し寛容になれたら、もう少し環境に敬意を払ったら、人類は楽園に帰れるのに、と控えめに語る。だが、歴史から学ぶことがあるとすれば、たとえ不快な悪夢がついに一掃されても、住む家のない人々が住みかを与えられても、世界が太陽光発電に切り替えても、人類は依然としてぬかるみから脱していないだろうということだ。

こうした両極端の脚本家たちは、葛藤の質はレベルによって変化するが、人生においての葛藤の量は一定だということに気づいていない。人生では、つねに何かが欠けている。風船を握りつぶそうとしたときのように、葛藤の量はけっして変化せず、別の場所がふくれるにすぎない。人生のある部分から葛藤を取り除くと、別の部分で十倍に増幅する。

たとえば、外的な欲求を満たすことができて、世界との調和を見いだしたとしても、静穏はすぐに退屈へ変わる。この場合、サルトルの「欠乏」とは、葛藤自体がない状態を指すことになる。退屈は、欲求を失ったとき、欠落が欠落しているときに起こる内的葛藤だ。何より、葛藤がない人物の穏やかで落ち着いた日々の暮らしをスクリーンに映し出せば、観客が退屈するのは目に見えている。

先進国の知識階級には、肉体的な生存をかけて闘う心配はほとんどない。外界に対する身の安全が確保されているからこそ、内的世界に考えをめぐらす時間がとれる。住む場所、衣服、食料、医療がそろってはじめて、われわれはひと息つくことができ、人間がいかに不完全な存在かに気づく。われわれは肉体面の快適さ以上のものを、何にもまして幸福を求めるので、そこから内面の闘いの幕があく。

だが、作家である以上、もし肉体や精神や感情や魂の葛藤に関心を持てないなら、第三世界を調査して、人々の暮らしぶりを見てみるといい。大多数の人が物資不足の苛酷な生活を送り、病と飢餓にあえぎ、暴政と無法の暴力に怯え、自分の子供たちはいくらかましな人生を送るだろうという希望もいだけずにいる。内的葛藤の深さや幅にも、より大きな世界にも心を動かされないなら、死はどうだろうか。死は未来からの貨物列車さながらにこちらへ迫り、現在とその日までの時間を刻々と詰めてくる。いくらかの満足感を味わいつつ生きていくつもりなら、列車が到着する前に人生の敵対する力に対峙しなくてはならない。

長く語り継がれる傑作を生み出そうと心に決めた作家なら、人生は日々のストレスにさりげなく適応することでもなく、また、盗んだ核装置で都市を脅して身代金を要求する凶悪犯の過剰な葛藤でもないことに気づくものだ。人生とは、愛や自尊心を見つけられるか、内面の混沌に平穏をもたらせるか、あるいは、巨大な社会に遍在する不平等や去りゆく時間についての究極の問いを投げかけることだ。人生は葛藤に満ちている。それが本来の姿だ。脚本家は、その苦闘をどこでどのように配置するかを決めなくてはならない。

複雑さと複合性

ストーリーを入り組んだものにするために、脚本は結末へ向かって徐々に葛藤を積み重ねていく。それだけでも、じゅうぶんむずかしい。だが、ただの複雑なストーリーを複合的なものにしようとすると、桁ちが

複雑さ
ひとつのレベルだけの葛藤

内的葛藤 ―――― 意識の流れ

個人的葛藤 ―――― メロドラマ

非個人的な葛藤 ―――― 「アクション／冒険」、笑劇

い の難題となる。

これまで見てきたように、葛藤は三つのレベルの敵対する力から生じるが、用いるのはひとつでもふたつでも、あるいは三つすべてでもかまわない。ストーリーを複雑にするだけなら、すべての葛藤をひとつのレベルにおさめればよい。

ホラー映画、「アクション／冒険」、笑劇では、主人公は非個人的葛藤のみに向き合う。たとえば、ジェームズ・ボンドには内的葛藤がなく、観客もボンドとさまざまな女たちのロマンスを個人的葛藤などとは考えない――ただのお楽しみだ。

複雑な映画には顕著な特徴がふたつある。第一に、登場人物が多い。主人公の葛藤を社会的なものに限定すると、宣伝文句並みに「超豪華キャスト」が必要になる。ジェームズ・ボンドが向き合うのは悪の頭目だけでなく、その手先や暗殺者、運命の女や軍隊、さらには脇役たちや助けを求める人々などであり、登場人物が多くなればなるほど、ボンドと社会のあいだの葛藤は大きなものになる。

第二に、複雑な映画はいくつもの設定と舞台を要する。物理的葛藤によってストーリーを進展させる場合、環境を変えつづける必要がある。007シリーズは、ウィーンのオペラハウスからはじまって、その後ヒマラヤ山脈へ行き、サハラ砂漠を横断し、極氷冠の下にもぐり、月へ飛んだあと、ブロードウェイにおり立ってもいい。ボンドが向こう見ずな離れ業を披露することで、観客を魅了する機会がさらに増え

る。

複雑なストーリーで個人的葛藤のみを扱うものは、メロドラマとして知られている。ホームドラマとラブストーリーを自由な形で組み合わせ、登場人物はみな、ほかの登場人物と親密な関係にある。たくさんの家族や友人や恋人たちが登場し、その全員に独自の居場所——居間、寝室、オフィス、ナイトクラブ、病院——がある。メロドラマの登場人物たちは、内的葛藤も非個人的葛藤もかかえていない。ほしいものが手にはいらなければ思い悩むが、善人か悪人かのどちらかなので、真の内的ジレンマに陥ることは珍しい。この空調のきいた世界に一般社会が介入してくることはけっしてない。たとえば、殺人事件が起こって、社会の代理人である刑事が必要になった場合、この刑事は一週間以内にメロドラマの登場人物全員と親密になって、個人的な結びつきを持つにちがいない。

複雑なストーリーで内的葛藤のみを扱うものは、映画や演劇や旧来の小説には存在しない。それは「意識の流れ」というジャンルの散文で、内面の思考と感情をそのままことばで表したものだ。これもやはり、おおぜいの登場人物が必要だ。読者はひとりの人物の内面にはいりこむが、その人物の心には、これまで出会った人やこれから会いたい人の記憶や想像が詰まっているからだ。『裸のランチ』のように意識の流れを取り入れた作品は、イメージが濃密なので、一文のなかで場所が三度も四度も変わるように感じられる。さまざまな場所や人々の顔が読み手の想像のなかへなだれこむが、こうした作品はすべて、たとえ主観的な描写が豊富であろうと、葛藤のレベルはひとつだけなので、ただ複雑なだけの作品群に属する。

一方、複合性を具えたストーリーでは、人生の三つのレベルすべてにおいて登場人物が葛藤を持っていて、同時にである場合も少なくない。ここ数十年の映画のなかでも際立って記憶に残る名場面である、『クレイマー、クレイマー』のフレンチトーストのシーンは、一見単純そうで実は複合的に書かれている。この有名なシーンには、複合的な三つの価値要素がある。自信、父親に対する子の信頼と尊敬、家に残る資格だ。このシーンは、三つの価値要素がプラスの状態からはじまる。

複合性
三つのレベルすべての葛藤

内的葛藤
個人的葛藤
非個人的葛藤

映画の冒頭で、クレイマーは妻が自分と息子を置いて家を出たことを知る。自分の手に負えないのではないかという不安と恐れが生じ、その一方で、女がすることなどたやすいと決めてかかる男の傲慢さもある。そのふたつがせめぎ合い、クレイマーは内的葛藤に悩まされる。だがシーンのはじまりでは、まだ自信に満ちている。

クレイマーは個人的葛藤もかかえている。息子はひどく神経質になっていて、食事を作ってくれる母親がいないと、ひもじい思いをするのではと不安でいっぱいだ。クレイマーは息子をなだめにかかる。心配するな、ママはもどってくる。だからそれまでは楽しもう、キャンプみたいに。息子は涙を引っこめて、父親のことばを信じることにする。

最後に、クレイマーには非個人的葛藤もある。キッチンは異世界だが、フランス料理のシェフさながらに、さも慣れているふうに足を踏み入れる。

息子をスツールにすわらせて、朝食に何が食べたいかと尋ねると、「フレンチトースト」と答えが返ってくる。クレイマーはひとつ息を吸ったあと、フライパンを取り出して油を引き、コンロにかけて火力を最大にしてから、材料を探しにかかる。フレンチトーストに卵を使うことはわかっているので、冷蔵庫からいくつか取り出したが、中身を割り入れる器がどれだかわからない。食器棚を引っ掻きまわして、「テディ」という自分の愛称入りのマグカップで手を打つことにする。

息子は先行きの危なさを感じとり、ママがフレンチトーストを作るときはマグカップは使わないと言う。クレイマーはこれでもうまくいくんだと言う。卵を割る。いくつかはマグカップのなかにはいるが、残りは無残にもこぼれ……息子が泣きだす。

フライパンのなかで油がはねはじめ、クレイマーはパニックに陥る。火を止めることは思いつかず、代わりに時間との戦いに没頭する。さらに卵をマグカップに割り入れてから、大急ぎで冷蔵庫へもどって牛乳パックをつかみ、マグカップのふちすれすれまで乱暴に注ぐ。バターナイフを見つけて黄身を掻き混ぜると、ますますこぼれて汚れがひろがる。朝食にありつけないと悟った息子は、激しく泣きじゃくる。フライパンからは煙が立ちのぼっている。

どうにもならず、頭に血がのぼり、恐怖を抑える戦いに敗れつつあるクレイマーは、食パンを一枚つかんでじっと見つめ、マグカップにはいるはずがないと気づく。食パンをふたつ折りにしてマグカップに詰めこみ、黄身と牛乳でぐしょ濡れになったパンを、しずくをしたたらせたままフライパンにほうりこむと、飛び散ったものがクレイマーと息子にかかる。フライパンを引っつかんでコンロからおろすときに、クレイマーは手を火傷する。息子の腕をつかみ、キッチンから押し出す。「レストランへ行くぞ」

クレイマーが持っていた男の傲慢さは恐れに打ち負かされ、自信はプラスからマイナスへ変わる。不安でいっぱいの息子の前で醜態をさらし、息子の信頼と尊敬はプラスからマイナスへ変わる。そしてクレイマーはまるで生きているかのようなキッチンに敗北を喫する。卵、油、パン、牛乳、フライパンの連続攻撃によってクレイマーはキッチンから追い出され、家に残る資格はプラスからマイナスへ変わる。このシーンにはわずかな台詞しかなく、男が息子に朝食を作ろうとするという単純な行為を描いているだけだが、映画史上屈指の名シーンとなった。人生の複合的葛藤を三つ同時にかかえた男の三分間ドラマだ。

アクション物のジャンル、メロドラマ、意識の流れを用いた散文を書きたいなら別だが、ほとんどの脚本家にあてはまる助言は、単純だが複合性を持ったストーリーを設計せよということだ。単純というのは、粗略ということではない。それはふたつの原則に基づいて美しく語られたストーリーという意味であり、ふたつとは、登場人物を増やさないこと、舞台を多くしないことだ。時間や空間や人々のあいだをむやみに飛びまわるのではなく、登場人物の数と世界を控えめに抑えて、豊かな複合性を生み出すことに力を注ぐほうがよい。

幕の設計

交響曲が三楽章か四楽章、あるいはそれ以上の楽章で展開されるように、ストーリーも「幕」に分けられて語られる。幕はストーリーの最大の構成要素である。

ビートは人の行動の変化するパターンであり、これが組み合わさってシーンができる。理想的なのは、すべてのシーンで価値要素がプラスからマイナスへ、あるいはマイナスからプラスへと揺れ動いて、主人公の人生にとって有意義かつ「小さな」変化が生じ、それが転換点となることだ。いくつかのシーンがまとまると、シークエンスとなる。登場人物に「中程度」の影響を与えるシーン、すなわち、プラスであれマイナスであれ、価値要素を逆転や変化させる度合いがほかより大きなシーンにおいて、シークエンスは最高潮に達する。そして、シークエンスが集まると幕ができる。幕は登場人物の人生に「大きな」方向転換をもたらすシーンでクライマックスを迎え、どのシークエンスよりも高い頂点に達する。

アリストテレスは『詩学』のなかで、ストーリーの規模――読んだり演じたりするのにかかる時間――と、そのストーリーを語るのに必要な主たる転換点の数には関連があると述べている。作品が長いほど、大きな方向転換が多くなるということだ。つまるところ、アリストテレスは「退屈させないでくれ。固い大理石の椅子に何時間もすわったまま、たいしたことは起こらないのに合唱隊の詠唱や哀歌ばかりを聴かされるのはまっぴらだ」と、丁重に頼んでいるわけだ。

アリストテレスの原則に従うと、ストーリーは一幕で語ることもできる――一連のシーンがいくつかのシークエンスを形作り、大きな方向転換が起こって、ストーリーが終わる。ただし、これは短いものにかぎる。短編小説、一幕構成の芝居、五分から二十分程度の学生制作映画や実験映画がこれにあてはまる。ストーリーは二幕でも語ることができ、その場合はふたつの大きな方向転換を経て完結する。これもやはり、かなり短いものでないといけない。ホームコメディ、中編小説、あるいはピーター・シェーファーの『ブラック・コメディ』や、アウグスト・ストリンドベリの『令嬢ジュリー』などの一時間程度の戯曲がこれに該当する。

しかし、ある程度の規模を持ったストーリー――長編映画、一時間物の連続ドラマ、長編劇、長編小説――であれば、少なくとも三幕は必要だ。慣習として受け継がれてきたからそうなのではなく、これには重要な目的がある。

観客としてのわれわれは、ストーリーの作り手に会えたら、こう言うだろう。「わたしは人生の極限に達するような深く広大な詩的体験をしたいんです。でも、わたしも話がわからないわけじゃない。あなたの作品を読んだり観たりする時間が数分しかなければ、極限までというのは無茶な要求ですよね。その代わりに、つかの間の喜びや、ひとつふたつの識見を得られればじゅうぶんです。でも、人生の貴重な数時間を差しあげるのですから、あなたが極限まで体験させてくれるような力量を持つ芸術家であることを期待しますよ」

観客を満足させるべく、人生の奥底や極限を探るストーリーを語るためには、重大な方向転換は二度では足りない。設定や規模がどうであろうと、国際色豊かな壮大なストーリーであろうと、こぢんまりした内省的なストーリーであろうと、長編作品が結末に達するためには、最低でも三度の重大な方向転換が必要だ。

つぎのような四つの展開を考えてみよう。状況が悪くなった、そしてよくなった――おしまい。状況がよくなった、そして悪くなった――おしまい。状況が悪くなった、そしてさらに悪くなった――おしまい。状況がよくなった、そしてさらによくなった――おしまい。これらはすべて、何か物足りない気がするはずだ。第二の出来事がプラスであれマイナスであれ、それが終結でも限界でもないことをわれわれは知っている。

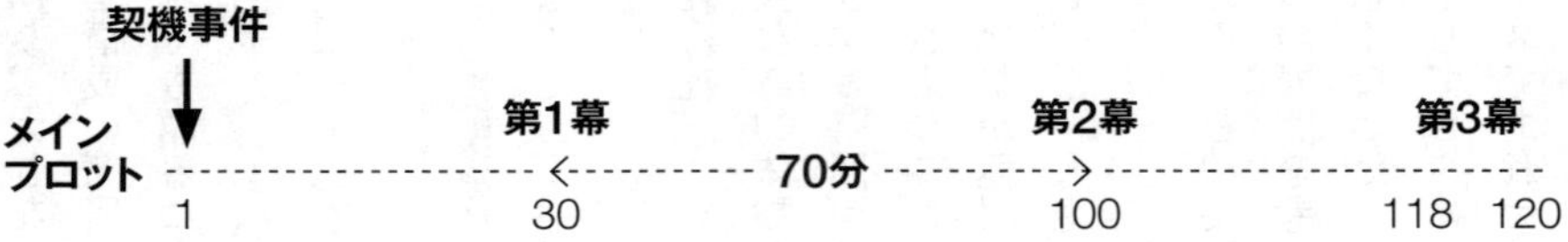

第二の出来事で登場人物が殺されたとしても同じだ。状況がよくなった（または悪くなった）、そして全員死んだ――おしまい。これでは不十分だ。「そうか、全員死んだか。で、それから?」と、だれもが思うはずだ。これには第三の転換が欠けているのであり、少なくとももうひとつ大きな方向転換がなければ極限に達しないことをわれわれは知っている。だからこそ、アリストテレスが言及するより何世紀も前から、三幕構成がストーリー作りの基本となっているのだ。

だが、これは基本であって、公式ではない。幕の構成には無限のバリエーションがあるので、まずは三幕構成から解説し、そのあとでいくつか紹介しよう。ここで示すのは長編映画における時間配分だが、原則として演劇にも小説にも等しくあてはまる。あらためて言うが、これは目安であって公式ではない。

第一幕には最初の大きな動きがあり、これにはストーリーの約二十五パーセントが割りあてられるのがふつうだ。百二十分の映画なら、第一幕は開始後二十分から三十分のあいだにクライマックスを迎える。最終幕はほかよりも短いのが望ましい。この幕では、クライマックスへと至る加速感や一気の高揚感を

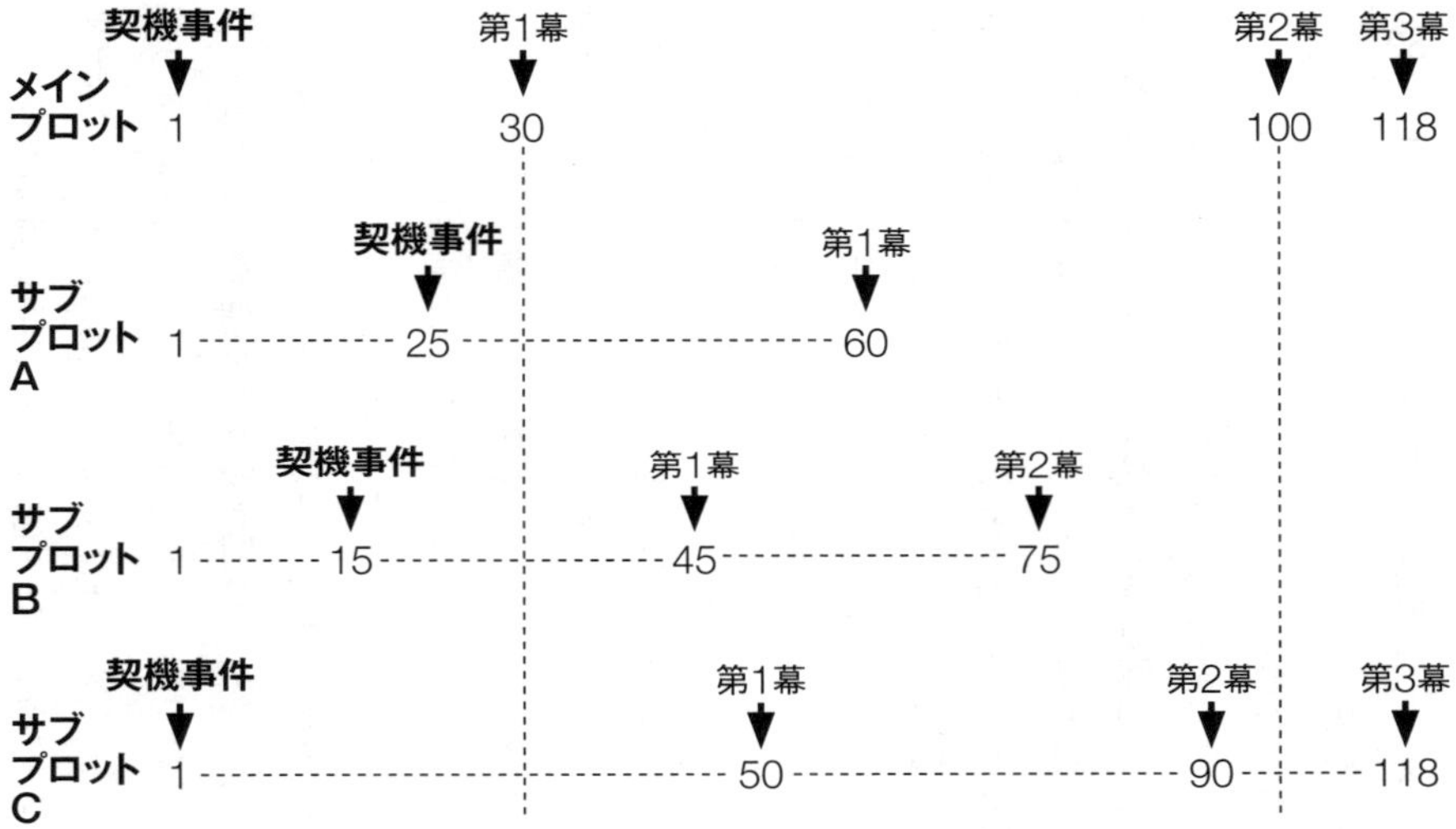

観客が体験できるのが理想だ。ここを引き延ばそうとすると、ほぼまちがいなく途中で加速のペースが落ちる。だから最終幕は短く、二十分以下が一般的だ。

たとえば、百二十分の映画で、メインプロットの契機事件を開始一分後に、第一幕のクライマックスを三十分後に置き、第三幕に十八分、解決に二分割りあてて完結させるとする。その結果、第二幕は七十分となる。巧みに語られてきたストーリーがもたつく場合、原因はここにある――脚本が長い第二幕の沼をもがきながら進んで、つまずいたからだ。解決策として考えられるのはふたつ。サブプロットを加えるか、幕を増やすかだ。

サブプロットはふつう短いが、これも幕で構成される。上の図は、三幕構成のメインプロットに三つのサブプロットを織りこんだケースである。一幕仕立てのサブプロットAは、開始二十五分後に契機事件が起こり、六十分後にクライマックスと結末を迎える。二幕仕立てのサブプロットBは、契機事件が開始十五分後で、第一幕のクライマックスが四十五分後、第二幕のクライマックスが七十五分後に来て、ここで終わる。三幕仕立てのサブプロットCは、契機事件がメインプロットの契機事件のなかで起こる（たとえば、警官が犯罪に気づいてメインプロットがはじまるのと同じシーンで、恋人同士が出会ってサブプロットがはじまる）。第一幕のクライマックスは開始五十分後、第二幕のクライマックスは九十分後で、第三幕のクライマックスはメインプロットのクライマックスのなかで訪れる（犯人が逮捕されるのと同じシーンで、カップルが結婚を決意する）。

メインプロットと三つのサブプロットで、多ければ四人の主人公がいるかもしれないが、観客はその全員に共感でき、各サブプロットにはそれぞれについての大きな疑問が配される。四つのストーリーによって観客の興味と感情を引きつけ、つなぎ留め、増幅させるのだ。そのうえ、三つのサブプロットでは、メインプロットの第一幕と第二幕のクライマックスのあいだに、合わせて五回の大きな方向転換が起こる。これは映画全体を動かしていくにはじゅうぶんすぎるほどであり、観客の感情移入をさらに深めて、メインプロットの第二幕のたるんだ腹を引き締めてくれる。

一方、すべての映画がサブプロットを必要としているわけではない。『逃亡者』がその好例だ。では、どのようにして第二幕の冗長さを解決しているのか。答えは幕の数を増やすことだ。三幕というのは最小の数でしかない。中盤で大きな方向転換をさせる形でストーリーを組み立てる場合、脚本家は全体を四つの動きに分割し、どの幕も三十分から四十分以内におさまるようにする。『シャイン』で、デイヴィッドがラフマニノフのピアノ協奏曲第三番を弾き終えて卒倒するシーンが、その最適の例だ。この技巧は、ハリウッドでは「中途のクライマックス」として知られている。何やら性機能不全めいた響きもあるが、これは第二幕半ばで起こる大きな方向転換という意味の用語であり、三幕構成からイプセンのようなリズムを持つ四幕構成へとストーリー設計をひろげて、中盤のペースを加速させる。

シェイクスピアのようなリズムを刻む五幕構成の映画も作れる。『フォー・ウェディング』が代表的だ。さらに多くもできる。『レイダース／失われたアーク《聖櫃》』は七幕、『コックと泥棒、その妻と愛人』(89) は八幕構成だ。これらの映画は、十五分から二十分ごとに大きな方向転換が訪れて、第二幕の冗長さ

『シャイン』

『フォー・ウェディング』

『コックと泥棒、その妻と愛人』

を確実に解消している。しかし、五幕から八幕構成の映画はあくまで例外だ。というのも、ある問題に対する特効薬が別の問題の原因ともなるからだ。

第一に、幕のクライマックスを増やすとクリシェを招く。

一般的に、三幕仕立てのストーリーには、四つの顕著なシーンが必要だ。話の口火を切る契機事件と、第一幕、第二幕、第三幕のクライマックスだ。『クレイマー、クレイマー』の契機事件では、クレイマー夫人が夫と息子を置いて出ていく。第一幕のクライマックスでは、クレイマー夫人がもどってきて息子の親権を要求する。第二幕のクライマックスでは、裁判で母親に親権が認められる。第三幕のクライマックスでは、愛するわが子のためをいちばんに思って、無私無欲の気持ちで行動しなくてはならないと、元夫と同じように気づいた母親が、息子を元夫のもとへ返す。四つの強力な転換点が、いくつもの卓越したシーンとシークエンスでつながれている。

幕を増やす場合、五個、ことによると六個、七個、八個、九個と、数多くの際立ったシーンの創作を強いられる。脚本家はこの創造的作業を持て余し、多くのアクション映画で見られるクリシェという手段に訴える。

第二に、幕を増やすと、クライマックスの衝撃が薄れて、くどくなる。

脚本家が十五分ごとに大きな方向転換をしようとして、幕のクライマックスがあるシーンで、生と死、生と死、生と死、生と死、生と死……と七回も八回も繰り返せば、退屈になる。じきに観客はあくびをしながら思う。「これは重要な転機じゃない。日常茶飯事だ。十五分ごとに何者かに殺されそうになるんだから」

『ロッキー』

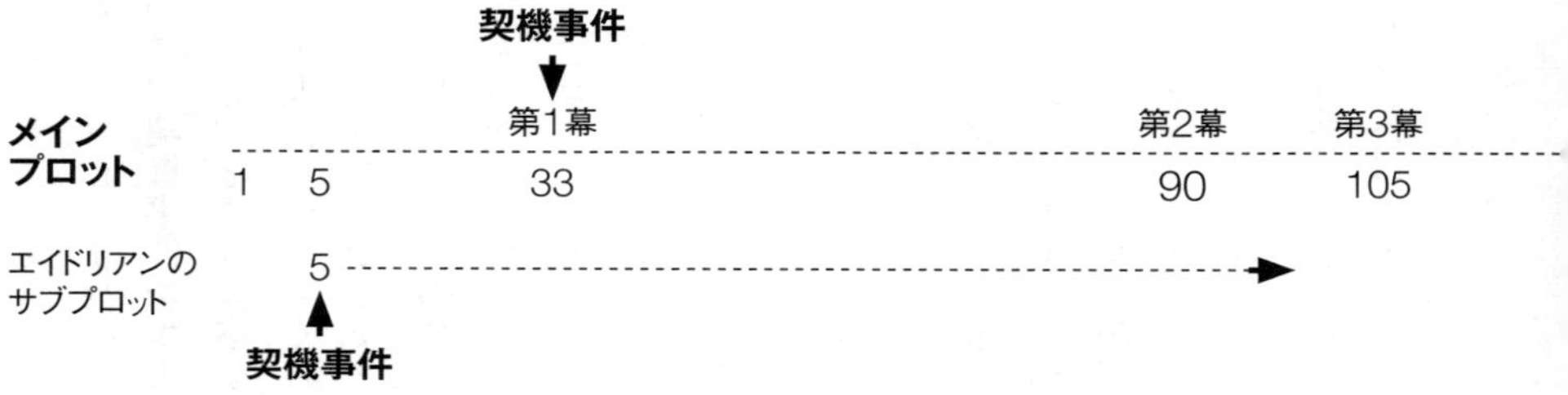

大きいものは、中ぐらいや小さいものと比べるからこそ大きい。どのシーンでも金切り声が聞こえたら、何も聞こえないも同然だ。あまりにも多くのシーンが強烈なクライマックスをめざして競り合えば、大きいはずのものが小さくなって、くどくどしさが増し、坂道を転げ落ちて止まるのが相場だ。メインプロットといくつかのサブプロットから成る三幕構成が一種の標準とされるのは、そういう理由による。この構成はほとんどの作家の創造力に見合ったもので、繰り返しを避けて複合性をもたらす。

設計のバリエーション

第一に、大きな方向転換の回数はストーリーごとに異なる。一幕か二幕仕立てのミニプロット（『リービング・ラスベガス』）から、三幕か四幕仕立てによるほとんどのアークプロット（『評決』）、七幕か八幕仕立てによる多くのアクション映画（『スピード』）、話がそこかしこへ飛ぶアンチプロット（『ブルジョワジーの秘かな愉しみ』）、メインプロットがないマルチプロット（『ジョイ・ラック・クラブ』［93］）まで多種多彩だが、どのストーリーの道筋にも十個以上の転換点があることだろう。

第二に、ストーリーの形は契機事件の位置によって変化する。通常、契機事件は物語のかなり早い段階で起こり、開始二十分後から三十分後の第一幕のクライマックスへ向かって進展していく。このパターンでは、映画の開始から四分の一のところまでに重要なシーンをふたつ置くことが求められる。もっとも、契機事件は開始二十分後でも、三十分後でも、あるいはそれ以降に起こってもかまわない。たとえば『ロッキー』のメインプロットの契機事件は、かなりあとになって発生する。それによって、契機事件が事実上第一幕のクライマックスにもなり、ふたつの目的を果たすことになる。

しかし、それは脚本家の都合に合わせてできるものではない。メインプロットの入口を遅らせるのは、観客が主人公についてくわしく知っていれば、契機事件にじゅうぶんに反応できるからだ。そうする必要があれば、前置きとなるサブプロットから物語をはじめるとよい。『ロッキー』には、エイドリアンとロッキーのラブストーリーのサブプロットがあり、『カサブランカ』には、ラズロ、ウガーテ、イヴォンヌ、ブルガリア人の妻をそれぞれ単独主人公に仕立てたものと、亡命者たちを複数主人公に仕立てたもの、合計五つのサブプロットがある。先送りされたメインプロットが熟すのを待つあいだも、ストーリーを語って観客の関心を引きつづけなくてはならない。

だが、熟成のときが開始から三十分以内に訪れるとしたらどうだろう。伏線のサブプロットは必要だろうか。そうであるとも、ないとも言える。『オズの魔法使』の契機事件は開始から十五分後、ドロシー（ジュディ・ガーランド）が竜巻に巻きこまれてマンチキンの国へ飛ばされるところだ。その前置きとなるサブプロットはなく、その代わりに「虹の彼方」へ行きたいというドロシーの思いを劇的に明瞭化して、観客の関心をつなぎ留めている。『アダム氏とマダム』(49)でも、契機事件が開始から十五分に訪れる。地方検事補のアダム・ボナー（スペンサー・トレイシー）と、その妻であり、被告側弁護士でもあるアマンダ（キャサリン・ヘプバーン）が、ある裁判で対決する立場となる。このケースでは、被告人（ジュディ・ホリデイ）が夫の浮気を発見して発砲するという伏線のサブプロットで幕をあける。これによって観客の関心を引き、メインプロットの契機事件へと運んでいく。

開始十五分後に契機事件が発生する場合、三十分後に大きな方向転換が必要になるのだろうか。そうであるとも、ないとも言える。『オズの魔法使』では、ドロシーが西の悪い魔女に脅され、赤い靴をもらったあと、黄色いレンガ道に沿って冒険に出発するのが、契機事件の十五分後だ。『アダム氏とマダム』では、メインプロットのつぎの大きな方向転換は契機事件の四十分後に起こる。裁判でアマンダが大きく勝ちを引き寄せるシーンだ。ところが、恋愛関係のサブプロットがこの個所をこみ入ったものにしている。アダムにとって大いに苛立たしいことに、作曲家（デイヴィッド・ウェイン）が臆面もなくアマンダにちょっかいを出すのだ。

幕全体の流れは、メインプロットの契機事件の配置によって決まる。したがって、幕の構成にはさまざまなものがある。メインプロットもサブプロットも、大きな方向転換の数と配置は脚本家が頭のなかで題材と格闘しつつ決めるのであり、その際には、主人公の性格と人数、敵対する力の出どころ、ジャンル、そして最終的には脚本家の個性と世界観に基づいて選択がおこなわれる。

見せかけの結末

特にアクション物のジャンルでよく見られるが、終わりから二番目の幕のクライマックス、または最終幕の途中で、脚本が「見せかけの結末」を用意することがある。どうやら決着したらしく、ストーリーが終わったと観客が一瞬思うシーンのことだ。E.T.が死んだ——映画の終わりだと思う。『エイリアン』で、リプリーが宇宙船を爆破して脱出するとき、そう思う。『エイリアン2』（86）で、リプリーが惑星をまるごと吹き飛ばして脱出するとき、そう思う。『未来世紀ブラジル』（85）で、サム（ジョナサン・プライス）がジル（キム・グライスト）を暴虐な支配体制から救い出し、恋人たちは抱擁を交わして幸せな結末を迎える……さて、どうだろう？

『ターミネーター』には、見せかけの結末が二回ある。リース（マイケル・ビーン）とサラ（リンダ・ハミルトン）がタンクローリーのガソリンに火をつけて、ターミネーター（アーノルド・シュワルツネッガー）の体が燃えあがる。ふたりは喜び合う。ところが、超合金の内部組織があらわになった半人半ロボットが炎のなかから立ちあがる。リースはみずからの命を投げ出して、ターミネーターの腹部に筒状の爆弾を投げ入れ、その体を真っぷたつにする。しかし、ターミネーターの上半分が復活し、傷を負ったサラを追って、床をずるずると這ってくる。ついにサラがターミネーターを破壊する。

見せかけの結末は、芸術映画でも見られる。『モントリオールのジーザス』（89）のクライマックス近く、受難劇でキリストを演じる俳優ダニエル（ロテール・ブリュトー）が、磔となった十字架ごと地面に叩きつけられる。気を失ったダニエルをほかの俳優たちが大急ぎで救急処置室へ運んでいく。だがダニエルは意識を取りもどして「復活」し、人々は感謝の祈りを捧げる。

ヒッチコックは見せかけの結末が大好きだった。衝撃的な効果を求めて、通常では考えられないほど早い段階に見せかけの結末を置いたのである。マデリン（キム・ノヴァク）の「自殺」のシーンは『めまい』の中途のクライマックスであり、のちに彼女はジュディとして再登場する。シャワー室でマリオン（ジャネット・リー）が殺されるシーンは『サイコ』の第一幕のクライマックスであり、ジャンルが突然サイコスリラーへと変わるとともに、主人公もマリオンの単独から、その妹と恋人と私立探偵の複数主人公へと移行する。

とはいえ、ほとんどの場合、見せかけの結末を使うのは適切ではない。それよりむしろ、最後から二幕目のクライマックスで、「これからどうなる？」という大きな疑問が強調されるようにすべきだ。

幕のリズム

繰り返しはストーリーの流れを損なうものだ。ストーリーを動かす力は価値要素の変化にかかっている。たとえば、作中で最も強力なふたつのシーンは、終わりの幕とその前の幕のクライマックスだ。このふたつのシーンは、十分から十五分ほどしか離れていないことが多い。だから、プラスまたはマイナスが連続するわけにはいかない。主人公が欲求の対象を手にして、最終幕のストーリー・クライマックスがプラスで終わるなら、その前の幕のクライマックスはマイナスであるべきだ。「すばらしい状況だった……それからさらにすばらしくなった！」というふうに、上昇型の展開から上昇型の結末へつなぐことはできない。逆に、主人公が最後に欲求を達成できないのなら、その前の幕のクライマックスはプラスであるべきだ。「ひどい状況だった……それからさらにひどくなった」というふうに、下降型の展開から下降型の結末へつなぐことはできない。同様の感情的体験が繰り返されると、二回目の出来事の持つ力は半減する。そして、ストーリー・クライマックスの力が半減すると、映画自体の力も半減する。

一方、アイロニーに満ちたクライマックスを迎えるストーリーがあってもいい。プラスでもマイナスでもある結末だ。では、その場合の最後から二幕目の感情は、プラスとマイナスのどちらであるべきか。答えはストーリー・クライマックスを丹念に調べることで得られる。というのも、最後の状況はほんの少しプラスか、その逆のどちらかであり、完全に均衡がとれてはいないからだ。仮にとれているとしたら、プラスとマイナスが互いに相殺し合って、ストーリーは当たり障りのない中立状態で終わってしまう。

たとえば、オセロはついに望みを達成する。妻はオセロを一心に愛し、ほかの男に目もくれたこともない――プラス。けれども、そのことに気づくのが遅すぎた。オセロは妻を殺害したところだった――全体としてマイナスの、アイロニーに満ちた結末。ソッフル夫人は終身刑を受けて刑務所行きとなった――マイナス。けれども、夫人は胸を張って監獄へはいる。というのも、人並はずれたロマンスを体験したいという望みを達成したからだ――全体としてプラスの、アイロニーに満ちた結末。思考と感情をしっかり働かせて、作品の持つ二面性を研究し、結末がプラスとマイナスのどちらに傾いているかをよくたしかめて、最後から二幕目のクライマックスを結末とは逆に設計するといい。

後ろから二番目のクライマックスから前へさかのぼって考えると、ひとつ前の幕のクライマックスからかなり離れているが、そのあいだはサブプロットやシークエンスのクライマックスで埋めて興味をつなぐことが多く、プラスとマイナスが交差する独特なリズムが作り出される。最後とその前の幕のクライマックスは相反するものでなくてはならないが、ほかの幕のクライマックスについては、価値要素の変化をどうすべきかは決まっていない。映画はそれぞれ独自のリズムがあり、ありとあらゆるバリエーションが考えられる。

サブプロットとマルチプロット

サブプロットはメインプロットほどには強調されず、費やされる時間も少ないが、問題の多い脚本を制作する価値のある映画へと高めるのはサブプロットである場合が多い。たとえば、『刑事ジョン・ブック　目撃者』に、大都市の刑事とアーミッシュの未亡人のラブストーリーのサブプロットがなければ、いまひとつ魅力に欠いたスリラーになっただろう。一方、マルチプロットの映画はメインプロットを用いず、サブプロットの規模のストーリーを数多く織りあげていく。メインプロットとサブプロットの関係、マルチプロットのさまざまなプロット同士の関係としては、四種類が考えられる。

サブプロットはメインプロットの統括概念を否定するために利用でき、アイロニーによって映画を豊かなものにする。

たとえば、「愛し合っているふたりは互いのためにみずからの欲求を犠牲にするので、愛は何よりも強い」という統括概念があるハッピーエンドのラブストーリーを書いているとする。自分が生み出した登場人物や、その情熱と自己犠牲の精神はたしかなものだと信じているものの、ストーリーがご都合主義で甘すぎるのではないかとも感じる。そんなときは、ストーリーの均衡を生み出すために、別の恋人同士が登場するサブプロットを作り、欲に駆られて裏切り合ったあげく破滅するという結末にするのも悪くない。この下降型のサブプロットは上昇型のメインプロットと相対して、映画全体の意味をより複雑で二面的なものにする。「愛は諸刃の剣である。自由を与えると所有できるが、所有欲が強すぎると崩壊する」

サブプロットはメインプロットの統括概念に共鳴させるために利用でき、そのテーマについての多様性を加えて映画を豊かなものにする。

サブプロットがメインプロットと同じ統括概念を持ちながらも、異なった――おそらく珍しい――形で表現される場合、そのテーマが多様性によって効果的に補強される。たとえば、『真夏の夜の夢』(35)のさまざまなラブストーリーは軒並み幸せな結末を迎えるが、その終わり方は甘かったり、滑稽だったり、おごそかだったりとさまざまだ。

テーマの対立や多様性という考え方が、マルチプロット映画の起源だ。マルチプロットには、話を構造的にひとつにまとめる軸となるメインプロットがない。その代わりに、『ショート・カッツ』のようにいくつかのプロットの流れが交錯したり、『風と共に去る20ドル!?』(93)のストーリーからストーリーへ引き継がれていく二十ドル紙幣のように、モチーフを介してつながったり、『泳ぐひと』(68)の各挿話をつなぐ一連のプールのように、個々のプロットでは最初から最後のシーンまで行き着くには不十分な断片が集まったりしている。では、何が映画をひとつにまとめているのかというと、共通の概念だ。

『バックマン家の人々』では、子育てというゲームでは勝てるはずがないという概念のさまざまな表れ方が描かれている。スティーヴ・マーティン演じる父親は、世界一思いやりにあふれているが、その子供にはセラピー療法が必要だ。ジェイソン・ロバーズが演じるのは、子育てに世界一無頓着な父親だが、成長した子供は助けを求めて父のもとへ帰り、のちに裏切る。ダイアン・ウィーストが演じるのは、子供のことで無難な選択ばかりする母親だが、子供のほうは母親をばかにしている。親は子を慈しみ、支え、つまずいたときには助け起こしてやるだけだ。しかし、このゲームに勝つことはできない。

『ダイナー』では、男は女と意志を通じ合わせることができないという概念が共鳴している。フェンウィック（ケヴィン・ベーコン）は女性とうまく話せない。ブギー（ミッキー・ローク）はのべつ幕なしに女性と話をするが、ベッドをともにすることしか頭にない。エディ（スティーヴ・グッテンバーグ）は婚約者がフットボールの雑学テストに合格するまで結婚しない気だ。ビリー（ティモシー・デイリー）は愛する人との感情的な問題に直面し、心の垣根を取り払って本音で語り合う。女性と意思をかよわせることができるようになると、ビリーは仲間から離れていく——ほかのプロットとは異なる解決で、アイロニーが加わる。

マルチプロットはある特定の社会を描き出すが、静的なノンプロットとはちがい、ひとつの概念に基づいた小さなストーリーをいくつも織りこむことによって、集合写真を息づかせる。『ドゥ・ザ・ライト・シング』は大都市に蔓延する人種差別に焦点をあて、『ショート・カッツ』は魂を失ったアメリカの中流階級の人々を映し出し、『恋人たちの食卓』は三部作として父と娘の関係を描き出す。マルチプロットは脚本家に、極上のものをふたつ与えてくれる。それは、文化や社会の本質をとらえた生き生きとした描写と、興味を掻き立てる豊かな語りの疾走感だ。

メインプロットの契機事件を遅らせなくてはならない場合、ストーリーの冒頭に伏線のサブプロットを置く必要があるかもしれない。

中心プロットが遅れてやってくる場合（『ロッキー』、『チャイナタウン』、『カサブランカ』）、最初の三十分間にストーリーの空白が生じる。契機事件でじゅうぶんな反応を引き起こすためには、観客の関心を引きつづけ、主人公とその世界に親しませるサブプロットでそこを埋めなくてはならない。伏線のサブプロットではメインプロットのための明瞭化を同時におこなえるので、観客はそれを無理なく自然な形で吸収できる。

サブプロットはメインプロットを複雑にするために利用できる。

四番目にあげたこの関係が最も重要である。つまり、敵対する力のさらなる源としてサブプロットを使うわけだ。たとえば、ラブストーリーのサブプロットは、犯罪ジャンルのなかでよく見かける。『シー・オブ・ラブ』では、フランク・ケラー（アル・パチーノ）がヘレン（エレン・バーキン）と恋に落ちる。ヘレンの精神に異常をきたした元夫を追跡するかたわら、ケラーは愛する女を守るためにみずからの命を危険にさらす。『ブラック・ウィドー』（87）では、司法省捜査官（デブラ・ウィンガー）が殺人者（テレサ・ラッセル）やその標的（サミー・フレー）に惹かれていく。法廷ドラマの『評決』では、フランク（ポール・ニューマン）が、被告側弁護士が送りこんだスパイのローラ（シャーロット・ランプリング）に恋をする。こうしたサブプロットは登場人物に奥行きを与えるもので、メインプロットの緊張感や暴力に満ちたシーンから一転して、笑いやロマンスによる息抜きの効果を生み出す。だが、いちばんの目的は、主人公の人生をさらに困難なものにすることだ。

メインプロットとサブプロットのバランスのとり方には、慎重な計算が必要だ。配分を誤れば、中核にあるストーリーの焦点がぼやける恐れがある。伏線のサブプロットは特に危険で、観客がジャンルをとりちがえかねない。たとえば、『ロッキー』の冒頭のラブストーリーは注意深く扱われたので、話がやがてスポーツ物になると観客も予想できた。

さらに、メインプロットとサブプロットの主人公が同じ人物ではない場合には、サブプロットの主人公が共感を呼びすぎないように注意すべきだ。たとえば、『カサブランカ』にはヴィクトル・ラズロ（ポール・ヘンリード）の運命がかかわる政治ドラマのサブプロットと、ウガーテ（ピーター・ローレ）を中心に据えたスリラーのサブプロットがあるが、リック（ハンフリー・ボガート）とイルザ（イングリッド・バーグマン）が繰りひろげるラブストーリーのメインプロットに感情のスポットライトをあてつづけるために、どちらのサブプロットも重すぎないように配慮されている。サブプロットを強調しないようにするには、構成する要素——契機事件、幕のクライマックス、重大局面、全体のクライマックス、解決——のいくつかを画面外へ追いやればいい。

逆に、書き進めていくうちに、サブプロットに焦点が集まりだし、共感が徐々にふくらんでいくようなら、全体の設計を見なおして、サブプロットをメインプロットに変更するといい。

サブプロットがメインプロットの統括概念と対立も共鳴もせず、メインプロットの契機事件の導入を助けもせず、メインプロットの複雑化もせず、ただ並走しているだけなら、ストーリーは単に分断されるだけで、サブプロットを使う意味はない。観客は調和の美学を心得ていて、ストーリーのどの要素も、ほかのすべての要素と関係を築くからこそ存在することを知っている。構造の面でもテーマの面でも、それらの関係に基づいてストーリーはひとつにまとまっている。その関係を見いだせなければ、観客はストーリーから離脱した気持ちになり、みずから結びつけようとする。それがうまくいかなければ、混乱したまま画面をながめているしかない。

ベストセラーとなったサイコスリラー小説『魔性の殺人』の映画版である『第一の大罪』では、メインプロットで刑事（フランク・シナトラ）が連続殺人犯を追跡する。サブプロットでは、刑事の妻（フェイ・ダナウェイ）が余命数週間で集中治療を受けている。刑事は殺人犯を追い、それから死にゆく運命の妻を思いやる。殺人犯を追い、それから妻に物語を読み聞かせる。さらに殺人犯を追いかけ、また妻を見舞いに病院へ行く。このように交互に入れ替わるストーリー設計は、やがて観客の好奇心に火をつける。「殺人犯はいつ病院へやってくるのだろう」と。だが、結局現れない。妻は死に、刑事は殺人犯を捕らえ、メインプロットとサブプロットは交わることなく、観客は混乱して不機嫌のまま取り残される。

しかし、ローレンス・サンダースの小説では、この設計が強力な効果を発揮する。というのも、ページに書かれたメインプロットとサブプロットが、主人公の頭のなかで互いに入り組んだものになっているからだ。つまり、サイコキラーに対するすさまじい執念と、妻に必要な安らぎを与えてやりたいという強い望みが衝突し、妻を失う恐怖感や愛する者が苦しむ姿を目のあたりにする苦痛と、冷酷だが頭の切れる殺人者を追跡するときの冷静さがせめぎ合っている。小説家は登場人物の頭のなかにはいって、内的葛藤を一人称や三人称で直接ことばで描写できる。これは脚本家にはできない。

脚本は精神を物質化する技術だ。脚本家は内的葛藤にまつわるものを視覚化する。つまり、概念や感情を会話やナレーションの形で説明するのではなく、登場人物の選択や行動を目に見える形で表現して、内面の思考や想念を言語に頼らずに間接的に伝える。だから、小説の内面世界はスクリーンに再現されないと何も伝わらない。

マヌエル・プイグの『蜘蛛女のキス』を映画化するにあたって、脚本家のレナード・シュレイダーも似たような構造上の問題に直面した。この作品も、メインプロットとサブプロットの複雑なからみ合いは、主人公の頭のなかでしか起こらない。サブプロットは蜘蛛女（ソニア・ブラガ）が登場する話だが、実のところ、蜘蛛女というのは、ルイス（ウィリアム・ハート）がかつて観た数々の映画のおぼろげな記憶に盛大に脚色して創りあげた偶像にすぎない。シュレイダーはルイスの幻想を劇中劇に仕立てることによって、ルイスの夢と欲求を可視化した。

それでもまだふたつのプロットは現実の異なる位相にあるので、互いに交わることはできない。だが、サブプロットのストーリーをメインプロットに映し出すことで結びついた。それによって、ルイスが自身の幻想を現実で演じる機会が生まれた。その瞬間、ふたつのプロットがルイスの心のなかで衝突し、観客は内面で吹き荒れる感情のせめぎ合いを想像する。蜘蛛女が夢のなかでしたことを、ルイスは現実世界でするのだろうか。ルイスもまた愛する者を裏切るのだろうか。さらには、ふたつのプロットが「自己犠牲による愛」という統括概念を浮かびあがらせ、この映画全体を貫く主題を与えてもいる。

『蜘蛛女のキス』には、ほかにも特筆すべき設計上の技巧がある。原則として、メインプロットの契機事件は画面内で起こらなくてはならないが、この映画の契機事件は中途のクライマックスでようやくバックストーリーとして明かされる。ルイスは独裁政権下で投獄されたホモセクシャルの犯罪者であり、看守のオフィスに呼び出されて、ある取り引きを持ちかけられる。極左の革命家ヴァレンティン（ラウル・ジュリア）をルイスと同じ房へ収監するが、ヴァレンティンをひそかに探って有益な情報を入手できたら、出所させてやると言われるのだ。観客はこのやりとりを知らないまま一時間過ごし、体調のすぐれないヴァレンティンのために薬とカモミールティーを求めてルイスが看守を訪ねるときに、ようやくこのメインプロットを知ることになる。

多くの人にとって、この映画のはじまりは単調きわまりなく、もう少しで席を立ってしまうほどだ。では、なぜふつうに契機事件からはじめて、出だしから観客を引きつけようとしないのだろうか（小説は契機事件からはじめている）。それは、映画の冒頭でルイスが自由戦士のスパイ役を引き受ければ、観客はたちどころに主人公をきらうからだ。冒頭部分の早い展開か、主人公への共感か、どちらかの選択を迫られた脚本家のシュレイダーは、小説の構造を壊すことにした。小説では共感を得る手立てとして内面の語りが使われているが、映画では、ルイスとファシストたちの取り決めを明らかにする前に、ルイスがヴァレンティンを愛していることを観客に納得させる必要があるとシュレイダーは確信していた。正しい選択だ。共感がなければ、この映画は異国情緒の漂う映像による空虚な試みに成り果てていただろう。

ペースか共感かというような両立しえない選択を迫られたとき、賢明な脚本家は肝要なものを残すためにストーリーを再設計する。慣例を壊すのもねじ曲げるのも自由だが、それをおこなってよいのは、「より重要なものに置き替えるため」という目的があるときだけだ。

10 シーンの設計

この章では、シーンの設計の構成要素である転換点、伏線と落ち、感情の強度、選択に着目する。第11章では、ふたつのシーンを分析して、ビートがどのようにシーンの内面を形作るのかを見ていく。

転換点

シーンはストーリーのミニチュア版だ。一定のまとまりを持つ時間と空間で葛藤が生まれ、それによって起こされたアクションが、登場人物の人生の価値要素をプラスかマイナスへ変化させる。理論的には、シーンの長さと舞台にはほとんど制限がない。極小のシーンもあっていい。正しい文脈のなかであれば、トランプをめくる手の一ショットしかないシーンでも大きな変化を表現しうる。逆に、戦場の十カ所以上で繰りひろげられる十分間のアクションでも、たいした意味がないかもしれない。場所や長さにかかわらず、シーンは欲求、アクション、葛藤、変化がひとまとめになったものだ。

各シーンでは、登場人物が直近の時間と場所に関係した欲求を追い求める。だが、この「シーンの目的」は、その人物の「究極目標」またはストーリーの脊柱（契機事件からストーリー・クライマックスまでの全編に及ぶ探求）の一部となっていなくてはならない。シーンのなかでは、どんなアクションを起こすべきかという選択の重圧に迫られた登場人物が、シーンの目的に基づいて行動を起こす。ところが、葛藤のどれか（またはすべて）から予想外のリアクションが返ってくる。その結果、予想と結果のあいだにギャップが開き、その人物にとって意味のある外面または内面（あるいは両方）の価値要素がプラスからマイナスへ、またはマイナスからプラスへと変わることになる。

シーンで起こる変化は、重要ではあるが小さなものだ。「シークエンスのクライマックス」とは、中程度の方向転換──ふつうのシーンより大きな影響がある変化──を引き起こすシーンのことを言う。「幕のクライマックス」は、大きな方向転換──シークエンスのクライマックスよりさらに大きな影響がある変化──を引き起こすシーンを指す。したがって、平板で変化のない、明瞭化のためだけのシーンはあってはならない。規模の大中小にかかわらず、転換点がどのシーンにもあるストーリーを設計して創作することが、めざすべき理想である。

『大逆転』(83)。問題となる価値要素──富。ビリー・レイ・ヴァレンタイン（エディ・マーフィー）は、脚の不自由な物乞いが登場するオペラ「ポーギーとベス」にヒントを得て、みずから下半身不随を装いつつスケートボードに乗り、通りで物乞いをしている。そんなビリーを警官が捕らえようとしたときにギャップが口をあけ、年老いた実業家のデューク兄弟（ラルフ・ベラミーとドン・アメチー）が突然止めにはいってビリーを救い出したために、ギャップがさらにひろがる。物乞いをするというアクションに対して、自分を取り巻く世界からのリアクションが、予想とは異なる強い形で返ってくることになったが、ビリーはそれに抗わず、ギャップに身をまかせるという賢明な選択をする。シーンが変わり、クルミ材の羽目板張りのオフィスで、デューク兄弟がビリーに三つぞろいのスーツを着せて、商品相場のブローカーに仕立てる。この愉快な転換点に及んで、ビリーの資産レベルは物乞いからブローカーまで引きあがる。

『ウォール街』。問題となる価値要素──富と誠意。若い証券マンのバド・フォックス（チャーリー・シーン）が、億万長者のゴードン・ゲッコー（マイケル・ダグラス）との面会を取りつける。バドは日々の生活費の支払いに負われながらも、真っ当な暮らしをしている。合法の投資プランを提案しているとき、バドのセールストークが予期せぬ敵対する力を引き起こしてしまう。ゲッコーが「わたしの知らないことを話してくれ」と言ってくるのだ。相手が誠実なビジネスなど望んでいないことにバドは突然気づく。バドはためらうが、以前父親から聞いた企業秘密を明かす。バドはゲッコーの非合法の陰謀に一枚噛むことを選択し、この強烈な転換点を機として、内面的には正直者から犯罪者へ、経済的には貧者から富者へと変わっていく。

転換点の効果には、「驚き」、「好奇心の高まり」、「洞察」、「新たな方向」の四つがある。

予想と結果のあいだにギャップが生じると、観客は驚きに心を揺さぶられる。登場人物も観客も予想しなかった形で世界が反応したからだ。驚きの瞬間がすぐさま好奇心を引き起こし、観客は「なぜ？」と思いをめぐらす。『大逆転』——なぜ老人たちは物乞いを警察の手から救ったのか。『ウォール街』——なぜゲッコーは「わたしの知らないことを話してくれ」と言ったのか。好奇心を満たすために、観客はそれまで観てきたストーリーを急いで振り返り、答えを探す。巧妙に設計されたストーリーなら、答えはいつの間にか入念に仕込まれている。

『大逆転』で、観客の思考はデューク兄弟がはじめて登場したシーンへ飛び、老人たちが人生に退屈しきっていて、自分たちの富を残虐なゲームに投じることにしたことに気づく。そして、老人たちはこの物乞いに天才のひらめきを見たにちがいない。そうでなければ、自分たちの駒として利用しようとは思わないだろう。『ウォール街』でゲッコーが「わたしの知らないことを話してくれ」と言ったことで生じた「なぜ？」には、すぐに答えが出る。ゲッコーは億万長者だから当然ペテン師だ。誠実な人間が大金持ちになることなど、まずありえない。ゲッコーもまたゲーム好き……それも犯罪がらみのゲームだ。バドがゲッコーと組んだとき、われわれの記憶は、前のシーンで自分のオフィスにいるバドまでさかのぼり、バドもやはり野心があり貪欲だったことに気づく——堕落への機は熟していたということだ。

俊敏で察しのいい観客の思考は、瞬時の理解でこれらの答えを見つけ出す。「なぜ？」という疑問が観客にストーリーをさかのぼらせ、それまで見てきたことがすぐさま新たな形をとりはじめる。急激に湧き起こった洞察が登場人物とその世界へ流れこみ、隠れていた真実の層が見つかって観客は納得する。

洞察は好奇心を高める。新たな理解によって、「つぎはどうなる？」や「どんな結果になる？」と、疑問がふくらんでいく。その効果はすべてのジャンルに見られるが、とりわけ犯罪映画の場合が顕著だ。新しいシャツをとろうとクロゼットをあけると、死体が倒れてくる。この巨大なギャップが、疑問の一斉射撃の引き金を引く。「だれが殺したんだ？　どうやって？　いつ？　なぜ？　殺人者は捕まるだろうか？」と。そうやって生まれた好奇心に、脚本家は応じる必要がある。価値要素が変化したその時点から、その先に訪れる転換点を作り出すために、ストーリーを新たな方向へ動かさなくてはならない。

『クレイマー、クレイマー』では、三十二歳の男が朝食を作れないことがわかった瞬間、シーンは方向転換する。「なぜ？」という疑問が起こり、観客の思考はギャップが生じる数分前へまでさかのぼる。人生での実体験や一般常識を武器に、観客は答えを探そうとする。

まず、クレイマーは仕事人間だ。とはいえ、仕事人間のなかにも、朝の五時にみごとな朝食を作る者はたくさんいる。また、クレイマーは家庭を顧みたことがないが、多くの男がこれにあてはまるし、稼ぎをもたらそうと努力する夫に対して、妻の忠誠心もそう揺らぎはしない。洞察を深めた観客がそこで考えるのは、クレイマーが子供だということだ。母親にいつも朝食を作ってもらっていた甘えん坊だ。その後、母親の役目は恋人やウェイトレスが担ったのだろう。そして、いまは妻が母親兼ウェイトレスというわけだ。これまで女はみなクレイマーを甘やかし、そんな状況にクレイマーも不満などあるはずがなかった。ジョアンナ・クレイマーは、事実上ふたりの子供を育てていて、成熟した関係が築けないことに失望して、結婚生活に見切りをつけた。そして、それはまちがっていないと観客は感じる。新たな方向——クレイマーが一人前の大人へと成長していくこと。

『スター・ウォーズ　帝国の逆襲』（80）のクライマックスでもたらされる洞察は、わたしが知るかぎり最も長い期間をさかのぼるものだ。ダース・ベイダー（デイヴィッド・プラウズ／ジェームズ・アール・ジョーンズ）とルーク・スカイウォーカー（マーク・ハミル）がライトセーバーで死闘を繰りひろげているとき、ベイダーが一歩後退して言う。「おまえにわたしは殺せない、ルーク。わたしはおまえの父親だ」と。「父親」ということばによって、映画史に残るほどの大きなギャップをもたらし、観客はこの映画全体だけでなく、三年を隔てた前作まで力ずくで引きもどされる。ダース・ベイダーとルークが顔を合わせたらどうなるかと、ベン・オビ＝ワン・ケノービ（アレック・ギネス）がなぜあれほど心配していたのかを、観客はたちどころに理解する。ヨーダ（声：フランク・オズ）がなぜあれほど必死になってルークにフォースの使い方を教えこもうとしたのかも、合点がいく。ルークがあれほど多くの危機を乗り越えられた理由も悟る――父親がひそかに守っていたからだ。ここまでもなんら矛盾がなかった二本の映画に、より深い意味のある層が加わった。新たな方向――『ジェダイの帰還』（83）。

『チャイナタウン』では、第二幕のクライマックスの前まで、モウレーが殺害されたのは金銭上の理由か嫉妬のどちらかだと観客は思っている。しかし、イヴリンが「あの子はわたしの妹でもあり、娘でもあるのよ」と言ったときに、衝撃で大きなギャップが開く。そのことばの意味を理解するために、観客は映画をさかのぼって、いくつもの深い洞察を得る。すなわち、父と娘の近親相姦、殺害の真の動機、そして殺人者の正体を。新たな方向――波乱の第三幕。

自己表現の問い

ストーリーの語り手は観客の肩に親しげに手をまわして「あることを教えてあげよう」と言い、たとえば『チャイナタウン』の一シーンへと導く。「見てくれ。ギテスがイヴリンを捕らえるつもりでサンタ・モニカまで車を走らせてる。玄関のドアをノックしたとき、中に招き入れられるかな？　見てくれ。さて、麗しきイヴリンが二階からおりてくる。ギテスと会えてうれしそうだ。ギテスは態度を和らげて許してやるかな？　見てくれ。それから、イヴリンは懸命に秘密を隠しとおそうとする。うまくいくかな？　見てくれ。イヴリンの告白を聞いたギテスは、イヴリンを助けるか、それとも逮捕するか？　見てくれ」

ストーリーの語り手は予想へといざない、観客に理解していると思いこませてから現実をこじあけ、驚きと好奇心を生じさせて、ストーリーのなかを何度も繰り返しさかのぼらせる。さかのぼるたびに観客の洞察は深みを増し、登場人物の性格やその世界へはいりこんでいく。見えている映像の奥に、言語化されていない真実があることに急に気づかされるのだ。そして語り手は新たな方向へ転じ、同じような瞬間を求めてさらなる高みへと進みつづける。

ストーリーテリングとは、ある約束を受け手と交わすことだ。しっかり耳を傾けてくれるなら、驚きを与え、想像もつかないレベルと方向で人生の痛みや喜びをお見せする、という約束である。何より大事なのは、それをさりげなく、ごく自然にやってのけることで、観客がみずから発見したかのように仕向けなくてはならない。鮮やかな方向転換には、観客の頭に急に知識がなだれこんできて、それをみずから悟ったかのように感じさせる効果がある。みずからというのは、ある意味で正しい。洞察は観客が注意を傾けたことで得られる報酬であり、巧みに設計されたストーリーはシーンにつぐシーンでこの楽しみを提供してくれる。

とはいえ、脚本家に対して、どのように自己表現をするのかと尋ねたら、たいがいこんなふうに答えるだろう。「ことばによってです。作中世界の描写と、登場人物たちのために書いた台詞によってね。わたしは作家ですから、言語で自己表現します」と。だが、言語というのはテクストにすぎない。ストーリーのどの段階においても、自己表現は転換点を発端とした洞察の洪水のなかで見いだされる。脚本家は世界に向かって両腕をひろげ、こう言っている。「これがわたしの人生観であり、わたしの世界に住む人々に対する見方です。こんな状況やこんな理由で、人々にこんなことが起こると考えているのです。わたしの思考、わたしの感情。これがわたしです」と。脚本家が自己表現をする最も強力な手立ては、ストーリーを独特な手法で展開させることだ。

ことばはそのつぎに来る。脚本家は持ち前の文才をもとに、明晰な表現力によって鮮やかにシーンを書きあげ、そのシーンを観る者がみずから望んで楽しみながら転換点を体験できるようにする。だが、ことばは重要ではあるものの、それはあくまで読者をストーリーの内奥へ導いていく表面的な手立てでしかない。言語は自己表現の手段のひとつであり、飾り立てること自体が目的となってはならない。

三十、四十、五十以上ものシーンのそれぞれが、小さな、中程度の、大きな変化をもたらし、そのどれもが作り手の考えを反映しているストーリーを設計するのは、きわめてむずかしい。だから、力のないストーリーでは、内面から得られる洞察の代わりにただの情報を挿入する。作り手の意図を登場人物にそのまま代弁させたり、さらに悪いことに、画面外のナレーションとして語ったりする脚本がどれほど多いことか。そんな脚本からよい作品が生まれるはずがない。そういう作品では、登場人物が自分自身について異様なほどくわしい知識を持っているが、そんなことは現実世界ではまずありえない。さらに重要なのは、どれほど明快で洗練された美文も、観客の人生経験と脚本家が巧みに構成した世界がめぐり会ったときに心に満たされる洞察の深遠さには、とうてい及ばないということだ。

伏線と落ち

ストーリーを進めていくために、脚本家はシーンごとに、みずから創作した架空の現実の表面にひびを入れてギャップを作り、観客にストーリーをさかのぼらせて洞察を与えるが、その際、「伏線」と「落ち」の組み合わせが必要になる。伏線とは知識の深層へ埋めこむことであり、落ちとはその知識を観客に与えてギャップを消すということだ。予想と結果のギャップが生じたために、観客が答えを求めてストーリーをさかのぼるとき、脚本家が作中にあらかじめそのヒントを仕込んでいないと、観客は答えを得られない。

『チャイナタウン』で、イヴリン・モウレーが「あの子はわたしの妹でもあり、娘でもあるのよ」と言ったとき、観客は即座にイヴリンの父ノア・クロスとギテスのシーンを思い出す。モウレーが殺害される前日に、義理の息子と何について言い合っていたのかと、ギテスがノア・クロスに尋ねるシーンだ。「娘のことだ」とクロスは言う。はじめてこれを聞いたとき、観客はイヴリンのことだと思う。しかしいま、あれはキャサリンのことだった、自分の娘に生ませた自分の娘のことだったとひらめく。クロスがそう言ったのは、ギテスがまちがった結論に至るであろうことを、そして、自分が起こした殺人をイヴリンのしわざだと暗に推測するであろうことを確信していたからだった。

『帝国の逆襲』で、ダース・ベイダーがみずからルークの父親だと明かしたとき、観客は、ルークがフォースの使い手になることについてベン・ケノービとヨーダが悩んでいたシーンへと一気にさかのぼる。もともとはそれを、ルークの身の危険を案じているだけだと思っていた。実際には、ふたりの師はルークの魂について、父親が「暗黒面《ダークサイド》」へ誘いこむのではないかと危ぶんでいたことを観客は知る。

『サリヴァンの旅』のジョン・L・サリヴァンは、『腰布の人、またのお越しを』、『1939年のベンツのなかのパンツ』〔どちらも架空の映画〕など、数々の喜劇映画のヒット作を生み出した映画監督だ。世界の悲惨な状況に後ろめたさを覚え、次作は「社会的意義」のある映画にしようと決意する。腹を立てた制作会社の重役陣は、ハリウッド育ちのサリヴァンに「社会的意義」など理解できるはずがないと指摘した。

そこで、サリヴァンは調査をすることにした。アメリカじゅうを見てまわろうと旅に出るが、サリヴァンの執事、料理人、秘書、恋人、さらには、このばかげた冒険を宣伝の呼び物にしようと目論む広報係を乗せた空調つきのトレーラーが追いかけてくる。サリヴァンは人ちがいのせいで、ルイジアナ州の湿地帯で投獄される。エージェントへ電話をかける十セント硬貨すらなく、突如として「社会的意義」のある状況にどっぷりと浸かってしまった。

ある夜、刑務所内の建物からにぎやかな笑い声が聞こえてきた。それは満員の仮設映画館から聞こえてくるもので、服役囚たちがミッキーマウスの映画を観ながら大笑いしていたのだった。彼らは「社会的意義」のある映画など必要としていないことに気づき、サリヴァンは愕然とする。これまでの人生で、すでにいやというほど経験しているからだ。彼らが求めているのは、サリヴァンが最も得意とするもの——良質で肩の凝らない娯楽作品だ。

この卓越した方向転換を機に、観客はストーリーをさかのぼって、サリヴァンの心のなかを、そしてほかにも多くのことを知る。観客はハリウッドの上流社会を風刺する数々のシーンを思い返していくうちに、社会的問題を解消する手立てを差し出がましく教示する商業映画は、どれもまやかしだと悟る。ごく一部の例外を除いて、サリヴァンも含めた映画作家たちは、実際に苦しんでいる貧しい人々より、絵になる貧しい人々のほうにたいがい関心があるからだ。

伏線の扱いには細心の注意が必要だ。初見ではひとつの意味しかないように思わせて、あとで一気に振り返ったとき、より重要な第二の意味が感じられるようにしなくてはならない。それどころか、ひとつの伏線に第三や第四の意味を隠しておくことも可能だ。

『チャイナタウン』で、ノア・クロスが登場したとき、クロスは殺人事件の容疑者だが、娘を案じる父親でもあった。イヴリンが近親相姦について明かしたときにはじめて、観客はクロスのほんとうの狙いがキャサリンにあったことに気づく。第三幕で、クロスが財力に物を言わせてギテスを妨害し、キャサリンを捕らえようとすると、観客はそれ以前のクロスが登場するシーンに第三の意味が隠れていることを知る。それはクロスが狂気の男だということで、殺人を犯しても裁きを回避しうる絶大な権力に突き動かされていた。最後のシーンで、クロスがキャサリンをチャイナタウンの暗がりへ引きこむとき、観客はみな、この陰惨で異常な事件の奥底にあるのが、近親相姦によって設けた子と交わりたいというクロスの欲望だったことに気づく。

伏線は、観客が頭のなかで振り返ったときに思い出せるように、しっかりと植えつけておかなくてはならない。伏線があまりにもわかりづらいと、観客は見落とす。唐突すぎると、転換点がすぐそこに待ちかまえていると感づかれる。明白なことをもったいぶって描いたり、異常なことをあまりにさりげなく描いたりすると、転換点はうまく機能しない。

また、伏線の仕込み方は、対象とする観客層によって調整する必要がある。若い観客を対象とする映画では顕著な伏線を張るが、それは中高年層ほどストーリーに通じていないからだ。たとえば、ベルイマンは若者には難解だ。それは、考えを説明されても理解できないからではなく、まったく説明がないからだ。ベルイマンの映像表現はきわめて抑制がきいていて、教養人や、社会的経験が豊富な人や、洗練された感覚を持つ人だけが理解できるような伏線を織りこんでいる。

ある伏線によってギャップが埋まると、落ちの部分はほぼ確実に、ひとつ先の落ちの伏線となる。『チャイナタウン』で、イヴリンはキャサリンが近親相姦によって生まれた子だと明かし、父は危険な人間だ、あなたはどんな人物を相手にしているかわかっていないと、ギテスに繰り返し警告する。そして観客は、わが子の所有をめぐる争いのすえにクロスがモウレーを殺害したことに気づく。この第二幕の落ちは、第三幕のクライマックス――ギテスがクロス逮捕に失敗し、イヴリンが殺され、父であり祖父であるクロスが怯えるキャサリンを暗がりに引きこむ――の伏線となっている。

『帝国の逆襲』で、ダース・ベイダーがルークに真相を明かすと、前作からつながるさまざまな伏線が回収される。しかし、この落ちはすぐにルークのつぎのアクションへの伏線になる。この若き勇者はこれからどうするだろうか。ルークは父を殺そうと試みるが、父は息子の手首を切断する（落ちであり、つぎのアクションの伏線でもある）。敗北したルークはどうするだろうか。クラウド・シティの外へ身を投じ、名誉ある死をとげようとする（落ちであり、つぎのアクションの伏線でもある）。ルークは死ぬだろうか。いや、落下の途中で仲間たちに救助される。この幸運の到来が自殺の場面の落ちとなり、父と息子の対立に決着をつける第三作への伏線になる。

『サリヴァンの旅』では、自分がいかにうぬぼれた愚か者だったかをサリヴァンが自覚したとき、それ以前の幕に見られた数々の横柄な愚行が説明されて、落ちがついた。そして、サリヴァンのつぎのアクションへの伏線を張る。どうやって囚われの身から抜け出すのか。自分が何者なのかを発見したことで、ハリウッド式の考えに立ち返ることになる。刑務所だけでなく、どんな面倒事でもそこから脱出する方法は、ハリウッドのプロならだれでも思いつくように、世間に注目されることだ。そこでサリヴァンは、裁判にかけられてマスコミの注目を集めようと、犯してもいない殺人を告白して、映画制作会社の重役や敏腕弁護士たちの救いの手を待つ。この落ちが解決のシーンへの伏線となる。最後にサリヴァンはハリウッドの仕事にもどり、以前と変わらない気楽な娯楽映画を撮影している――いまは納得したうえで。

伏線を張って落ちをつけ、また伏線を張って落ちをつけることを繰り返していると、独創に富んだアイディアがひらめくことがある。

親のいないマークとマイケルの兄弟についてのストーリーを手がけているとしよう。兄弟はひどい環境の施設で幼年期を過ごす。互いになくてはならない存在で、何年にもわたってかばい合い、支え合ってきた。やがてふたりは孤児院から逃げ出す。路上で暮らすようになった兄弟は、つねに助け合いながら、生き延びるために苦闘する。マークとマイケルは互いを思いやっているし、観客もこの兄弟が大好きだ。しかし、ひとつ問題がある。ストーリーがないのだ。これは「兄弟対全世界」という図式を描いたものにすぎない。強い兄弟愛が繰り返し示されるなか、変化するのは場所だけだ。本質は何も変わらない。

だが、代替可能なエピソードの連鎖をながめているうちに、「マークがマイケルを裏切ったらどうなる？マイケルにたかって、金も恋人も奪ったら……」と、突飛なアイディアが浮かぶ。気づくと、頭のなかで議論を闘わせながら室内を歩きまわっている。「ばかげてる！　ふたりは互いを思いやってるんだ。力を合わせて世界に立ち向かってきたんだ。つじつまが合わない！　でも、うまいアイディアだ。いや、忘れろ。だけど、すごいシーンになるぞ。いいかげんにしろ。筋が通らないだろ！」

そして、光が差す。「こうしたらどうだろう。振り出しにもどって、その奥底に埋めこもう。世界に立ち向かう兄弟？　カインとアベルはどうだ。兄弟間の対抗意識とか？　最初から書きなおして、マイケルに嫉妬するマークの苦い思いや、マイケルの優越感と横柄さをすべてのシーンに滑りこませる。美しい忠誠心の奥にひっそりと息づかせる。うまくやれば、マークがマイケルを裏切ったとき、観客にマークのなかの抑圧された嫉妬心が垣間見えて、何もかも納得できるだろう」

これで登場人物たちは、反復するのではなく、変化していく。ひょっとすると書き手は、つまるところ、自分自身の兄弟について、認めたくない本心を吐露していることに気づくかもしれない。しかし、これで終わりではない。突然、なんの前ぶれもなく第二のアイディアが浮かぶ。「マークがマイケルを裏切るのは、最後から二番目のクライマックスだ。それが最終幕でストーリー全体のクライマックスの伏線になる。最終幕ではマイケルが仕返しをして……」ありそうもないことを考えてみたのがきっかけとなり、自分ならではのストーリーを見つけることができたわけだ。ストーリーテリングでは、筋道立てた思考があとで効果を発揮する。人生とはちがって、ストーリーはいつでもさかのぼって修正することができる。一見不条理なことを伏線にして、それに筋道を立てることもできる。理由づけは二次的なもので、あとから考えてもいい。何にも増して優先すべきは想像力だ——どんな途方もないアイディアでもひねり出し、筋が通っても通らなくても、さまざまなイメージを具体化しよう。十のうち九は使い物になるまい。だが、たったひとつの荒唐無稽なアイディアに胸がざわつくかもしれない。突拍子もない考えのなかにすばらしいものが隠れていることを告げる胸騒ぎだ。あなたは直感的なひらめきでうまく関連を見いだし、ストーリーをさかのぼって筋の通ったものにする。論理はたやすい。スクリーンへの道にいざなうのは想像力だ。

感情の推移

脚本家は、登場人物の目に涙を光らせたり、俳優が歓喜にあふれて朗読するような華美な台詞を書いたり、官能的な抱擁を描いたり、怒りに満ちた音楽を流したりといった手立てで観客の感情を動かすのではない。そうではなく、感情を引き起こすのに欠かせない体験を正確にとらえて、それを観客に示すのがわれわれの仕事だ。ストーリーの転換点は、観客に深い理解を促すだけでなく、感情を揺さぶる力も生み出す。

観客の感情体験を生み出す手法を理解するためには、感情にはたったの二種類——快楽と苦痛——しかないことを、まず知るべきだ。どちらにもバリエーションはある。一方には喜び、愛情、幸福、歓喜、楽しみ、恍惚、感激、至福など、たくさんあり、もう一方にも苦悩、嫌悪、不安、恐怖、悲嘆、屈辱、倦怠、困窮、重圧、後悔など大量にある。だが、本来、人生はふたつの感情のどちらかしか与えてくれないものだ。

物語のなかの価値要素が推移していくと、観客はある感情をいだく。第一に、主人公に共感すること。第二に、主人公が何を望んでいるかを理解して、それを手に入れてもらいたいと思うこと。第三に、主人公の人生で危機にさらされている価値要素を理解すること。これらの条件のもとに、価値要素の変化が観客の感情を動かす。

あるコメディ映画が、主人公の富の価値要素がマイナスの極貧状態からはじまるとしよう。シーンやシークエンスや幕を経て、主人公の人生は貧困から金持ちへとプラスに推移する。この主人公が望むものへ向かって進むのを見守るとき、持たざる者から持つ者への変化は、プラスの感情体験として観客の気分を高揚させる。

ところが、その高揚感が横這いになると、プラスの感情はすぐに消え失せる。感情というものは、比較的短期の精神体験であり、頂点に達して燃えあがり、すぐに燃えつきる。だから観客はこう考える。「すばらしい。金持ちになった。それからどうなる?」

つぎに、ストーリーはプラスからマイナスへの推移を形作る新たな方向へと転換しなくてはならない。それも、負の度合いを以前の一文なし状態よりも大きくすべきだ。裕福な状態から、マフィアに借金をする状況まで転落させてはどうだろう。ただの貧困よりはるかにまずい状況だ。この変化がつづいて、プラスからゼロ以下へと落ちれば、観客の感情はマイナスになる。だが、主人公が高利貸しから多額の借金を背負うところまで落ちると、その感情は消えていく。「ひどい展開だ。散財したあげくにマフィアから借金するなんて。つぎはどうなる？」

ストーリーはさらに新たな方向へ転換しないといけない。主人公がマフィアのドンに扮して組織を乗っとり、借金から逃れてはどうだろう。二重のマイナスから皮肉にもプラスへ推移すると、観客はそれまで以上に強くプラスの感情を持つ。ストーリーは「収穫逓減の法則」に従って、プラスとマイナスの感情を交互に力強く作り出さなくてはならない。

収穫逓減の法則とは、「ひとつのことを経験すればするほど、その効果は減じていく」ことを示すもので、これは人生と同じようにストーリーでも通用する。言い換えれば、感情体験は連続して同じ効果を得られはしないということだ。ひとつ目のアイスクリームはものすごくおいしい。ふたつ目はまずまず。三つ目となればうんざりだ。はじめて体験した感情や感覚には、最大の効果がある。それが三度目となれば、最初の効果がないどころか、むしろ逆効果になる。

あるストーリーに、悲劇的なシーンがつづけざまに三回あるとしよう。効果のほどはどうだろう。最初のシーンで観客は涙を流す。二度目では鼻をすする。三度目では笑いだす……それも大声で。三番目のシーンが悲しくないからではなく（ひょっとしたら、三回のなかでいちばん悲劇的かもしれない）、前のふたつのシーンで観客は悲しみの感情を出しきってしまったからであり、なおも泣かせようとする作者を、滑稽とまでは言わないにせよ、鈍感だと思うからだ。それどころか、真剣な感情の繰り返しは喜劇が得意とする手口だ。

観客が何度も繰り返して笑っているように見えるので、喜劇はこの法則にあてはまらないと思えるかもしれない。だが、それはちがう。笑いは感情ではない。喜びは感情だ。笑いとは、ばかげているものや突拍子もないものに浴びせる批評であり、恐怖から愛情まで、あらゆる感情の内側で湧き起こる。また、安心感なしに笑うこともない。ジョークはふたつの部分で成り立っている。伏線と落ちだ。伏線において、危険な状況やセックスや排泄の話題——タブーとされるもの——を通してほんの一瞬でも観客の緊張感を高め、落ちで笑いを爆発させる。喜劇のタイミングの秘訣は、落ちやギャグを言うのに、いつ伏線が熟すかを見誤らないことだ。喜劇俳優はそれを直観で体得し、落ちばかり連発すれば歓迎されなくなることを経験から学んでいる。

だが、例外がひとつある。ストーリーはプラスからプラスへ、またはマイナスからマイナスへ進むことができる。ただし、それはふたつの差異がきわめて大きく、振り返ると、ひとつ目が反対の効果を帯びている場合にかぎる。ふたつの出来事を検討してみよう。恋人同士が口論して別れる。マイナス。つぎに一方がもう一方を殺す。二番目の展開のマイナス要素があまりに強いので、口論がプラスに思えるようになる。殺人という観点から見れば、観客は一番目の別れの場面を振り返って、「少なくとも話し合いはおこなわれた」と考える。

感情の落差が非常に大きい場合には、連続するふたつの出来事は、興醒めすることなくプラスからプラスへ、またはマイナスからマイナスへ進むことができる。しかし、少しずつしか変化しないほうがふつうであり、その場合、同じ方向の感情をつづけると、予想していた半分の効果しかあがらず、さらに繰り返すと、あいにく逆効果をもたらす。

収穫逓減の法則は人生のあらゆることに通用するが、セックスだけは例外だ。これだけは、効果が際限なく繰り返されるように思える。

価値要素の推移が感情を生み出すと、心性が作用しはじめる。このふたつはよく混同されるが、心性は感情ではない。感情は短期的な経験で、急速にピークに達して燃えつきる。心性は長期的に心に浸透した背景で、何日も、何週間も、ときには何年にもわたって生活を彩る。実のところ、特定の心性が個人の特徴となることがよくある。快楽と苦痛という、人生の中核にある感情には、それぞれ多彩なバリエーションがある。では、われわれはプラス／マイナスのどんな感情を体験するのだろうか。答えはそれを取り巻く心性のなかで見つかる。鉛筆画に顔料を足したり、旋律にオーケストラを加えたりするように、心性は感情を際立たせる。

周囲の人との関係も仕事も順調で、よい人生を送っていると思っている男のことを考えてみよう。そこへ恋人が死んだという知らせが届く。男は悲嘆に暮れるだろうが、やがて回復して、ふだんどおりの生活を送る。一方、毎日が陰鬱で重圧ばかりを感じ、何をしてもうだつがあがらない男がいるとする。そこへ恋人が死んだという知らせが届く。もしかしたら……男は恋人のあとを追うかもしれない。

映画では、人間にとっての心性にあたるものは、ムードとして知られる。ムードは映画の流れのなかで生まれる。つまり、光と色彩の質、アクションと編集のテンポ、配役、台詞のスタイル、制作の設計、音楽などだ。それらすべてが合わさって、特定のムードが作られる。一般に、ムードは伏線と同じく前兆を示すもので、観客の期待を準備したり形作ったりする。引き起こされる感情のプラス／マイナスはシーンの力が決定するが、ムードが徐々にこの感情を明確にする。

たとえば、つぎの寸劇がプラスの感情を生み出すために設計されたとする。恋人同士が疎遠になり、もう一年も口をきいていない。恋人と会わないあいだに男の人生は窮地を迎えていた。事態は絶望的で、文なしになった男は、金の無心をするために恋人のもとを訪ねる。このシーンは、男の生き残りと男女の愛というふたつの価値要素がマイナスからはじまる。

男は恋人の家の玄関をノックする。女は戸口で男と対面するが、家には入れない。男は近所迷惑になるほど騒ぎ立て、女がきまり悪がって中へ入れてくれることを期待する。女は警察へ通報すると脅す。男はそうすればいいと開きなおり、とんでもなくまずい事態なんだ、自分の身の安全が保証できるのは刑務所だけかもしれないとドア越しにわめく。お好きにどうぞと女もやり返す。

恐れと怒りのあまり、男はドアを叩き壊す。だが、女の顔つきを見て、こんなやり方ではだれも金を貸してくれないことに気づく。それで神妙になり、借金とりから両腕と両脚を折ると脅されていると打ち明ける。女は同情するどころか笑いだし、首の骨も折ってくれればいいのにと言う。男は大泣きし、恋人にすがりついて頼みこむ。男の顔に浮かんだ狂気の表情に女は震えあがり、男を追い払おうと抽斗から銃を取り出す。男は笑い、その銃は一年前に自分が与えたもので、撃針が故障していると言う。女も笑い、銃は修理したと言いながら、証明するために男の脇の電気スタンドを撃つ。

男が女の手首をつかみ、ふたりは銃を奪い合って床に倒れこむ。互いにもつれ合っているうちに、一年以上も感じていなかった感情が急に湧き起こり、ふたりはひしゃげた電気スタンドと壊れたドアの横で愛を交わしはじめる。男の脳裏で小さな声がささやく。「きっとうまくいくよ」だが、ギャップが生じる。男の思いと……男の体のあいだに。まったく困ったものだ、と女は笑みを浮かべながら思う。憐れみと親愛の情にほだされて、女はふたたび男を自分の人生に迎え入れる。シーンはプラスで終了する。男は生き延びるために女の助力を得て、ふたりの愛は修復される。

観客がこのふたりの登場人物に共感するとしたら、マイナスからプラスへの移行はプラスの感情を生み出す。しかし、どの感情だろうか。プラスの感情といってもたくさんある。

たとえば、脚本家が、明るい色合いの花々がプランターや木々に咲き乱れる夏の日を求めているとする。プロデューサーはジム・キャリーとミラ・ソルヴィノを起用する。監督はふたりをフルショットで撮る。これらが組み合わさると、喜劇的なムードが生まれる。喜劇は明るい光と色を好む。喜劇では俳優が全身を使って表現するので、フルショットが必要だ。キャリーとソルヴィノは道化役を演じるとすばらしい。キャリーがドアを叩き割るとき、ソルヴィノが銃を取り出すとき、ふたりが愛を交わそうとするとき、観客はぞくぞくしながらもなんだか笑ってしまう、そんな気分を味わうことだろう。そしてソルヴィノがキャリーを受け入れたときには、喜びでいっぱいになるはずだ。

しかし、同じシーンが真夜中に設定されたとしたらどうだろう。月光と街灯の光を受けて、家には風にあおられた木々の影が映し出されている。監督は斜めの角度から撮影し、色調を抑えるように技術者へ注文する。プロデューサーはマイケル・マドセンとリンダ・フィオレンティーノを起用する。ビートをひとつも変えていないが、シーンにはスリラー作品のムードが満たされる。ふたりのどちらかが生きて出てこられないのではないかという恐怖で、観客の心臓は口から飛び出さんばかりだ。マドセンが荒々しく玄関を突破し、フィオレンティーノが銃をつかみ、ふたりが銃を取り合って争う。最後にふたりが抱き合うとき、観客は安堵のため息をつくだろう。

シーンやシークエンスや幕が弧を描き、それが基本の感情を決定する。ムードはそれを具体化する。だが、ムードは感情の代わりにはならない。ムードに浸りたいとき、われわれは音楽会や美術館へ行く。有意義な感情体験をしたいときには、ストーリーに頼る。脚本家が説明だらけで何も変化しないシーンを書き、日光が降り注ぐ庭を舞台にしてきらきらしたムードを漂わせようとしても、なんの意味もない。その脚本家は、自分のお粗末な作品の責任を監督や俳優に押しつけただけだ。説明ばかりで劇的なところがないシーンは、どんな明かりに照らしても退屈だ。映画はただの装飾的な映像ではない。

選択の本質

転換点では、登場人物がプレッシャーのかかった状況において、欲求をかなえるためにどんなアクションを選択するかに焦点があてられる。人間の本質は、「よい」や「正しい」と思ったとき、かならず「よい」ものや「正しい」ものを選ぶことを要求する。逆はありえない。だから、明らかな善と明らかな悪、あるいは正と誤が存在する場合、登場人物がどちらかを選ぶ状況に陥ったとしても、その人物の立場を理解している観客は、どんな選択をするのかを前もって知っている。

善か悪か、正か誤かの選択は、選択ではない。

五世紀のヨーロッパの国境を前に、フン族の王アッティラがおおぜいの民を睥睨しながら、「侵略し、殺し、凌辱し、略奪し、火を放ち、荒れ果てさせるべきか……あるいは引き返すべきか」と自問するところを想像してみよう。アッティラにとって、そんなものは選択ではない。侵略し、殺し、略奪し、荒れ果てさせるべきに決まっている。ようやく目的に手が届くというのに、二大陸を横断して率いてきた何十万もの兵士とともに引き返すわけにはいかない。侵略される側から見れば、アッティラの選択は邪悪なものだ。しかし、それは侵略される側の視点だ。アッティラにとっては、自分の選択が正しいのはもちろん、おそらく道義にかなうと思ってもいたのだろう。歴史上に名を連ねる多くの暴君と同様に、アッティラもまた神聖な使命を担っていると考えていたはずだ。

もっと身近な例をあげよう。男が路上で鈍器を使って通行人を殴り殺し、財布から五ドルを盗む。それが道徳的ではないことは男も理解しているだろうが、「道徳／不道徳」、「正／不正」、「合法／違法」のあいだには相互の関係がないことが多い。男は自分がしたことをすぐに後悔するかもしれない。だが、殺害の瞬間には、男の視点から見てそれは正しい選択だったはずだ。そうでなければ、腕が動くわけがない。

自分のすることが正または善だと信じるか納得するかしないかぎり、人間は行動を起こすことができない。人間のこの本質について理解していなければ、何も理解していないのとあまり変わらない。善か悪か、正か誤かの選択はあまりにも明らかで、選択とは呼べないほどだ。

真の選択とは、自己矛盾のジレンマにほかならない。ジレンマはふたつの状況で発生する。第一は、「両立しない善」をめぐる選択だ。主人公にとってはどちらも魅力的で両方手に入れたいが、諸事情から一方だけを選ばざるをえない。第二は、「ましなほうの悪」をめぐる選択だ。主人公にとってはどちらも好ましくなく、どちらも拒みたいが、諸事情から一方を選ばざるをえない。真のジレンマに陥ったときにどんな選択をするかを描けば、その人物の人間性と住む世界を力強く表現できる。

ホメロスの時代から、作家はジレンマの原理を理解し、二者間の関係を語るストーリーが持続しがたいこ

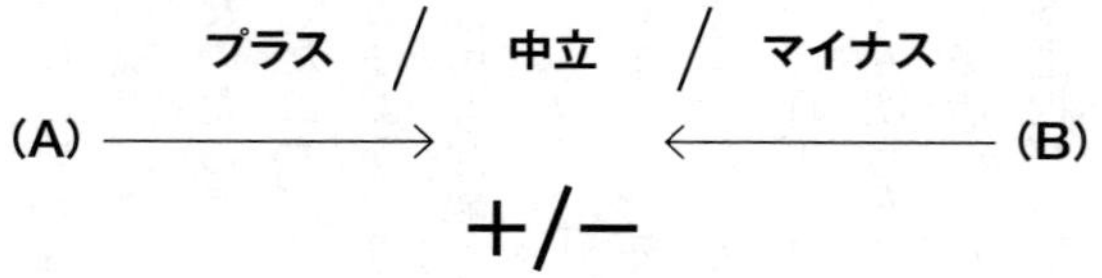

と、登場人物Aと登場人物Bの対立や葛藤を語るだけでは満足なものにならないことを知っていた。

二者間の対立や葛藤はジレンマではなく、プラスとマイナスのあいだを揺れ動いているだけだ。たとえば、「愛されてる／愛されてない、愛されてる／愛されてない」と繰り返すのは、好調と不調のあいだを行きつもどりつして、解決できないストーリーの問題をみごとに表している。退屈であるばかりか、これでは決着がつかない。

このパターンのままクライマックスに達しようと試み、「愛されてる」と主人公が信じてプラスで終わる場合、観客は「見てろ、あすはまた愛されなくなるぞ」と考える。逆に、マイナスの「愛されてない」でクライマックスを迎える場合、観客は「だいじょうぶさ、また気が変わるから」と思いながら席を立つ。たとえ作中で恋の相手が殺されたとしても、主人公は「愛されてた？　愛されてなかった？」と思いをめぐらしたままなので、真の結末とはならず、観客は結局どちらかわからないまま出口へ向かう。

たとえば、ここにふたつのストーリーがある。ひとつは内面の快楽と苦痛のあいだで揺れるもので、もう

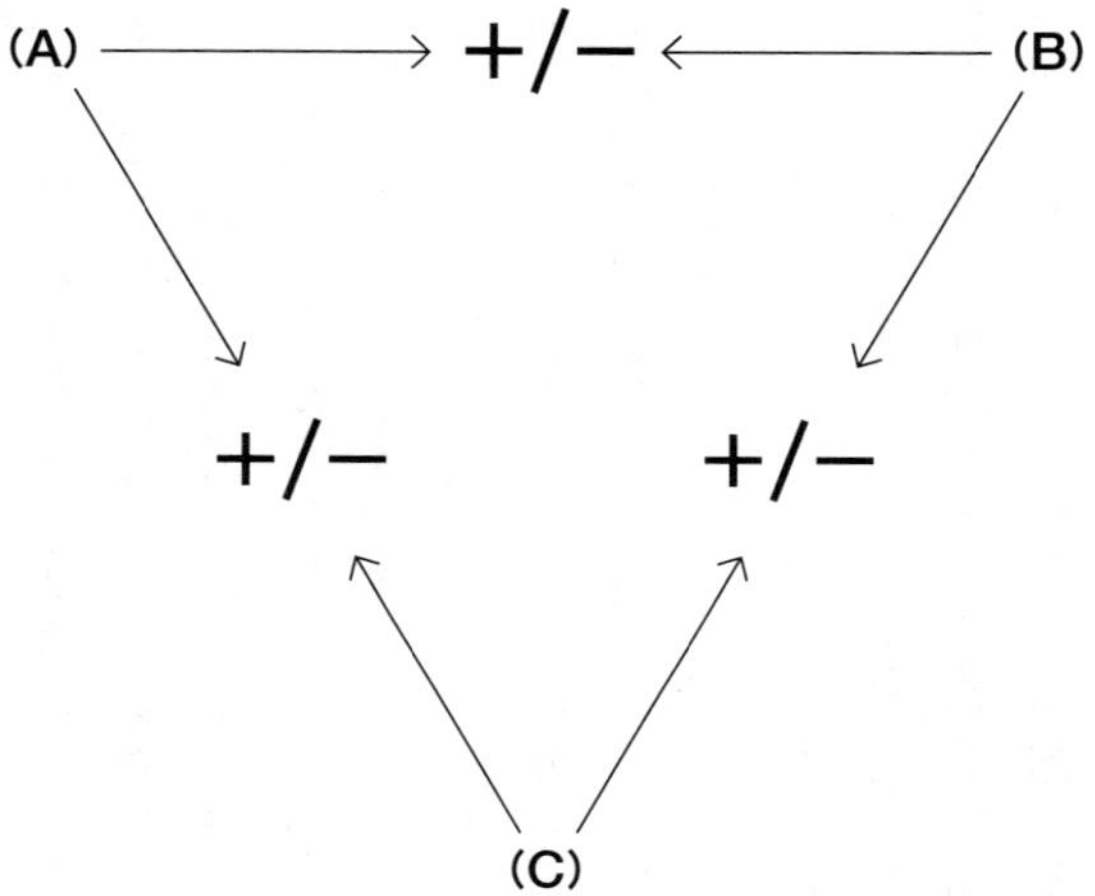

ひとつは内面のジレンマについてのものだ。『ベティ・ブルー　愛と激情の日々』(86)と『赤い砂漠』を比較してみよう。前者では、ベティ（ベアトリス・ダル）が強迫観念から統合失調症になる。ベティは衝動的に行動するが、真の決断はくださない。後者では、ジュリアナ（モニカ・ヴィッティ）が深刻なジレンマに直面する。居心地のよい幻想へ逃げこむか、きびしい現実に意味を見いだすか、つまり狂気か苦痛かというジレンマだ。ミニマリズムを模した『ベティ・ブルー』は苦悩をドラマと取りちがえ、重度の統合失調症患者のスナップ写真を二時間以上にわたって映しているにすぎない。『赤い砂漠』はミニマリズムの傑作であり、自分の本質のなかにある恐ろしい矛盾に打ち勝とうとあがく人間を克明に描写している。

　真の選択を的確に描き出すには、三面性のある状況を作る必要がある。現実の人生と同じく、意味のある決断は三角形で表せる。

　Cを加えたとたん、繰り返しを回避する豊富な材料が生まれる。まず、AとBのあいだには、たとえば「プラス／マイナス／中立」、「愛情／憎悪／無関心」などといった三種類の関係が成り立つが、この三種類をAとCのあいだ、BとCのあいだにも加えることができ、これで九種類になる。あるいは、AとBを組ませてCに対立させたり、AとCを組ませてBに、BとCを組ませてAに対立させたりすることもできる。さらに、全員が愛し合っていたり、憎しみ合っていたり、互いに無関心であったりという関係もありうる。三つ目の頂点を加えてできる三角形が二十以上のバリエーションを生み出すので、繰り返しなしにストーリーを進めるにはこれでじゅうぶんだ。四つ目の要素を追加すれば、三角形の組み合わせがいくつもできるので、無限と言ってよいほどの変化する関係が作り出せる。

また、三角形は終結をもたらしてくれる。AがBを選ぶか選ばないかだけで揺らいでいる二者間の物語なら、結末はなかなか決まらない。だが、AがBとCにはさまれる三角関係なら、Aがどちらか一方を選ぶことで、はっきりした結末を迎えることができる。BとCが「ましなほうの悪」や「両立しない善」を象徴するような甲乙つけがたい相手だったとしても、主人公は両方を手に入れることはできない。代償はかならず支払わされ、一方を得るためには、一方を危険にさらすか失うしかない。たとえば、AがBを得るためにCを捨て去ったら、観客は真の選択が成されたと感じるだろう。Cは犠牲となり、この決定的な変化によって、ストーリーが終結する。

やむにやまれぬジレンマでは、「両立しない善」と「ましなほうの悪」が組み合わさった選択を迫られる場合が多い。たとえば、ファンタジーロマンス映画『未亡人ドナ・フロールの理想的再婚生活』で、ドナ（ソニア・ブラガ）は、やさしくて頼りがいがあって誠実だが退屈な二番目の夫と、セクシーで刺激的だがすでに死亡した元夫のあいだで選択を迫られる。死んだはずの夫は、生前そのままの姿で血色もよく、かつてより性欲も旺盛な幽霊としてドナの前に現れる。ドナは白昼夢を見ているのだろうか。どんな選択をするだろうか。退屈ながら快適なふつうの生活か、ばかばかしいほど奇妙だが感情が満たされる生活か。ドナはジレンマに陥るが、やがて賢明な選択をする。どちらも手に入れたのだ。

独創的な作品では、相容れないふたつの欲求をめぐる選択に迫られる。ふたりの人物、人物と生活スタイル、ふたつの生活スタイル、ふたつの考え、ふたつの内面。どの葛藤レベルで対立するどんな欲求であれ、現実のものであれ架空のものであれ、考え出すことは可能だ。しかし、これにも共通の原則がある。選択はただの疑念ではなくジレンマを生まなくてはならない。そして、善悪や正誤のどちらかを選ぶのではなく、同等の重みと価値を持つプラスまたはマイナスの欲求の一方を選ぶ形にする必要がある。

11 シーンの分析

テクストとサブテクスト

人格構造が精神分析によって解き明かされるように、シーンの内面構造も、似た質問をぶつけることで明らかにできる。的確に問いかければ、欠陥に気づかずに読み流していたシーンが超スローモーションに分割されて、はっきりと姿を見せ、その秘密が明らかになる。

シーンがうまく展開していると感じたら、そこに手を加えないほうがいい。だが、初稿は単調になったり、無理が目立ったりしがちだ。会話を調整すれば命を吹きこめるだろうと思って、ダイアローグを何度も何度も書きなおし、結局は行きづまってしまうことも少なくない。問題はシーンのアクティビティではなく、アクションにある。つまり、登場人物の話し方やふるまいといった表層的なことではなく、仮面の下でほんとうは何をしているかだ。シーンはいくつかのビートで構成されるので、雑に設計されたシーンの欠陥は各ビートのアクション／リアクションに現れる。出来の悪いシーンで原因を見つけるためには、シーン全体を細かく分解しなくてはならない。したがって、分析で最初にするのは、シーンのテクストをサブテクストから切り離すことだ。

テクストとは、芸術作品の知覚できる表層部分を指す。映画の場合、それはスクリーンに映る映像や、ダイアローグと音楽と音響効果を合わせたサウンドトラックだ。見えるもの。聞こえるもの。人が言うこと。人がすること。一方、サブテクストは表面の下で息づくものだ。言動によって隠された思考や感情で、本人が気づいている場合も気づいていない場合もある。

何事も見かけどおりではない。この原理から、映画やテレビドラマの脚本家は、実生活をつねに裏表でとらえて、あらゆるものが少なくともふたつのレベルで成り立っていると認識することが求められ、それにのっとったものを書かなくてはならない。第一に、感覚でとらえることのできる実生活の表面、つまり、見えるものと聞こえるもの、アクティビティと会話をことばで描写する。第二に、意識的欲求と無意識的欲求、アクションとリアクション、衝動と本能、先天的願望と後天的な願望などの内面を描写する。現実がそうなら、物語でもそうだ。登場人物の発言や行動の裏にある真の思考や感情を、生きた仮面の下に隠さなくてはいけない。

ハリウッドでは古くから、「シーンを説明するためのシーンなど、くそ食らえ」と言われている。言い換えれば、含みのない書き方をすることであり、登場人物の心の底にある考えや思いをそのまま当人に語らせたり実行させたりする――サブテクストをそのままテクストに明示することでもある。

たとえば、こんなシーンを書くとしよう。魅力的なふたりがテーブルに向き合ってすわっている。テーブルにはキャンドルがともされ、その光でクリスタルのワイングラスがきらめき、恋人たちの潤んだ瞳が輝く。そよ風でカーテンが揺れる。ショパンの夜想曲が流れている。ふたりはテーブル越しに手を伸ばして相手の指先にふれ、うっとりと見つめ合いながらささやく。「愛してる、愛してる」まったくそのとおりだ。こんなシーンを演じることはできない。道で轢かれたネズミ並みの運命をたどることになる。

俳優は、身ぶり手ぶりを真似て、ことばを発する操り人形ではない。俳優は芸術家であり、創造に使う材料はサブテクストであって、テクストではない。俳優が役に命を吹きこむときは、内面から外面へと作りあげる。言い換えれば、語られない思考や感情、さらには無意識の思考や感情からはじめて、表面的なふるまいへと形作っていく。俳優はそのシーンに必要なことばを発し、必要なことをするが、創造の出発点となるのは内面である。前述したシーンを演じられないのは、内面がない、サブテクストがないからだ。演じられないのは、演じるべきものがないからだ。

これまで観た映画を振り返ってみると、つねにサブテクストの流れを見てきたことに気づく。映像は透明なものだ。スクリーンを見あげるとき、思考や感情を読みとっている気がしないだろうか。観終えるまで、自分のなかで何度も「この女の人がほんとうは何を考え、何を感じているのかわかる。心のなかで何が起こっているのか、本人よりもよくわかるし、ましてや自分の問題で手いっぱいの相手の男よりも理解している」と感じている。

日ごろ、われわれは表面を見て、それで終わらせがちだ。自分の要望や葛藤や空想で余裕がなく、他人の内面で何が起こっているのかを一歩さがって冷静に観察することはめったにない。たまに、コーヒーショップの奥にいるカップルに指で作ったカメラフレームをかざし、映画の一カットを想像してみることがある。そんなとき、ふたりの笑顔の裏に退屈さを読みとったり、ふたりの目に宿る苦痛に相手への期待を感じたりする。ただ、こうしたことは珍しく、それも一瞬にすぎない。しかし、ストーリーという儀式のなかでわれわれは、登場人物たちの表情やしぐさから、ことばにされていない深層心理を感じとる。

だから、われわれはストーリーの語り手に引きつけられる。ストーリーの語り手は表層を突き抜けて実体へと、あらゆるレベルで、しかも一瞬ではなく最後までわれわれを導いてくれる。ストーリーという暗闇の儀式に参加して、人生の表層を見透かし、発言や行動の奥にある感情や思考の中心にたどり着く喜びは、実生活ではなかなか得られない。

では、恋がはじまるシーンを書くとしたら、どうすればいいのか。たとえば、ふたりが車のタイヤを交換するとして、パンクの修理手順をひとつひとつ追っていくシーンだとしよう。台詞と行動は、ジャッキ、レンチ、ハブキャップ、ラグナットに関するものとする。「それ、とって、悪いな」、「気をつけて」、「汚れないようにな」、「おれがやる……おっと」などなど。俳優がこのシーンの真のアクションを解釈して、内面から恋物語に命を吹きこめるように、ここにはじゅうぶんな余地を残すべきだ。ふたりの目が合って、火花が散ると、それだけで何が起こっているのかがわかる。俳優が暗黙のうちに思考や感情を伝えるからだ。観客は表面の下にあるものを見透かして、わけ知り顔で微笑む。「やっぱりそうだ。ふたりはただ車のタイヤを交換してるわけじゃない。男は女に気があって、女もそれに気づいてる。恋のはじまりだ」

言い換えれば、人生で実際に起こりうるように書くということだ。あのキャンドルのシーンを一流の俳優に依頼しても、プロは嘘を感じとって演技を拒み、そのシーンがカットされるか、演技可能なサブテクストが加わるまで承知しないだろう。書きなおしを要求できるほどの立場でなければ、どうするか。ストーリーに関係あろうとなかろうと、そのシーンに自分でサブテクストを織りこむはずだ。すぐれた俳優がサブテクストなしでカメラの前に立つことはない。

たとえば、キャンドルのシーンをどうしても演じなくてはならないとしたら、俳優はこう問いつめるかもしれない。「どうしてこの映画にわざわざこんなシーンを入れるのか。キャンドルの光、静かな音楽、揺れるカーテンだって？　なぜふつうのカップルみたいに、テレビの前へパスタを持っていかないんだ。ふたりの関係は何かおかしいんじゃないか？」と。人生とはそういうものだろう。キャンドルはどんなときに登場するものだろうか。すべてうまくいっているとき？　ちがう。うまくいっていれば、ふつうのカップルのように、テレビの前へパスタを持っていく。そんなふうに考えて、俳優はサブテクストを作る。すると、観客はこう思う。「男は女を愛してると言ってるし、ほんとうにそうなのかもしれない、いや、ちがうな、女に振られそうなんだ。男は必死だ」あるいは、サブテクストが異なれば、こう思う。「男は女を愛してると言ってるけど、ちがうな。何か悪い知らせを告げようとしてる。別れ話を切り出すつもりだ」

このシーンが伝えようとしているのは、見かけどおりのものではない。まったく別のものだ。伝えたいのは、男が女の愛を取りもどそうとしている、あるいは、穏便に別れを告げようとしているということであり、それがシーンを動かしている。シーンにはかならずサブテクスト、つまりテクストと対をなすか矛盾する内的要素がある。俳優はこれを踏まえつつ、いくつもの層を重ねて人物像を作り出すので、観客はテクストを見透かして、俳優の目つきや声やふるまいの裏で揺れ動く真実を感じることができる。

これは、人は不誠実だということではない。公の場で人が仮面をつけるのはだれもが認めることだ。われわれは言うべきことを言い、すべきことをしながらも、ほかのことを考えたり感じたりしている。また、そうでなくてはならない。ほんとうに思っていることや感じていることをすべて口にしたり実行したりはできない。みながそれをはじめたら、世界は大パニックに陥るだろう。実のところ、相手が錯乱していると感じるのは、まさにそういうときだ。錯乱すると、人は内面での対話能力を失い、思考や感情をすべて口にしたり実行したりするので、支離滅裂になる。

もっとも、たとえ錯乱した人間であっても、内面で起こるすべてを表すことはまずありえない。心の奥底にある思いをどれほどさらけ出そうとしても、そうした思いは自分でもつかみきれないものだ。すべての真実を語ることができないのは、実はよくわかっていないからだ。どうにかして自分のほんとうの思考と感情をすべて伝えたい状況――精神分析を受けている場面――を考えてみよう。患者はソファーに横たわり、心を解き放とうとする。理解してもらいたい。押しとどめるものは何もない。人に言えないような親密な付き合いもない。そんなとき、患者が恐ろしい考えや願望を口にしたら、精神科医はどうするだろうか。静かにうなずき、メモをとるはずだ。そのメモには何が書かれているだろうか。患者が口にしていないこと――懸命の告白の裏に隠れている、本人も気づいていない秘めやかな真実――が記されるのだ。何事も見かけどおりではない。テクストにはかならずサブテクストがある。

だからと言って、懸命に真実を打ち明けようとする人物の力強い台詞が書けないわけではない。ただ、どれほど激情があらわにされる瞬間にも、隠れた深い層がある。

『チャイナタウン』で、イヴリン・モウレーは「あの子はわたしの妹でもあり、娘でもあるのよ。父とわたしは……」と大声で言うが、「助けて」とは言わない。しかし、この苦悩に満ちた告白によって、実は助けを求めている。サブテクストは「夫を殺したのはわたしじゃない。殺したのは父よ……わたしの娘がほしかったから。わたしが逮捕されたら、娘は父のものになる。お願い、助けて」だ。つぎのビートでは、ギテスが「きみはこの街を出るんだ」と言う。筋が通らないようにも思える返答だが、完全に意味を成している。サブテクストは「話はよくわかった。殺したのはきみの父親だ。きみを愛してる。命を懸けてきみとキャサリンを守るよ。そして、やつを追う」だ。これらすべてがシーンの下層に織りこまれているからこそ、含みのない嘘くさい会話にはならず、観客はふたりの言動に真実味を感じとり、深い部分を読みとる喜びを味わうことができる。

『スター・ウォーズ　帝国の逆襲』では、ダース・ベイダーがルークに対し、ともに宇宙を支配して「秩序をもたらす」機会を与えようとするシーンで、ルークはリアクションとして、自殺を試みる。これもまた筋の通った行動ではないが、完全に意味を成している。ルークも観客もダース・ベイダーのサブテクストを読みとるからだ。「秩序をもたらす」の裏には「あらゆるものを奴隷化する」という含みがある。ルークが自殺を試みると、観客は「悪の帝国に加わるくらいなら、死を選ぶ」という勇敢さをサブテクストとして読みとる。

登場人物は何をしてもいいし、何を語ってもいい。だが、どんな人も完全に真実を語ったり、それを行動で示したりはできないし、少なくとも無意識の領域はつねに存在するのだから、脚本家はサブテクストを深層に埋めこむ必要がある。そして、観客がそのサブテクストを感じると、そのシーンは機能する。

この原則は一人称小説、独白劇、カメラを見据えた語り、画面外のナレーションなどにもあてはまる。登場人物が読者や観客に向けて直接語りかけたとしても、真実を知っている、あるいは真実を語っていることにはならない。

『アニー・ホール』で、アルヴィー・シンガー（ウディ・アレン）はときどき直接観客へ語りかけ、自分の不安や欠点を「告白」するが、その一方で、嘘をつき、隠し、だまし、誇張し、正当化する。みずからを偽ることで観客を味方につけ、自分がよい人間だと納得したいのだ。

登場人物がひとりであっても、サブテクストは存在する。だれも見ていなくても、自分が見ているからだ。ほんとうの姿を自分自身から隠すために、われわれは仮面をつける。

仮面をつけるのは人だけではなく、組織にもあることで、広報の専門家を雇って社会的立場を守りつづける。パディ・チャイエフスキーは風刺をこめて『ホスピタル』（71）の脚本を書き、真実の核心に切りこんだ。病院の関係者はみな白衣を身につけ、知識と思いやりを持った専門家のようにふるまう。だが、一度でも医療機関で働いたことがあればわかるだろうが、はっきりと見えなくても、そこには欲望とエゴ、そしてある種の狂気が存在する。死にたいときは、病院へ行くといい。

この世にはかならず裏表があり、無生物の場合も変わりはない。メルヴィルの小説『ビリー・バッド』を原作として、ロバート・ロッセン脚色で制作された映画『奴隷戦艦』（62）のあるシーン。船は南国の海で夜を迎える。頭上には数えきれないほどの星がまたたき、それが穏やかな漆黒の水面に反射している。水平線の近くにある満月の光が舳先へと船を照らしている。船は陸からの生あたたかい風を受けて、震えながらのろのろと進む。冷酷な水兵長クラガート（ロバート・ライアン）が見張りについている。ビリー（タレンス・スタンプ）は眠れないので甲板に出て、船べりのクラガートの横に立ち、なんて美しい夜なんだ、と話しかける。クラガートは答える。「そうだな、ビリー。だが、覚えておけ。この光り輝く海面の下には、怪物たちがうごめく世界がひろがっているんだ」と。母なる自然さえも仮面をかぶっている。

シーン分析の技法

シーンを分析するためには、さまざまな言動をテクストとサブテクストに切り分けなくてはならない。正しい方法で分析すれば、欠陥がはっきりと見えてくる。以下の手法は五つのステップから構成されていて、これらによってシーンに隠れているものを明らかにすることができる。

ステップ1　葛藤を明確にする

まず、問いかけよう。だれがそのシーンを支配し、動かし、引き起こしているのか。シーンを動かすのは、登場人物かもしれないし、何かの集団や無生物や自然そのものかもしれない。つぎに、その登場人物や集団などのテクストとサブテクストを調べ、また問いかけよう。その人物や集団は何を求めているのか。欲求はつねに大きな意味を持つ。この欲求（俳優の用語では「シーンの目的」）は「……こと」という形で言い表すとうまくいく。たとえば、「これを……すること」、「あれを……させること」などだ。

さらに、シーン全体を見て問いかけよう。欲求を阻む「敵対する力」は何か。こうした力も、あらゆるレベルや組み合わせで生じる可能性がある。敵対する力の源が特定できたら、問いかけよう。敵対する力は何を求めているのか。これもまた「あれを……しないこと」、「……の代わりにこれを……させること」のように表すといい。シーンがよく書けていれば、両者の欲求を表すひと組のことばを比べたとき、そのふたつが真っ向から対立するのがわかる。そこに接点はない。

ステップ2　最初の価値要素を確認する

シーンで問題となる価値要素を決めて、最初の時点でその価値要素がプラスかマイナスかを書き留めよう。たとえば、「自由――主人公はプラスの状態。野心にとらわれて身動きができない」や「信仰――主人公はマイナスの状態。神がいまの状況から救ってくれると信じている」などだ。

ステップ3　シーンをビートに分ける

ビートは、登場人物の言動を「アクション／リアクション」の組み合わせで示したものだ。まず、シーンの最初のアクションをふたつのレベルで注意深く調べよう。表面的にその登場人物は何をしているように見えるかと、重要なのはこちらだが、その下で実際に何をしているかのふたつだ。このサブテクストとなるアクションを「請い求める」などの短いことばで表す。その際、行為そのものだけでなく、その人物の感情を連想させることばを用いるとよい。たとえば、「懇願する」は改まった態度を示し、「彼女の足もとにすがりつく」はなりふりかまわない追従を示す。

サブテクストにおいてアクションを表す短いことばは、登場人物の動作を文字どおり表したものではない。それは登場人物の奥深くへはいりこみ、アクション自体に感情的な意味合いを加えたものだ。

つぎに、シーン全体を見て、アクションがどんなリアクションを引き出したのかを確認し、そのリアクションを短いことばで表す。たとえば、「懇願を無視する」などだ。

この「アクション／リアクション」の組み合わせがビートだ。たとえば、登場人物A「彼女の足もとにすがりつく」と登場人物B「懇願を無視する」の組み合わせがつづくかぎり、これはひとつのビートと見なされる。この組み合わせが何度繰り返されても、ひとつの同じビートのままだ。言動がはっきりと変わってはじめて、新しいビートになる。

たとえば、すがりついていた登場人物Aのアクションが「別れてやると脅す」に変わると、登場人物Bのリアクションが無視から「脅しを笑い飛ばす」に変わり、そのシーンのビート2は「脅す／笑う」となって、AとBの言動が三度目の変化をはじめるまでこれがつづく。このようにシーンをいくつかのビートに分解しながら、最後まで分析していくわけだ。

ステップ4　最後の価値要素を確認し、最初の価値要素と比較する

シーンの最後でも、登場人物の置かれた状況の価値要素を確認し、プラス／マイナスで表そう。それをステップ2で書き留めた内容と比較する。書かれていることが同じなら、そのあいだの出来事には意味がなかったことになる。何も変わらないなら、何も起こらなかったのと同じだ。観客に対する明瞭化がおこなわれたかもしれないが、単調なシーンである。逆に、価値要素が変化していたら、シーンは何かの転換をとげたことになる。

ステップ5　ビートを細かく調べ、転換点を見つける

最初のビートからはじめて、登場人物たちのアクションを示す短いことばを再確認しよう。「アクション／リアクション」をシーンの最後まで追っていくと、なんらかの形やパターンが見えるはずだ。よく設計されたシーンなら、一見でたらめな言動も弧を描いていて、目的がある。それどころか、そうしたシーンは、脈絡がないビートだと思わせるために注意深く設計されている。弧を描く過程で、予想と結果の大きなギャップが生じ、変化を経た最終的な価値要素にそのシーンがたどり着く瞬間を見つけよう。まさにその瞬間が転換点だ。

これからふたつのシーンの設計を分析して、この手法を具体的に解説する。

『カサブランカ』

『カサブランカ』が中途のクライマックスを迎えている。時と舞台が変わらないなか、個人的葛藤に重点が置かれ、会話のアクションが中心となっている。

あらすじ

リック・ブレインは反ファシズムの運動家、イルザ・ラントは亡命中のノルウェー人だ。一九四〇年、ふたりはパリで出会う。恋に落ち、ともに時を過ごす。リックはイルザに結婚を申しこむが、イルザは返事を避ける。リックの名はゲシュタポの逮捕者リストに載っている。ナチス侵攻の前夜、ふたりは駅で落ち合い、パリを脱出する約束をする。だが、イルザは現れない。リックは代わりに手紙を受けとる。そこには、愛しているがもう会えない、と書かれていた。

一年後、リックはカサブランカで酒場を経営している。人を寄せつけず、頑なに中立を貫き、個人的にも政治的なことにもかかわらない男に変わっていた。みずから「巻き添えはご免だ」と言ってのける。よく深酒をし、昔の自分はもういないと思っている。ある日、イルザが店に現れる。著名なレジスタンス指導者のヴィクトル・ラズロといっしょだ。恋人たちは再会する。カクテルを飲みながら軽い会話を交わしても、ふたりが特別な感情をいだいているのは明らかだ。イルザはラズロとともに出ていくが、リックは暗いカフェで夜通し飲んで待っている。

日付が変わって数時間過ぎたころ、イルザが店にもどる。リックはすっかり感傷的になり、かなり酔いもまわっている。イルザは慎重にリックに打ち明ける。ラズロを尊敬しているが、愛してはいない、と。だが、愛しているのはリックだとイルザが言う前に、酔ったリックは辛辣に、売春宿でよく聞く話だ、と言い捨てる。口もとをゆがめて笑いながらイルザを見つめ、さらに追い打ちをかける。「教えてくれ。おれを捨ててだれのところへ行ったんだ。ラズロか？　それとも、ほかにも相手がいたのか？　そういうことは話さないのか？」暗に娼婦同然だと責め立てられ、イルザは店から出ていく。リックは酔いのなかで泣き伏す。

中途のクライマックス

翌日、イルザとラズロは、出国ビザを闇取引で手に入れようと出かける。ラズロがカフェで交渉しているあいだ、イルザは通りにあるリネンの露天商で待っている。ひとりでいるイルザを見て、リックが近寄る。

ステップ1　葛藤を明確にする

リックが登場し、このシーンを動かす。パリでイルザに捨てられて以来の苦しみを引きずっていたリックは、イルザがほかの男といっしょにいるのを見て、鬱積した怒りを感じる。こうした内的葛藤をかかえながらも、リックの欲求は明らかで、それは「イルザを取りもどすこと」だ。リックに敵対する力の根源も明らかで、それもイルザだ。イルザの気持ちは複雑で、罪悪感や後悔や義務感が入り混じっている。イルザはリックを深く愛していて、できるものならリックのもとへもどりたい。しかし、そうできない理由があり、それを知るのは本人だけだ。板ばさみになって苦しむイルザの欲求は「リックとの恋は過去のことにして、自分の道を進むこと」とまとめることができる。ともに内的葛藤と格闘しながらも、ふたりの欲求は正反対だ。

ステップ2　最初の価値要素を確認する

このシーンを支配するのは「愛」だ。前のシーンでのリックの侮辱的なふるまいは、価値要素をマイナスにした。しかし、観客とリックは一縷の望みをいだいているため、それはプラスへ傾いていく。ここまでのシーンでイルザは「ミス・イルザ・ラント」と呼ばれ、ラズロと旅をする独身女性という立場にある。リックはそれを変えたいと思っている。

ステップ3　シーンをビートに分ける

ビート1

○屋外　市場――リネンの店

アラブ人の露店には、「ランジェリー（リネン製品）」と書かれた看板がかかっている。男がイルザにレースのベッドシーツを見せている。

　　露天商のアクション：売る。

アラブ人　こんなにいい品は、モロッコのどこへ行ったってお目にかかれませんよ、マドモアゼル。

そのとき、リックがイルザの後ろへ歩いてくる。

　　リックのアクション：イルザに近づく。

イルザは振り向かないが、リックの存在を感じとる。レースに興味を持っているふりをする。

　　イルザのリアクション：リックを無視する。

アラブ人は七百フランと書かれた値札を見せる。

アラブ人　たったの七百フラン。

ビート2

リック　だまされるなよ。

リックのアクション：イルザを守る。

イルザはすぐに気持ちを切り替える。リックを一瞬見たあと、よそよそしい態度でアラブ人のほうへ向きなおる。

イルザ　どうぞおかまいなく。

イルザのリアクション：距離を縮めようとするリックを拒絶する。

イルザをラズロから奪うために、リックがまずしなくてはならないのは、気まずい雰囲気を和らげることだが、前のシーンでの諍いと怒りの気持ちを考えると、簡単ではない。リックの忠告はアラブ人露天商への侮辱ともとれるが、商人自身は腹を立てていない。だが、そのことばはサブテクストでは別の意味を持つ。イルザのラズロとの関係を表すことばだ。

ビート3

アラブ人　おや……こちらのご婦人はリックのお知り合いで？　そういうことなら、少しばかりおまけしますよ。七百フランって言いましたっけ。（新しい値札をあげ）二百フラン。

リック ゆうべは失礼した。きみが店に来たとき、ひどい状態だった。

リックのアクション：謝る

イルザ かまわないのよ。

イルザのリアクション：リックをふたたび拒絶する。

アラブ人 あ、リックの特別なご友人なら、さらにいいお値段にしましょう。

価格を差し替えた三度目の値札には、百フランと書かれている。

ビート2でイルザを守ろうとしたのは、リックにとって自然なことだったが、ビート3での謝るという行為は、リックにとってむずかしい、めったにしないことだ。リックは不自然なほど改まったことばできまり悪さを隠し、ごまかそうとする。イルザの気持ちは動かない。

ビート4

リック きみの話を聞いて、すこし混乱した。それか、バーボンのせいかもしれない。

リックのリアクション：言いわけをする。

アラブ人　テーブルクロスやナプキンなんかも……

イルザ　そう、でもほんとうに興味ないのよ。

イルザのリアクション：またしてもリックを拒絶する。

アラブ人　（急いで出ていく）ちょっと失礼……すぐもどるんで……

アラブ人露天商はさまざまな形でこのシーンに厚みを加えている。喜劇的な雰囲気を作り出し、暗い結末と対照的な印象を与える。売っている品はレースで、レースは結婚や、ランジェリーの性的なイメージを連想させる。しかし、最も重要なのは、リックをイルザに売りこもうとしていることだ。露天商は最初の台詞で、リックが「いい品」だと伝え、リックの力を具体的に示すために、最初の値段を「リックのお知り合い」価格へとさげる。そして、昨夜何かあったらしいことを耳にすると、さらに「リックの特別なご友人」価格にまでさげる。

そのあと、リックは酒の話をふたたび持ち出し、自分のひどい態度を酒のせいにしようとする。イルザはまったく受け入れないが、それでもその場にとどまっている。レースを買うためではないと考えてまちがいない。

ビート5

少しのあいだ沈黙が流れ、イルザはレースの品々をながめているふりをする。

リック　どうしてもどってきたんだ。駅でおれに待ちぼうけを食わせたわけを言うためか。

リックのアクション：心の扉の内側へ一歩踏みこもうとする。

イルザ　（静かに）そうよ。

イルザのリアクション：心の扉を少し開く。

四回つづけて拒絶のことばを返されたいま、リックはどうにかしてイルザから肯定の返事を引き出したい。そこで、わかりきったことを質問する。イルザは静かに「そうよ」と言い、心の扉を開く――チェーンをしたままだが、話をする気があることはわかる。

ビート6

リック　じゃあ、聞くよ。いまはしらふだ。

リックのアクション：懇願する。

イルザ　話したくないの。

イルザのリアクション：もっと懇願するよう求める。

口数の少ないリックが酒飲みの自分を嘲るのはこれで三度目だ。女々しさは見せないものの、それは懇願であり、功を奏する。イルザはためらいがちに、理由は言えないと穏やかに伝え、レース製品を選んでいるふりをつづける。イルザのサブテクストはこうなる。「こんなふうに下手に出られるのも悪くないかもね。もう少しつづけてくれる？」

ビート7

リック どうしてだ。おれは列車の切符を無駄にしたんだ。理由を聞かせてもらってもいいはずだ。

リックのアクション：罪悪感でイルザを揺さぶる。

イルザ あなたは変わった。ゆうべ会って思ったの。パリのリックになら、話せた。わかってくれるから――でも、わたしを憎らしげに見るリックには……

イルザのリアクション：リックを罪悪感で揺さぶり返す。

このふたりには恋愛感情がある。互いに自分こそが被害者だと思い、相手の弱さを知っているので、たやすく相手を傷つける。

ビート8

イルザ （振り返ってリックを見る）すぐにカサブランカを離れるの。もう会うこともない。パリで愛し合ってたときは、お互いのことをほとんど知らなかった。あのころのまま別れましょう。あの思い出を大切にして――カサブランカのじゃなく――ゆうべのじゃなく――

イルザのアクション：別れを告げる。

リックはただイルザを見つめる。

リックのリアクション：反応するのを拒絶する。

イルザのやさしい赦しのことばは、サブテクストでは、はっきりと別れを意味する。たとえ言い方はていねいで、リックへの愛情がこめられていても、これは決別を告げている。「友達でいましょう。楽しい思い出を大切にして、いやなことは忘れて」

リックはそれをまったく受け入れない。リックのリアクションは、反応を拒むことだ。相手のアクションを無視するのも、もちろんひとつのリアクションだ。そして、リックはつぎのビートをはじめる。

ビート9

リック　（小さく、緊張した声）おれを捨てたのは、耐えられないと思ったからなのか。警察の目をかいくぐって逃げつづけるのがどんなものか考えたからなのか。

リックのアクション：イルザを臆病者呼ばわりする。

イルザ　そう思いたければ思って。

イルザのリアクション：リックを愚か者呼ばわりする。

リックはこの一年、イルザが自分のもとを去った理由を考え、怖じ気づいたのだろうと思ってきた。しかし、いまのイルザはラズロとともに死と隣り合わせの毎日を生きているので、リックに冷たく皮肉を言って、侮辱する。そこには「あなたがどう思おうとかまわない。そんなふうに考えるのはくだらない人間よ。そのお仲間になりたいなら、どうぞご勝手に」という気持ちがこめられている。

ビート10

リック　おれはもう逃げまわってない。いまはここに落ち着いた。実は店の上に住んでるんだ――階段をのぼればいい。そこで待ってる。

リックのアクション：セックスをほのめかして誘う。

イルザは視線を落とし、リックに背を向ける。イルザの表情は帽子の広いつばで隠れて見えない。

イルザのリアクション：表情を隠す。

イルザは否定したが、気持ちは反対に傾いているとリックは感じとる。愛を交わしたパリの日々をリックはよく覚えていて、ラズロは冷たく近寄りがたい男に見える。そこでリックは危険を承知で、通

りにいながら誘いのことばをかける。これも、うまくいく。イルザもパリでのことを覚えていて、赤くなった顔を帽子のつばの下に隠す。一瞬、リックはイルザに手が届きそうだと感じる。だが、リックは言ってはいけないことを言ってしまう。

ビート11

リック　どうせ、いつかきみはラズロをだましてーーきっとあそこへ来る。

リックのアクション：イルザを娼婦呼ばわりする。

イルザ　いいえ、リック。だってヴィクター・ラズロはわたしの夫よ。あのころ……（間、冷めた口調で）……パリであなたと会ってたときも。

イルザのリアクション：事実を告げて、リックの望みを打ち砕く。

落ち着いた態度でイルザは歩き去る。残されたリックは茫然としたまま、去っていくイルザを見つめる。

リックはイルザに捨てられたときの苦痛をしまいこむことができない。前のシーンのクライマックスと同じように、侮蔑のことばをぶつけ、イルザがラズロを裏切ってふたたび自分と寝るとほのめかす。またもふしだらな女と言われ、イルザは最も残酷なことを最も残酷な方法でリックに告げる。重要なのは、告げたのは事実の半分だけだったことだ。そのときは夫が死んだと思っていたのだが、そのことは言っていない。それを伝えずに去っていくことで、リックに最悪の想像をさせる。イルザは既婚者であ

りながらパリでリックをもてあそび、夫がもどったのでリックを捨てた、だから、リックへの愛はすべてまやかしだった、と。観客はサブテクストから事実はそうではないと知るが、リックはどん底へ突き落とされる。

ステップ4　最後の価値要素を確認し、最初の価値要素と比較する

メインプロットが大きく方向を変え、希望のあるプラスから、リックが想像もしていなかった真っ暗なマイナスへ転換する。というのも、イルザは、もうリックを愛していないとはっきり伝えただけでなく、これまでも愛していなかったとほのめかしたからだ。イルザが実は既婚者だったことで、パリの恋はまがい物に転じ、リックはただの間男に成りさがる。

ステップ5　ビートをくわしく調べ、転換点を見つける

1　イルザに近づく／リックを無視する
2　イルザを守る／リック（とアラブ人）を拒絶する
3　謝る／リックを拒絶する
4　言いわけをする／リック（とアラブ人）を拒絶する
5　心の扉の内側へ一歩踏みこもうとする／心の扉を開く
6　懇願する／もっと懇願するよう求める
7　罪悪感でイルザを揺さぶる／罪悪感でリックを揺さぶる
8　別れを告げる／反応するのを拒絶する
9　イルザを臆病者呼ばわりする／リックを愚か者呼ばわりする
10　セックスをほのめかして誘う／表情を隠す

11　イルザを娼婦呼ばわりする／リックの望みを打ち砕く

アクション／リアクションの組み合わせが、ビートの進展を加速させる。それぞれが前のビートを上まわって、ふたりの愛はさらに大きな危機にさらされるため、悲痛で残酷でさえあるアクションを平然ととるには、ますます強い意志の力と耐性が求められる。

第11ビートの中ほどで、ギャップが生じる。イルザがラズロの妻でありながらリックと関係を持ったことがわかる場面だ。その瞬間まで、リックはイルザを取りもどせるかもしれないと期待していたが、この転換点で望みは断たれる。

『鏡の中にある如く』

動きのないふたりのあいだで会話がつづいた『カサブランカ』とは対照的に、『鏡の中にある如く』の「カーリン／神」のプロットのクライマックスは、経過時間を少し飛ばして場所を移しながら、四人の登場人物によって展開する。内的葛藤のレベルに限定され、おもに身体のアクションが使われる。

あらすじ

ベルイマンによるこの映画は、六つのストーリーがつながり合うマルチプロットの作品である。最も強烈に描かれているのは、カーリンと「神」との葛藤だ。カーリンは妄想型の統合失調症に苦しんでいる。状態がよくなったので退院し、バルト海の島にある別荘で、家族とともに短い休暇を過ごす。正気を失うまいとカーリンがもがいても、まわりにいるのはそれぞれに問題をかかえた弱い男たちで、逆に支えを求めてカーリンに頼ろうとする。

カーリンの父ダヴィッドは、温和に見えて、実は精神的に抑圧されている。作家として知名度はあるものの、好意的な書評が得られずに苦しむ毎日だ。無難な距離を保って人生を観察し、それを作品のなかに組み入れたいと思っている。カーリンは父の幸せを願い、作家としての成功を祈る。

夫のマッティンは医師だ。カーリンは夫に理解してもらいたい、認めてもらいたいと思っているが、マッティンはカーリンを自分の患者のように扱う一方、しつこくセックスを求める。

弟のミーヌスは、カーリンにとって唯一の心のよりどころだ。カーリンは弟を信じて、だれにも言えずにいた恐ろしい妄想を打ち明けるが、ミーヌスは思春期の性を持て余し、父と話せずに悩んでいるため、姉に安らぎを与えることができない。むしろ、カーリンが弟の不安に気づき、力になろうとする。

やがて、カーリンの鋭い（霊能的とも言える）感覚が幻覚を引き起こす。屋根裏部屋の壁の奥から声が響き、神が現れると告げる。こわくなったカーリンはマッティンに助けを求めるが、マッティンはセックスがない結婚生活への不満をにじませ、カーリンに気まずい思いをさせる。父に頼ろうとしても、子供扱いされて取り合ってもらえない。ひとりきりになったカーリンは、父の日記を盗み見て、自分が父にとってつぎの小説の題材にすぎないことを知ってしまう。カーリンは弟に、これから起こる神の出現という奇跡について話そうとするが、ミーヌスは自分自身の悩みで混乱し、姉を理解できない。突然、カーリンの狂気が性的欲求に変わる。緊張感は限度を超え、カーリンは荒々しく弟との近親相姦に及ぶ。

ふたりのあいだに何が起こったかを知ったダヴィッドは、子供たちを心配するどころか、むしろ自己憐憫に浸る。驚くことに、カーリンは父に同情し、自分が小説の材料でしかないことを知りながらも、病の体験を説明する。そこへマッティンが割ってはいり、カーリンを病院へ送り返す、と決断を告げる。それから病院への搬送を依頼し、荷造りをはじめる。

ステップ1　葛藤を明確にする

シーンを動かすのはカーリン。自分が聞いた声を信じ、どうしても神に会いたいと願う。自分だけではなく、それが家族全員のためだと信じている。みなを神の出現に立ち会わせたいが、それはおそらく自分が正しいと認めてもらうためであり、さらに大切なのは、問題をかかえる彼らの人生の支えとなることだ。カーリンにとっての「敵対する力」はふたつある。ひとつは夫のマッティンで、カーリンとのセックスを求めつつ、憐れんでいるものの、これ以上の異常さには耐えられず、カーリンを「神」から引き離して、無事病院へ送り届けたいと考えている。もうひとつは、より強力な敵――カーリン自身だ。天国をひと目見たいと思いながら、意識下では地獄を見ようと待ち望んでいる。

ステップ2　最初の価値要素を確認する

シーンの冒頭には、奇妙な形で希望が満ちている。カーリンはこの映画で最も共感しやすい登場人物であり、神に会いたいという欲求が満たされることを観客は願う。たとえ病ゆえの妄想だとしても、苦しむカーリンにとっては喜びになるはずだ。そのうえ、前の場面でのカーリンの霊的な体験を思い返すと、それは幻覚ではないかもしれないと感じられる。観客は超自然現象が起こることを期待する。それはつまり、カーリンがまわりの自己中心的な男たちに勝つことだ。

ステップ3　シーンをビートに分ける

ビート1

○室内　別荘の寝室――昼

カーリンとマッティンは病院へもどるために、荷造りをする。マッティンは整理棚の抽斗を引っ掻きまわしてシャツを探す。カーリンは詰めすぎのスーツケースと格闘しているが、うわの空だ。

カーリン シャツは洗濯したけれど、アイロンがまだなの。

カーリンのアクション：逃げる計画を考える。

マッティン 町に別のシャツがある。

マッティンのアクション：罪悪感を隠す。

カーリン スーツケースが閉まらないの、お願い。

マッティンは閉めようとするが、靴が掛け金の邪魔をしている。靴を取り出して見る。

マッティン ぼくの靴だ。置いていこう。

カーリン これを履いて、そっちを置いていけば？

マッティン （履いている靴を指して）修繕しなきゃいけないんだ。

マッティンは持っている靴を床へほうり、急いで上着を着る。カーリンはゆっくりスーツケースを閉める。

　このビートは喜劇的でさえある。カーリンは身支度を整えて、荷造りをすませるが、マッティンは母親を必要とする子供のように手間どっている。カーリンは電気ショック療法を受けにもどる患者だが、落ち着いて手際よく準備する。マッティンは医師でありながら、どちらの靴を履くかでまごついている。テクストでは、カーリンは荷造りをしているが、サブテクストでは、つぎにどうするかを考えている。マッティンは罪悪感にとらわれているので、外見は穏やかなカーリンが心のなかで屋根裏部屋の「奇跡」に考えをめぐらしているのを見抜くことができない。

ビート2
カーリンは静かに、そして意味ありげにスーツケースを指でいじる。
カーリン　頭痛薬ある？
　カーリンのアクション：「神」のもとへ逃げる。
マッティン　（部屋を見まわして）茶色の靴はどこだ。
　マッティンのリアクション：カーリンを手伝う。
カーリン　キッチンでしょ。
マッティン　（思い出す）ああ、そうだった。

マッティンは急いでキッチンへ行く。

○室内　キッチン――同
マッティンはテーブルの上に置かれた薬鞄を見つける。薬を何錠か取り出し、グラスに水を入れてから、歩いて廊下へ向かう。

○室内　廊下――同
廊下を通り、寝室へもどる。

○室内　寝室――同
寝室にはいると、すぐにカーリンがいないことに気づく。マッティンは水のはいったグラスと薬を置き、あわてて廊下へ出る。

○室内　廊下――同
廊下を引き返し、カーリンを探す。

マッティンよりも勘が鋭いカーリンだが、簡単に逃げ出せたのは、マッティンが自分のことで手いっぱいだからだ。マッティンは統合失調症の患者をひとりにしてはいけないことを知りながら、病院へ送り返す罪悪感に駆られて、カーリンの頼みなら何でも聞こうとする。カーリンを助けるのは、苦しむ本人のためではなく、自分の苦しみを軽くするためだ。

ビート3

マッティンは外を一瞥し、それからダヴィッドの寝室へ駆けだす。

○室内　ダヴィッドの寝室——同

マッティンがドアをあけると、窓辺にいるダヴィッドは驚く。

マッティン　カーリンを見ませんでしたか。

　マッティンのアクション：カーリンを探す。

ダヴィッド　さあ。

　ダヴィッドのリアクション：探すマッティンを手伝う。

あわてて出ていくマッティンを追って、ダヴィッドも部屋を出る。

○室内　廊下——同

廊下でふたりは不安げに視線を交わす。

ビート4

突然、カーリンのつぶやき声が聞こえてくる……二階からだ。

カーリンのアクション：祈る

マッティンは鎮静剤を準備し、ダヴィッドは階段をのぼる。

ダヴィッドのリアクション：カーリンのもとへ急ぐ。

マッティンのリアクション：カーリンを連れもどす準備をする。

〇二階の廊下

カーリンの声が大きくなる。

カーリン　（同じことばを繰り返す）ええ、もちろんよ……

カーリンの幻覚はふたりの男が望むものだ。マッティンは医者の役をつとめることができ、ダヴィッドは病気の娘の劇的な状態を観察することができる。

ビート5

ダヴィッドは使われていない屋根裏部屋へそっと近づく。

〇室内　屋根裏部屋――同

ダヴィッドはドアをわずかに開き、中をのぞく。

ダヴィッドの視点。半開きのドアから、部屋の真ん中に立つカーリンが見える。閉じられたクロゼットのある壁をじっと見つめている。しっかりした声で、祈るように同じことばを繰り返す。

カーリン　（壁に話しかける）はい、わかりました。

　カーリンのアクション：神の出現に備える。

ダヴィッドを映す。
娘を見つめ、その様子に釘づけになっている。

カーリン　（ＯＦＦ）もうすぐですね。

　ダヴィッドのリアクション：カーリンの異様な姿を観察する。

マッティンは薬鞄を持って、ドアのそばにいるダヴィッドに近づく。見えない相手に話しかけるカーリンをじっと見る。

カーリン　（ＯＦＦ）楽しみです。待った甲斐がありました。

　マッティンのリアクション：自分の感情と闘う。

カーリンはひび割れた壁紙の向こうから聞こえる声の前で祈るが、父と夫が必死に自分を探していたことも知っている。そしていま、父が注意深く観察していることも、夫が怒りを抑えこんでいることもわかっている。

ビート6

マッティンは急いで部屋へはいり、カーリンに近づく。カーリンは落ち着きなく首飾りのビーズを手でねじり、壁とクロゼットのドアをうやうやしく一心に見つめる。

マッティンのアクション：カーリンの幻覚を振り払う。

カーリン　（マッティンに向かって）静かにして！　もうすぐあのかたがお見えになるのよ。しっかりお迎えしなくては。

カーリンのリアクション：幻覚を守る。

ビート7

マッティン　カーリン、町へ帰るんだ。

マッティンのアクション：カーリンを引きもどす。

カーリン　いまは行けない。

カーリンのリアクション：自分の主張を守る。

ビート8

マッティン　きみはまちがってる。（閉まっているクロゼットのドアを見て）何も起こらないさ。（カーリンの肩をつかみ）神なんか現れない。

マッティンのアクション：カーリンの神の存在を否定する。

カーリン　もうすぐお見えになるのよ。だから、ここにいないと。

カーリンのリアクション：信仰を守る。

マッティン　カーリン、来ないんだ。

ビート9

カーリン　そんな大きい声を出さないで。静かにできないなら、出てって。

カーリンのアクション：マッティンに出ていくよう命じる。

マッティン　いっしょに行こう。

カーリン　邪魔しないでよ。早く出てって。

ダヴィッドがドアからのぞいていると、カーリンはマッティンから離れる。マッティンは椅子までもどって腰をおろし、眼鏡を拭く。

マッティンのリアクション：後ろへ退く。

カーリンはマッティンを圧倒している。その意志の強さにかなわないマッティンは、あきらめて引きさがる。

ビート10

カーリンは壁に向かってひざまずき、両手を合わせて祈る。

カーリン マッティン、怒ってごめんなさい。でも、そばに来ていっしょに祈って。そんなところにすわってないで。信じてくれなくていい。だけど、お願い。

カーリンのアクション：マッティンを儀式に引き入れる。

マッティンの目に涙があふれ、どうにもならない苦しみに耐えながら、カーリンの隣でひざまずく。

マッティンのリアクション：カーリンに従う。

このあいだずっと、ダヴィッドはドアの外から見ている。

カーリンは完璧な状態で神を迎えたいと考え、信じていないマッティンを奇妙な儀式に引き入れる。

ビート11

マッティンはカーリンの肩をかかえると、首もとに顔を近づけ、涙に濡れた自分の頬をカーリンの肌に押しつける。

マッティン　カーリン、愛してる。愛してる。愛してる。

マッティンのアクション：愛しげにカーリンの体にふれる。

カーリンは拒絶する。マッティンの手を払いのけ、体を引き離す。

カーリンのリアクション：マッティンから離れる。

あまりの異常さになす術もなく、マッティンは本能のままにカーリンに迫って、現実に引きもどそうとして肌にふれるが、無残にも失敗する。

ビート12

カーリンは体の正面で手を合わせ、祈りを捧げる。

カーリンのアクション：全身全霊をこめて祈る。

すると、耳をつんざくような轟音が部屋を揺るがす。カーリンの視線が壁からクロゼットへ移る。

「神」のリアクション：「神」の到来を告げる。

ビート13

クロゼットの扉が、みずからの意志を持っているかのように勢いよく開く。

「神」のアクション：カーリンの前に現れる。

カーリンはかしこまって立ちあがり、空のクロゼットから出てきたらしい何かに微笑む。

カーリンのリアクション：「神」を迎える。

窓の外では、救急ヘリコプターが空からおりてくる。
背後では、ダヴィッドが食い入るようにその光景を見つめる。

なぜ、どうやってクロゼットの扉がひとりでに開いたのだろうか。ヘリコプターによる振動かもしれないが、それでは満足な説明にはならない。まったくの偶然で、ちょうどカーリンが奇跡を求めて祈っているときに、ヘリコプターと扉の動きが重なって、奇跡が起こる。そうだとしても、不思議なことに、わざとらしさは感じられない。というのも、ユングの言うところの「シンクロニシティ（共時性現象）」をベルイマンが作り出したからだ。つまり、とてつもなく強い感情のまわりで、意味のある偶然の一致が起こったということだ。カーリンの声を聞き、自然現象に対するその鋭い感覚を見せつけられ、さらには奇跡を渇望する熱い思いも目のあたりにして、観客は超自然現象の到来を予期する。神を求めるカーリンの宗教的情熱の高さが共時性現象を引き起こしたことで、観客は現実を超える存在を垣間見ることになる。

ビート14

カーリンはクロゼットの奥を見つめる。あまりに奇異なものを目のあたりにして、表情が凍りつく。

「神」のアクション：カーリンを襲う。

カーリンは突然、恐怖のあまり叫び、相手に迫られたかのように、部屋を横切って隅に体を寄せると、自分を守るために手脚を激しく動かす。

カーリンのリアクション：「神」から逃れる。

ビート15

マッティンがカーリンをつかむ。

マッティンのアクション：カーリンを押さえつける。

カーリンはマッティンを押しのけ、別の隅へ逃げる。

カーリンのリアクション：マッティンから逃げる。

ビート16

カーリンは、何かが体を這いあがってきたかのように、脚のあいだに両方のこぶしを押しつけてから、見えない襲撃者に向かって激しく手を振りおろす。

「神」のアクション：カーリンを犯そうとする。
カーリンのリアクション：襲ってくる「神」と戦う。

ここで、ダヴィッドがマッティンのそばにやってきて、ふたりでカーリンを押さえこもうとする。

ダヴィッドのリアクション：カーリンを押さえる手助けをする。

ビート17

だが、カーリンはそのふたりを振りきり、ドアから出ていく。

○室内　二階の廊下――同

カーリンは階段をおりる。

カーリンのアクション：逃げる。

◯室内　階段──同

そのとき、ミーヌスが階段の下に現れる。

ミーヌスはカーリンの前に立ちはだかる。カーリンは足を止めて、ミーヌスを見つめる。

ミーヌスのリアクション：カーリンの行く手を阻む。

ビート18

ダヴィッドがカーリンを捕まえて、階段に押さえつける。マッティンが注射器を持ってくる。カーリンは捕らわれた動物のようにもがく。

マッティンとダヴィッドのアクション：カーリンに鎮痛剤を打つ。

マッティン　足を押さえろ。

カーリンが手を激しく振りまわすので、マッティンはなかなか注射を打てない。

カーリンのリアクション：注射に激しく抗う。

ビート19
カーリンは父にもたれかかり、心配そうなミーヌスの顔をじっと見る。

鎮痛剤のアクション：カーリンを落ち着かせる。
カーリンのリアクション：鎮痛剤に屈する。
ダヴィッドとマッティンのリアクション：自分を落ち着かせる。
ミーヌスのリアクション：理解しようとする。

ビート20
カーリン　急にこわくなったの。

カーリンのアクション：ミーヌスに警告する。
三人の男たちのリアクション：静かに聞き入る。

カーリン　（ゆっくりとミーヌスに説明する）扉が開いたの。でも、出てきた神は蜘蛛の姿をしてた。こっちへ近づいてきて、はっきり顔がわかった。冷たくてこわい顔。わたしの体を這いあがって、無理やり押し入ろうとした。でも、なんとか身を守った。静かな目。冷たい目。わたしが抵抗すると、胸から顔を通って、壁をのぼっていった。
（しばらくミーヌスの目をのぞきこむ）神を見たのよ。

蜘蛛の姿をした神に強姦されるというのは、カーリンの潜在意識が作った妄想だが、いざ現実にもどると、カーリンは皮肉にもその幻覚を畏敬の念をいだきつつ語る。恐ろしい真相を三人に明かしながらも、戒めとしてほんとうに伝えたい相手はミーヌスであり、祈りは聞き届けられないと姉は弟に警告する。

ステップ4　最後の価値要素を確認し、最初の価値要素と比較する

カーリンが蜘蛛の姿をした神に対面したことで、このシーンは希望から絶望へと変わる。神の出現のために祈り、父にこの「奇跡」を見せようとするのは、真の感情をいだくことができない父が小説を書き進めるために、他人の人生経験がどうしても必要なのがわかっているからだ。カーリンは夫を信じようとしているが、夫から返ってくるのはセックスへの誘いと医者としての対応だけだ。カーリンの「奇跡」は悪夢へと一変し、神への信頼は砕け散る。

最後のビートで、カーリンは不気味な夢をミーヌスに話して警告するが、このシーンで描かれた圧倒的な絶望感に比べると、最後の部分はずいぶん控えめだ。この作品での小説家と医師の姿を見ればわかるように、理の勝ちすぎた愛は、人間の本質に宿る不可思議な力の前では、哀れなほどに弱いものだと観客は思い知らされる。

ステップ5　ビートをくわしく調べ、転換点を見つける

1　逃げる計画を考える／罪悪感を隠す
2　「神」のもとへ逃げる／カーリンを手伝う
3　カーリンを探す／探すマッティンを手伝う
4　祈る／カーリンのもとへ急ぐ　連れもどす準備をする

5　神の出現に備える／カーリンの異様な姿を観察する　自分の感情と闘う
6　カーリンの幻覚を振り払う／幻覚を守る
7　カーリンを引きもどす／自分の主張を守る
8　神の存在を否定する／信仰を守る
9　マッティンに出ていくよう命じる／後ろへ退く
10　マッティンを儀式に引き入れる／カーリンに従う
11　愛しげにカーリンの肌にふれる／マッティンから逃れる
12　全身全霊をこめて祈る／「神」の到来を告げる
13　カーリンの前に現れる／「神」を迎える
14　カーリンを襲う／「神」から逃れる
15　カーリンを押さえつける／マッティンから逃げる
16　カーリンを犯そうとする／「神」と戦う
17　逃げる／カーリンの行く手を阻む
18　カーリンに鎮痛剤を打つ／注射に激しく抗う
19　カーリンを落ち着かせる／自分を落ち着かせる　理解しようとする
20　ミーヌスに警告する／静かに聞き入る

このシーンは軽快で喜劇的にも思えるビートからはじまり、ピッチをあげて展開する。それぞれの「アクション／リアクション」は直前のビートを上まわり、登場人物全員がより多くを求められる。特にカーリンには、おぞましい幻覚に打ち勝つための、さらに強い意志の力が求められる。ギャップが生じるのはビート13と14のあいだ、「神」を迎えるはずのカーリンが、幻覚のなかで蜘蛛に犯されそうになるときだ。『カサブランカ』では、秘密の暴露でシーンが展開するが、それとは異なり、この作品のクライマックスは、主人公の潜在意識が引き起こす驚異的な力をともなうアクションによって大きく転換する。

　ここまで、いくつものすばらしいシーンを使って、分析手法を説明してきた。これらのシーンに組みこまれた葛藤のレベルやアクションの質は異なるが、本質的な形式は同じだ。ここでほぼ完璧であるものも、これより劣るほかの作品では欠陥となるかもしれない。出来の悪いシーンでは、欲求が対立しないために、葛藤が生じないことがある。また、くどい反復や堂々めぐりのために話が進展しなかったり、転換点が早すぎる、または遅すぎるために釣り合いが悪かったり、あるいはダイアローグとアクションに「含みがない」ために信憑性に欠けたりということもあるかもしれない。しかし、そういう場合は、問題のシーンのビートをシーンの目的に対比させてたしかめ、シーンを分析してから、言動を変えて欲求に合わせる、もしくは欲求を変えて言動に合わせるようにして書きなおせば、シーンに命を吹きこむことができるだろう。

12 編成

編成とは、シーンの順序と組み合わせを決めることである。作曲家が音符や和音を選択するように、脚本家はどのシーンを採用してどれを除外するか、何をどの前後に入れるかを選択して話を展開させていく。これは苦しい作業になりうる。というのも、作品のテーマが形をなすにつれ、ストーリーのさまざまな可能性が頭に浮かび、あらゆる方向へ展開できそうに思えてくるからだ。そして、それらすべてをどうにか詰めこみたいという、とんでもない誘惑に駆られたりもする。だが幸いなことに、ストーリーの編成にはいくつかの確立された原則がある。「統一性と多様性」、「ペース」、「リズムとテンポ」、「社会的・個人的進展」、「象徴性の高まり」、「アイロニー（皮肉）」、「移行の原則」だ。

統一性と多様性

ストーリーは、たとえ無秩序を描くときでも、統一性を欠いてはならない。どんなプロットにも「あの契機事件があったため、このクライマックスに至った」という論理の整合が不可欠だ。たとえば『ジョーズ』なら、「サメが遊泳者を襲ったため、警察署長がサメを退治することになった」。『クレイマー、クレイマー』

であれば、「クレイマーの妻が夫と子供を残して家を出たため、最終的に夫婦で親権問題を解決することになった」。契機事件とストーリー・クライマックスのあいだには、因果関係が感じられなくてはならない。契機事件はストーリーの最も大きな動因であり、だからこそ、その最終結果であるストーリー・クライマックスは、必然と感じられるものであるべきだ。このふたつを結びつけるのはストーリーの脊柱、すなわち人生の均衡を取りもどしたいという主人公の強い願いである。

　統一性は重要だが、それだけではじゅうぶんではない。統一性のあるストーリーのなかに、可能なかぎり多様性を盛りこむことも求められる。『カサブランカ』は映画史上最も愛されていると同時に、最も多様性に富んだ作品のひとつだ。すばらしいラブストーリーだが、その半分以上を政治ドラマが占めている。また、上質なコメディがすぐれたシークエンスを際立たせて、ミュージカルの要素もある。全編を通じて十余りの曲が戦略的に使われ、出来事、意味、感情を表現している。

　これほどの多様性を盛りこむのはほとんどの脚本家にとって至難の業であるし、また、そこまでする必要もない。だが、同じトーンを何度も繰り返して、どのシーンも同じに見えてしまうようではいけない。脚本家は、喜劇のなかの悲劇を、個人の生活のなかの政治を、政治的要素を動かす個人を、平凡の陰に隠れた非凡を、気高さのなかの俗っぽさを描かなくてはならない。反復するリズムに変化をつける鍵は調査にある。浅薄な知識からは、個性のない退屈なストーリーしか生まれない。深い知識があってこそ、ストーリーに大いなる喜びをもたらすことができるのだ。少なくとも、ユーモアをもたらすことはできる。

ペース

　ねじをゆっくりまわすように、シーンごとに少し、また少しとひたすら緊張を高めていくと、観客は結末を迎えるはるか前に疲れきってしまう。すっかりくたびれて、もはやストーリー・クライマックスへ注ぐエネルギーは残っていない。ストーリーは人生の隠喩なので、観客はそれを人生のように感じ、人生のリズムを味わうことを期待している。このリズムは、相反するふたつの欲求のあいだで刻まれる。人は静けさや調和、平和や安らぎを求めるものだが、あまりに平穏すぎる毎日がつづくと、やがてうんざりして無気力になり、セラピーを受ける羽目になる。つまり、人は一方で挑戦や緊張や危険、さらには恐怖までも求める願望を持っているのだ。とはいえ、来る日も来る日もそればかりだと、最後は病室に隔離されることになる。人生のリズムは、この両極のあいだを行ったり来たりして刻まれている。

よくある一日のリズムを例にあげてみよう。朝、エネルギーに満ちあふれて目覚め、鏡をのぞいてこう言う――「きょうは何かを成しとげるぞ。そう、変化を起こすんだ。きょうはかならず何かを成しとげてみせる」。それから「何かを成しとげる」ために出勤し、すっぽかした約束、折り返しの連絡をしていない電話、さして意味のない用事、わずらわしい雑事に取り組んでいるうち、昼食の時間になる。友人と雑談しながらワインを飲み、頭をすっきりさせてリラックスし、午後に備えてエネルギーを蓄える。午前中に終わらせられなかった山積みの仕事をすべて片づけようと思うが、かけなおさなくてはいけない電話や、意味のない雑用は増える一方で、時間がいくらあっても足りない。

ようやく終業時間になって家路に就くが、道路は渋滞し、どの車も乗っているのはひとりだけだ。相乗り通勤をしないのか？　しない。一日忙しく働いたあと、いけ好かない同僚三人と一台の車に乗りこむなど、まっぴらだ。マイカーに逃れてラジオのスイッチを入れ、流れる音楽によって車線を選ぶ。クラシックなら右側車線、ポップスなら中央、ロックなら左側。渋滞に悪態をつきはするものの、特に何かするわけではない。実のところ、ひそかにラッシュアワーを楽しんでいる。運転中は唯一、ひとりになれる時間だ。肩の力を抜き、掻きたいところを自由に掻き、音楽に合わせて思う存分叫ぶ。

帰宅してさっとシャワーを浴び、気晴らしを求めて外出する。どんな気晴らしか。遊園地の乗り物で寿命が縮みそうな思いをする、実生活ではけっして味わいたくない感情を呼び起こす映画を観る、シングルズバーで拒絶されて屈辱を覚える。疲れ果ててベッドに身を投げ出し、やがてまた夜が明け、同じリズムが繰り返される。

この緊張と弛緩の連続が人生の律動であり、日々の、さらには何年にもわたるリズムだ。リズムの強弱がはっきりしている映画もあれば、微妙な映画もある。『テンダー・マーシー』は緊迫感をゆっくり強めたりゆるめたりしながら、クライマックスへ向けて全体の緊張を高めていく。『逃亡者』では一気に緊迫感を強めてから、いったんゆるめ、その後さらなる高みへと加速させていく。どちらもそれぞれの自然な強弱でストーリーを展開させ、平板でぱっとしない無意味な出来事をただ繰り返したり、激しい暴力シーンを延々と描いたりはしていない。アークプロットであれ、ミニプロットであれ、アンチプロットであれ、すぐれた作品はどれも人生のリズムに合わせて展開する。

ストーリーは緊迫度の低い状態からはじまり、シーンごとにシークエンスの緊張が高まって、第一幕のクライマックスへと至る。第二幕にはいったら、前幕とは対比をなすムードのコメディやロマンスに切り替えていったん緊張を和らげる。それにより、観客はひと息ついてエネルギーを蓄えることができる。脚本家は観客を長距離ランナーにしなくてはならない。一定のペースで走らせるのではなく、スピードをあげたらさげ、ふたたびあげるというサイクルにしてやれば、観客は映画に全エネルギーをつぎこめる。ペースを落としたらつぎの幕ではあげ、そうして迎えるクライマックスは、激しさという点でも意味においても、前のクライマックスを超えるものにする。幕ごとに緊張を高めたりゆるめたりし、最後のクライマックスでは観客を空っぽにさせる。感情を使い果たしてはいるが、満足した状態だ。そして短い解決のシーンを楽しみ、観客は元気を取りもどして映画館をあとにする。

これはセックスに似ている。ベッドの達人はペース配分に長けている。まず互いを甘美な緊張へ導くが、クライマックス――ここでも同じ単語が使われる――まではいかない。それから冗談を言い、体位を変えて緊張を高めるものの、やはりクライマックスには至らない。そのあと、サンドウィッチを食べてテレビをながめながらエネルギーを蓄え、どんどん緊張を高めるサイクルで激しく愛を交わし、ふたり同時にクライマックスを迎えて快楽の世界を体験する。親切な脚本家は、観客に対してこれと同じことをする。うまくペースを配分すれば、観客が解放のときを迎えられることを知っているのだ。

リズムとテンポ

リズムはシーンの長さで決まる。一本の映画で、一定の時間と場所にどれくらいとどまれるだろうか。平均的な二時間の映画には四十から六十のシーンがある。計算すると、一シーンの平均は二分三十秒だ。とはいえ、すべてのシーンがその長さというわけではない。実際は一分のシーンのあとに四分のシーンがあり、三十秒のシーンのあとに六分のシーンがつづくといった具合だ。正しい形式の脚本であれば、一ページは上映時間一分に相当する。したがって、書きあげた脚本をめくったとき、二ページのシーンのあとに八ページ、七ページ、三ページ、四ページ、六ページ、五ページ、一ページ、九ページのシーンがつづいているような場合、つまり一シーンの平均が五ページの場合、そのストーリーは精神安定剤を服用せざるをえない郵便局員並みのペースということだ。

ひとつの場所における視覚的表現は、二、三分もカメラをまわせばじゅうぶん効果が得られることがほとんどだ。一シーンがそれより長いと、ショットが過剰になる。似たようなエスタブリッシング・ショットや、ツーショット、クローズアップが何度も出てくるからだ。同様のショットが繰り返されると、表現の豊かさが損われて、映画は観ていてつまらないものになり、関心を失った観客の目はスクリーンから離れてしまう。これをやりすぎれば、観客を永遠に失うだろう。映画本来の性質と、表現性に富んだ映像の流れを求める観客の心理と、ふたつを考えれば、一シーンはおのずと平均二、三分になる。

これにあてはまらない映画は多いが、そうした作品を観ると、この原則の正しさがよくわかる。『十二人の怒れる男』(57) は陪審員室での二日間を描いた映画だ。ひとつの場所における五十分のシーンふたつから構成され、あいだに夜の時間を短くはさんでいる。だが、この映画は舞台作品をもとにしたもので、シドニー・ルメットは「フレンチ・シーン」の手法を活用した。

新古典主義の時代（一七五〇〜一八五〇）、フランスの演劇界はいわゆる「三統一の原則」を厳格に守っていた。劇はひとつの基本的なアクションやプロットに制限され、舞台となる場所はひとつ、作中で経過する時間も上演時間と同じ長さでなくてはならなかった。統一された時間と空間の中でも、主要な登場人物が出入りすることで人間関係の力学が劇的に変わり、事実上、新しいシーンが生まれることをフランス人は心得ていた。たとえば、若い恋人たちが庭にいて、娘のほうの母親がふたりに気づく。母親がやってくると、登場人物の関係は大きく変わり、新しいシーンが生み出される。三人のシーンがつづいたのち、若者が退場する。それによってこんどは母親と娘の関係が変化し、仮面が剥がれ落ちて新しいシーンがはじまる。

フレンチ・シーンの原則を理解していたルメット監督は、陪審員室のセットをさらに細かいセットに分割した——水飲み場、手荷物置き場、窓、テーブルの一方の端と反対側の端だ。そして、これらのセットのなかでフレンチ・シーンを展開する。最初は陪審員一番と二番のシーン。つぎに二番が出ていって、五番と七番がはいってくる。六番ひとりだけが映る。十二人全員の画面に切り替わったあと、部屋の隅にいる五人のシーン、とつづいていく。『十二人の怒れる男』では、八十を超えるフレンチ・シーンが緊迫感あふれるリズムを生んでいる。

『マイ・ディナー・ウィズ・アンドレ』はさらにきびしい制約を課した作品だ。二時間の映画で、ふたりの人物が二時間かけて夕食をとる場面を描いていて、フレンチ・シーンはいっさいない。にもかかわらず、この作品はしっかりリズムを刻んでいる。生き生きとしたことばによる描写が、聞き手である観客の想像力に働きかけ、文学のように、頭のなかにシーンを浮かびあがらせるからだ。ポーランドの森での冒険、異様な儀式で友人たちに生き埋めにされたこと、オフィスで体験したシンクロニシティ。アンドレの博識ぶりをうかがわせるこれらのエピソードによって、啓発プロットがさらに啓発プロットで包まれる。アンドレ（アンドレ・グレゴリー）がみずからの非現実的な体験を霊的成長に結びつけて語るのを聞くうちに、友人ウォーリー（ウォーリー・ショーン）の人生観は百八十度変わり、レストランを出るころには以前とちがう人間になっている。

テンポとは、シーンのなかで、会話、動作、あるいはその両方によって生まれる動きのレベルである。たとえばベッドで静かにことばを交わす恋人の会話はテンポがゆっくりで、法廷での討論はテンポが速いだろう。窓から外をながめつつ、人生の重大な決断をくだそうとしている登場人物のテンポは遅く、暴徒のテンポは速い。

よく練られたストーリーでは、シーンやシークエンスが進むにつれてペースが加速する。クライマックスが近づくにつれ、リズムやテンポが速まって徐々に各シーンが短くなり、一方でシーン内の動きが活発化する。音楽やダンス同様、ストーリーは動的だ。脚本家は、映画の持つ感覚的な力を使って観客を幕のクライマックスへと一気に導く必要がある。ストーリーが大きく変わるシーンでは、緊張状態が長くつづき、展開もゆっくりであるのがふつうだからだ。クライマックスとは、短くて爆発的ということではない。重大な変化をもたらすのがクライマックスだ。そんなシーンを手短にすませてよいはずがない。しっかり展開させて命を吹きこまなくてはならない。いったんペースを落とせば、観客はつぎに何が起こるのかと固唾を呑んでスクリーンに見入るだろう。

ここでも収穫逓減の法則が働く。あまり頻繁にペースをゆるめると、その効果は薄れてしまう。クライマックスの前のシーンが長くて緩慢だと、緊張を保ちたい肝心のシーンが台なしになる。重要性の低いゆったりしたシーンで観客がエネルギーを使えば、いざ重要な場面を迎えたときには関心を失っているからだ。むしろ、テンポに変化をつけながらリズムを短くして、区切りを作るべきだ。そしてクライマックスを迎えたら、ブレーキを踏んで時間を引き延ばし、緊張を保つ。

ただ、言うまでもないが、問題はこうしたストーリー設計が古くからあるということだ。D・W・グリフィスはこの手法を使いこなしていた。無声映画時代の作り手は、悪者を追うといった手垢のついた設定でも、短いシーンと速いテンポでペースに刺激を与えれば、すばらしい作品になることを知っていた。そもそも、古くから使われている手法であっても、そこに重要な意味があるかぎり、クリシェにはなりえない。だから、無知や傲慢からこの原則を無視することがあってはならない。大きな転換点に先立つシーンを冗漫にすると、クライマックスは台なしになる。

ペースは脚本の段階で生まれる。クリシェであろうとなかろうと、脚本家はリズムとテンポをしっかり操らなくてはならない。つねに動きを活発にしてシーンを短縮する必要はないが、進展を形にすることは欠かせない。脚本家がそれをしなければ、編集者がすることになる。お粗末な脚本を整えるために気に入りの場面をカットされても、文句は言えない。われわれは脚本家であって、小説家崩れではないのだ。映画は独自の芸術形式である。脚本家は映画の美学を深く理解し、後進のために道を切り拓くような作品を書かなくてはならない。

進展を表す

ストーリーが真に進展するとき、登場人物は能力や意志の力を試され、人生における大きな変化を経験して危機に直面している。これをどう表現するべきか。どうすれば観客は進展を感じとるのか。それには、大きく分けて四つの手法がある。

社会的進展

登場人物のアクションが社会に及ぼす影響を大きくする。

この場合、ストーリーを控えめにはじめて、冒頭で登場させるのは二、三の主要人物にとどめる。そして物語の進行とともに、登場人物のアクションを外の世界へとひろげ、多くの人々の人生とかかわってそれを変えていく様子を描く。一気に変えるのではない。進展に合わせてゆっくり影響を拡大していくのだ。

『真実の囁き』では、テキサスの旧射撃場で使用ずみの弾丸を探していたふたりの男が、数十年前に姿を消した保安官の白骨化死体を発見する。現場の状況から、現職の保安官は自分の父親が殺害したのではないかと疑念をいだく。捜査が進むにつれ、ストーリーは社会へとひろがりを見せ、時間をさかのぼっていく。そして、繰り返される汚職と不正が三世代のテキサス人、メキシコ人、アフリカ系アメリカ人——リオ群の全住民に等しい——の人生に影響を及ぼしてきたことが明らかになる。

『メン・イン・ブラック』では、農夫と、希少な石を探している逃亡中のエイリアンとの偶然の出会いが、やがて万物を危機に陥れる事態に発展する。

個人的な問題が徐々に外の世界へひろがって、大きな影響を与えるというこの原則を考えれば、主役が特定の職業に偏っている理由がわかる。法律家、医師、兵士、政治家、科学者などのストーリーが多いのは、そういう立場の人々は、身近なところで何か問題が生じたとき、そのアクションの影響を社会にひろげていきやすいからだ。

こんなふうにはじまるストーリーを想像してみよう。ある朝、起床したアメリカ合衆国大統領がひげを剃ろうと鏡をのぞいたとき、世界じゅうにいる敵の幻影が見えた。本人はだれにも言わなかったが、妻はすぐに夫が正気を失ったことを察し、側近も気がつく。しかし任期はあと六カ月なので、話し合った結果、だまっていることにする。みなで協力して真実を隠すのだ。だが、大統領は核のボタンを押すことができる。そうした立場に正常な判断力を失った人間が就いていたら、問題だらけのこの世界は完全な地獄と化すかもしれない。

個人的進展

登場人物のアクションを、身近な人間関係や内面に深く影響させる。

設定の都合でストーリーを外の世界へとひろげられない場合は、深く掘りさげてみよう。まず、登場人物の個人的、内的葛藤からストーリーをはじめる。厄介ではあるが、なんとか解決できそうな問題だ。進行とともにストーリーを感情的、心理的、物理的、倫理的に掘りさげて、仮面の下に隠れた暗い秘密や口にされない真実を浮き彫りにする。

『普通の人々』に登場するのは、ある家族とその友人、それに医師だけだ。愛情とコミュニケーションで解消できそうに思えた母親と息子のあいだのわだかまりは、耐えがたい苦悩へと至る。父親は、息子の精神の安定を保つか、家族の一体感を保つか、そのどちらかを選ばざるをえないことに徐々に気づいていく。息子は自殺を図り、母親はわが子に対する憎しみを明らかにし、父親は深く愛している妻を失う。

『チャイナタウン』はこれらふたつの手法を組み合わせており、ひろがりと深みを併せ持つ洗練された作品だ。私立探偵が浮気調査の依頼を受ける。ストーリーは水面に浮かぶ油膜のように外へ向かってひろがり、市議会、陰謀を企む大富豪、サンフェルナンド渓谷の農民、そしてついにはロサンゼルスの全市民をも巻きこむ事件へと発展する。それと同時に、ストーリーは内面へも切りこんでいく。ギテスは何度も襲撃される。股間を蹴られ、頭を殴られて鼻に大きなけがを負う。モウレーは殺害され、父と娘の近親相姦が明るみに出る。主人公の過去の悲劇が繰り返されて、イヴリン・モウレーが死に、罪のない子供が父であり祖父でもある異常者の手に落ちる。

象徴性の高まり

ストーリーのイメージのなかで象徴性を高め、個別を普遍へ、特殊を元型へと変えていく。

出来のよいストーリーは出来のよい映画を生み出す。潜在意識に働きかける象徴を具えた出来のよいストーリーは、作品の表現力を一段高いレベルへと引きあげ、偉大と評される映画を生み出すことがある。象徴は人の心に強く訴える力を持っている。夢のなかのイメージのように、象徴はわれわれの潜在意識にもぐりこみ、こちらがその存在に気づかないかぎり、心に深い影響を与える。だが、イメージに無理やり象徴性を持たせようとすると、効果は損われる。静かに、少しずつ、そっと象徴を滑りこませれば、人の心を大きく動かすことができる。

象徴性は以下のように高めよう。まず、登場人物のアクションや役割、物語の舞台を描くが、この段階でそれらに特別な意味はない。しかしストーリーが動き出したら、いくつかのイメージにどんどん大きな意味を与えていき、物語が終わるころには、登場人物や設定や出来事が普遍性を持つようにする。

『ディア・ハンター』の冒頭で描かれるのは、狩猟とビールとどんちゃん騒ぎが好きなペンシルヴェニアの製鉄所の従業員たちだ。みな、平凡な町に住む平凡な人々にすぎない。だが物語の進行とともに、設定、役割、アクションが徐々に象徴性を帯びていく。ストーリーはヴェトナムの「虎の檻」と呼ばれる拷問部屋から、男たちがサイゴンのカジノでロシアン・ルーレットに興じるきわめて象徴的なシーンを経て、山頂の場面で最高潮に達する。主人公のマイケル（ロバート・デ・ニーロ）は工場労働者から兵士へ、そして「ハンター」──殺す人間──へと変貌していく。

この作品の統制概念は「人はほかの生き物を殺すのをやめたとき、みずからの人間性を守ることができる」だ。殺しをつづければ遅かれ早かれ標的が消え、みずからに銃を向けるしかなくなる。ニック（クリストファー・ウォーケン）のように文字どおり自分を殺すか、あるいは、こちらのほうが多いが、何も感じなくなって死んだも同然となる。マイケルは狩りの恰好をし、銃を携えて山頂へ向かう。すると、断崖で霧のなかから堂々たる鹿が現れる。まさしく「山頂のハンターと獲物」という元型的イメージだ。なぜ山頂なのか。山頂は「すばらしいことが起こる」場所だからだ。モーセが十戒を授けられた場所は、キッチンではなく山頂だった。

『ターミネーター』も象徴性を高めていく作品だが、向かうのは山頂ではなく迷路だ。冒頭で平凡な場所で生きる平凡な人々が描かれ、ロサンゼルスのファストフード店でウェイトレスとして働くサラ・コナーの物語がはじまる。そこに突然、二〇二九年の未来からターミネーターとリースが現れ、ロサンゼルスの街でサラを探しまわる。一方は殺すため、もう一方は助けるためだ。

未来の世界では機械が自己認識を持ち、自分たちを創った人類を絶滅させようとしている。人類はもう少しで滅亡というところまで追いこまれるが、カリスマ的な指導者ジョン・コナーの指揮のもと、反撃に転じる。コナーは形勢を逆転して勝利をつかみかけるが、機械軍はタイムマシンを発明し、コナーが誕生する前にその母親を殺そうとして、過去の世界へ暗殺者を送りこむ。コナーを歴史から抹消して、抵抗軍に勝とうと考えたのだ。コナーはタイムマシンを一時的に奪って機械軍の計画を知り、母親が殺される前に暗殺者を始末するために、右腕であるリースを過去へ送りこむ。

ロサンゼルスの街は古代の迷宮の元型だと言える。幹線道路や路地や袋小路が入り組むなか、立ち並ぶ高層ビル群のあいだを抜け、やがてターミネーターとリースは複雑な街の中心へと至る。そこにサラがいる。そして、ミノス王が作った迷宮の中心でテセウスが牛頭人身の怪物ミノタウロスと戦ったように、半分人間、半分ロボットのターミネーターに立ち向かう。サラが勝利すれば、聖母マリアのように人類の救世主ジョン・コナーを産み育てることになる。コナーは人類を来たるべき破滅から救う人物だ。サラはウェイトレスから女神に変わり、この象徴性の高まりが、『ターミネーター』を同じジャンルで一、二を争う作品にしている。

アイロニー（皮肉）

アイロニーの要素を組みこんでストーリーを展開する。

ストーリーが与えてくれる喜びのなかで、アイロニーは最も微妙で、いわく言いがたいものだ。「ああ、人生はまさしくそういうものだ」と感じるとき、観客は喜びを覚える。アイロニーは人生をふたつの面からとらえる。人間は矛盾した存在であり、見かけと実際のあいだには大きな隔たりがある。口にすることとその真意がちがうとき、ことばのアイロニーが生まれる。それこそがジョークの大きな源だ。しかし映画におけるアイロニーは、ストーリーの原動力であるアクションと結果の隔たり、そして真実と感情の源である見かけと現実のちがいから生まれる。

アイロニーに敏感であることは脚本家にとって大きな強みであり、これによって真実に鋭く切りこむことができる。とはいえ、アイロニーを直接的に使うことはできない。登場人物に「なんという皮肉な事態なんだ！」などと言わせてはいけない。象徴性と同じく、アイロニーをあからさまに見せつけては、すべてが台なしだ。アイロニーはさりげなく、それがもたらす効果には無頓着を装いながら、観客が理解してくれることを信じてストーリーに盛りこまなくてはならない。アイロニーはそもそもつかみどころがなく、これといった定義もないので、例を示して説明するのがいちばんだろう。以下に六つの皮肉なストーリーのパターンを実例とともにあげる。

1　ずっと求めていたものをようやく手に入れる……だが遅すぎた。

『オセロ』

ムーア人のオセロは、ずっと求めていたものをついに手に入れた。夫である自分に忠実で、けっして裏切らない妻を。だがわかったときには遅すぎた。たったいま、妻を殺してしまった。

2　目標からどんどん離れていく……だが気がつくと、実はすぐ目の前にあった。

『殺したい女』(86)

強欲なビジネスマンのサム（ダニー・デヴィート）はサンディ（ヘレン・スレイター）からアイディアを盗み、特許権使用料をまったく払わずに財産を築いた。サンディの夫のケン（ジャッジ・ラインホールド）は、サムの妻のバーバラ（ベッド・ミドラー）を誘拐して身代金を要求することにする。要求金額は二百万ドル、妻のサンディが受けとるべきだった額だ。ところが、バーバラを誘拐したケンは、サムがその日、帰宅したら口やかましくて太りすぎの妻を殺すつもりだったことを知らなかった。ケンはサムに身代金要求の電話をかけるが、上機嫌のサムは応じない。ケンが要求額をどんどん引きさげ、一万ドルになったところでサムが言う。「いいからさっさと殺してしまえ！」

一方、ケンの自宅の地下室に監禁されたバーバラは、その牢獄をスパに変えてしまった。テレビのエクササイズを片っ端から実行し、自然食品を使ったサンディのすばらしい料理を食べて、スリムに変身する。国内屈指のダイエット・センターにかよっても、これほど体重が落ちたことはない。バーバラはケンとサンディが大好きになる。そして、サムが身代金を支払わないのでやむなく解放すると告げられると、ふたりに向かって言う。「わたしがお金をせしめてあげる」と。これが第一幕だ。

3 手放したあとで、それが自分の幸福には欠かせないものだったと気づく。

『赤い風車』(52)

脚に障害のある画家、トゥールーズ＝ロートレック（ホセ・フェラー）は美しいミリアム・ハイエム（シュザンヌ・フロン）に恋をするが、気持ちを打ち明けられない。ミリアムは友人としてロートレックと付き合う。ロートレックは、ミリアムが自分といっしょにいるのはハンサムな男たちに会う機会ができるからだと思うようになる。そしてある日、酒に酔った勢いで、自分を利用したとなじってミリアムを人生から追い出す。

しばらくしてミリアムからの手紙が届く――「トゥールーズ、わたしはずっと、あなたがいつか振り向いてくれるのを待っていました。でも、あなたがわたしを愛してくれることはけっしてないとわかりました。だから、ある男性からのプロポーズを受けることにしました。そのかたを愛してはいません。けれど、いい人ですし、ほかにどうすることもできません。さようなら」。ロートレックは血眼になって探すが、ミリアムはもう別の男のもとへ去っていた。ロートレックは酒浸りになって命を落とす。

4 意図せずにしたことが目標の達成につながる。

『トッツィー』

俳優のマイケル（ダスティン・ホフマン）は、その完璧主義ゆえにニューヨークじゅうのプロデューサーから敬遠され、仕事が来ない。ある日、女性に扮してオーディションを受け、メロドラマで役をもらう。そして、撮影現場でジュリー（ジェシカ・ラング）と出会って恋をする。だが天性の演技の才能が災いして、ジュリーの父親（チャールズ・ダーニング）から結婚を迫られ、肝心のジュリーからはレズビアンだと思われる。

5　あるものを破壊するためにとった行動が、自分の身を破滅させる。

『雨』(32)

強烈な信仰心を持つ宣教師デヴィットソン（ウォルター・ヒューストン）は、娼婦のサディ・トンプソン（ジョーン・クロフォード）の魂を救おうと苦闘するが、肉欲に負けて彼女を犯し、恥辱のうちに自殺する。

6　あるものを手にするが、それのせいで不幸になると考え、なんとか遠ざけようとする……だが、幸福な贈り物であったことに気づく。

『赤ちゃん教育』

無鉄砲な令嬢スーザン（キャサリン・ヘップバーン）は、純粋で気むずかしい古生物学者のデヴィッド・ハックスリー博士（ケイリー・グラント）の車と自分の車をうっかり取りちがえてしまい、デヴィッドのことが気に入って付きまとうようになる。デヴィッドはあの手この手でスーザンを遠ざけようとするが、スーザンはブロントサウルスの「肋間鎖骨」（もしそんなものがあるなら、その生物の頭は肩のずっと下についていることになる）を盗むなどして、デヴィッドの必死の試みをくじく。スーザンの粘り強さのおかげで、デヴィッドは化石化した子供から人生を楽しむ大人へと変わっていった。

アイロニーをはらんだ展開を成功させる鍵は、確信と厳密さにある。『チャイナタウン』や『サリヴァンの旅』をはじめ、多くのすぐれた作品の主人公は、自分が何をすべきであるかを確信し、それをなすための周到な計画を立てたつもりでいる。人生をA、B、C、D、Eだと考えているのだ。ところが、不意に人生は主人公に後ろを向かせ、尻を蹴ってにやりとする。「友よ、きょうはE、D、C、B、Aなんだよ。きょうはちがうんだ。悪いな」

移行の原則

進展が感じられないストーリーは、シーンの変わり目でつまずきやすい。各シーンの出来事をつなぐものがないため、連続性が欠落するのだ。アクションの連鎖を設計していくときは、同時につぎのシーンへのスムーズな移行にも気を配らなくてはならない。そこで、シーンAの最後とシーンBの最初をつなぐ第三の要素が必要になる。一般的に、この第三の要素は、ふたつのシーンに共通するものか、両者で対立するもののどちらかであることが多い。

第三の要素はいわば移行の蝶番だ。ふたつのシーンに共通する、あるいは両者で対立する何かである。

例：

1　性格の特徴
共通：生意気な子供から、子供じみた大人へ。
対立：垢抜けない主人公から、洗練された敵へ。

2　行動
共通：セックスの前戯から、その後の余韻へ。
対立：おしゃべりから、冷たい沈黙へ。

3　場所
共通：温室のなかから、森林へ。
対立：コンゴから、南極大陸へ。

4　ことば
共通：ひとつの台詞から、まったく同じ台詞へ。
対立：賛辞から、悪態へ。

5　光の質
共通：夜明けの薄明かりから、夕暮れの薄闇へ。
対立：青から、赤へ。

6　音
共通：岸を洗う波の音から、寝息へ。
対立：シルクと肌がすれ合う音から、歯車がきしる音へ。

7　概念
共通：子供の誕生から、序章へ。
対立：真っ白なキャンバスから、死の淵にある老人へ。

映画の誕生から一世紀が過ぎ、シーンの移行にはクリシェが多用されている。だからと言って、この問題について考えるのをやめるわけにはいかない。想像力を働かせて考察すれば、シーンとシーンのつながりはきっと見つかるはずだ。

13　重大局面、クライマックス、解決

重大局面

ストーリーは五つの部分で構成されるが、「重大局面」はその三つ目だ。それはすなわち、決断である。登場人物は口を開くたび、「ああ」ではなく「こう」だという決断を無意識のうちにくだす。どのシーンでも、どのアクションを選ぶかを決断している。だが、ここで言う決断は「究極の決断」のことであり、この局面でまちがった決断をくだすと、求めるものがけっして手にはいらない。

主人公は段階的混乱を経て、ほしいものを手に入れるためにありとあらゆる行動をとってきた。ただひとつを除いて。そして、あと一歩のところまで来た。つぎに起こすアクションが最後だ。あすはない。つぎの機会はない。危機を迎えたこの瞬間、ストーリーの緊張は頂点に達する。主人公も観客も、「結末はどうなるか」という問いに対する答えがつぎのアクションで決まることを知っているからだ。

重大局面はストーリーの必須シーンである。契機事件が起こってからずっと、観客は主人公が人生最大最強の「敵対する力」と真っ向から対決するシーンをいまかいまかと待っている。この難敵は、いわば欲求の対象の前に立ちはだかる怪物だ。『ジョーズ』のように文字どおりの怪物もいれば、『テンダー・マーシー』のよ

うに「むなしさ」という抽象的な怪物もいる。観客は期待と不安が入り混じった気持ちで重大局面を見守る。

重大局面は真のジレンマでなくてはならない――「両立しない善」の一方を選ぶ、「ましなほうの悪」を選ぶ、あるいはその両方の選択を同時に迫られる状況に置かれ、人生最大の重圧にさらされる。

人生最大最強の「敵対する力」と向き合って、欲求の対象を手に入れるために最後のアクションを起こそうと決断した主人公は、ジレンマに直面する。

主人公がここでおこなう選択によって、観客はその人物の本質、つまり究極の人柄を深く知ることになる。重大局面のシーンは、ストーリーのいちばん重要な価値要素を示すものだ。中核の価値要素がなんであるかがここまで明確になっていなくても、主人公が重大局面を迎えてくだす決断によって、それが浮き彫りになる。

重大局面を迎えたとき、主人公は意志の力を容赦なく試される。だれでも人生を送るなかで実感しているだろうが、決断するほうが行動するよりもはるかにむずかしい。何かをぎりぎりまで先延ばしし、ようやく心を決めて行動に移すと、思ったより簡単で拍子抜けすることがある。そして、自分はなぜ怖じ気づいていたのだろうと考える。人生においてアクションを起こすことはさほどむずかしくないが、決断するには意志の力が必要だ。

クライマックスにおける重大局面

重大局面で主人公が選ぶアクションはそのストーリーで最も重要なものであり、それによってプラスまたはマイナスの、あるいはアイロニーを帯びたストーリー・クライマックスが生まれる。しかし、もしも主人公が最後に起こしたアクションによって、予想と結果のギャップがさらに大きく開いたら、そしてもう一度必然と偶然と切り離すことができたら、観た者が生涯忘れられないすばらしい結末が生まれるかもしれない。転換点をともなうクライマックスは、この上ない満足感をもたらすからだ。

主人公はつぎからつぎへとさまざまなアクションを起こして、ここまでやってきた。自分はついに世界を理解したと思い、つぎに何をすべきかもわかったつもりでいる。意志の力を掻き集めて、欲求を満たすはずのアクションを選択するが、またしても世界に背を向けられる。現実のなかにギャップが生じ、主人公はとっさの対応を迫られる。求めるものを手に入れられるにせよ、入れられないにせよ、こうした展開になるとは思っていなかった。

『スター・ウォーズ』(77)と『スター・ウォーズ　帝国の逆襲』を比べてみよう。『スター・ウォーズ』の重大局面のシーンで、ルーク・スカイウォーカーは「デス・スター」を攻撃する。それは惑星ほどの大きさをした未完成の人工要塞だ。球形をした要塞の表面には無防備な溝がある。ルークは戦闘機で溝へ突入して、要塞の弱点である排熱孔に魚雷を撃ちこまなくてはならない。優秀な戦闘機パイロットのルークだが、目標への攻撃がうまくいかない。コンピューターで戦闘機を操縦していたルークの頭のなかで、オビ＝ワン・ケノービの声がした。「フォースを信じるのだ、フォースを信じるのだ」

ルークはジレンマに陥る。コンピューターと神秘的な「フォース」という両立しない善のどちらを選択するのか。ルークは悩んだすえにコンピューターを捨て、本能に従って戦闘機を操ったすえ、排熱孔に魚雷を撃ちこむことにみごと成功する。デス・スターは破壊されて映画はクライマックスを迎え、一直線に重大局面を脱した。

これとは対照的に、『スター・ウォーズ　帝国の逆襲』のクライマックスは螺旋状だ。ルークはダース・ベイダーと対峙し、勇気を試される重大局面を迎える。ベイダーと戦って殺すのか、逃げて自分の命を守るのか（両立しない善）。ベイダーと戦って殺されるのか、尻尾を巻いて逃げて友を裏切るのか（ましなほうの悪)。ルークは勇気を奮い起こし、戦うほうを選ぶ。ところが、ベイダーが突然数歩後ろにさがって言う。「おまえにわたしは殺せない、ルーク。わたしはおまえの父親だ」と。ルークの現実が崩壊する。一瞬のうちに真実を理解し、ふたたび究極の決断を迫られる——実の父親を殺すか、殺さないか。

ルークは苦悩のすえ、戦いを選ぶものの、ベイダーに一方の腕を切断されてデッキに転落する。しかし、それで終わりではない。ベイダーは、宇宙に「秩序をもたらす」作戦に加わらないかとルークを誘う。二番目のギャップが生まれ、ルークは父が自分の死を望んでいないことを知る。自分に任務を与えようというのだ。ルークは三度目の究極の決断をくださなくてはならなくなる。「暗黒面《ダークサイド》」に与するか、みずから命を絶つか、ましなほうの悪のジレンマだ。そしてルークは英雄にふさわしい選択をする。これまでのギャップが一気に吹き飛び、クライマックスは二本の映画をつなぐ多くの真実を明らかにする。

重大局面の配置

重大局面をどこに置くかは、クライマックスの長さによって決まる。

通常、重大局面とクライマックスは、最後の何分かのあいだに同じ場所で起こる。『テルマ&ルイーズ』では、重大局面のシーンで、主人公の女たちは投獄か死のどちらかを選ぶことになる。ふたりは互いの顔を見つめて究極の決断をくだし、勇敢にも死を選択する。そして、迷わず車をグランド・キャニオンの谷へ向かって走らせる——まれに見る短いクライマックスだが、深淵に落ちていく車をスローモーションやストップモーションで映し、シーンを引き延ばしている。

一方、クライマックスがもっと長く、アクションにさらなる展開をともなうストーリーもある。そうした作品では、最後から二番目の幕で究極の決断をくだし、最終幕すべてをクライマックスとすることも可能だ。

『カサブランカ』では、第二幕のクライマックスで、イルザはリックに問いつめられて真実を打ち明け、みなにとって最善の決断をしてもらいたいと言う。つぎのシーンでは、ラズロがリックを、もう一度反ファシズム運動に加わるよう説得する。両立しない善のジレンマに直面したリックは、イルザをラズロのもとに返してふたりをアメリカ行きの飛行機に乗せるという無私の決断をくだす。イルザへの情熱を抑えこむ選択であり、リックという人物の本質をよく示している。第三幕は十五分に及ぶクライマックスであり、夫妻の脱出を助けるためのリックの驚くべき計画が明らかになる。

あまり多くはないが、契機事件のすぐあとに究極の決断がくだされ、残りはすべてクライマックスが占めるストーリーもある。

００７シリーズ。契機事件として、ジェームズ・ボンドが大悪党を追う任務を与えられる。そして任務を受けるという決断をくだすが、これは正か誤の選択で、真のジレンマではない。ボンドが別の選択をすることはありえないからだ。シリーズのどの作品も、ここから先は悪党の追跡というひとつのアクションを細かく描く形でストーリーが展開する。ボンドがほかに本質的な決断をくだすことはなく、ただ敵を追いつめる方法を選ぶだけだ。

『リービング・ラスベガス』も同じ形をとっている。主人公が解雇され、まとまった額の退職金を受けとるのが契機事件である。主人公はすぐに、ラスベガスへ行って死ぬまで酒を飲むという究極の決断をくだす。この先は、主人公が望みどおり死に向かって進む悲しい展開となる。

『愛のコリーダ』では、ストーリー開始後十分以内に男女が出会って契機事件が起こり、社会や常識を捨てて愛欲に溺れることを選択する。残り百分はさまざまな性戯の描写にあてられ、やがて死が訪れる。

契機事件のすぐあとに重大局面を配置することには、繰り返しが生じやすいという大きなリスクがある。巨額の予算のアクション映画であれば追跡と戦いが延々と繰り返され、低予算の作品なら飲酒やセックスの繰り返しに陥りやすく、変化や展開の面で問題がある。それでも巧みな処理をすれば、ここであげたようなすばらしい作品が誕生するかもしれない。

重大局面の設計

究極の決断とクライマックスは、物語の最後に同一の場所でつづけて起こるのが一般的だが、究極の決断がある場所でおこなわれ、ストーリー・クライマックスがのちに別の場所で生じる作品も少なくない。『クレイマー、クレイマー』における愛の価値要素は、裁判官がクレイマーの元妻に子供の親権を認める第二幕でマイナスに転じる。第三幕の冒頭で、クレイマーの弁護士が状況を説明する。敗訴したけれど、控訴すれば勝ち目はある、と。ただし、それには息子を証言台に立たせて、どちらといっしょに暮らしたいかを選ばせなくてはならない。おそらく息子は父親を選び、クレイマーが親権を得る。しかし、幼い子供を公の場に立たせて、両親のどちらかを選ぶよう迫ったりしたら、その心に生涯消えない傷を残すだろう。クレイマーは自分の欲求と他者の欲求、自分の苦悩と他者の苦悩という二重のジレンマをかかえるが、顔をあげて「いや、それはできない」と言う。そのあと、場面はクライマックスへ移る。セントラル・パークを散歩しながら、父親は息子に対して、もういっしょに暮らせないことを涙混じりに説明する。

ある場所で重大局面が生じ、のちに別の場所でクライマックスを迎える場合は、そのふたつのシーンがうまくつながり、時間と空間の矛盾がなく溶け合うようにしなくてはならない。それを怠って、重大局面のシーンから無関係な別のシーン――たとえばサブプロット――へ画面を移すと、観客の蓄積したエネルギーがたいして重要でないものに流れこんでしまうかもしれない。

究極の決断をする場面は動きが止まる。

究極の決断は必須シーンだ。しっかりスクリーンに映し、簡単に終わらせてはいけない。観客は主人公といっしょにジレンマをかかえて苦悩したいと思っている。脚本家はこのシーンを固定して、最後の場面のリズムが生きるようにしなくてはならない。ここまでで観客の感情は盛りあがっていて、それがあふれ出すのを重大局面のシーンが堰き止めている。主人公が決断へ向かうのを、観客は身を乗り出して見守っている。「どうするんだろう。どんな決断を?」緊張がどんどん高まり、主人公が決断をくだすと、たまっていたエネルギーが噴き出してクライマックスへ至る。

『テルマ&ルイーズ』では、重大局面のシーンが巧妙に引き延ばされ、ふたりの女性が「行く」ということばをぎこちなく言い合う。「行こう」「行く? 〝行く〟ってどういう意味?」「だから……行くのよ」「つまり……行くの?」ふたりがためらって緊張が高まるなか、観客は自殺を選ばないことを祈るが、同時にその度胸に興奮してもいる。車のギアがはいり、抑えていた不安が爆発してクライマックスを迎える。

『ディア・ハンター』で、マイケルは獲物を追って山頂へ向かう。だが獲物を視界にとらえた瞬間、逡巡を覚える。時間が引き延ばされて緊張が高まり、観客は美しい鹿が殺されることを恐れる。この重大局面で、主人公はその人物像を根底から覆す決断をくだす。武器を置き、命を奪う者から救う者に変わるのだ。このみごとな転換で、最後から二番目の幕のクライマックスが動く。観客のなかにたまっていた同情の気持ちがあふれ出し、最後の展開へ流れこむ。マイケルは友の命を救うためにヴェトナムへ飛び、最終幕全体がクライマックスとなって盛りあがっていく。

クライマックス

ストーリー・クライマックスは、ストーリーを構成する四番目の部分である。この最大の転換点は、かならずしも音や暴力に満ちている必要はない。それよりも「意味」に満ちていることが大切だ。もしわたしが世界じゅうの映画プロデューサーに電報を送るとしたら、それは「意味が感情を生み出す」という一行だ。

金でも、セックスでも、特殊効果でも、映画スターでも、贅を尽くした映像でもない。

意味――価値要素がプラスからマイナスへ、あるいはマイナスからプラスへ、ときにアイロニーを帯びて大きく変化する。これは絶対的かつ不可逆的な転換だ。この変化の持つ意味が観客の心を動かす。

変化を引き起こすアクションは、純粋で明快で、説明を要しないものでなくてはならない。会話やナレーションで説明するのは、退屈で冗漫だ。

このアクションは、ストーリーの求めるものに適合している必要がある。悲劇的なアクションでは、『グローリー』のように壮大な戦いのシークエンスの場合もあれば、一見些細な行為――それまで夫と静かに話をしていた妻が立ちあがり、荷物をまとめて家を出ていく――の場合もある。『普通の人々』におけるそのアクションは圧巻である。重大局面において、夫は懸命に家族の苦い秘密に光をあてようとし、家族の愛と絆という価値要素はプラスに傾きかける。ところが、クライマックスで妻が出ていき、その価値要素は絶対的かつ不可逆的なマイナスへ転じる。とはいえ、仮に妻が残っていたら、憎しみの対象である息子はいずれ自死を選んでいたかもしれない。その意味で、妻が去ったことにはプラスの側面もあると言え、全体としてマイナスの結末にせつないアイロニーの含みが加わっている。

最終幕のクライマックスには脚本家の想像力の大きな飛躍が求められる。それなくしてストーリーは成立しない。登場人物たちは、治療薬の開発を祈る患者のように、脚本家の想像力が湧きあがるのを待っている。

クライマックスが完成したとき、ストーリーは前からではなく後ろから大きく書きなおされている。人生は原因から結果に向かって流れるが、創造性は往々にして結果から原因に向かって流れる。クライマックスのアイディアは、なんの脈絡もなく、急に頭に浮かぶものだ。それをストーリーという虚構のなかで筋の通ったものにするため、後ろから見なおして理由といきさつを与えていく。エンディングからさかのぼって作業を進め、基本概念と対立概念によってすべての映像、ビート、アクション、会話がストーリー・クライマックスに結びついていること、すなわち、壮大な落ちの伏線になっていることを確認する。すべてのシーンはクライマックスに照らして、テーマ上も構成上も相応のものでなくてはならない。なくてもエンディングに影響を与えないシーンは削除すべきだ。

論理的に問題がなければ、メインプロットのクライマックスでサブプロットにもクライマックスを迎えさせるのがいい。これにはすばらしい効果がある。主人公のひとつのアクションがすべてを解決するのだ。『カサブランカ』で、リックはラズロとイルザを飛行機に乗せることで、メインプロットのラブストーリーとサブプロットの政治ドラマに同時に決着をつけ、ルノー署長を愛国者に変えてシュトラッサー少佐を殺す。そして、リックがふたたび反ファシズム運動に加わったいま、これが第二次世界大戦勝利の鍵になると観客は考える。

このようにいくつものプロットを同時に決着させるのが不可能な場合は、最も重要度の低いサブプロットをまず終わらせ、重要度が二番目に低いもの、三番目に低いもの、とつづけて、最後にメインプロットのクライマックスを持ってくる。

ウィリアム・ゴールドマンは「どんなストーリーでも、結末を成功させる鍵は、観客が望むものを予想しない形で与えることにある」と述べている。非常に興味深い指針だ。そもそも、観客が望むものとはなんだろうか。多くのプロデューサーは、それはハッピーエンドだと迷わず答える。上昇型の映画のほうが下降型の映画より興行収入が多い傾向があるからだ。

その背景には、一部ではあるが、つらい気持ちになる映画は観ない人たちがいるという事情がある。悲劇は実生活でじゅうぶん味わっているというのが、そのおもな言い分だ。しかしよく観察すれば、そうした人たちはマイナスの感情を映画のなかだけでなく、人生においても避けていることがわかるだろう。幸福とは苦しみを味わわないことだと考えているので、何かを深く感じることもない。人間の喜びの深さは、苦悩の深さに比例する。たとえば、ホロコーストを生き延びた人たちは暗い内容の映画を避けない。みずからの過去と共鳴して、カタルシスをもたらしてくれるからだ。

実のところ、ハッピーエンドではない作品がしばしば興行的に大成功をおさめている。『危険な関係』は八千万ドル、『ローズ家の戦争』は一億五千万ドル、『イングリッシュ・ペイシェント』は二億二千五百万ドルの興行収入をそれぞれあげている。『ゴッドファーザー　PARTⅡ』に至っては、だれも正確な数字を把握できていない。圧倒的多数の観客にとって、映画がハッピーエンドかどうかなどどうでもいいことだ。観客が求めているのは感情が満たされること、つまり、期待に応えるクライマックスである。『ゴッドファーザー　PARTⅡ』に、ほかにどんな終わり方があるというのか。マイケルがフレドを許し、マフィアを脱退し、家族といっしょにボストンに移り住んで保険の営業マンになるとでも？　この傑作のクライマックスは真実に満ち、美しく、深い満足をもたらしてくれる。

どんな感情がエンディングで観客を満足させるのか。それを決めるのは脚本家だ。ストーリーを語りはじめたときから、脚本家は観客の耳にささやいている。「ハッピーエンドを期待してくれ」、「悲しい結末を期待してくれ」、「皮肉な結末を期待してくれ」。誓った以上、それを届けないわけにはいかない。脚本家は観客に約束どおりの体験を、予想とちがう形で届けるのだ。そこが本物の脚本家とアマチュアのちがいだ。

アリストテレスによると、結末は「必然的かつ予想外」でなくてはならない。必然的とは、契機事件が起こったときにはどんな展開も可能に思えるが、クライマックスで観客が物語を振り返るとき、この展開以外にはありえなかったと感じるという意味だ。観客が登場人物とその世界を理解していれば、そのクライマックスは必然的で満足のいくものであるはずだ。だが同時に、それは観客が予想もしなかった形で訪れなくてはならない。

ハッピーエンドにするのはだれでもできる――登場人物にほしいものを全部与えてやればいい。暗い結末も簡単だ――全員を殺してしまえばいい。一流の脚本家は、観客に約束した感情体験をさせる……と同時に、意表を突く形で深い洞察を与える。それは脚本家がクライマックス内の転換点まで隠し持っていたものだ。主人公が最後の試みをするとき、目標を達成できるかどうかにかかわらず、そこで生じたギャップが観客の心を力強く揺り動かし、期待どおりの感情を予期しなかった形で届けるのである。

最近の作品では、『ラブ・セレナーデ』（96）のクライマックス内の転換点がこれに完璧に成功した例だ。最後に生じたみごとなギャップによって、観客はストーリーを最初から振り返り、すべてのシーンにとんでもない真実がひそんでいたことを、衝撃と喜びとともに理解する。

フランソワ・トリュフォーの言うとおり、すばらしい結末の鍵は「スペクタクルと真実」を組み合わせることにある。ここで言う「スペクタクル」とは、爆発のような派手な演出効果のことではない。耳ではなく目に訴えるクライマックスのことだ。「真実」とは統制概念を表す。つまりトリュフォーは、映画の中核イメージを――すべての意味と感情を凝縮したひとつのイメージを――形作るように言っている。交響曲のコーダのように、クライマックス内の中核イメージはそれまでのすべてのシーンと響き合う。物語と完全に調和するこのイメージが記憶に残れば、映画全体が鮮やかに観客の脳裏によみがえるのだ。

『グリード』で、マクティーグがたったいま殺したばかりの相手と手錠でつながって、砂漠に崩れ落ちる姿。『黄金』で、フレッド・C・ダブズ（ハンフリー・ボガード）が死に、手にした砂金が風に吹かれて山へもどっていく場面。『甘い生活』で、ルビーニ（マルチェロ・マストロヤンニ）が理想の女性に微笑んで――そんな女性など存在しないことを知りつつ――さよならを言う場面。『カンバセーション…盗聴…』で、偏執的なハリー・コール（ジーン・ハックマン）が自分の部屋で盗聴器を探しまわる姿。『第七の封印』で、騎士（マックス・フォン・シドー）が家族の先頭に立って死の行進をする姿。『キッド』（21）で、チャーリー（チャールズ・チャップリン）がキッド（ジャッキー・クーガン）の手を引いて幸せな未来へと導く場面。『スリング・ブレイド』（96）で、カール・チルダース（ビリー・ボブ・ソーントン）が血の凍るような沈黙のなか、精神科病院の窓から外をながめる姿。これらのような質の高い中核イメージを作り出すのは並たいていではない。

解決

解決はクライマックスのあとに残った五番目の部分で、三つの使い方がある。

一番目は、物語の展開上、メインプロットのクライマックスの前、あるいはさなかにサブプロットのクライマックスを置くことができない場合、いちばん最後に持ってくるやり方だ。しかし、これには注意が必要だ。ストーリーにおいて感情を大きく動かす心臓部はメインプロットにある。また、帰り支度をしようとしている観客を、さほど関心のないシーンのために無理やり席にとどめておくことになりかねない。

とはいえ、この問題は解決が可能だ。

『あきれたあきれた大作戦』(79)では、歯科医のシェルドン・コーンペット(アラン・アーキン)の娘が、ヴィンス・リカルド(ピーター・フォーク)の息子と婚約する。だが、いかれたCIA捜査官のヴィンスは、シェルドンを誘拐同然に歯科医院から連れ出す。そして、二十ドル札を偽造して国際金融システムの崩壊を狙う独裁者との戦いに巻きこむ。ヴィンスとシェルドンが銃殺の危機から逃れて独裁者を倒し、こっそり五百万ドルずつ懐に入れるところで、メインプロットはクライマックスを迎える。

だが、子供たちの結婚というサブプロットはまだ終わっていない。そこで脚本のアンドリュー・バーグマンは、銃殺の重大局面のシーンから結婚式のシーンへ画面を切り替える。式場でいまかいまかと待ちわびる人々の前に、タキシード姿の父親ふたりがパラシュートでおり立つ。ふたりはそれぞれの子供に、現金百万ドルを結婚祝いとして渡す。そのとき車がブレーキをきしませて止まり、怒ったCIA捜査官がおりてくる。緊張が走る。メインプロットが再開し、ふたりは一千万ドルを盗んだ容疑で逮捕されるのではないだろうか。いかめしい顔つきの捜査官がふたりに歩み寄る。心底怒っている。なぜか。結婚式に招待されなかったからだ。しかも、捜査官は新郎新婦のために職場で寄付を募り、五十ドルの貯蓄債券を購入していた。父親たちはこの気前のよい贈り物を受けとり、捜査官を祝いの席に招き入れる。完。

バーグマンはメインプロットを解決の部分まで引っ張った。もし銃殺隊のシーンでメインプロットが終わり、そこで庭園の結婚式のシーンに切り替わっていたらどうだろう。幸せそうな家族の様子がだらだらと画面に映り、観客は帰るに帰れない。バーグマンはメインプロットを一瞬よみがえらせてコミカルなひねりを加え、解決のシーンをストーリーの本体にしっかり引きもどして、最後まで緊張を保ったのだ。

二番目は、クライマックスの効果のひろがりを示すために解決のシーンを用いる手である。社会へのひろがりを描いてストーリーを進展させる作品でも、クライマックスで姿を見せているのは主要登場人物だけかもしれない。しかし、観客はクライマックスによって多くの脇役の人生が変わることを知っている。そこで、観客の好奇心を満たすために、解決のシーンで登場人物をひとところに集め、カメラをまわしてその様子を映すのだ。バースデーパーティーや海辺のピクニックをしているところでもいいし、『マグノリアの花たち』(89)のようにイースターの卵探しゲームをしている場面でも、あるいは『アニマル・ハウス』(78)のように風刺めいたタイトル・ロールでもいい。

このふたつがあてはまらなくても、観客への礼儀として、映画には解決の部分が必要である。観客がクライマックスで心を動かされ、大笑いしたり、恐怖で固まったり、義憤に駆られたり、涙をぬぐったりしているときに、いきなり画面を暗くして出演者や監督の名前を流すのは失礼だ。タイトル・ロールは帰ってよいという合図であり、観客はさまざまな感情をかかえたまま、暗闇でぶつかったり、清涼飲料水でべとついた床に車の鍵を落としたりしながら、出口へ向かう。すべての映画には、いわゆる「スロー・カーテン」が欠かせない。脚本の最終ページのいちばん下には、カメラをゆっくり引く、または、カメラを動かしながら数秒間撮影する、と書かれている。こうした映像が流れるあいだに、観客は呼吸を整えて考えをまとめ、悠々と映画館をあとにする。

第4部
脚本の執筆

初稿はどれもごみである。
——アーネスト・ヘミングウェイ

14 敵対する力の原則

わたしの経験から言うと、ストーリーを設計するうえで最も重要でありながら、最も理解されていないのが、敵対する力の原則だ。脚本とそれに基づいて制作された映画が失敗する最大の理由は、この基本原則を顧みないことにある。

敵対する力の原則――主人公とそのストーリーは敵対する力があってこそ、知的好奇心をそそり、感情を揺さぶるものとなる。

人間は基本的に用心深い。必要以上のことをせず、必要以上のエネルギーも使わず、必要のないリスクは負わず、必要がなければ変わろうとしない。あたりまえだ。ほしいものが簡単に手にはいるのに（「簡単」かどうかはもちろん個人の主観による）、わざわざむずかしい手立てをとるはずがない。では、主人公を実在感があって重層的な、深い共感を呼ぶ人物にするものはなんだろうか。退屈なシナリオに命を吹きこむものはなんだろうか。このふたつの問いに対する答えは、ストーリーのマイナス面にある。敵対する力が強大で複雑になるほど、主人公とそのストーリーにはさらなるリアリティが求められる。敵対する力は、かならずしも特定の宿敵や悪党であるとはかぎらない。ジャンルによってはターミネーターのような大悪党が喜ばれるが、ここで言う「敵対する力」とは、主人公の意志や欲求の前に立ちはだかるすべての力が合わさったものを指す。

契機事件が起こったとき、観客は主人公を観察し、その意志の力、知性、感情、社会的立場、肉体的能力を総計して、敵対する力と比較する。そのとき、主人公の人間性や個人的葛藤、制度や環境などの面から、主人公が圧倒的に不利に見えなくてはならない。求めているものを手に入れる可能性はあるが、あくまで可能性にすぎない。探求をはじめた主人公が、人生の一面における葛藤ならともかく、すべての問題を解決するのは、無謀に感じられなくてはならない。

脚本家がストーリーのマイナス面にエネルギーを注ぐのは、主人公をはじめとする登場人物にリアリティを与える——そして、世界の一流俳優を引きつけるような演じ甲斐のある役柄にする——だけでなく、ストーリーを極限まで展開させ、満足のいくすばらしいクライマックスを作るうえでも必要なことである。

この原則に従って、スーパーヒーローの物語を書くとしよう。スーパーマンに勝ち目はないと観客に感じさせるにはどうすればいいか。放射性物質クリプトナイトに弱いという設定も悪くないが、それではじゅうぶんではない。マリオ・プーゾが『スーパーマン』(78)の第一作で凝らした工夫を見てみよう。

プーゾはスーパーマン(クリストファー・リーヴ)をレックス・ルーサー(ジーン・ハックマン)と戦わせた。ルーサーは核を積んだロケット二基を、ニュージャージーとカリフォルニアへそれぞれ同時に発射する。ふたつの場所へ同時に向かうことはできないので、スーパーマンは「ましなほうの悪」のジレンマに直面する。どちらを救うのか。ニュージャージーか、カリフォルニアか。そしてニュージャージーを選ぶ。

二基目のロケットがサンアンドレアス断層を直撃して地震を誘発し、カリフォルニアは沈没の危機にさらされる。スーパーマンは断層の隙間にはいりこみ、摩擦熱を使ってカリフォルニアとアメリカ大陸を融合させる。ところが……女性記者のロイス・レイン(マーゴット・キダー)が地震の犠牲になった。

スーパーマンは膝を突いて涙を流す。そのとき、実父のジョー＝エル（マーロン・ブランド）の顔が現れて言う。「人間の運命に干渉するなかれ」と。両立しない善のジレンマだ——父の尊い教えか、愛する女性の命か。スーパーマンは父の教えを破り、地球のまわりを高速で飛行して逆回転させることで、時間を巻きもどしてロイスをよみがえらせる。文句なしのハッピーエンドで、スーパーマンは敗者から神に等しい存在へと変わる。

ストーリーを極限まで展開させて登場人物を追いつめる

あなたのストーリーは、マイナスの力がとても強く、プラス側がそれをしのぐ何かを手にしなくてはどうにもならない状況にあるだろうか。ここからは、脚本をみずから分析してこの重要な問いへの答えを見つけるために、その手引きとなる技法を説明する。

最初に、ストーリーでいちばん大切な価値要素を決める。たとえば、正義だ。たいていの場合、主人公は正義という価値要素に関してプラス側にあり、敵対する力はマイナス側にある。だが、人生は微妙かつ複雑で、イエスかノーか、善か悪か、正か誤かの二分にとどまることはめったにない。マイナスにはさまざまな度合いがある。

まず、プラス側の正反対にある「対極」の価値要素だ。この場合、「不法」がそれにあたる。法が破られた状態だ。

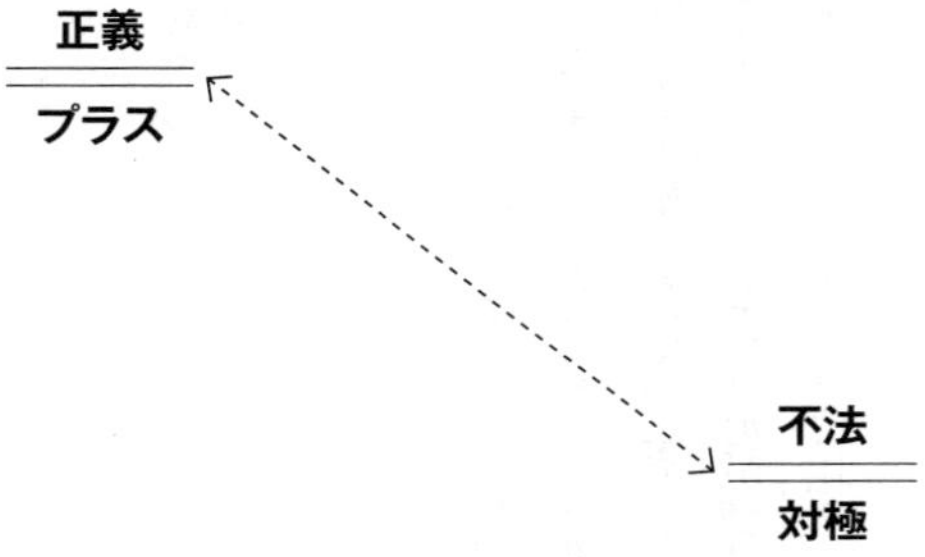

しかし、プラスの価値要素と対極の価値要素のあいだには「相反」がある。マイナスではあるが、対極とまでは言えない価値要素だ。正義の相反は「不公正」で、よくないことだが法に反してまではいない。縁故主義、人種差別、お役所仕事、偏見、あらゆる種類の不平等などがその例だ。

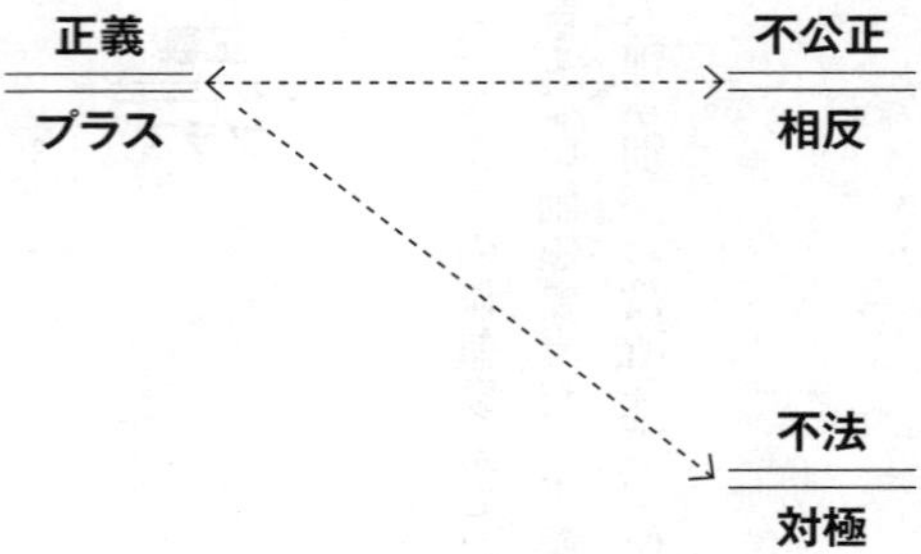

とはいえ、「対極」は、登場人物が体験しうることの極限ではない。極限で待ち受けているのは「マイナス中のマイナス」、すなわち、二重のマイナスの重みを持つ「敵対する力」である。

ストーリーで扱うのは人生であって、数学ではない。人生では、マイナスとマイナスをかけ合わせてもプラスにはならない。二重否定がプラスに転じるのは、数学と形式論理学においてのみである。人生では、マイナスが重なると、事態は悪化する一方だ。

葛藤の大きさや深さにおいて、登場人物の経験しうる極限までストーリーを展開するためには、「相反」、「対極」、「マイナス中のマイナス」というパターンをたどらなくてはならない。

（これに対して、プラスの度合いが高くなっていく場合には、「よい」、「よりよい」、「最良」、「完璧」へと進んでいく。しかし、どういうわけか、ストーリーを語るうえでこの方法はうまくいかない）

マイナス中のマイナスとは、マイナスが重なった状態のことで、人生が量的にも質的にも悪化している。マイナス中のマイナスでは、人間の本質の暗い部分が極限に達している。「正義」の場合なら「暴虐」だ。個人と社会の両方にあてはまる言い方をするなら、「権力は正義」という状況である。

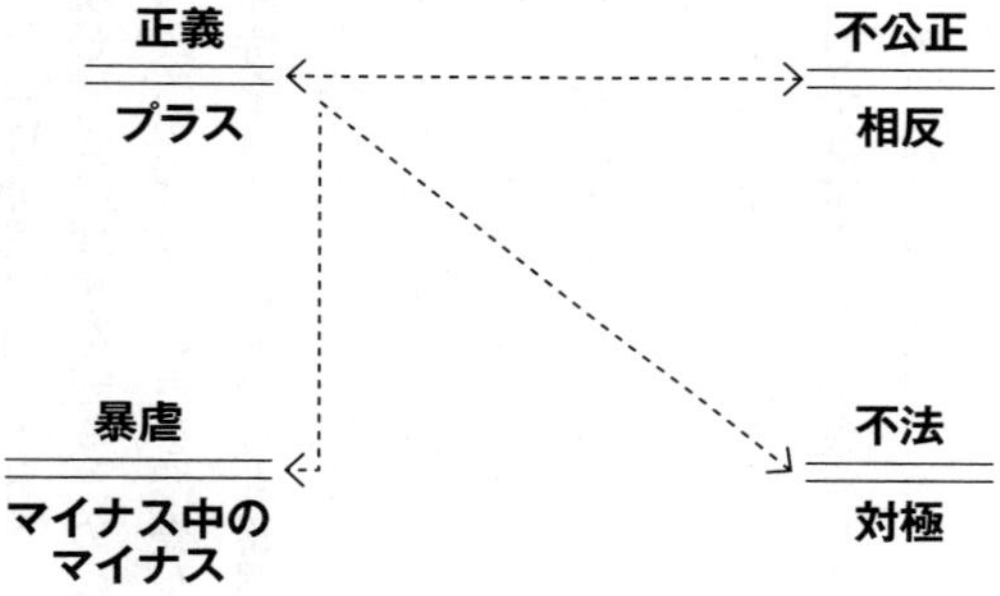

テレビの推理ドラマのシリーズについて考えてみよう。主人公は極限を経験するだろうか。「私立探偵スペンサー」、「Dr.刑事クインシー」、「刑事コロンボ」、「ジェシカおばさんの事件簿」の主人公は正義という価値を体現し、この理想を守るために奮闘する。主人公はまず不公正に直面する。役人はクインシーに検死を認めず、政治家はコロンボを捜査からはずそうとし、スペンサーの依頼人は嘘をつく。不公正によってつぎつぎと期待を裏切られながらも奮闘してきた主人公は、やがて真の不法行為に行きあたる。犯罪が起こったのだ。主人公は不法行為を起こした「敵対する力」を打ち負かし、社会に正義を取りもどす。犯罪ドラマでは、敵対する力が対極の価値要素を超えることはほとんどない。

このパターンを『ミッシング』と比較してみよう。実話に基づいた映画で、南米チリでクーデターのさなかに失踪した息子を探すアメリカ人、エド・ホーマン（ジャック・レモン）が主人公だ。第一幕でホーマンは不公正を体験する。米国大使（リチャード・ヴェンチャー）は捜索を思いとどまらせようとして、真実の一部分しか伝えない。だがホーマンはあきらめない。そして、第二幕のクライマックスで忌むべき不法行為を知る。息子は軍事政府が殺害していた……米国務省とＣＩＡと共謀して。ホーマンはこの悪行を正そうとするが、第三幕で極限状況、つまりマイナス中のマイナスを体験する――犯罪者に懲罰を与える望みが絶たれるのだ。

チリは独裁政権下にある。権力者は、だれかが月曜日に合法的におこなったことを火曜日には違法と定め、水曜日にその人物を逮捕して木曜日に処刑したあと、金曜日の朝にふたたび合法にすることもできる。正義は存在しない。すべてが暴君の気分しだいだ。『ミッシング』は不法行為のきわみを観客の目に焼きつける――アイロニーとともに。ホーマンはチリの暴君を告発できなかったが、その姿をスクリーンで全世界へ向けて暴き出した――その意味で、よりよい正義の形と言えるかもしれない。

ブラックコメディの『ジャスティス』はもう一歩先へ進んでいる。正義の探求からはじまり、一周まわってプラスにもどるのだ。第一幕で弁護士のアーサー・カークランド（アル・パチーノ）は不公正と闘う。ボルティモアの弁護士協会が、仲間の弁護士たちのことを密告するよう圧力をかける一方、非情な判事（ジョン・フォーサイス）はお役所的な口実によって、カークランドの無実の依頼人の再審を阻む。第二幕でカークランドは不法行為に直面する。その判事が女性をひどく殴ってレイプしたとして告発されるのだ。

しかし、判事には策略があった。自分とカークランドが犬猿の仲であることはよく知られている。しかも最近、衆目のなかでカークランドから殴られたばかりだ。あの男に自分の弁護を引き受けさせよう。カークランドが弁護人になれば、メディアも陪審員も自分のことを無実と思うだろう。無実を確信してでもいないかぎり、憎んでいる人間の弁護を引き受ける弁護士などいないからだ。カークランドはこの窮地から逃れようとするが、そこでマイナス中のマイナスに陥る。法曹界の暴君である最高裁判事たちから、友人の弁護を引き受けるよう脅されるのだ。ことわれば過去の過ちを暴露され、弁護士資格を剥奪される。

だが、カークランドは法に従わず、不公正や不法や暴虐と闘い抜く。陪審員の前へ進み出たカークランドは、依頼人がレイプ犯だと断じる。本人が自分にそう打ち明けたのだから、レイプ犯であることはまちがいない、と。カークランドは公衆の面前で判事を破滅へ追いこみ、被害者のために正義を勝ちとる。この大技によって弁護士のキャリアは終わるが、正義はダイヤモンドのように輝いている。犯罪者を刑務所へ送る一時的な正義ではなく、暴君を倒すという大きな正義が実現したからだ。

法を破る者の力はせまくかぎられて長つづきもしないが、法を作る者の力は無限で永続的だ。これが「対極」と「マイナス中のマイナス」のちがいに相当し、法が存在する世界と「権力は正義」の世界のちがいでもある。不法の最たるものはただの犯罪ではなく、政府が国民に対して犯す「合法的な」犯罪である。

このような三段階のマイナスを、ほかのジャンルの作品でも見てみよう。まずは価値要素が「愛」の場合だ。

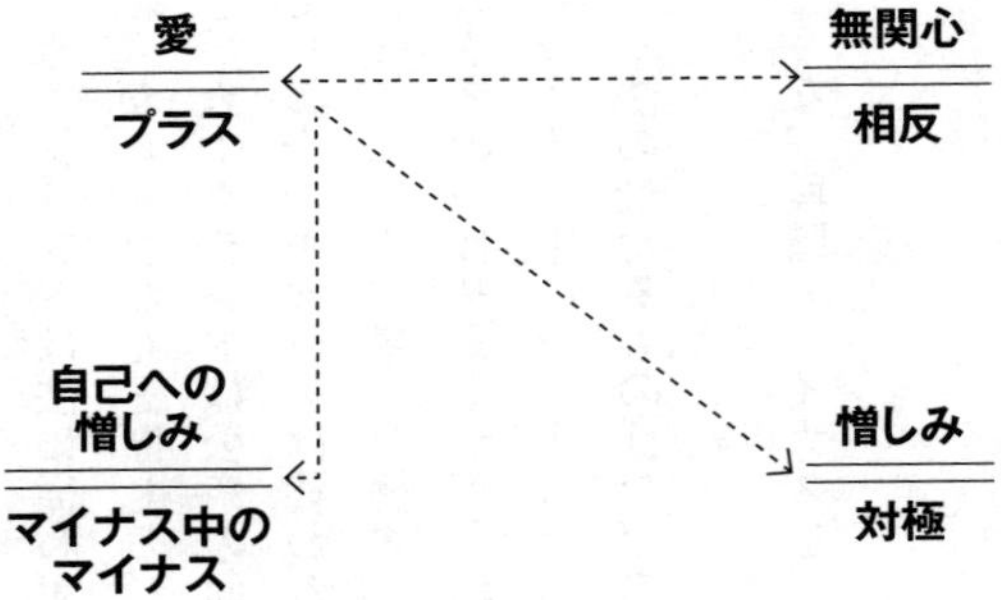

他者を憎むのは悪いことだが、人間ぎらいの人物でも自分のことだけは愛している。自己愛が消え、主人公が自分を憎むようになると、マイナス中のマイナスに陥って、生きることそのものが地獄になる。『罪と罰』のラスコーリニコフがそうだ。

つぎは「愛」の変化形である。

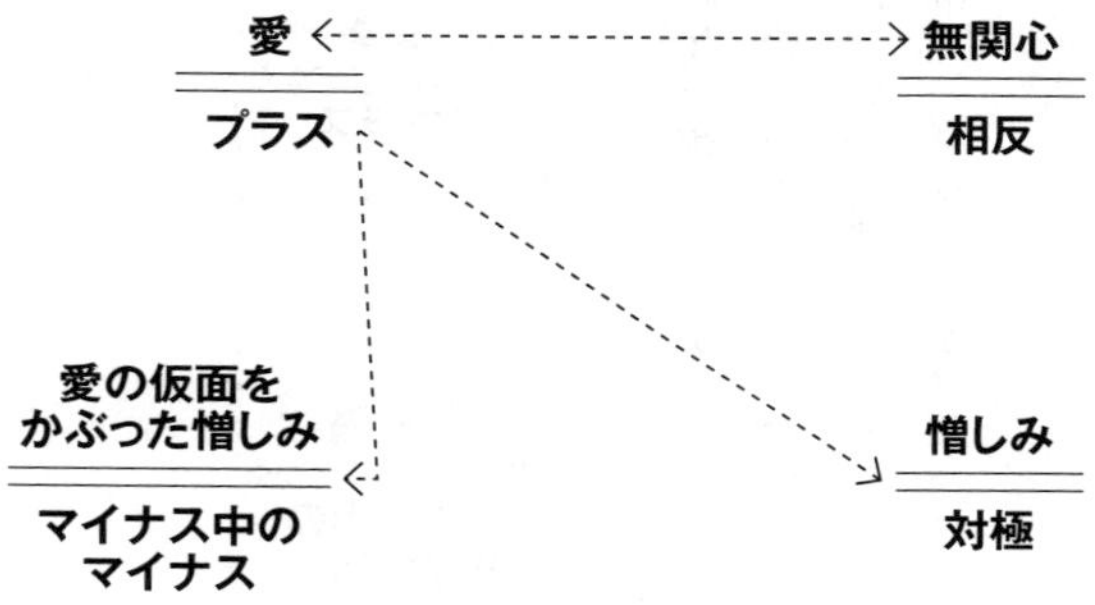

付き合うならどちらの人物がいいだろうか。こちらを憎んでいて、それを正直に認める人物か、憎んでいることはわかっているが、それを隠して愛しているようにふるまう人物か。この葛藤によって、『普通の人々』と『シャイン』は家庭ドラマの最高峰へ引きあげられた。多くの親がわが子を憎み、多くの子供が親を憎み、互いに争い、叫び、それを口にする。これらのすぐれた作品では、親はわが子を苦々しい目で見て疎み、ひそかに憎んでいるが、表面では愛しているふりをする。敵対する力が憎しみにその要素を加えたとき、ストーリーはマイナス中のマイナスへ向かう。このとき、子供はどうやって自分を守れるだろうか。

いちばん大切な価値要素が「真実」である場合はつぎのとおりだ。

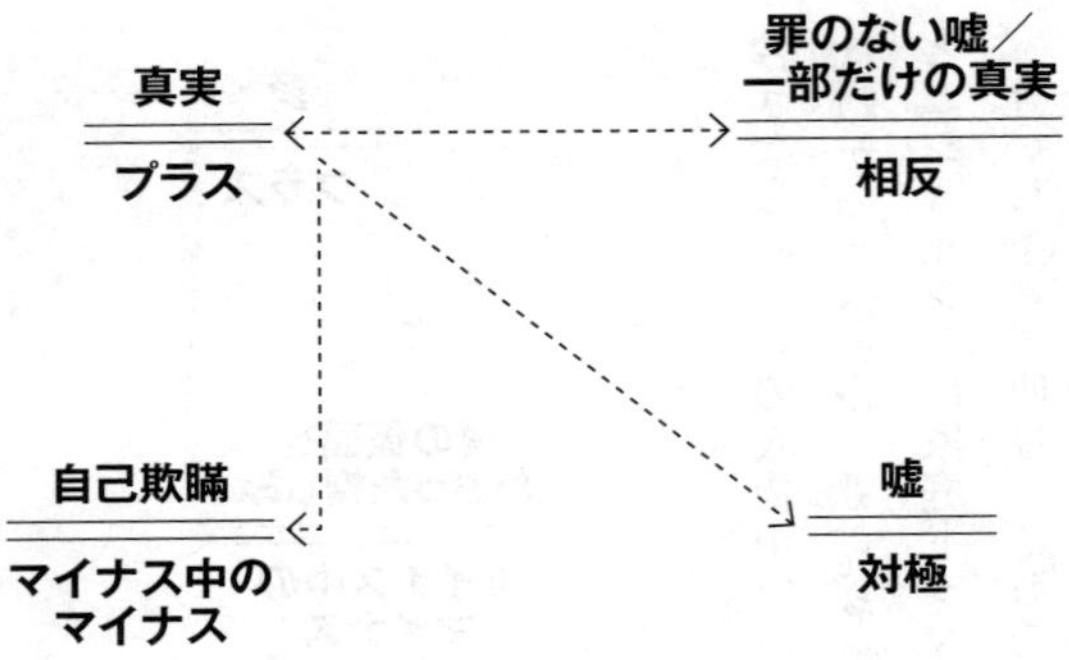

たわいない嘘は、よかれと思ってつくことが多いので「相反」である。朝目覚めて顔に枕のあとがついていても、恋人同士は互いにすてきだと言い合う。見え透いた嘘だが、真実を口にしてもなんの得にもならない。だが、自分に嘘をついてそれを信じたとき、真実が消えてマイナス中のマイナスに陥る。『欲望という名の電車』のブランチが好例だ。

プラスの価値要素が「意識」、つまり生気に満ちて自覚的である状態の場合は、つぎのようになる。

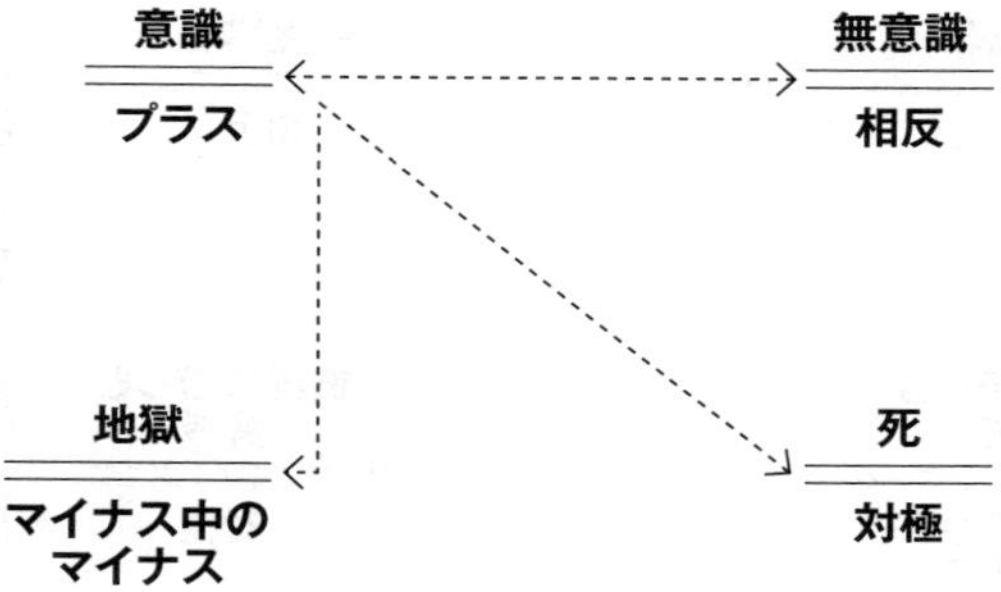

これは『魔人ドラキュラ』（31）や『ローズマリーの赤ちゃん』（68）のような、敵対する力が超自然的なものであるホラー映画によく見られるパターンだ。「地獄」の意味を理解するのに、信心深い必要はない。地獄が実在するかどうかはさておき、この世界にもいっそ死んだほうがましだと思うような地獄の苦しみは存在する。

『影なき狙撃者』（62）を例にあげよう。レイモンド・ショー（ローレンス・ハーヴェイ）は一見、生気に満ちて自覚的だ。ところがやがて、レイモンドが催眠暗示、すなわち無意識下で洗脳された状態にあることがわかる。催眠暗示にかかったレイモンドはつぎつぎと人を殺害し、そのなかには自分の妻も含まれていたが、恐ろしい陰謀に巻きこまれてのふるまいだから、無実と言えないこともない。だが正気を取りもどし、自分が何をして何をされたのかを知ったレイモンドは、地獄の苦しみを味わう。

レイモンドは、権力に取りつかれた執念深い母親が自分を洗脳して、ホワイトハウスを乗っとることを企んでいると知る。命を懸けて母の大罪を暴くか、それとも殺すか。レイモンドは母だけでなく義父も殺してみずからも命を絶つことを選び、ストーリーは三人が同時に破滅するという、マイナス中のマイナスの衝撃的なクライマックスを迎える。

プラスの価値要素が「富」の場合はこうなる。

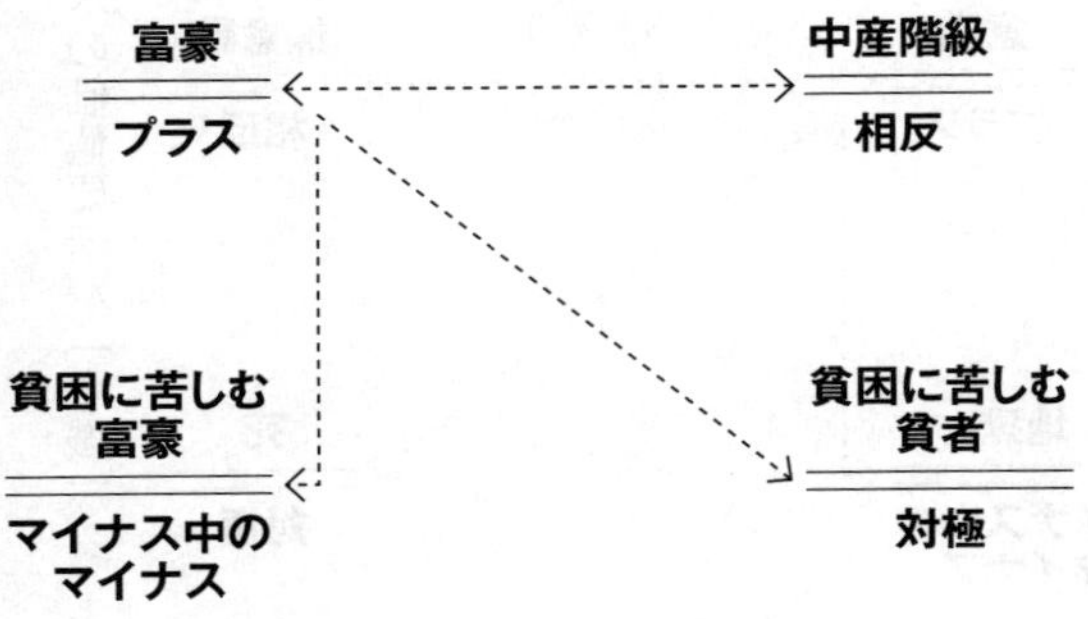

『ウォール街』のゲッコーはどれだけ金を持っていても満足せず、自分を貧しいと感じている。大富豪でありながら飢えた盗人のようにふるまい、チャンスと見れば法を破ってでも金を手に入れようとする。

プラスの価値要素が「人と人の心を開いたコミュニケーション」なら、こうなる。

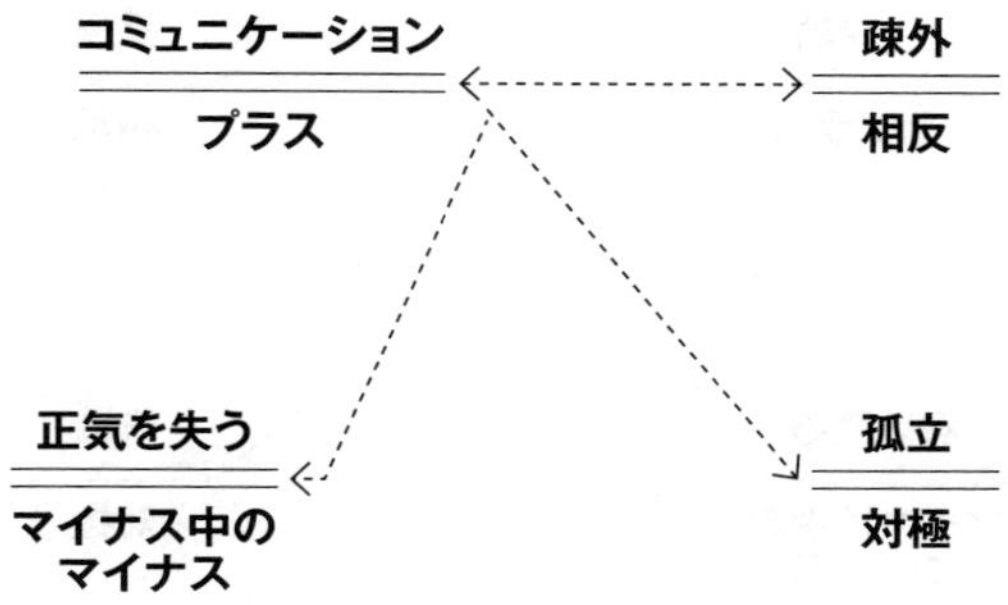

ここでの「相反」には多くの例が考えられる――沈黙、誤解、心を閉ざすことなどだ。これらをひとまとめにした「疎外」という語は、だれかといっしょにいるものの、孤独を感じてうまくコミュニケーションができない状況を指す。一方、「孤立」は自分以外にだれも話し相手がいない状況だ。さらに、心のなかで自

分と話すこともやめ、コミュニケーションが完全に絶たれたとき、正気を失ってマイナス中のマイナスに陥る。『テナント／恐怖を借りた男』のトレルコフスキーが好例だ。

「理想や目標の達成」がプラスの価値要素の場合を見てみよう。

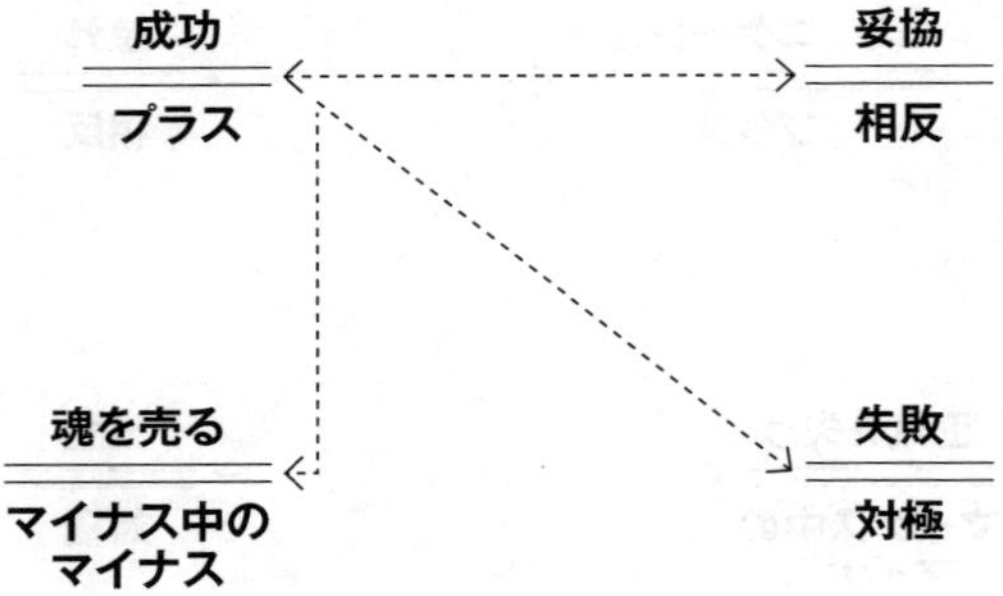

妥協とは「不満ながら受け入れる」ことで、理想には届かないものの、完全にあきらめたわけではない状態だ。しかし、ショービジネスの世界に生きる者は、マイナス中のマイナスに陥らない注意が必要だ。「作りたい上質な映画が作れない……でもポルノは金になる」などと考えてはいけない。この形を描いた作品に『成功の甘き香り』(57)、『メフィスト』がある。

「知性」ならつぎのようになる。

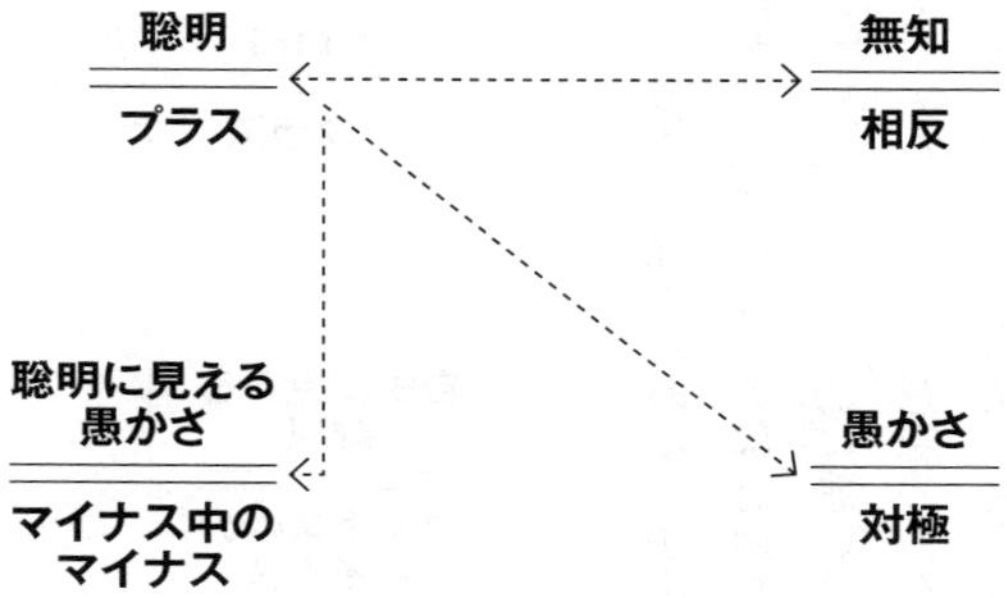

無知は情報を持たないことに起因する一時的な愚かさだが、愚かさはどれだけ情報を得ても変わることがない。マイナス中のマイナスにはふたつのケースがある。愚かな人物が自分を聡明だと思いこめばコミカルな登場人物が生まれ、社会が愚かな人物を聡明だと思いこめば『チャンス』（79）のような状況が生まれる。「自由」の場合はどうだろうか。

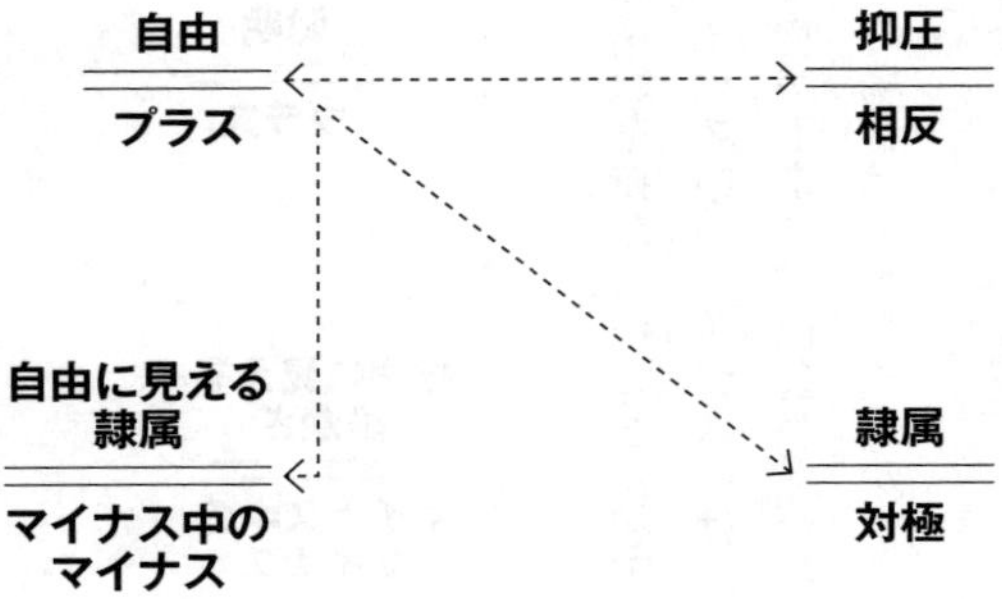

抑圧には多くの種類がある。法律は人々を縛る一方で、文明社会を成り立たせてもいる。収監は完全にマイナスだが、社会にとっては有用だ。マイナス中のマイナスにはふたつのケースがある。内面で生じる「自己奴隷化」は隷属より質的に悪い。奴隷は自由意志を持っていて、全力を尽くして逃げようとするものだが、ドラッグやアルコールで意志の力を鈍らせてみずから奴隷になるのは、それよりはるかに悪い。小説と映画の『1984』では「自由に見える隷属」がうまく描かれている。

つぎは「勇気」だ。

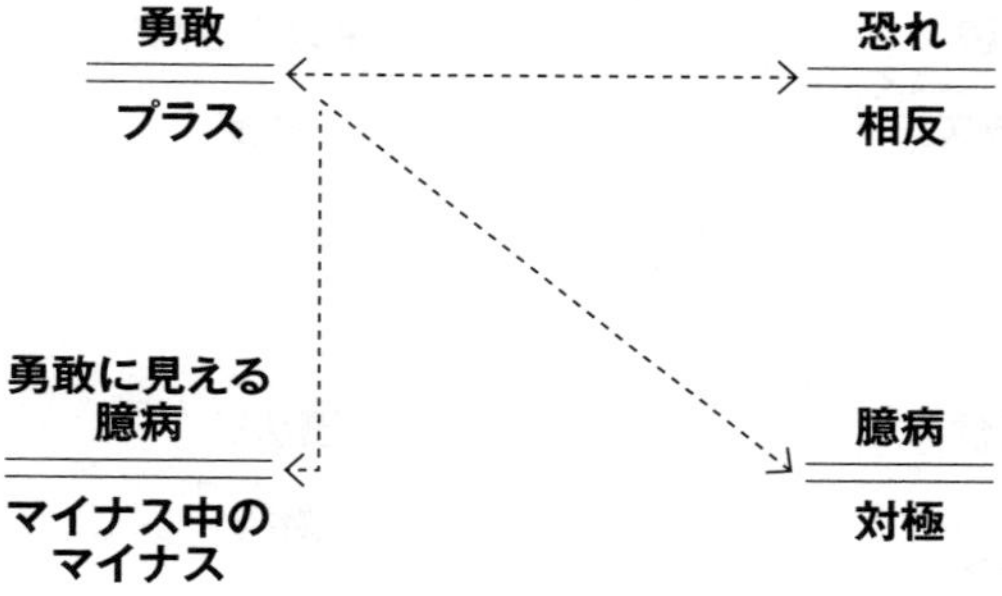

勇敢な人物は、恐れを覚えて一時的にひるむことがあっても、やがて行動する。臆病な人物はそうしない。だが臆病者が一見勇気のある行動をしたとき、ストーリーは極限に達する。たとえば、塹壕の周囲で戦いが激化しているとする。負傷した将校が臆病者に向かって言う。「ジャック、そろそろみんなの銃弾が尽きる。地雷原を通って、この銃弾の箱を届けてやってくれ。そうしないと全滅する」と。そこで臆病者は銃を手にとって……その将校を撃つ。観客は一瞬、上官を撃つのは勇敢だと錯覚するかもしれないが、すぐにそれが臆病のきわみゆえの行為であることに気づく。

『帰郷』（78）のボブ・ハイド大尉（ブルース・ダーン）は、ヴェトナムを出るために自分の脚を撃つ。その後、サブプロットの重大局面のシーンで、「ましなほうの悪」のジレンマに直面する。屈辱と苦悩の人生か、未知の恐怖である死か。ボブは楽な道を選び、海でみずから命を絶つ。自殺には政治犯のハンガーストライキのように勇敢と言えるものもあるが、ほとんどの場合は極限の状況に置かれての行動であり、一見勇敢に思えるものの、実は生きる勇気がないからであることがほとんどだ。

「忠誠」の場合はこうなる。

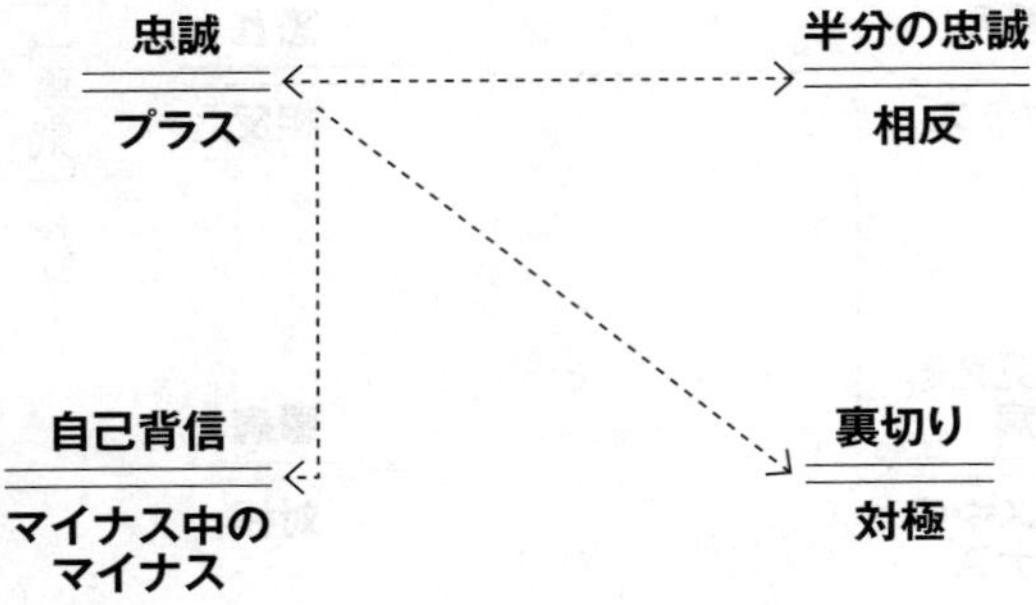

「忠誠」の相反としては、こんな例が考えられる。人妻がよその男に恋をするが、行動は起こさない。夫とその男の両方に忠誠心を感じているが、事実を知った夫はそれを裏切りと見なす。妻は、ベッドをともにしたわけではないので裏切りではないと主張する。感情と行動の線引きは主観によることが多い。

十九世紀半ば、オスマン帝国はキプロス島への支配力を失いつつあり、島はイギリスの手に落ちようとしていた。『パスカリの島』(87)のパスカリ(ベン・キングスレー)は帝国のスパイだが、気の小さい男で、島の様子を報告書に書いても、退屈でだれも読まない。孤独なパスカリはイギリス人の男女(チャールズ・ダンス、ヘレン・ミレン)と知り合い、イギリスでもっと幸せに暮らそうと誘われる。だれかが自分のことを真剣に考えてくれたのはこれがはじめてで、パスカリはふたりに惹かれていく。だが、やがてパスカリはふたりをイギリスのスパイではないかと疑うようになり(半分の忠誠)、裏切ってしまう。ふたりが殺されたあと、パスカリはふたりが古代の彫像を盗もうとしていた泥棒にすぎなかったことを知る。パスカルのふたりへの裏切りは、悲しいことに自分の希望と夢をも裏切ることになった。

プラスの価値要素が「成熟」の場合は、つぎのようになる。

『ビッグ』の契機事件で、ジョッシュ・バスキン少年（デヴィッド・モスコー）は外見が三十二歳ぐらいの大人（トム・ハンクス）に変身する。ストーリーはいきなりマイナス中のマイナスへ飛び、さまざまな度合いのマイナスのなかで展開する。やがてジョッシュと上司（ロバート・ロッジア）が、玩具店ＦＡＯシュワルツに置かれた巨大なピアノの上でタップダンスをする。これは子供っぽい行為だが、マイナスよりもプラスの度合いが強い。ジョッシュと同僚（ジョン・ハード）がハンドボールのコートでボールをキープしつづける遊びに興じるのは、完全に子供じみている。そして観客は、大人の世界もまた、組織でボールをキープ

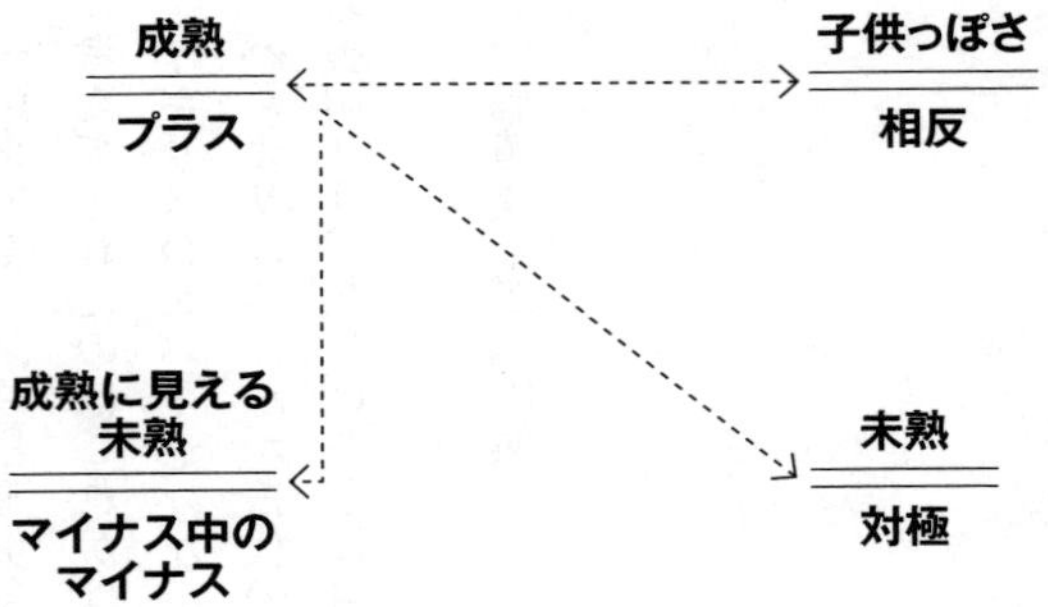

しつづけようとする子供の遊び場であると気がつく。

重大局面のシーンで、ジョッシュは「両立しない善」の選択に迫られる。充実したキャリアがあって愛する女性もいる大人としての生活をつづけるか、少年にもどるか。ジョッシュは子供にもどるという成熟した判断をくだし、ついに「大人《ビッグ》」になったことが上質なアイロニーとして語られる。ジョッシュも観客も、成熟するための鍵は子供時代をしっかり過ごすことだとわかっている。だが、若いころのわれわれは人生からたいしたことを学べず、程度の差こそあれ、成熟に関してはマイナス中のマイナスの状態にある。『ビッグ』は示唆に富んだ作品だ。

最後に、プラスの価値要素が「是認された自然なセックス」にある場合を見てみよう。ここで言う「是認された」とは、社会から認められたという意味である。「自然なセックス」とは、生殖と喜びをともない、愛の表現でもある行為のことだ。

相反にあたるのは婚外・婚前交渉で、自然ではあるものの、社会は眉をひそめる。売春は非難されるが、これも自然と言えるだろう。重婚、一夫多妻、一妻多夫、異人種間の結婚、法的手続きのない結婚が認められるかどうかは社会による。独身主義は不自然かもしれないが、止める者はだれもいないし、聖職者や修道女など、禁欲を誓った人とのセックスは、教会がよしとしない。

対極にあるものを見ると、人間の発明の才にはかぎりがない。窃視、ポルノグラフィ、多淫、色情、フェティシズム、露出行為、衣服越しの自慰、服装倒錯、近親相姦、レイプ、小児性愛、サディズム、マゾヒズム。これらは是認されていない不自然な例の一部にすぎない。

ホモセクシャルやバイセクシャルは位置づけがむずかしい。自然なものと見なす社会もあれば、不自然と見なす社会もある。西洋の大多数の国でホモセクシャルが是認されている一方で、第三世界の一部ではいまだに絞首刑に値する罪だ。セックスは社会や個人のとらえ方によるため、位置づけのなかには理不尽と感じられるものも多くあるだろう。

しかし、いまあげたような倒錯は極限ではない。これらはだれかに対し、ときに暴力をともなっておこなわれる特異な行為である。だが、性の対象が人間ではない獣姦や屍姦、あるいはさまざまな倒錯が積み重なったとき、人は嫌悪感を覚える。

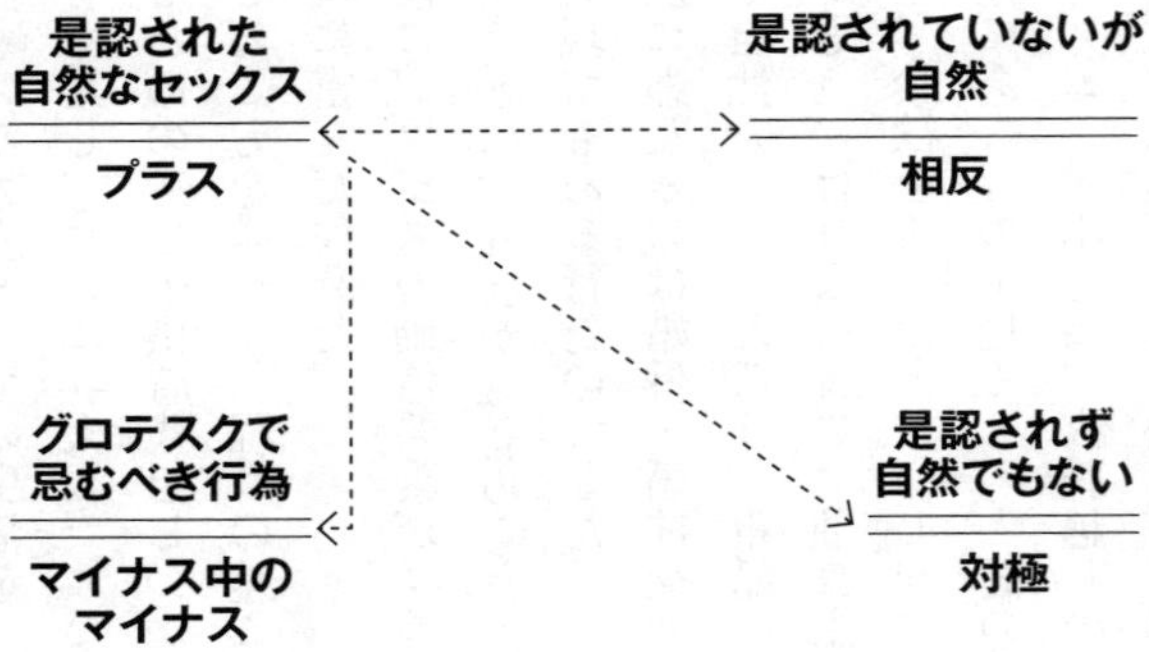

『チャイナタウン』の極限は近親相姦ではない。近親相姦はただの相反要素にすぎない。この作品のマイナス中のマイナスは、「近親相姦によって生まれた子供との近親相姦」である。イヴリン・モウレーはみずからの命を懸けて、異常きわまりない父親からわが子を守ろうとする。これが殺人の動機である。クロスが義理の息子を殺害したのは、娘に生ませた娘がどこにいるかを教えようとしなかったからだ。クライマックスでクロスは怯える子供の目をふさぎ、母親の恐ろしい死から引き離す。

マイナス中のマイナスの原則は、悲劇だけではなく喜劇にも適用される。喜劇の世界は支離滅裂で現実離れし、登場人物のアクションは極限まで達する必要がある。そうしなければ観客を笑わせることはできない。フレッド・アステアとジンジャー・ロジャースが出演する軽い娯楽作品も、この原則を守っている。ふたりの映画の価値要素は「真実」だ。フレッド・アステアはよく自己欺瞞に苦しむ役を演じ、華やかな女性を好きになったと自分に言い聞かせるが、ほんとうはジンジャーを愛していることを観客は知っている。

すぐれた脚本家は、正反対の価値程度ではまだ人間の体験の極限に達しないことを理解している。相反や対極の状況でストーリーが終わるようでは、毎年何百本と作られる凡庸な映画の仲間入りだ。愛と憎しみ、真実と嘘、自由と隷属、勇気と怯懦をただ描いただけの映画は、ほぼまちがいなく駄作である。たとえ観客がそれなりに満足したとしても、マイナス中のマイナスが描かれない映画が傑作と呼ばれることはない。

才能、技巧、知識といった要素がすべて同程度の場合、脚本家がマイナスの側面をどのように取り扱うかが作品の優劣を決める。

自分の脚本に納得がいかず、何かが足りないと感じるときは、さまざまな手段で問題点を明らかにする必要がある。ストーリーが迫力に欠けるのは、敵対する力が弱いからだ。好感の持てる魅力的な主人公と物語の世界を生み出すことにただ創造力を注ぎこむのではなく、マイナスの側面をしっかり組み立てることに集中すれば、プラスの側面もおのずと整っていく。
まず、どんな価値が危機に瀕しているのか、それをどう展開するかをいま一度考えてみよう。ストーリーのプラスの価値要素は何か。そのなかのどれがいちばん重要で、ストーリー・クライマックスを動かすのか。敵対する力はどのようなマイナスの形をとるのか。どこかの時点でマイナス中のマイナスの力を持つに至るのか。

通常、ストーリーは第一幕でプラスからマイナスに転じ、その後の幕で対極に、そして最終幕でマイナス中のマイナスに至って悲劇的な結末を迎える、あるいは状況が一変してふたたびプラスに転じて終わる。一方、『ビッグ』はいきなりマイナス中のマイナスに飛び、その後さまざまな未熟さを描いている。『カサブランカ』はもっと斬新だ。ストーリーはマイナス中のマイナスからはじまり、リックはファシズムという暴君のもとで自己嫌悪と自己欺瞞に苛まれながら生きているが、クライマックスでは三つの価値要素がすべてプラスに変わる。ストーリーをどのように展開するのも自由だが、極限を描くことを忘れてはならない。

15　明瞭化

見せよ、語るな

「明瞭化」とは、設定や登場人物の経歴や性格描写など、観客がストーリーを追って理解するために必要な情報、つまり事実を伝えることだ。

　脚本の最初の数ページに目を通し、明瞭化がどのようにおこなわれているかを見れば、その脚本家の技量がどの程度かを判断できる。明瞭化がうまいからといってすばらしいストーリーとはかぎらないが、脚本家の技術が高いことはたしかだ。明瞭化に長けているとは、説明していることに気づかれないことである。ストーリーの進展とともに、観客は必要な情報を苦労することなく、場合によっては無意識のうちに得ていく。

　有名な格言「見せよ、語るな」が鍵となる。世界や来歴や人物像を観客に伝えるために、登場人物の口に強引にことばをねじこんで語らせてはならない。登場人物に率直かつ自然な言動をさせながら、必要な事実をそれとなく伝える率直かつ自然なシーンで見せなくてはならない。つまり、説明をドラマ化するわけだ。

　説明のドラマ化には、ふたつの役割がある。まず、登場人物が現在かかえている葛藤をさらに発展させること。つぎに、情報を伝えることである。駆け出しで自信のないうちは、この優先順位を逆にし、作劇上の必然よりも説明を優先しがちだ。

例をあげよう。ジャックが言う――「ハリー、おれたち、知り合ってどれくらいになる？　うん？　かれこれ二十年か。大学時代からだもんな。長い付き合いじゃないか、ハリー。で、けさの調子はどうだ？」。これはジャックとハリーが友人同士であること、二十年前に同じ大学にかよっていたこと、昼食をまだすませていないことを観客に伝える以外になんの意味もない台詞だ。言動が不自然で、恐ろしく退屈なビートである。両者がすでに知っていることをわざわざ口に出すのは、どうしてもそうせざるをえないときだけだ。だから、この情報が必要なら、脚本家はなぜジャックがこんなことを言ったのか、しっかりと理由を示せなくてはならない。

説明のドラマ化にあたっては、「弾薬としての明瞭化」をすることが原則だ。登場人物は自分の世界、過去、周囲の人物、自分自身を知っている。欲求を満たすための戦いで、それらを弾薬として使わせるのだ。ジャックとハリーの場合ならこうなる。充血した目であくびを噛み殺すハリーを見て、ジャックが言う――「ハリー、なんてざまだ。相変わらず髪はヒッピーみたいだし、昼だってのに酒が残ってる。二十年前に大学を追い出された洟垂れ野郎のままじゃないか。起きてコーヒーでもどうだ」。観客の目はハリーの反応を見ようとそちらへ向かい、「二十年」、「大学」という情報がいつの間にか耳にはいっている。

ところで、「見せよ、語るな」というのは、マントルピースに並んだ写真へ向けてカメラをパンし、ハリーとジャックの学生時代、新兵時代、ふた組同時の結婚式、共同経営のドライクリーニング店の開業を順に追うことではない。それは見せるのではなく、語っている。カメラがそんな動きをするのは、長編映画ではなくホームムービーだ。「見せよ、語るな」とは、登場人物にもカメラワークにも誠実な動きをさせるということだ。

脚本家のなかには、明瞭化という難題に苦手意識を持ち、できるだけ早い段階ですませて、そのあとをスタジオの査読者にじっくり見てもらおうとする手合いがいる。だが、説明だらけの第一幕に苦労して目を通した査読者は、この脚本家は基本的なこともこなせないアマチュアだと見なし、残りを流し読みする。

力のある脚本家はストーリー全体を通して少しずつ明瞭化をおこない、最終幕のクライマックスになってもそれがつづいていることが多い。その際、守るべきふたつの原則がある。まず、観客が簡単に推察できそうなことは説明しない。そして、この事実を知らなければ観客が混乱しそうなことだけを説明する。ストーリーを理解するうえで絶対に必要な情報以外は、与えるのではなく、控えることで観客の関心を引きつけるのだ。

明瞭化にはペース配分が必要だ。ほかのすべての技術と同じく、明瞭化にも進め方の原則がある。重要度が最も低い情報を最初に、やや重要な情報をつぎに、最も重要な情報を最後に伝えるということだ。では、最も重要な情報とは何か。「秘密」だ。登場人物がだれにも知られたくない、つらい真実のことだ。

別の言い方をすれば、「カリフォルニア・シーン」を書いてはならない。「カリフォルニア・シーン」とは、互いのことをほとんど知らないふたりが、コーヒーを飲みながらすぐに自分の人生の深くて暗い秘密を話し出すシーンのことだ。「惨めな子供時代だったよ。母は罰と称して、ぼくの頭をトイレに突っこんで水を流した」「そのくらい、惨めでもなんでもないさ。こっちなんか、父親から犬の糞を靴に入れられて、そのまま学校へ行かされたんだから」

会ったばかりのふたりがあけすけにつらい告白をし合うのは、不自然で嘘くさい。こう指摘すると、そんなことはない、人は赤の他人にきわめて個人的な話をするものだという反論が返ってくるだろう。そのことに異論はない。ただ、それはカリフォルニアだけの話だ。アリゾナ、ニューヨーク、ロンドン、パリ、そのほか世界のどこを見ても、だれもそんなことはしていない。

西海岸には、深くて暗い秘密をカクテルパーティーに持ち寄り、自分が真正なるカリフォルニア人——「落ち着きがあって、内なる自分とつながっている」——だと確認し合う面々がいる。たとえば、わたしがパーティーに出席して、トルティーヤチップスにディップをつけて食べているとき、だれかが子供のころケッズのスニーカーに犬の糞を入れられた話をしたとしよう。わたしはこう思う。「ほう！　この男がアボガドディップをつまみながら人に話してまわる、深くて暗い秘密はこれか。では、ほんとうの秘密はなんだろう」と。人にはかならずほんとうの秘密がある。口にした秘密の裏に、言えない秘密が隠れている。

イヴリン・モウレーの「あの子はわたしの妹でもあり、娘でもあるのよ」という告白は、カクテル片手にできるものではない。イヴリンがギテスに秘密を打ち明けるのは、わが子を父親の手から守るためだ。「おまえにわたしは殺せない、ルーク。わたしはおまえの父親だ」――ダーク・ベイダーはこの真実を教えたくなかったが、もし言わなければ、息子を殺すか、息子に殺されるかしかなかった。

これらは、登場人物が人生の重圧に押しつぶされそうになりながら、「ましなほうの悪」のジレンマに苦悩する重厚で偽りのない瞬間だ。では、よくできた脚本で、重圧が最大になるのはどの時点だろう。答えは、極限に達したときだ。そこで優秀な脚本家は、時間芸術の第一原則に従う。最良のものは最後にとっておくのだ。あまりに早く多くのことを伝えすぎると、観客はクライマックスに至るずっと前に結末を知ってしまう。

観客が知る必要のある情報、知りたいと思う情報だけを明らかにし、そのほかを伝えてはならない。

裏を返せば、流れを作るのは脚本家なので、観客が知る必要のあること、知りたいと思うことも自分で決められる。途中のある時点で、明瞭化をしなければ観客がついてこられないと判断したら、好奇心を刺激して知りたい欲求を高めてやろう。「なぜ？」という疑問を持たせるのだ。「なぜこの登場人物はこんなふうに行動しているんだろう。なぜこんなことや、あんなことにはならないのだろう。なぜだ？」と。情報がほしくてたまらない観客なら、どれほど複雑な事実であっても、すんなり理解できるだろう。

主人公の来し方を説明する方法のひとつに、物語を子供時代からはじめて全人生を追うというものがある。

『ラストエンペラー』（87）は愛新覚羅溥儀（ジョン・ローン）の六十年以上にわたる人生を描いた作品だ。清朝皇帝に即位する幼年時代、十代のころ、早い結婚、西洋の教育、退廃的な生活、日本の傀儡としての日々、共産党政府に捕らわれた日々、そして北京の植物園で庭師として過ごした晩年のシーンがつなぎ合わされている。『小さな巨人』（70）は一世紀に及ぶ物語だ。『愛の狩人』、『さらば、わが愛　覇王別姫』（93）、『シャイン』はどれも主人公の若年時代からはじまり、中年期以降までの大きな出来事を追っていく。

とはいえ、こうした構成は明瞭化という点では便利だが、大半の映画では、主人公の誕生から死までを追うことはできない。それはストーリーを貫く「脊柱」を持っていないからだ。生涯にわたるストーリーを描くには、強靱で持続性を具えた脊柱が必要だ。けれども、子供のころの契機事件によって生まれたひとつの強い欲求を何十年も持ちつづけることなど、まずありえない。ほとんどすべてのストーリーが、数週間、ときに数時間にわたる主人公の人生を描くのはこのためである。

だが、しなやかで持続性のある脊柱を作れば、何十年にもわたるストーリーをエピソード風にすることなく創り出せる。「エピソード風」の作品とは、長期間を漏れなく描くのではなく、不規則に起こる飛び飛びの出来事をつなぎ合わせた話のことだ。二十四時間を描いたストーリーでも、その日のうちに起こった出来事に互いに関連がなければ、エピソード風と言えるだろう。一方、『小さな巨人』は、白人によるアメリカ先住民の虐殺を阻止しようとする男の探求を軸に展開する。先住民の虐殺は何世代もつづいた残忍な行為なので、一世紀にわたるストーリーとなった。『愛の狩人』のストーリーを動かしているのは、女性を辱めて破滅させたいという男のやむにやまれぬ欲求であり、それは魂を穢すものだが、本人にも正体がわからない。『ラストエンペラー』の主人公は、生涯にわたって、ある問いへの答えを探しつづける――「わたしは何者なのか」。三歳で皇帝になったとき、溥儀はそれがどういうことであるのかまったくわからなかった。宮殿はただの遊び場だ。彼はいつまでも子供としての自分にしがみつき、十代になっても乳母の乳を吸う。廷臣は皇帝らしくふるまうよう求めるが、あるとき溥儀は帝国など存在しないことに気づく。そして虚構のアイデンティティに苦しみ、さまざまな人間になろうとする。まず、英国紳士のような学者、色事にふける快楽主義者、豪華なパーティーでシナトラの真似をする美食家。つぎに政治家になるものの、日本の傀儡で終わる。やがて中国共産党から最後のアイデンティティを与えられる――庭師だ。

『さらば、わが愛　覇王別姫』は、真実のなかで生きようとする程《チェン》（レスリー・チャン）の五十年を描いている。子供のころ、京劇の老師に容赦なく殴られ、洗脳され、心は女だと白状するよう迫られるが、程はそれを拒んだ。従えば暴力を受けずにすんだだろう。女性的な男性の多くがそうであるように、程の心も男以外の何物でもなかった。偽りの人生を押しつけられた程は、個人的なことでも政治的なことでも、いっさいの嘘をきらう。それ以降、ストーリーで描かれるすべての葛藤は、真実を話したいという程の欲求から生まれる。だが、中国では嘘をつかないと生き延びられない。真実のなかに生きるのは不可能だと悟り、程はみずから命を絶つ。

　生涯を貫く脊柱はなかなかあるものではないので、アリストテレスの言うとおり、ストーリーを物事の中心《イン・メディアス・レス》からはじめるといい。クライマックスとなる出来事が主人公の人生でいつ起こるのかを決め、なるべくそれに近い時点から開始する。そう設計することで、ストーリーで描く期間が短縮され、契機事件までの部分が長くなる。たとえば、主人公の三十五歳の誕生日にクライマックスを迎えるのなら、十代からではなく、誕生日の一カ月前あたりからストーリーを開始するのだ。そうすれば、主人公には三十五年かけて築いてきたものがまるごとあることになり、人生の均衡が崩れて危機にさらされるときも、ストーリーにさまざまな葛藤がもたらされる。

　アルコール依存症のホームレスのストーリーを書くむずかしさについて考えてみよう。主人公に何か失うものはあるだろうか。いや、ほとんどあるまい。通りで過ごす精神的重圧は形容しがたいものであり、それに耐える人間にとっては、死が救いに思えるかもしれないし、天候の変化で命を落とすこともあるかもしれない。ただ、自分の命以外に何も持たないも同然の人生は、哀れを誘うとはいえ、失うものがほとんどないので、脚本家は動きのないストーリーで苦悩を描くしかない。

だからこそ、脚本家は失うもの——家族、キャリア、理想、チャンス、評判、現実的な希望や夢——を持った人々の物語を書く。そうした人々が人生の均衡を崩すと、たちまち危機に陥る。均衡を取りもどそうと奮闘するなかで、いま持っているものを失うかもしれない。苦労して手にしたものを失うリスクを冒して、敵対する力と戦うとき、葛藤が生まれる。ストーリーが葛藤に満ちると、主人公は手にはいるすべての弾薬を使って戦おうとする。このとき説明をドラマ化するのはたやすく、事実がごく自然にアクションへ流れこむ。だがストーリーに葛藤が欠けていれば、脚本家は「テーブルの埃払い」をせざるをえなくなる。

十九世紀には、劇作家の多くが明瞭化をつぎのようにおこなっていた。幕があいて居間が現れる。ふたりのメイドが登場する。ひとりはこの屋敷に三十年仕え、もうひとりの若いほうはけさ雇われたばかりだ。ベテランが新人に向かって言う。「まあ、ジョンソン博士とご家族のことを知らないのね。いいわ、教えてあげる……」と。そして、ふたりで家具の埃を払いながら、ベテランのメイドがジョンソン家の人々の歴史や世界や人柄について説明する。これが「テーブルの埃払い」、つまり動機のない明瞭化だ。

そして、これは現代の作品にも見られる。

『アウトブレイク』(95)では、最初のシークエンスで、ダニエルズ大佐(ダスティン・ホフマン)はエボラ・ウィルスの世界的拡散を食い止めるために西アフリカへ飛ぶ。同行した若い医療助手のほうを見て、ダニエルズは「きみはエボラ出血熱のことを知らないんだろう」という趣旨のことを言い、ウィルスについて説明する。この助手が全人類の命を脅かす病気と闘う訓練を積んでいないなら、同行して何をしようというのか。ある登場人物が別の登場人物に対して、両者がすでに知っていること、あるいは知っていて当然のことを語りかける台詞を自分が書いているのに気づいたら、こう自問しよう。これは弾薬としての明瞭化として、劇中で機能しているか?　もし答えがノーなら、その台詞は捨てるべきだ。

説明をうまくドラマ化して、そうと気づかれないようになったら、そして観客が情報を必要としているときだけ与えて最高のものを最後までとっておくことができるようになったら、あなたは脚本家としての技巧を身につけつつあるということだ。駆け出しのころに苦労したことも、熟練の脚本家になったときには貴重な財産となる。すぐれた脚本家は、登場人物の過去を曖昧にして明瞭化を避けるのではなく、重要な出来事を盛りこんでうまく味つけをする。ストーリーを語るうえで何十回も訪れる困難は、適切にシーンを転換させて、転換点を作り出すことだ。

バックストーリーを使う

シーンを転換する方法はふたつにひとつしかない。アクションを起こすか、新事実を明らかにするかだ。それ以外の方法はない。愛し合っていっしょにいるプラスの関係の男女がいるとして、これを憎み合って別れるマイナスの関係にしたいとき、アクションを使うなら、女が男の頬をひっぱたいて、「もううんざり。終わりよ」と言えばいい。新事実の発覚なら、男が女を見てこう言う。「きみの妹ともう三年深い関係にあるんだ。さて、どうする？」

強烈な新事実の発覚をもたらすのはバックストーリーである。バックストーリーは登場人物の過去に起こった重要な出来事で、これを決定的な瞬間に明かすことで転換点を作り出せる。

『チャイナタウン』の「あの子はわたしの妹でもあり、娘でもあるのよ」という告白は、衝撃的な新事実をもたらすためにそこまで隠しつづけたことの明瞭化であり、これが第二幕のクライマックスを転換させ、急展開する第三幕の伏線となっている。『スター・ウォーズ　帝国の逆襲』の「おまえにわたしは殺せない、ルーク。わたしはおまえの父親だ」は前作『スター・ウォーズ』のバックストーリーから生まれ、最大限の効果を生み出すために隠していた新事実であり、クライマックスを転換させて、次作『スター・ウォーズ ジェダイの帰還』の下地になっている。

『チャイナタウン』を書いたロバート・タウンは、クロス家の近親相姦の事実を口の軽い使用人がギデスに打ち明けることにすれば、早い段階でこれを明らかにできた。ジョージ・ルーカスは、C-3POがR2-D2にこう告げる場面を作れば、ルークの父親に関する事実をもっと早く明らかにできただろう――「ルークに言ってはいけませんよ、知ったら逆上するにちがいありませんから。でも、ダース・ベイダーはルークの父親なんです」。だが、タウンもルーカスも、バックストーリーを利用して大きな転換点を作り、予想と結果のギャップを生み出して観客に多くのことを理解させた。数少ない例外はあるが、アクションばかりを積み重ねてもシーンの転換はできない。アクションと新事実の発覚を組み合わせることがどうしても必要だ。実のところ、新事実の発覚のほうが強い衝撃をもたらす傾向があるため、脚本家は主要な転換点、すなわち幕のクライマックスまでそれを伏せておくことが多い。

フラッシュバック

フラッシュバックは、ひとことで言うと明瞭化の一手法である。ほかのあらゆる手法と同じく、うまいか下手かのどちらかしかない。つまり、これといった動機もない説明だらけの長い台詞で観客を退屈させる代わりに、事実を詰めこんだ単調でつまらないフラッシュバックで観客を退屈させるか、あるいはそれをうまくやるかのどちらかだ。明瞭化の原則にしっかり従えば、フラッシュバックはめざましい効果をもたらすだろう。

第一に、フラッシュバックをドラマ化する。

過去の平板なシーンをフラッシュバックするのではなく、契機事件から転換点に至る展開を内包するミニドラマを、ストーリーに挿入するといい。プロデューサーはよく、フラッシュバックを使うと映画のペースが落ちると言う。たしかに、やり方がまずいとそのとおりだが、うまく使えばむしろペースはあがる。『カサブランカ』では、第二幕の冒頭で、パリにいたころのフラッシュバックが流れる。リックは酔ってふさぎこみ、ウィスキーを飲みながら涙にくれている。ここでことさらゆっくりしたリズムにしているのは、第一幕のクライマックスの緊張を和らげるためだ。しかし、リックがイルザと過ごした日々を思い出し、ふたりが逢瀬を重ねるパリの街にナチスが侵攻する場面へとフラッシュバックすると、一気にペースが加速して、イルザがリックの前から姿を消すシークエンスのクライマックスでピークに達する。

『レザボア・ドッグス』はどうか。殺人ミステリーの契機事件は通常、ふたつの出来事から構成される。まず人が殺され、つぎに主人公がそれを知る。だがアガサ・クリスティは、後半部分だけで物語をスタートさせる――クロゼットの扉があき、死体が崩れ落ちてくる。事件を発見するところからストーリーをはじめることで、好奇心をふたつの方向へ向かわせているのだ。なぜ、どうやって殺害されたのかという過去への興味と、多くの容疑者のなかで真犯人はだれなのかという未来への興味だ。

タランティーノはこのアガサ・クリスティの手法にならい、契機事件の前半部分――強盗の失敗――を飛ばして、すぐに後半部分――逃走――にはいっている。逃走車の後部座席にいる犯人グループのひとりが負傷しているのを見れば、犯行が失敗したことは明らかで、観客の好奇心はたちまち過去と未来へ向かう。何がうまくいかなかったのか。この先どうなるのか。答えを知りたいという観客の欲求を高めてから、場面は倉庫へと移る。そしてペースが落ちてくると、強盗現場でのハイスピードなアクションへフラッシュバックする。単純なアイディアだが、これほど大胆にやってのけたのはタランティーノがはじめてで、ただエネルギッシュなだけではなく、確固たるペースで展開する傑作が生まれた。

第二に、観客の知りたいという欲求を高めるまで、フラッシュバックを用いない。

『カサブランカ』では、第一幕のクライマックスはメインプロットの契機事件でもあり、イルザが突然リックの人生にもどってきて、ふたりはサムのピアノ越しにじっと視線を交わす。そのあとカクテルを飲みながら話をし、二重の意味を持つことばが交わされて、ふたりが過去に深い関係にあったこと、情熱の火はいまでも燃えさかっていることがほのめかされる。第二幕がはじまったとき、観客はパリでふたりに何があったのかを知りたくてうずうずしている。フラッシュバックを用いるのは、このときをおいてほかにない。

脚本は小説ではないことを理解する必要がある。小説家は登場人物の思考や感情に直接踏みこむことができる。だが脚本家はできない。小説家は思うままの叙述をいくらでも使えるが、脚本家は使えない。また、小説家はその気になれば、主人公がショーウィンドウの前を通りかかり、中をのぞきながら子供時代をまるごと回想するシーンを書くこともできる。「その午後、故郷の町を歩きながら、彼は床屋に目をやった。少年のころ、父に連れられてよく行っていたのを思い出す。老人たちが葉巻を吸いながら野球の話をしていた。〝セックス〟という単語をはじめて耳にしたのもあの床屋でだった。あれ以来、女性とベッドをともにすると、自分はいまホームランを打っているのだという考えが頭に浮かぶ」

散文での明瞭化は比較的容易だが、カメラは嘘を写し出すX線装置である。小説と同じ自由な叙述を用いようとしたり、半ばサブリミナル効果を狙うように、登場人物の考えをちらりと見せるカットを入れるなどして無理やり説明をねじこんだりしたら、いかにもわざとらしくなる。

夢のシークエンス

夢のシークエンスは、いわばガウンをまとった明瞭化である。これはたいがい、フロイト流のクリシェを使って情報をまぎれこませようとするもので、これまで説明した点に二倍の注意を払う必要がある。数少ない成功例のひとつに、イングマール・ベルイマンの『野いちご』がある。

モンタージュ

モンタージュとは、すばやく切り替わるショットをつなぎ合わせてイメージを生じさせる手法のことで、これによって時間が劇的に短縮あるいは延長される。ワイプ、アイリスイン、アイリスアウト、スプリット・スクリーン、ディゾルブ（オーバーラップ）などの視覚効果を利用することも多い。エネルギッシュな映像になるので、情報を伝えるという平凡な目的を隠すためにも使われる。夢のシークエンスと同じく、モンタージュは観客の目を画面に釘づけにすることで、ドラマ化されていない説明を退屈に感じさせないようにする手法だ。まれに例外はあるものの、概してモンタージュは明瞭化の手間を省き、装飾的な映像や編集で代用しようとする怠惰な試みであるため、なるべく避けたいところだ。

画面外のナレーション

画面外のナレーションも明瞭化のひとつの手法である。これもフラッシュバックと同じで、うまいか下手かのどちらかしかない。ナレーションを使うときはこう自問しよう。「このナレーションがなかったとしても、ストーリーはうまく語れているだろうか」と。答えがイエスなら、そのままでいい。通常、この手法にも「少ないほどいい」という原則があてはまる。つまり、控えめに使うほど効果が高い。だから、用いずにすむなら、それに越したことはない。だが、これにも例外はある。ナレーションを省いてもストーリーがしっかり語れているとしたら、それはそのナレーションが対比による強調という正当な理由で使われている。

対比による強調のためのナレーションは、ウディ・アレンが得意とする。『ハンナとその姉妹』や『夫たち、妻たち』からナレーションを取り除いても、ストーリーはやはり明快で印象的だ。しかし、わざわざ省く必要があるだろうか。アレンのナレーションは機知や皮肉や洞察に富んでいて、これほどのものはほかの方法では表現できない。画面外でのこの種のナレーションは、すばらしい効果をもたらしうる。『バリー・リンドン』(75)のように、短いナレーションを特にストーリーの冒頭や幕と幕のあいだに入れるのは、かならずしも悪いことではない。だが、全編に渡ってナレーションを使う傾向が強まっているのは、映画の未来にとって脅威である。ハリウッドやヨーロッパの一部の著名監督によって、この怠惰な手法を用いた作品がつぎつぎと世に送り出されている。彼らは巨額の制作費を投じて凝った映像を作り、そこに単調なナレーションをかぶせる。これでは映画がクラシック・コミックになってしまう。

クラシック・コミックを読んだのがきっかけで、はじめて一流作家の作品にふれたという人は多い。これは小説を漫画化したもので、絵にストーリーを説明するキャプションがついている。子供にはいいが、映画とはまったく別物だ。映画の技巧とは、映像Aを編集やカメラやレンズの動きによって映像Bと結びつけ、C、D、Eという意味を説明なしで表現することだ。最近では、ステディカムを使って部屋や廊下や街なかを移動して、セットや人物をパンで撮りつつ、ナレーションで登場人物の生い立ちや夢や恐れを延々と語ったり、ストーリーの舞台での政治力学を説明したりする映画が増えている。そうしてできた映画は、莫大な資金を投じて映像に収録したコミック本のようなものだ。

音声を説明で埋めつくすのには、才能も努力もほとんど要らない。「見せよ、語るな」には芸術的手腕と規律が必要であり、それは脚本家に対して、楽な方向へ流されず、想像力と労力を惜しまずに創造性の限界をきわめることを求めている。すべてを自然でよどみない流れにするのは大変なことだが、含みのないナレーションのような楽な手法を自分に許せば、みずからの創造性を台なしにし、観客の好奇心を失わせ、ストーリーの迫力を損なうだろう。

さらに大事なのは、「見せよ、語るな」とは、自分の作品を観てくれる人の知性と感性に敬意を払うことだということだ。観客を映画鑑賞という儀式に最高の状態で臨ませ、観て、考えて、感じて、それぞれの結論を導き出してもらわなくてはならない。観客を子供のように膝に乗せて、人生とはなんたるかをことばで説明するようなことをしてはいけない。ナレーションを乱用すると、映画が引き締まらないだけでなく、観客を子供扱いしているようになる。こうした傾向が今後もつづけば、映画は小説の劣化版となって衰退していくだろう。

巧みな明瞭化を学びたいのなら、『ＪＦＫ』を徹底的に分析することを勧める。オリバー・ストーンの脚本やビデオを入手して、ストーリーをシーンごとに分け、そこに描かれた事実を、明白なものも推定にすぎないものも含めて、すべてリストにまとめる。そして、ストーンがこのエベレスト級の情報の山をいかに細かく分類し、ひとつひとつをドラマ化して、ペース配分をしながら新情報として明かしているかを見るといい。まさに最高の職人技だ。

16 問題と解決策

本章では、観客の興味をいかに保つか、ほかの媒体の作品をいかに脚色するか、論理の穴にいかに対処するかなど、よくある八つの問題について説明する。どれも技術で解決できるものばかりだ。

興味

マーケティングの力で観客の足を映画館へ向けることはできても、いったん上映がはじまったら、最後まで興味を持って観つづけるだけの動機を与えなくてはならない。ずっと観客を引きつけて離さず、クライマックスでそれに報いるわけだ。人間の本質の両側面――知性と感情――に訴える作品でなければ、これはほぼ不可能である。

「好奇心」とは、疑問に対する答えを知り、未解決のものを解決したいという知的欲求だ。ストーリーは疑問を提起して状況を展開させることで、この普遍的な欲求に働きかける。転換点ごとに観客は好奇心をそそられる。そして主人公が大きな危険にさらされると、こう考える。「つぎに何が起こるのだろう。そのあとは？」と。何よりも知りたいのは「最後はどうなるのか」ということだ。答えは最終幕のクライマックスまで明かされないので、観客は好奇心から席にすわりつづける。結末を知りたいというだけの理由で、つまらない映画を最後まで観た経験はだれにでもあるだろう。脚本家は観客を泣かせたり笑わせたりするものだが、チャールズ・リードが指摘したとおり、まずは何よりも待たせることだ。

一方、「賛意」は人生のプラスの価値要素——正義、強さ、生存、愛、真実、勇気——に対する感情的欲求である。人間はマイナスと見なすものに本能的に嫌悪感をいだき、プラスのものに強く引きつけられる。ストーリーがはじまると、観客は意識的に、あるいは無意識のうちに作中世界や登場人物を観察し、善と悪、正と誤、価値のあるものと価値のないものを見分けようとする。そうやって「善の中心」を探す。いったん中心が見つかると、感情がそこに流れていく。

人が「善の中心」を探すのは、だれもが自分のことを善で正しいと信じ、プラスでありたいと思っているからだ。心の底では自分にも欠点があるとわかっているし、しかもそれが重大で、犯罪にかかわる場合さえある。それでもなぜか、自分の心は正しい場所にあると思う。極悪人でさえ、自分のことを善良な人間だと信じている。ヒトラーはみずからをヨーロッパの救済者だと考えていた。

わたしは以前、マフィアのたまり場だとは知らずにマンハッタンのジムにかよっていたことがあり、そこで「ミスター・コニーアイランド」というニックネームを持つ愉快で人好きのする男と出会った。その称号は十代のころ、ボディービルディングをしていて授かったものだという。しかし、そのころは「ボタンマン」だった。「ボタンをかける」という隠語は、だまらせることを意味し、ボタンマンの仕事は人を沈黙させることだ……永遠に。ある日、サウナ室でいっしょになったとき、ボタンマンは言った。「なあ、ボブ、教えてくれ。あんたは善良な人間かい?」つまり、ギャングなのかと訊いてきたのだ。

マフィアの論理はこうだ。「人は売春や麻薬や違法賭博を求めている。厄介なことが起こったら、警察や裁判官を買収したいと考える。犯罪の果実を味わいたいと思っているくせに、それを認めない嘘つきの偽善者だ。自分たちはそうしたサービスを提供しているが、偽善者ではない。現実に向き合う〝善良〟な人間だ」ミスター・コニーアイランドは冷酷な暗殺者だが、心のなかでは自分を善良だと思っている。

どんな観客もストーリーに「善の中心」、つまり共感と情緒的興味を向けられるプラスの価値を探している。

善の中心は、最低でも主人公のなかに存在していなくてはならない。人はたくさんの相手に共感できるので、ほかの登場人物にもその中心があってかまわないが、主人公には確実に感情移入できるようにする必要がある。一方、善の中心はかならずしも「よいもの」でなくてもいい。「善」は「何であるか」だけでなく、「何でないか」でも決まる。観客は「善」であるかどうかを、「善ではない」と感じられるマイナスのものとの関係や対比で判断する。

『ゴッドファーザー』（72）では、腐敗しているのはコルレオーネ・ファミリーだけではない。ほかのマフィアのファミリーも同様で、警官や判事でさえもそうだ。登場人物はひとり残らず、なんらかの形で犯罪にかかわっている。だが、コルレオーネ・ファミリーにはプラスの特質がひとつある——忠誠だ。ほかのファミリーの面々は互いを背中から刺す悪い悪党だが、互いへの忠誠を守るコルレオーネ・ファミリーは「よい」悪党である。このプラスの特質に気づいたとき、観客は心を動かされ、いつの間にかマフィアに共感している。

善の中心はどこまで行けるだろう。どれほどの怪物までが観客の共感を得られるだろうか。

『白熱』（49）では、精神を病んだ殺人者のコーディ・ジャレット（ジェームズ・キャグニー）が善の中心だ。脚本家はマイナスとプラスのエネルギーのみごとな均衡をとっている。まず、ジャレットの魅力的な面を見せてから、その周囲を取り巻く逃れられない暗い世界を描いている。率いるギャング団は意志の弱いイエスマンの集まりだが、ジャレットにはリーダーとしての統率力がある。追う側のＦＢＩ捜査班は二流で頭の回転が鈍く、ジャレットは才気縦横で創意工夫に富んでいる。「親友」はＦＢＩの潜入捜査官で、その人物に対するジャレットの友情は本物だ。この作品で他者に愛情を示す者はだれもいないが、唯一の例外はジャレットで、母親を敬愛している。こうした関係を描くことで観客は共感し、こう思うようになる。「もし犯罪者として生きなくてはならないとしたら、コーディ・ジャレットのようになりたい」

『愛の嵐』（74）では、フラッシュバックのバックストーリーで、主人公の男女（ダーク・ボガード、シャーロット・ランプリング）の出会いが描かれる。男はナチスの強制収容所に配属されたサディストの将校で、女はマゾヒストのティーンエイジャーの囚人だった。ふたりは強制収容所のなかで数年にわたって男女の関係にあった。やがて戦争が終わり、ふたりの関係に終止符が打たれる。映画は一九五七年、ふたりがウィーンのホテルのロビーで偶然再会するところからはじまる。男はホテルのポーターとして働き、女は指揮者の夫に同行して旅をしていた。部屋にはいると、女は気分がすぐれないと言い、夫を先にコンサート会場へ送り出して、かつての恋人とふたたび関係を持つ。この男女がストーリーの善の中心である。

監督・脚本のリリアーナ・カヴァーニは処理がむずかしいこの作品で、まず過去を隠して暮らす元親衛隊員たちの腐敗した社会を描き、そこにふたりを置いた。それから、この冷たく暗い世界の中心に一本の小さなろうそくをともした。ふたりの出会いや熱情がどんなものであれ、最も深い真の意味でその愛は本物だ。しかも、その愛は限界まで試される。正体を暴露されることを恐れて、女を始末しろという仲間に、男は言う。「だめだ。大切な女なんだ。とても大切な」と。男は女のために、女は男のために命を投げ出す。クライマックスでふたりが死を選ぶとき、観客は悲しみに満ちた喪失感を覚える。

『羊たちの沈黙』の善の中心は、小説でも映画でもクラリス（ジョディ・フォスター）だが、ハンニバル・レクター（アンソニー・ホプキンス）が第二の中心に据えられ、観客は両者に共感する。まず、レクター博士が立派ですばらしい人物として描かれる。高い知性、鋭い機知、皮肉のセンス、紳士的な魅力を具え、何よりも冷静だ。地獄のような世界で、どうしてこれほど落ち着いて礼儀正しくいられるのだろう、と観客は考える。

つぎにこうした特質とは対照的な、レクターを取り囲む残酷で冷たい世界が描かれる。施設の精神科医はサディストで、世間の注目を浴びるのが大好きだ。守衛は能なしときている。捜査の行きづまった事件で助言を求めてくるＦＢＩですら、レクターに嘘をつき、監視のゆるいカロライナ島の刑務所へ移送するという出まかせの約束をして操ろうとする。すぐに観客は納得しはじめる。「だから彼は人を食べるんだ。世の中にはそれよりひどいことだってある。それが何なのか、すぐには思いつかないけど……」そして、共感を覚えつつこう考える。「もし自分が人肉を食べる異常者なら、レクターのようになりたい」

ミステリー、サスペンス、劇的アイロニー

好奇心や賛意は観客をストーリーに結びつけるが、それには三つの方法がある。ミステリー、サスペンス、劇的アイロニーだ。これらはジャンルというよりも、ストーリーと観客の関係を表すものであり、どうやって興味を保たせるかによって決まる。

ミステリーでは、観客の与えられる情報が登場人物より少ない。

ミステリーでは、観客の興味を好奇心のみで引きつける。作り手はさまざまな説明的事実を、特にバックストーリーのなかに用意するが、観客にはそれを明かさない。過去の出来事に対する好奇心を刺激し、ときおり真実の一端を示してじらしながら、レッドヘリングで観客をミスリードして、誤ったことを事実だと思いこませ、ほんとうのことは隠しておく。

「赤い鰊《レッドヘリング》」ということばの由来はおもしろい。中世の森で鹿やライチョウを密猟した農民たちは、戦利品を持ち帰るとき、領主の猟犬を混乱させるために、燻製の鰊を引きずりながら森のなかを帰っていった。そのことから、「偽の手がかり」という意味が生まれた。

レッドヘリングと容疑者、混乱と好奇心のゲームで観客の関心を引きつける手法は、殺人ミステリーの

ジャンルで効果的だ。これには謎解き型、倒叙型というふたつのサブジャンルがある。

謎解き型ミステリーの代表作家はアガサ・クリスティで、バックストーリーのなかでひそかに殺人が起こる。「だれがやったのか《フーダニット》」が第一の謎であり、容疑者は複数いる。作り手は最低でも三人の容疑者を用意して観客をミスリードしつづけ、レッドヘリングを追うように仕向けて、真犯人の正体をクライマックスまで明かさない。

倒叙型ミステリーは「刑事コロンボ」のスタイルだ。観客は殺人シーンを目撃して、犯人を知っている。ストーリーは「どうやって捕まえるか」が焦点となり、脚本家は複数の容疑者の代わりに複数の手がかりを用意する。犯行はいくつもの段階を重ねて技術的な要素を多く採り入れた複雑なもので、一見したところ完全犯罪だ。しかし、観客はこのジャンルの約束事として、その要素のどこかに致命的な欠陥があることを知っている。現場に到着した刑事や探偵は、犯人がだれなのかに直感的に気づき、たくさんの手がかりにあたって犯行計画のほころびを見つけ出したのち、完全犯罪をやってのけたはずの傲慢な犯人と対決して自白を引き出す。

ミステリーでは、殺人犯も探偵もクライマックスのかなり前から真相を知っているが、最後まで明かさない。観客はそのあとを追い、主要登場人物が何を明かさずにいるかを突き止めようとする。とはいえ、登場人物の先を越してしまったら、敗者も同然の気分になる。観客はだれがどのように犯罪をおこなったのかを頭をひねって考えるが、名探偵には名探偵でいてもらいたいと願うものだ。

これらふたつの型は、組み合わせることも風刺に使うこともできる。『チャイナタウン』は謎解き型ではじまるが、第二幕のクライマックスで倒叙型に転じる。『ユージュアル・サスペクツ』は謎解き型ミステリーをパロディ化したものだ。「だれがそれをやったのか」からはじまり、「だれもそれをやっていない」に変わる……「それ」がなんであれ。

サスペンスでは、観客と登場人物が同じだけの情報を与えられている。

サスペンスは観客の好奇心と賛意の両方を掻き立てる。コメディであれドラマであれ、世の映画の九十パーセントはこの形で観客の興味を引きつける。だがサスペンスでは、観客の好奇心が向けられるのは真実ではなく結末だ。殺人ミステリーでは、どんな結末かがわかっている。だれがどうやって殺したのであれ、探偵が犯人を捕らえて上昇型の結末となるのが約束だ。しかしサスペンスでは、結末が上昇型にも下降型にもなり、二面的な結末もありうる。

サスペンスでは、主人公と観客が肩を並べ、情報を共有しながら話のなかを進んでいく。主人公が新事実を発見すれば、観客も発見する。だが、だれも「結末がどうなるのか」を知らない。この関係のなかで、観客は主人公に共感して一体となるが、純粋なミステリーではそれが好感にとどまる。名探偵は魅力的で好人物だが、観客が自分を重ね合わせることはない。あまりに完璧で、真の危機に陥らないからだ。殺人ミステリーはボードゲームにも似て、頭を使って楽しむエンターテインメントである。

劇的アイロニーでは、観客の与えられる情報が登場人物より多い。

劇的アイロニーは、事実や結末に対する好奇心ではなく、感情的な賛意だけで観客の興味を引きつける。これには、あえて結末を先に明かす形のストーリーが多い。観客は何が起こるかを事前に知るという神の優位性を与えられ、ほかとは異なる感情体験をする。サスペンスでは、結末に対する不安と主人公の平穏が脅かされる恐れを感じるが、劇的アイロニーでは、自分たち観客がすでに知っていることを主人公が知ったときにどうなるかを懸念し、不幸に向かって突き進む相手に同情を覚えるのだ。

『サンセット大通り』では、最初のシークエンスで、ジョー・ギリス（ウィリアム・ホールデン）の死体がノーマ・デズモンド（グロリア・スワンソン）の豪邸のプールにうつぶせで浮かんでいる。カメラがプールの底へ移動して死体を下から映すと、ギリスの声が画面の外から流れてきて、なぜこうしてプールで死ぬことになったのか不思議だろうからいきさつを説明する、と言う。映画は全編にわたるフラッシュバックとなり、成功をめざす脚本家の奮闘が描かれる。この男が悲運な最期へ向かって進んでいくのを見ながら、観客は憐れみと恐怖を感じる。裕福で口うるさい女の支配から逃れて、真っ当な脚本を書こうとするギリスの努力はすべて無駄に終わり、ついには女の豪邸のプールで死体となって浮かぶことを観客は知っているのだ。

『ビトレイヤル』（日本未公開、83）はどうか。ストーリーを結末から冒頭に向かってさかのぼる手法は、一九三四年、ジョージ・S・カウフマンとモス・ハートの戯曲『メリリー・ウィー・ロール・アロング』ではじめて使われた。四十年後、ハロルド・ピンターがこのアイディアをもとに、劇的アイロニーを最大限に生かした作品を生み出す。『ビトレイヤル』はラブストーリーで、かつて恋人同士だったジェリーとエマ（ジェレミー・アイアンズとパトリシア・ホッジ）が、数年前の別離以来はじめて、ふたりで会うところからはじまる。緊張した空気のなか、エマは「夫が知っている」と言う。夫はジェリーの親友だ。物語が進むにつれ、画面はふたりの別離の場面、別離の原因となった出来事、すばらしい愛の日々へとフラッシュバックし、最後にふたりの出会いの場面までさかのぼる。若い恋人たちの目が希望で輝くのを見て、観客は複雑な思いをいだく。このまま幸せな関係がつづくことを願う一方で、いずれふたりが苦悩と悲しみを味わうことを知っているからだ。

劇的アイロニーの作品であっても、観客の好奇心がすべて失われるわけではない。何が起こるかを知った観客はこう考える。「この登場人物たちは、どんないきさつで、なぜ、あんなことをしたのだろう」と。観客は登場人物の人生のなかに動機や原因を深く探ろうとする。良質な映画を二度観ると、最初のときよりも楽しめる、少なくともちがった角度から楽しめるのはこのためだ。観客はふだんあまり感じることのない哀れみや恐れといった感情を刺激されるだけでなく、事実や結末に対する好奇心から解放されて、登場人物の内面や潜在的な活力、周囲で働く微妙な力などに集中できる。

大半のジャンルは、純粋なミステリーにも純粋な劇的アイロニーにも適していない。一方、サスペンスの場合は、これらふたつを組み合わせて物語を豊かにすることができる。全体としてはサスペンスとして設計したうえで、一部のシークエンスにミステリーを取り入れて事実に対する好奇心をふくらませ、別のシークエンスを劇的アイロニーに切り替えて観客の心を動かす、ということもできる。

『カサブランカ』では、第一幕の終わりで、観客はリックとイルザがパリで恋愛関係にあったものの、破局したことを知る。第二幕の冒頭はパリ時代のフラッシュバックだ。劇的アイロニーのもたらす優位に立った観客は、ふたりが悲劇へと向かうのをながめつつ、純粋な愛をやさしく見守っていく。ともに過ごすふたりの一瞬一瞬を観察しながら、なぜ愛は実らなかったのか、そしていざ別れることになったとき、ふたりはどうするのかと考える。

第二幕のクライマックスで、イルザはふたたびリックの腕に抱かれている。夫とは別れるつもりだ。そして、第三幕はミステリーに切り替わる。リックが究極の決断をくだすが、どんな選択をしたのかはまだ明かされない。リックが自分より多くの情報を持っているため、観客は好奇心に駆られる。イルザといっしょに逃げるのか？　答えがわかったとき、観客は大きな衝撃を受ける。

たとえば、斧で人を殺すサイコパスと女探偵が登場するスリラーを書いているとしよう。いよいよストーリー・クライマックスだ。舞台は古い大邸宅の薄暗い廊下。殺人鬼が近くにいるのを知っている女探偵は、銃の安全装置をはずし、左右にドアの並んだ暗くて長い廊下をゆっくり進んでいく。つぎの三つのどれを使うべきだろうか。

ミステリー――「敵対する力」に知られている事実を、観客には伏せておく。

ドアはすべて閉まっている。女探偵が廊下を進み、観客はスクリーンに目を走らせて探す。殺人鬼はどこだ？　最初のドアの向こうか？　つぎのドア？　そのとき犯人が襲いかかる……天井を破って！

サスペンス——観客と登場人物に同じ情報を与える。

廊下の突きあたりにあるドアがかすかに開き、部屋から漏れる明かりが斧を持った男の影を廊下の壁に映し出している。女探偵は影に気づいて立ち止まる。影が壁から離れる。

画面が切り替わり、ドアの向こうで男が斧を手に待ちかまえている。男は探偵がすぐそこにいることを知っている。自分がここにいることを相手が知っていることも。足音が止まったからだ。

ふたたび画面が切り替わり、廊下で探偵がためらっている。殺人鬼がすぐそこにいることはわかっている。その事実に自分が気づいたことを相手に知られたことも。影が動くのが見えたからだ。

探偵も殺人鬼も、そして観客も状況がわかっているが、この先どうなるかはだれも知らない。探偵が殺人鬼を殺すのか、殺人鬼が探偵を殺すのか。

劇的アイロニー——ヒッチコックが得意としたやり方で、観客が知っている事実を主人公に明かさない。

探偵が廊下の突きあたりの閉まったドアへゆっくり近づいていく。

画面が切り替わり、ドアの後ろで斧を持った男が待っている。

ふたたび画面が廊下に切り替わり、探偵が少し、また少しとドアに近づく。探偵が気づいていないことを知っている観客の感情は、不安から恐怖に変わる。「ドアに近づいちゃいけない！　あけちゃだめだ！　敵はドアの向こうにいる！　気をつけて！」

探偵はドアをあけ……襲われる。

あるいは、ドアをあけて男を抱きしめ……

斧を持った男　（筋肉痛の腕をさすりながら）午後じゅう薪を割ってたよ。夕食はできてるか？

……これは劇的アイロニーではない。「偽物のミステリー」であり、そのつまらない親戚である「安っぽい驚き」だ。

観客にある程度の好奇心を持たせることは重要だ。それなしでは、語りの疾走感を保てない。技巧を凝らして事実や結末を隠せば、観客は先が気になってさまざまな問いを持ちつづける。必要であれば、観客を煙に巻くこともできる。だが、この手法を乱用してはいけない。そんなことをしたら、観客は苛立って映画に見向きもしなくなってしまう。観客の熱意には、誠実で洞察に満ちた答えで報いなくてはならない。浅ましいトリック、安っぽい驚き、偽物のミステリーは禁物だ。

偽物のミステリーとは、事実を不自然に隠すことで生まれる見せかけの好奇心である。観客に対してできたはずだった、しておくべきだった明瞭化をあとまわしにして、劇的な含みのないシーンで長々と興味を引きつけておこうというやり方だ。

たとえば、映画の冒頭で、満席の飛行機のパイロットが激しい雷雨と戦っている。雷が翼を直撃し、飛行機は山の斜面に向かって急降下する。場面が六カ月前に切り替わる。破滅へ向かうこの飛行機の乗客と乗員の退屈な日常が、三十分にわたって長々とフラッシュバックで紹介される。この「クリフハンガー」というじれったい手法は、観客に向けた脚本家の苦しげな約束だ。「心配しないでください、みなさん。この退屈な部分に付き合ってくれたら、いずれ興奮するシーンをお見せします」

驚きの問題

観客はこう祈りながら映画館へ足を運ぶ。「どうぞいい映画でありますように。新たな体験ができて、これまで知らなかった物の見方が身につきますように。おもしろいと思ったことのないもので笑わせてください。これまで心を動かされたことのないものに感動させてください。世界を新しい目で見せてください。アーメン」と。つまるところ、観客は予想が裏切られる驚きを求めている。

登場人物がスクリーンに現れると、観客は想像をふくらませてあれこれ考える。これが起こり、あれが変わり、ミスAは金を手に入れ、ミスターBは女を口説き落とし、ミセスCは苦しむだろう。予想どおりのことが、それも予想どおりの形で起こるのを見せられたら、観客は悲惨な体験をすることになる。脚本家は観客を驚かせなくてはならない。

驚きには二種類ある。安っぽい驚きと真の驚きだ。真の驚きは、予想と結果のギャップが突然明かされることで生まれる。これが「真」だと言えるのは、作中世界の奥に隠されていた真実が明るみに出て、深みのある体験がもたらされるからだ。

安っぽい驚きは、観客の弱い立場につけこんだものである。暗い映画館で観客は脚本家の手に感情を委ねている。予想のつかないものをいきなり見せたり、ずっとつづくと思えたものをいきなり中断したりして、観客を驚かすのは簡単だ。不可解な形で唐突に流れを断ち切れば、大きな驚きを与えることができる。だが、アリストテレスも言ったとおり、「行動しそうで行動しないのは最悪だ。衝撃的なだけで悲劇的ではない」。ある種のジャンル――ホラー、ファンタジー、スリラー――では安っぽい驚きが約束事で、楽しみのひとつでもある。ヒーローが暗い路地を歩いている。スクリーンの隅から手が伸びてきて肩をつかみ、ヒーローははっと後ろを振り向く――親友だった。しかし、こうしたジャンルを除けば、安っぽい驚きはお粗末な仕掛けでしかない。

『私の好きな季節』（93）の主人公（カトリーヌ・ドヌーヴ）は結婚しているが、幸せではない。独占欲の強い弟は姉の結婚を快く思っていない。このままあの夫といっしょにいても幸せにはなれないと説得され、主人公はついに家を出て弟と暮らしはじめる。ふたりが住むのはアパートメントの最上階の部屋だ。ある日、弟は胸騒ぎを覚えながら帰宅する。部屋にはいると、窓があいてカーテンが揺れている。あわてて窓に駆け寄って下をのぞく。はるか下の石敷きの道に姉が倒れている。すでに息絶え、あたりは血の海だ。画面が切り替わり、寝室で昼寝をしていた姉が目を覚ます。

なぜ監督は真摯な家族ドラマに、弟の妄想が生んだ恐ろしい衝撃的なイメージを入れようなどと思ったのだろうか。おそらく、その前の三十分が耐えがたいほど退屈なシーンの連続なので、ここでひとつ、映画学校で学んだ技巧を使って観客に活を入れようと考えたとしか思えない。

偶然の問題

ストーリーは意味を作り出す。そのため、偶然はストーリーの敵に見えるかもしれない。偶然とは、この宇宙でばかげた衝突がたまたま同時に起こったということにすぎず、そこにはなんの意味もないからだ。それでも、偶然は人生の一部である。しかも、しばしば大きな力で人生を揺るがし、起こったときと同じく、理不尽にも消えてしまう。となると、偶然を排除しても解決にはならない。意味もなく登場人物の人生に起こった偶然がやがて意味を持ち、人生の必然になっていくさまを劇的なストーリーに仕立てるのが得策だ。

第一に、早い段階で偶然を引き起こし、時間をかけてそれに意味を与えていく。

『ジョーズ』の契機事件は、サメがたまたま遊泳者を襲って食べたことだった。ところが、いったん登場したサメはストーリーから立ち去らない。そのままストーリーにとどまって、なんの罪もない人々をつぎつぎに襲い、しだいにそこに意味が生まれる。観客はサメが意図的に人に脅威を与えて、しかもそれを楽しんでいるのではないかと感じる。それはまさしく悪の定義だ――他者に害をなし、そのことに喜びを見いだすこと。人はみなうっかり他者を傷つけるが、すぐにそれを後悔する。だが、わざとだれかを傷つけて楽しんでいる者がいたら、それは悪だ。このサメは自然界の暗黒面を強力に象徴するものとして、人間をつぎつぎ呑みこんで笑い飛ばしていく。

だから偶然とは、ストーリーにいきなり現れ、シーンを転換して、すぐ消えるようなものであってはならない。たとえば、エリックが仲たがいした恋人のローラを懸命に探しているとする。ローラはすでに引っ越した。いくら探しても見つからず、エリックはビールでも飲もうと店に立ち寄る。カウンターの席についたら、隣に不動産業者の男がいた。ローラの新居を仲介した業者だ。男はエリックにローラの正確な住所を教える。エリックは礼を言って店をあとにし、二度と男に会うことはない。こんな偶然はありえないし、無意味だ。

だがたとえば、不動産業者は住所こそ思い出せないが、ローラが家とともに赤いイタリア製のスポーツカーを買ったことを覚えていたとする。エリックと男はいっしょに店を出て、通りに停まった赤いマセラッティを見つける。ふたりは玄関の前に立つ。ローラはふたりを家に入れるが、エリックへの怒りはまだ消えていない。そして不動産業者の男に媚びを売り、エリックを苛立たせる。意味のない幸運な偶然にすぎなかったものが、いまやエリックの望みを邪魔する敵対する力となった。残りのストーリーを通じてこの三角関係を発展させ、大きな意味を持たせるのもいいだろう。

大まかな目安として、ストーリーの半ばを過ぎたら偶然を使わないほうがいい。それよりも登場人物の力でストーリーを進めることだ。

第二に、クライマックスの転換に偶然を利用してはいけない。「デウス・エクス・マキナ」を登場させるのは、脚本家の最大の罪である。

デウス・エクス・マキナは古代のギリシャ・ローマ劇に由来するラテン語のことばで、「機械仕掛けの神」という意味だ。紀元前五〇〇年から紀元五〇〇年ごろまで、地中海沿岸地域では演劇が盛んだった。そのあいだ、数かぎりない劇作家が現れたが、今日までその名が残っているのはわずか七人で、残りは無情にも忘れ去られてしまった。そのおもな理由は、ストーリーの問題を解決するのにデウス・エクス・マキナを多用したことにある。アリストテレスはこうした傾向を嘆き、ハリウッドのプロデューサーが言いそうなことを言った。「なぜこの劇作家たちはまともな結末を作れないのか」

古代の円形劇場は音響効果が抜群で、中には一万人を収容できるところもあった。馬蹄形の舞台の奥には高い壁がそびえ、下側にある扉やアーチ型の門が俳優の出入口として使われていた。しかし神を演じる俳優だけは、ロープと滑車のついた装置に乗って壁の上から舞台へおりてきた。この「機械仕掛けの神」は、オリンポスの山からおりてきて、ふたたびオリンポスの山へもどる神々を表現するものだった。

ストーリー・クライマックスがむずかしいのは、二千五百年前も同じだった。だが古代の劇作家には逃げ道があった。大理石の座席にすわる観客を転換点で夢中にさせ、途中で創造力が枯渇して真のクライマックスを書けなくなったら、神を舞台に呼び出すというお決まりの手立てを使って、アポロンやアテナにすべてを解決させればよかったのだ。だれが生き残り、だれが死に、だれがだれと結婚し、だれが地獄に落ちるのか。神は繰り返し登場して、すべての問題を片づけた。

二千五百年経ったいまも、状況は変わっていない。相変わらず脚本家は、決着をつけられないストーリーを書いている。昔とちがうのは、ストーリーを終わらせるのに神ではなく「神の御業」を使っていることだ。『ハリケーン』（79）ではハリケーンが恋人たちを救い、『巨象の道』（54）では象の大群が三角関係を解消させ、『郵便配達は二度ベルを鳴らす』（42）、『存在の耐えられない軽さ』（88）では最後に交通事故が起こり、『ジュラシック・パーク』（93）ではヴェロキラプトルの前に絶妙なタイミングでティラノサウルスが現れる。「機械仕掛けの神」はすべての意味や感情を消し去るばかりか、観客への侮辱でもある。人はだれでも、好むと好まざるとにかかわらず、選択して行動し、人生の意味を決めなくてはならないことを知っている。この世は不公平で混沌としているが、偶然だれかが現れたり、偶然何かが起こったりして、その責任を代わりに負ってくれることなどない。もしかしたら無実の罪を着せられて、一生独房に閉じこめられることがあるかもしれない。それでも毎朝起きて、意味を見つけなくてはならないのが人生だ。壁に頭を打ちつけるか、それとも価値ある日々を送る方法を考えるか。人生は最終的には自分の手のなかにある。まやかしの「機械仕掛けの神」は観客に対する無礼だ。

唯一の例外は、因果律の代用として偶然を用いる反構造の映画である。『ウイークエンド』、『チューズ・ミー』(84)、『ストレンジャー・ザン・パラダイス』、『アフター・アワーズ』は、どれも偶然ではじまり、偶然によって展開し、偶然で終わる。偶然がストーリーを支配すると、新しい重要な意味が生まれる――「人生は不条理だ」。

コメディの問題

コメディの脚本家は、自分が描く突飛な世界には脚本の一般的な原則があてはまらないと感じることが多い。だが風刺のきいたクールな作品であれ、ばかばかしい笑いをひたすら狙う作品であれ、コメディがストーリーテリングのひとつの形であることに変わりはない。とはいえ、人生のとらえ方は喜劇と悲劇でまったく異なり、そこを出発点とした大きなちがいがある。

ほかのジャンルの脚本家は人間性を高く評価し、作品を通じてこう訴える――どんなに悲惨な状況にあっても、人間の精神は気高い。一方、コメディの脚本家は、どんなに恵まれた状況にあっても人間は道を踏みはずすものだ、と指摘する。

皮肉な笑みを浮かべたコメディという仮面の裏をのぞくと、そこには不満をいだいた理想主義者がいる。

世界が完璧であれと願っているのに、周囲を見まわすと、強欲と腐敗と愚行だらけだ。その結果、怒りをかかえて鬱屈とした芸術家が誕生する。そんなことはないと思うなら、だれかひとりを夕食に誘って訊いてみるといい。ハリウッドのイベント主催者はみな思いちがいをしている――「コメディの脚本家を何人かパーティーに呼ぼう！　きっと場を盛りあげてくれるにちがいない」。たしかにそうかもしれない……酔いつぶれて救急隊員が呼ばれるまでは。

けれども、こうした怒れる理想主義者は、世界がいかに腐った場所であるかについて熱弁を振るっても、だれも耳を貸さないと知っている。だが権力者をとるに足りない存在として描き、俗物を揶揄し、社会の横暴や愚かさや強欲を浮き彫りにして人々を笑わせることができたら、事態は変わるかもしれない。あるいは均衡がとれるだろう。コメディの脚本家に神の恵みがあらんことを。彼らがいなかったら、人生はどんなものになってしまうことか。

コメディは純粋だ。観客が笑えば成功、笑わなかったら失敗、それだけだ。批評家がコメディをきらうのはそれが理由である。何も語ることがないからだ。もしわたしが『市民ケーン』を、派手なだけのはりぼての見世物で、登場人物はそろいもそろって紋切り型、小手先の展開でひねりをきかせてばかりで、自己矛盾に満ちたフロイト的、ピランデルロ的なクリシェだらけの、才気に欠ける目立ちたがり屋による作品だと切り捨てたら、議論がやむことはないだろう。『市民ケーン』は観客を笑わせる映画ではないからだ。一方、『ワンダとダイヤと優しい奴ら』をおもしろくないと言ったら、人はわたしをただ憐れんで去っていくにちがいない。コメディでは笑いがすべての議論に終止符を打つ。

ほかのジャンルの脚本家は、人間の内面――心に秘めた情熱や罪や狂気や夢――に興味を持っている。だがコメディの脚本家はちがう。注目するのは社会生活――社会で見られる愚かさ、傲慢さ、残忍さ――である。偽善と愚行に満ちていると感じる組織や体制を採りあげて、激しく非難する。映画のタイトルを見ただけで、批判の対象がわかることも多い。

『ザ・ルーリング・クラス』（日本未公開、72）の攻撃の矛先は富裕層に向けられている。『大逆転』、『オペラは踊る』（35）、『襤褸と宝石』（36）も同様だ。『M★A★S★Hマッシュ』（70）、『プライベート・ベンジャミン』（80）、『パラダイス・アーミー』（81）は軍を批判する。ロマンティック・コメディの『ヒズ・ガール・フライデー』（40）、『レディ・イヴ』（41）、『恋人たちの予感』は、型にはまった恋愛パターンを茶化した作品だ。『ネットワーク』、『ポリスアカデミー』（84）、『アニマル・ハウス』、『スパイナル・タップ』、『男と女の名誉』（85）、『プロデューサーズ』（67）、『博士の異常な愛情』、『ナスティ・ハビッツ』（日本未公開、77）、『僕たちのサマーキャンプ／親の居ぬ間に…』（94）はそれぞれ、テレビ業界、学校、友愛会、ロックンロール、マフィア、演劇界、冷戦、カトリック教会、サマーキャンプを批判している。映画のあるジャンルに尊大さが見られるようになると、それもまた揶揄の対象となり、『フライングハイ』（80）、『ヤング・フランケンシュタイン』（74）、『裸の銃《ガン》を持つ男』（88）のような作品が生まれる。かつて風俗喜劇として知られていたコメディがいまではホームコメディと名を変えて、中産階級の言動を風刺する。

　社会が組織や制度を揶揄したり批判したりできないと、笑いは生まれない。この世で最も短い本は、ドイツのユーモアの歴史について書かれたものではないだろうか。ドイツの文化は権威に対して、身のすくむ恐怖を感じる呪縛にかけられてきたからだ。コメディの本質は、怒りに満ちた反社会的な芸術である。だから、迫力に欠けるコメディに手を加えたかったら、脚本家は真っ先にこう自問しなくてはならない。自分は何に憤りを感じているのか、と。社会の何に血が沸き立つほどの怒りを覚えているのかを見きわめ、それを攻め立てるとよい。

コメディの設計

観客は結末を知りたいという思いから、ストーリーの展開を追いつづける。だがコメディでは、いったんその流れを止め、先へ先へと急ぐ観客の心を押しとどめて、ストーリーの目的とは関係のないシーンを挿入することが許される。大笑いさせるためだけのシーンだ。

『リトル・ショップ・オブ・ホラーズ』(60)では、マゾヒストの患者(ビル・マーレイ)がサディスティックな歯科医(スティーヴ・マーティン)のもとへ行き、椅子で体をまるめて言う――「根っこの奥の奥まで掘ってくれ」。最高におもしろいシーンだが、本筋とはなんの関係もない。カットしても、たぶんだれも気づかない。カットすべきだろうか。いや、ぜったいだめだ。こんなに笑えるシーンはない。ストーリーをほとんど語らず、純粋なコメディシーンを映画に挿入することは、どこまで可能だろうか。マルクス兄弟の作品を観るといい。契機事件からはじまり、第一幕、第二幕、第三幕のクライマックスへと至る切れ味のいいストーリーが、どの作品にも見られる……が、ストーリーの展開に費やされる時間はおよそ十分だ。残りの八十分はマルクス兄弟の天才的なギャグの連続である。

コメディはドラマよりも偶然を使いやすく、場合によっては「機械仕掛けの神」も許される。ただし、それにはふたつの条件がある。まず、主人公がじゅうぶん苦しんだと観客が感じていること。つぎに、主人公がけっして絶望せず、希望を失っていないことだ。このふたつの条件が満たされるとき、観客はこう考える。「頼むから望みをかなえてやってくれ」

『チャップリンの黄金狂時代』(25)のクライマックスで、凍死しそうになっているチャーリー(チャールズ・チャップリン)は、猛吹雪で小屋ごと吹き飛ばされてアラスカの金鉱に落ちる。画面が切り替わり、裕福になったチャーリーが映る。正装して葉巻を吸い、アメリカ本土へ向かっているところだ。コミカルな偶然を目にした観客はこう考える。「この男は靴を食べていたし、一獲千金を狙う男たちに危うく食べられそうにもなった。グリズリーの餌食になりかけ、ダンスホールの女たちにも冷たくあしらわれた――はるばるアラスカまでやってきたというのに。少しぐらい、いい目に合わせてやらないと」

コメディとドラマの決定的なちがいはここにある。どちらもシーンが転換するときには驚きと洞察があるが、コメディではギャップが開くと、驚きが笑いを呼ぶ。

『ワンダとダイヤと優しい奴ら』で、アーチーは人から借りた愛の巣へワンダを連れていく。ワンダは期待で息をはずませつつ、ベッドの置かれたロフトから、アーチーがつま先でくるくるまわりながら服を脱ぐ様子をながめている。アーチーがロシアの詩を暗唱すると、ワンダは身をよじる。全裸になったアーチーが下着を頭にかぶり、恥を恐れる気持ちは捨てたと宣言する……そのときドアがあき、家族全員がはいってくる。あまりに大きすぎる予想と結末のギャップだ。

簡単に言うと、コメディとはおかしなストーリーであり、よどみなくつづく巧みなジョークである。機知をきかせれば軽妙になるが、それだけで真のコメディは作れない。むしろ、ドラマとコメディの混じった「ドラメディ」(『アニー・ホール』)や、犯罪《クライム》とコメディの混じった「クライメディ」(『リーサル・ウェポン』)が生まれる。自分の書いた脚本が真のコメディかどうかをたしかめたければ、だれかに犠牲になってもらって、ストーリーを語り聞かせるといい。機知に富んだ台詞や身ぶりを使ったギャグの部分は省き、ストーリーの展開だけを話す。相手が笑う。シーンが切り替わるたび、また笑う。それが何度も繰り返され、最後には相手が床に崩れ落ちて笑っている。それがコメディだ。ストーリーを語り聞かせても相手が笑わなければ、その脚本はコメディではなく……別の何かだ。

気のきいた台詞をひねり出しても、パイを顔に投げつけるシーンを採り入れても、コメディは作れない。ギャグは構成上の必要からおのずと生まれてくるものだ。そうではなく、転換点を作ることに集中しよう。ひとつひとつのアクションの前に、「このアクションの逆はなんだろう」と自問すべきだ。そして、さらに一歩進んで考える。「これを突飛な形にするとしたら?」と。ギャップを開いてコミカルな驚きを与え、おもしろいストーリーを書いてもらいたい。

視点の問題

脚本家にとって「視点」にはふたつの意味がある。まず、視点ショットだ。例をあげてみよう。

○室内　ダイニングルーム――昼
ジャックがコーヒーを飲んでいると、突然、車の急ブレーキの音が聞こえる。衝突音がして家が揺れる。

ジャックは窓に駆け寄る。

ジャックの視点。

窓の外で、息子トニーの車がガレージドアにぶつかり。トニーが酒に酔って笑いながら、おぼつかない足どりで芝生の上を歩いてくる。

ジャックは怒りにまかせて窓を勢いよくあける。


もうひとつは脚本家の視点である。ひとつひとつのシーンをどの視点から描くのか、ストーリー全体をどの視点から語るのか、ということだ。

シーンにおける視点

ストーリーでは、かならず時間と場所が設定される。だが、シーンごとに起こる出来事を考えるとき、どこからそれをながめるのかというのが、脚本家の視点である。登場人物の言動、反応、周囲の環境をとらえる角度と言ってもよい。視点をどう選ぶかによって、査読者の反応も、監督の演出や撮影方法も大きく変わる。

脚本家はアクションを三百六十度、どの角度からイメージすることもできるし、逆にアクションの起こる場所から三百六十度周囲を見まわすこともできる。上から見おろすのも、下から見あげるのも、どこからでも自由だ。視点の選択は、観客の共感や感情に影響を及ぼす。

たとえば、前述の父親と息子のシーンへもどろう。ジャックがトニーを窓のところへ呼び、口論がはじまる。父は医学部にかよう息子がなぜ酔っぱらっているのか問いただし、退学になったと聞かされる。トニーは取り乱して歩き去る。ジャックは家を飛び出して通りへ急ぎ、息子を慰める。

このシーンは、四つの異なる視点から描くことができる。第一は、ジャックをイメージの中心に置く方法だ。テーブルから窓辺へ移動するジャックを追い、目にする光景、それに対する反応を描く。それから家を飛び出して通りへ行き、トニーを抱きしめる。第二は、トニーを中心にする方法だ。ふらふらと車を走らせて、芝生を横切り、ガレージドアに衝突する。壊れた車からよろめく足で出て、窓越しに父と向き合う。通りを歩いていき、振り向くと父に抱きしめられる。第三は、ジャックの視点とトニーの視点を交互に採り入れる方法。そして第四は中立の視点であり、コメディの作り手がよくするように、遠くからふたりの横顔をとらえる方法だ。

観客は第一の視点ならジャックに、第二ならトニーに共感する。第三の視点であればどちらにも親近感を覚え、第四ならどちらにも共感せずに笑いを誘われる。

ストーリーにおける視点

二時間の映画のあいだに、観客がたったひとりの登場人物と複雑でじゅうぶん満足できる関係を築き、相手を深く理解してそれを生涯心にいだきつづけるとしたら、その脚本は大成功だ。一般論としては、質の高い作品を作るにはストーリー全体を主人公の視点から描くとよい――主人公に自分を重ねて、作品世界の中心に置き、ひとつひとつの出来事を通じてストーリー全体を主人公の目でとらえるのだ。観客は主人公が経験した出来事をそのとおりに経験する。言うまでもないが、この方法でストーリーを語るのはきわめてむずかしい。

簡単なのは、時間と空間を自由に飛び越え、さまざまなことを少しずつ拾いあげて明瞭化する方法だが、ストーリーが間延びして緊張感が失われるきらいがある。決まった設定、ジャンルの約束事、統制概念のような制約と同じく、主人公の視点だけでストーリーを語ることも創造力を鍛えるための試練となる。思うように想像力を発揮できず、最大限の努力が求められるにちがいない。だが、それによって生まれるのは、いつまでも記憶に残る濃密なストーリーと登場人物だ。

主人公と過ごす時間が長ければ長いほど、主人公の選択を目にする機会が増える。その結果、観客と主人公のあいだに、より深い共感と感情の絆が生まれる。

脚色の問題

文芸作品の映画化のオプションを取得し、脚本として書きなおせば、ストーリーを作り出す大変な作業を避けられるという考えがある。しかし、そんなにうまくいくことはまずない。脚色のむずかしさを理解するために、ストーリーがいかに複雑なものであるかを振り返ってみよう。

二十世紀末の現在、ストーリーを伝える媒体は三つある。散文（長編小説、中編小説、短編小説）、演劇（舞台劇、ミュージカル、オペラ、パントマイム、バレエ）、映像（映画、テレビ）だ。どれも人生における三つのレベルの葛藤すべてを主人公に経験させ、複雑なストーリーを語っている。だが、それぞれが最も得意とするものはちがっている。

小説は内的葛藤のドラマ化にすぐれた媒体だ。この点で、演劇や映画は小説に遠く及ばない。一人称であれ三人称であれ、小説家は登場人物の思考や感情にはいりこみ、繊細で緻密で詩的なイメージを使って、その内的葛藤の激しさや強さを読者の想像力に訴える。小説では、社会や周囲の環境と戦う登場人物の姿を地の文で表現して非個人的葛藤を伝え、台詞で個人的葛藤を描いている。

一方、演劇が得意とするのは個人的葛藤だ。この点で、小説や映画は演劇に遠く及ばない。すぐれた演劇作品はそのほとんどが台詞で成り立っていて、観客はおそらくストーリーの八十パーセントを耳から取りこみ、目から取りこむのは二十パーセントにすぎない。非言語のコミュニケーション――しぐさ、視線、愛情表現、喧嘩――も重要だが、個人的葛藤は、よくも悪くも会話を通じて生まれるのがふつうだ。そのうえ、劇作家には、映画の脚本家には許されないことが許される――生身の人間がおよそ言いそうもない台詞を書けるのだ。詩的な台詞を書くのはもちろんのこと、シェイクスピア、T・S・エリオット、クリストファー・フライのように、詩そのものを台詞として使って、個人的葛藤の表現をどこまでも高めることができる。また、役者の生の声が微妙なニュアンスや間を伝え、さらに豊かな表現が生まれる。

演劇では、内的葛藤はサブテクストを通じてドラマ化される。俳優は登場人物に内側から命を与え、観客は台詞や行動の裏にある思考や感情を読みとる。一人称の小説のように、役者を張り出し舞台に立たせ、独白という形で観客に語りかけることも可能だ。しかし、登場人物の独白がかならずしも真実とはかぎらない。たとえ誠実に語っていても、自分で自分の内面をすべて理解して真実を伝えることはできない。演劇にもサブテクストを通じて内的葛藤をドラマ化する力がじゅうぶんあるが、小説に比べると劣る。非個人的葛藤も描くことができるが、舞台で広い世界をどこまで表現できるだろうか。セットや小道具についても、どんなものか。

映画は、社会や環境のなかで懸命に生きようとする人間の姿を、圧倒的かつ鮮やかなイメージで描くことができ、非個人的葛藤をドラマ化するのにすぐれている。この点で、演劇や小説は映画にかなわない。『ブレードランナー』(82)のひとコマを切りとって、世界一の小説家にその場面を文章にするよう頼んでも、いたずらにページを費やすだけでけっして本質をとらえることはできないだろう。しかもそれは、観客が見る膨大な数のイメージのひとつにすぎないのだ。

批評家はよく「追跡のシークエンス」を、最近登場したものであるかのように槍玉にあげる。しかし、サイレント映画の時代における初の偉大な発見は追跡の場面であり、チャールズ・チャップリン作品やキーストン・コップス、何千本もの西部劇、ほとんどのD・W・グリフィス作品、『ベン・ハー』(59)、『戦艦ポチョムキン』、『アジアの嵐』(28)、美しい『サンライズ』(27)などが躍動的であるのはこれのおかげだ。追跡とは、社会に追われ、逃げて生き延びるために物理的世界で奮闘する人間の姿である。これぞまさしく非個人的葛藤、まさしく映画であり、カメラと編集機を使って何をしたくなるかと言えば、やはり追跡劇だ。

個人的葛藤を表現するとき、脚本家は自然な台詞を書かなくてはならない。映画で芝居がかった台詞を使えば、観客は当然ながら「あんなしゃべり方はだれもしない」と感じる。シェイクスピア作品の映画化などの特殊なケースは別として、映画の脚本には自然な話し方が求められる。だが、映画は一方で、非言語のコミュニケーションからも大きな力を得る。クローズアップや照明、微妙なカメラアングル、役者のしぐさや表情はとても雄弁だ。それでも、個人的葛藤を演劇ほど詩的にドラマ化することはできない。

スクリーンでは、内的葛藤はサブテクストのみで表現される。役者の表情でその思考や感情を伝えるのだ。『アニー・ホール』ではウディ・アレンがカメラに向かって語り、『アマデウス』(84)ではサリエリが独白するが、これらにもサブテクストがある。人の内面は映画でも印象深く表現できるが、やはり小説の濃密さと複雑さにはかなわない。

ざっと見取り図を示してきたが、ここで脚色の問題を考えよう。これまで何十年にもわたって、文芸作品の映画化権のオプションを取得するために膨大な額の資金が投じられてきた。そして、脚色をまかされた脚本家は作品を読んで、走りながら夜の闇に向かって叫ぶ。「何も起こってないじゃないか！　何もかも主人公の頭のなかで完結してる！」

そこで脚色の第一原則はこうだ。**原作の小説や戯曲が純粋であればあるほど、映画は惨憺たる出来になる。**「文学的純粋さ」とは、文学的にすぐれているかどうかを示すものではない。純粋な小説とは、内的葛藤のレベルに焦点が絞られた作品のことで、ことばを縦横無尽に駆使してストーリーの発端、展開、クライマックスを描くので、他者や社会や環境といった要素が占める割合はあまり高くない。ジェイムズ・ジョイスの『ユリシーズ』が好例だ。また、純粋な戯曲とは、個人的葛藤に重きを置いた作品のことで、詩的な台詞を駆使してストーリーの発端、展開、クライマックスを描き、主人公の内面や社会や環境といった要素が占める割合はあまり高くない。エリオットの『カクテル・パーティ』が好例である。

「純粋」な文学を脚色しようとして失敗するのには、ふたつの理由がある。まず、芸術として不可能であること。映像は前言語的な表現で、すぐれた小説家や劇作家のように惜しみなくことばを使って内的葛藤を描くことは、むずかしいどころか不可能だ。つぎに、天才の原作を凡人の脚本家が脚色したらどうなるかということ。凡人の脚本が天才のレベルまで引きあげられるのか、それとも天才の原作が凡人のレベルまで引きさげられるのか。

きょうも世界のどこかで、第二のフェリーニやベルイマンと呼ばれたいうぬぼれた映画作家がスクリーンを穢している。だがフェリーニやベルイマンとちがって、彼らは独創的な作品を作ることができない。そこでプルーストやウルフの作品を手に、同じくらいうぬぼれた資金提供者を訪ねて、大衆に芸術を届けると請け合う。役人は補助金を出し、政治家は大衆に芸術を届けると支持者に対して豪語し、監督は小切手を受けとり、映画は週末に打ち切りとなる。

それでも脚色をしたいのであれば、「純粋」な文芸作品から少し離れ、人生の三つのレベルの葛藤すべてが描かれていて、しかも非個人的葛藤を中心とするストーリーを探すことだ。ピエール・ブールの小説『戦場にかける橋』が、トーマス・マンやフランツ・カフカと並んで大学院のゼミで扱われることはない。だが、これは複雑な登場人物の内的、個人的葛藤を描きながらも、非個人的葛藤を中心にストーリーが展開するすぐれた作品だ。カール・フォアマンの脚色した『戦場にかける橋』（57）がデヴィッド・リーン監督の最高傑作だとわたしは思っている。

脚色をするときは、まず、メモをとらずに作品を徹底的に読みこみ、その精神を自分のものにする。物語の社会に親しんで、人々の表情が読みとれるまで、つけたコロンの香りが感じられるまで、選択も設計もはじめてはならない。自分でゼロから書くときと同じように、物語の世界を神のように熟知すべきであり、その宿題は原作者がすませているなどと考えてはいけない。それから、ひとつひとつの出来事を一、二行にまとめる。その際、起こったことだけを書く。心理分析も社会学も要らない。たとえばこうだ。「彼は妻との対決を予期して家に歩み入るが、別の男のもとへ行くという書き置きを見つける」

それが終わったら、自分が書いたものを読んで「ストーリーがうまく語られているかどうか」を確認する。この作業には覚悟が必要だ。というのも、十中八九、答えはノーだからである。戯曲が上演されていても、小説が出版されていても、それが傑作である証にはならない。ストーリーを語るのは至難の業だ。ストーリーテリングに長けていない小説家は多く、劇作家となるとさらにその数は増える。あるいは、美しく語られた完璧なストーリーだったとしても、四百ページに及ぶ作品であれば映画に適した長さの三倍もあり、しかもただひとつの要素でも削ると完璧さが損なわれるといったケースもあるだろう。どちらの場合も、脚本家がすべき仕事は脚色ではなく再考案である。

脚色の第二原則は、**積極的に再考案をする**ことだ。

脚本家は原作の精神を残したまま、映画のリズムでストーリーを語らなくてはならない。再考案の流れはこうだ。まず、小説内の記述順には関係なく、出来事を伝記のように時系列に並べる。そして、それをもとにビートシート（後述）を作る。重要な部分では原作の設計を採り入れるが、自由にシーンを削除していいし、必要であれば新しく作ってもかまわない。いちばんむずかしいのは、登場人物の内面を物理的に表現することだ。その際、登場人物に説明だらけの台詞を言わせるのではなく、内的葛藤を視覚的に表現しなくてはならない。ここで成功か失敗かが決まる。原作の精神を表現しつつも、映画のリズムを刻む設計をしよう。批評家に「この映画は原作と異なる」と言われることを恐れてはならない。

原作がすぐれていて、映画に適した長さであったとしても、映画という芸術の性質上、再考案が必要になることが多い。戯曲『アマデウス』の映画化にあたって、監督のミロス・フォアマンは、脚本も手がけた劇作家のピーター・シェーファーに「きみはわが子を産みなおさなくてはならない」と言ったという。そして世界はいまや、ひとつのストーリーをふたつのすばらしい形で楽しめるようになった。戯曲版も映画版も、それぞれにふさわしいスタイルだ。脚色するときはつぎのことを忘れないでもらいたい。再考案によって原作と大きく異なる作品――『ペレ』、『危険な関係』――が生まれても、すばらしい出来であれば批評家は黙する。しかし、原作を解体してできた作品――『スカーレット・レター』（95）、『虚栄のかがり火』（90）――の出来が原作以上でない場合、批判は免れない。

脚色を学ぶなら、ルース・プラワー・ジャブヴァーラの作品を研究するといい。私見だが、小説の映画化に関しては史上最高の脚本家だ。ドイツ生まれのポーランド人で、英語で作品を書く。アメリカに国籍を移して、脚色の分野の第一人者となった。カメレオンや霊媒師のように、ほかの作家の色に染まってその魂を宿らせる。『カルテット』（81）、『眺めのいい部屋』（86）、『ボストニアン』（84）を読んでそれぞれの作品のビートシートを書き、シーンごとにジャブヴァーラの脚本と比べてみるといい。きっと多くを学べるはずだ。ここで留意すべきは、ジャブヴァーラと監督のジェームズ・アイヴォリーが、ジーン・リース、E・M・フォースター、ヘンリー・ジェイムズなど、社会を題材にした作家の小説しか選んでいないことだ。おもに描かれているのが非個人的葛藤で、映像向きだとわかってのことである。プルーストやジョイスやカフカの作品は映画化していない。

映画が表現力を発揮するのは非個人的葛藤だが、それに縛られる必要はない。一流の映画作家は、社会的・環境的葛藤を発端にしてそこから複雑な人間関係を、そして表面的な言動を発端としてそこから言語によらない意識下の本音を描こうとしてきた。つまり、あえて流れに逆らい、劇作家や小説家なら簡単にできることを映画でも成しとげようとしてきたのである。

それと同じく、劇作家や小説家は、映画が得意とすることを舞台や紙面で表現することが大きな挑戦だと理解している。ギュスターヴ・フローベールの映画的なスタイルが確立したのは、映画が誕生するはるか前だった。セルゲイ・エイゼンシュテインは、チャールズ・ディケンズの作品を読んで映画の編集を学んだと言っている。シェイクスピアの作品は時空を超えて驚くほど流麗だが、カメラがあればさらに想像力を発揮できたかもしれない。いつの時代も、偉大なストーリーテラーは「見せよ、語るな」が創造の究極の仕事だと知っていた。あくまでもドラマとして視覚的に描いて、人間が自然にふるまう自然な世界を見せ、語ることなく人生の複雑さを表現するのだ。

メロドラマの問題

「この脚本はまるでメロドラマだ」という批判を避けるため、多くの脚本家が情熱的で迫力のある見せ場を書くのを控えている。そして、最小限のことしか起こらない話を書く。それが洗練されたストーリーと考えてのことだが、まったくばかげている。人間がみずからおこなうことでメロドラマ的なものなど何もないし、人間はどんなことでも成しうる。新聞は日々、マザー・テレサのような聖人からサダム・フセインのような暴君まで、さまざまな人間の大いなる献身、残虐行為、勇気ある行動、臆病な行為を伝えている。あなたが想像できることは、すでにだれかがあなたの想像もつかない形でおこなっている。どれひとつとしてメロドラマではない。それが人間というものだ。

メロドラマは、誇張表現ではなく動機不足から生まれる。大げさな描写をするからではなく、登場人物の欲求があまりに乏しいからだ。出来事には原因があり、原因と同じ力を持つ出来事しか起こらない。動機が行動と釣り合っていないと、観客はそのシーンをメロドラマ的だと感じる。ホメロスやシェイクスピアやベルイマンも激しいシーンを書いたが、だれもメロドラマ的だとは言わない。登場人物にじゅうぶんな動機があるからだ。見せ場のあるドラマやコメディを思いついたら、書いてみるといい。だが登場人物に思いきった行動をさせるなら、それに見合う、あるいはそれを上まわる力強い動機が必要だ。そうすれば観客は、ストーリーを極限まで展開させたとして、あなたを賞賛するだろう。

穴の問題

「穴」がある場合も、観客の信頼を失う。動機ではなく論理に欠け、因果関係の鎖の一部が欠けている状態だ。しかし偶然と同じように、「穴」も人生の一部である。原因のわからない物事が起こるのは日常茶飯事だ。人生について書いていれば、ストーリーにひとつやふたつ穴があってもおかしくない。問題は、それをどう処理するかだ。

非論理的な出来事をつなぐことで穴が埋まるなら、そうすればいい。だが、そうするには、論理の整合性をとるためだけに新たなシーンを挿入しなくてはならないことが多く、それはそれで穴と同じくらい不自然だ。

その場合は、こう考えよう。観客は気づくだろうか？　あなたは論理の飛躍があることを知っている。ストーリーはまだ机の上にあり、穴がこちらをにらんでいる。しかし、スクリーンではストーリーがどんどん流れていく。穴のあるシーンが流れても、観客はまだその時点で、たったいま起こった出来事が論理的ではないと判断できるだけの情報を持っていないかもしれないし、展開が早くて気づく間もないかもしれない。『チャイナタウン』で、アイダ・セッションズ（ダイアン・ラッド）はイヴリン・モウレーになりすまし、

J・J・ギテスにホリス・モーレイの浮気調査を依頼する。ギテスはモーレイが女と会っていることを突き止めるが、その直後に本物の妻が弁護士とともに現れ、訴訟を起こすと言う。だれかがモーレイを罠にかけようとしているらしい。ところが、ギテスが何もできないうちに、モーレイは殺害されてしまう。第二幕のはじめ、アイダ・セッションズがギテスに電話をかけ、まさか殺人事件に発展するとは思わなかった、自分は無実だと訴える。そして、モーレイ殺害の動機に関する重要な手がかりを教えるが、そのことばは謎めいていて、ギテスはますます混乱する。だがその後、自分で発見した証拠と合わせて検証し、だれがなんのためにやったのかを理解する。

第三幕のはじめ、ギテスはアイダ・セッションズが死んだことを知る。彼女のバッグから映画俳優組合の組合員証が出てきた。となると、アイダ・セッションズは、電話でギテスに話したことを知る立場にはなかったことになる。金満実業家と政治家による全市を巻きこむ不正の詳細を、犠牲者の妻に扮するために雇われた女優が知っているはずがない。だが彼女がギテスに電話をかけたとき、観客はその正体も、情報をつかめる立場にあるのかどうかも知らない。そして、一時間半後に彼女が死んだとき、観客はその穴に気づかない。電話で何を言ったか、もう忘れてしまっているからだ。

観客は気づかないかもしれないし、気づくかもしれない。では、どうすればいいのか。気の小さい脚本家は穴に土をかけて気づかれないことを祈るが、この問題に毅然と立ち向かう脚本家もいる。穴を観客に見せてから、穴ではないと否定するのだ。

『カサブランカ』のフェラーリ（シドニー・グリーンストリート）は拝金主義のいかがわしい人物で、金のためにしか動かない。にもかかわらず、ヴィクトル・ラズロ（ポール・ヘンリード）が貴重な通行証を入手できるように手助けし、見返りを求めない場面がある。人物像に合わないふるまいで、非論理的だ。脚本家はそれがわかっているので、フェラーリにこんな台詞を言わせる――「なぜこんなことをしているのか、自分でもわからない。なんの得にもならないのに……」。穴を隠すのではなく、フェラーリが衝動的によいことをしたくなったという大胆な嘘で、あえて穴を示した。人がときに自分でも説明のつかない行動をとることを、観客は知っている。そしてフェラーリの台詞にうなずきながら、胸のうちでつぶやく。「本人にも理由がわからないのか。そうか。さて、つづきを見よう」

『ターミネーター』にあるのは穴ではない——穴どころか、大きな裂け目の上にこのストーリーは組み立てられている。二〇二九年、人類はロボットによって絶滅の危機に瀕していたが、ジョン・コナーの指揮のもとで反撃に出て、形勢を一変させる。機械軍は敵を排除するため、タイムマシンを発明して一九八四年の世界へターミネーターを送りこみ、コナーが誕生する前にその母親を殺害しようと目論む。コナーはタイムマシンを奪取し、機械軍の計画が成功する前にターミネーターを破壊しようと、若き兵士のリースを過去へ送る。リースが母親を救うだけでなく、身ごもらせることも知ってのうえだった。つまりリースは自分の父親ということになる。いったいどうなっているのか。

しかし、ジェームズ・キャメロン監督とプロデューサーのゲイル・アン・ハードは、語りの疾走感というものを熟知していた。未来からやってきたふたりの戦士をロサンゼルスの街に登場させ、この気の毒な女性を猛然と追わせれば、観客は分析して疑問を持ったりせず、少しずつ設定を呑みこんでいくとわかっていた。といっても、観客の知性を軽んじていたわけではなく、映画を観終わったあとにコーヒーを飲みながらこう考えるであろうこともわかっていた——「ちょっと待って……コナーがリースのすることを知ってたなら……」。そしてさまざまな穴が明らかになり、楽しかった映画の記憶が台なしになってしまう。そこで最後にこんなシーンを入れた。

お腹の大きなサラ・コナーがはるか遠いメキシコの山をめざしている。安全な場所で息子を産み、未来の使命を果たせるように育てるためだ。ガソリンスタンドでサラは、まだ誕生していない息子にあてたメッセージをテープレコーダーに吹きこむ。「ねえ、わたしにはよくわからない。リースが自分の父親になると知ってるなら……どうして？　どうやってわかったの？　つまり、これが何度も……何度も繰り返される……？」いったんことばを切って言う。「こんなことを考えてたら、頭がどうにかなってしまう」それを聞いて世界じゅうの観客はこう考える。「たしかにそのとおりだ。たいした問題じゃない」と。そして、喜んで論理をごみ箱に捨てるというわけだ。

17 登場人物

心の虫

ホメロス以降二十八世紀にわたるストーリーの進化をたどっていたとき、四世紀からルネサンスまでの千年を省こうかと考えた。というのは、大学時代の歴史の教科書によると、暗黒の時代はすべての思考が停止し、その一方で修道士たちが「針の上で天使は何人踊れるか」といった問いを論じつづけていたらしいからだ。ほんとうにそうなのか、と思って、もう少しくわしく調べてみると、むしろ中世においても知的活動は盛んだった……ただし、詩として暗号化されていたのだ。隠喩を読み解いた研究者によって、「針の上で天使は何人踊れるか」は形而上学でなく、物理学の問題であることがわかった。ここで話し合われているのは原子構造であり、「どのくらい小さいことを小さいというのか」が論点だ。

心理学を論じるなかで、中世の学者たちはさらに独創的な概念を考え出した。「心の虫」だ。人間の脳のなかにもぐりこめる虫がいるとして、その人のすべて——夢、恐れ、強さ、弱さ——を読みとれるとする。そして、この虫は世の中でいろいろな出来事を起こすこともできるとする。だとすれば、その人の個性に狙いを定めて特別な仕掛けを作り、特別に用意した冒険へとその人を送り出すこともできるはずで、当人はその探求のために自分を限界まで追いこみ、最も深く充実した経験をすることになるのではないか。行き着くところが絶望か充足かはともかく、その探求によって人間性が全面的にあらわになるにちがいない。

これを読んで思わず微笑んだのは、脚本家こそが心の虫だからだ。登場人物のなかにはいりこみ、さまざまな側面や潜在能力を見つけて、その人特有の本質に合わせた出来事――契機事件――を作りあげる。それは主人公によって異なっていて、ある場合は大金を見つけ、また別の場合は大金を失うことになるが、脚本家は登場人物に見合った出来事を設計する。すなわち、その人物が追い求めずにはいられず、ついには極限を体験するような特別な出来事だ。心の虫さながらに、脚本家は内在する人間性の本質を探す。たとえそれが詩の形式で暗号化されていてもだ。何世紀が過ぎようと、われわれの中身は変わらない。ウィリアム・フォークナーが述べたとおり、人間の本質だけが色あせることのないテーマだ。

登場人物は人間ではない

ミロのヴィーナスが生きた女性ではないように、登場人物は実在する人間ではない。登場人物は芸術品であり、人間の本質の隠喩である。観客の目には現実味を帯びて映ったとしても、それは現実を超えた存在だ。登場人物のさまざまな側面は、明確にわかりやすく設計されているが、実際の人間は不可解とは言わないまでも、理解するのがむずかしい。身近な知人より登場人物をよく理解できるのは、登場人物は永遠で不変だが、人間は変化するからだ――相手をわかっているつもりのときにかぎって、わかっていない。それどころか、わたしは自分自身より『カサブランカ』のリック・ブレインのほうがよくわかる。リックはいつもリックだ。わたしはそうはいかない。

登場人物の設計は、ふたつの重要な要素である「性格描写」と「実像」をどう位置づけるかからはじまる。繰り返しになるが、性格描写は、観察できるあらゆる特徴をまとめたものであり、その組み合わせによって、唯一無二の登場人物が作られる。身体的特徴、身ぶり、話し方、しぐさ、性的指向、年齢、知能指数、職業、人柄、態度、価値観、住んでいる場所、暮らしぶりなどを加える。実像はこうした仮面の下に控えている。性格描写とは別に、心の奥底ではどんな人間なのかということだ。忠実か、不忠実か。正直か、嘘つきか。慈悲深いか、残酷か。勇敢か、臆病か。寛大か、利己的か。意志が強いか、弱いか。

「実像」は窮地に陥って選択を迫られたときにのみ、明らかになる。緊迫した状況で対応の仕方こそがまさしくその人自身であり、重圧がかかるほど、おこなう選択はその人物の本質に迫るものとなる。

実像の鍵となるのは欲求だ。われわれは実生活で行きづまったとき、一刻も早くそこから抜け出すために「自分はどうしたいのか」と問いかけ、正直な答えが見つかると、強い意志を持ってその欲求を追いかける。たとえ問題がまだ残っていても、行動を起こした以上、解決の可能性は消えていない。実生活であてはまることは、フィクションでもあてはまる。登場人物の欲求が――本人が自覚している欲求だけでなく、複雑な役の場合は、無意識の欲求も含めて――はっきり見えたと思えた瞬間、登場人物は生き生きと動きだす。

問いかけてみよう。この人物は何を求めているのか。いまほしいのか？　待てないのか？　全部ほしいのか？　自覚があるのか？　無意識か？　正しい答えがはっきりしたとき、脚本家は人物を自由に動かせるようになる。

欲求の裏には動機がある。自分が描いている人物は、なぜそれを求めるのか。予想と異なる動機を他人から指摘されても、驚いてはいけない。登場人物がそう望むのは親の教育のせいだ、と友人が言うかもしれない。また別の人から、いまの物質主義的な文化の影響だ、と言われたり、さらには、学校制度だ、生まれつきだ、悪魔に取りつかれているからだ、などと言われたりするかもしれない。近ごろは言動をひとつの説明で完結させようとする傾向があるが、むしろ、そこにはいくつもの力がからみ合っていることのほうが多い。

登場人物を簡略化してケーススタディに押しこめてはならない（幼児虐待のエピソードは最近のクリシェ

と言ってよい)。だれの言動であろうと、完璧な説明などありえないからだ。一般には、言動に至った動機を特定すると、登場人物は観客の印象に残りにくくなってしまう。それなら、よく考えてしっかり動機を把握したうえで、割りきれない謎をいくつか残し、ともすれば理屈が通らない些細なことでもかまわないので、観客が自分の人生経験に照らして想像しながら、その人物像をふくらます余地を残しておくほうがよい。

たとえば『リア王』でシェイクスピアは、きわめて複雑な悪人エドマンドを登場させる。災いを占星術のせいにするシーンは、これも言動をひとつの説明で完結させるものだが、このシーンのあと、エドマンドが独白して笑う。「おれが庶子として生まれたとき、たとえ天空に最も慎み深い星が輝いたとしても、おれはいまのおれだったろうよ」と。エドマンドが悪事を働くのは、ただ喜びのためだ。それ以外になんの意味があるだろうか。アリストテレスが言うように、だれかの実際の行動を見れば、われわれは理由をさして知りたいと思わなくなる。どんな選択をして、どんな行動をするか、それがまさにその人物そのものだ。目的が果たされたら、理由はどうでもよい。

観客はさまざまな要素をとらえて、登場人物を理解する。身体的な特徴や設定も大きく影響するだろうが、見かけは現実とちがうこと、性格描写は実像ではないことを観客は知っている。それでも、登場人物の仮面は、その下に隠れているものを明らかにする重要な手がかりになる。

ある登場人物のことを周囲の人物がどう言っているかもひとつのヒントだ。人が他人について話すときは、それぞれの思惑があるので、真実である場合もあるし、ない場合もある。ただ、そう評されたことと、だれに評されたかということは、知るに値する。登場人物が自分自身について語るときも、それが真実かどうかはわからない。耳を傾けたあと、いったんポケットにしまうべきだ。

実のところ、自分を悟りきった登場人物、つまり、あえて言う必要のないことを並べ立てて、自分が説明どおりの人間であると観客に信じこませようとする人物は退屈であり、しかも嘘くさい。人間が自分自身を理解するのはほとんど不可能で、仮に理解していたとしても、すべてを正直に説明することなどできないことを観客は知っている。だから、かならずサブテクストがある。たまたまその人物が真実の姿を語っていたとしても、それがほんとうにわかるのは、緊迫した状況でどんな選択をするのかを知ったあとだ。登場人物が自身について語ることが正しいかどうかは、行動を見て判断するしかない。『カサブランカ』でリックは「巻き添えになるつもりはない」と言うが、観客は「まだわからないぞ、リック。まだだ」と思う。われわれは本人よりもリックのことを知っている。というのも、リックが言ったことはまちがいで、何度も厄介事に首を突っこむことになるからだ。

(… continuing)

登場人物の立体感

わたしが俳優だったころ、演出家が「生き生きとした三次元の人物」を演じてくれと何度も言うので、指示に沿うようつとめたものの、ところで次元とは正確にはなんなのか、そして三次元どころか、まずどうすれば一次元を作れるのか、と尋ねたところ、演出家はことばを濁してリハーサルのことなどをつぶやきながら、ぶらりと立ち去ってしまったものだ。

何年か前、あるプロデューサーが、自分が考える「三次元」の主人公がどんなものかを説明してくれた。「ジェシーは刑務所を出たばかりなんだが、そこにいるあいだに、金融と投資を必死に勉強したんで、いまじゃ株式、債券、証券のプロ。それに、ブレイクダンスもできる。空手は黒帯だし、サキソフォンでかっこよくジャズも弾けるんだ」と。このジェシーは机の表面のように真っ平らだ——ひとつの名前にたくさんの特徴を貼りつけたにすぎない。主人公を特技で飾り立てても、人物像を明らかにすることはできないし、共感を得ることもできない。むしろ、突飛な要素にさえぎられて、観客から遠ざかってしまうだろう。

逆に、魅力的な登場人物を作るには目立つ特徴をひとつだけ持たせることだ、と主張する考え方もある。よく引き合いに出されるのはマクベスの野心だ。行きすぎた野心がマクベスを偉大な存在にしている、というのだ。この理論は誤り以外の何物でもない。マクベスが単なる野心家だったら、戯曲にならなかっただろう。たぶん、ノルウェーを打ち負かしてスコットランドを治めただけだ。マクベスが生身の人間として感じられるのは、野心をいだく一方で罪悪感を覚えるという矛盾をかかえているからだ。この深い内面の矛盾があるからこそ、マクベスのなかに情熱や複雑な思考や豊かな詩心が生まれる。

三次元、つまり立体感とは、矛盾をかかえていることを意味する。登場人物の奥深くにある矛盾（罪悪感に苛まされる野心家）、あるいは性格描写と実像のあいだの矛盾（憎みきれないこそ泥）だ。この矛盾には一貫性がなくてはならない。作品全体を通して善良な男が、とあるシーンで猫を蹴っても、立体感は生まれない。

ハムレットを考えてみよう。歴史上最も複雑な登場人物だ。三次元どころか、十、十二、いや、ほとんど数えきれないほどの多面性を持つ。崇高でありながら、冒瀆的にふるまう。最初は愛おしみ、大切にしていたオフィーリアに対して、冷淡な、さらには残酷な仕打ちをする。勇敢だが、臆病になる。冷静で慎重かと思うと、衝動的で性急になり、カーテンの陰に隠れる者の正体をたしかめずに刺してしまう。無慈悲にして情け深く、自尊心は強いが、自己憐憫に浸る。機知に富む一方で悲しみに沈むこともあり、疲れきっても活力を失わず、頭脳明晰なのに混乱もする、正気と狂気の人物。無垢なる俗物、世俗にまみれた無垢なる者。ハムレットは、考えつくかぎりのあらゆる人間の性質を具えた、生きる矛盾だ。

立体感は人を魅了する。性格や行動の矛盾は、観客の注意を釘づけにする。そのため、主人公は登場人物のなかで最も立体的に造形し、中核《スター》の人物として共感を集める存在にしなくてはならない。そうでなければ、「善の中心」がずれて虚構の世界が瓦解し、観客は均衡を失う。

『ブレードランナー』が公開されたとき、宣伝ではハリソン・フォード演じるリック・デッカードへの共感を訴えたにもかかわらず、作品を見た観客は、それ以上に立体的に描かれたレプリカントのロイ・バッティ（ルトガー・ハウアー）に魅了された。善の中心が敵対者へ移ったせいで、観客は混乱して作品に熱中できなくなり、大ヒット作になるはずがカルトムービーにとどまった。

登場人物の設計

つまるところ、主人公が決まれば、残りの登場人物も決まる。主人公以外の人物がストーリーに登場するのは、主人公と関係を築いて、複雑な内面を持つ主人公の矛盾を際立たせるためにほかならない。登場人物は太陽系のようなものと考えるといい。主人公が太陽で、脇役は太陽のまわりの惑星、端役は惑星のまわりの衛星だ。これらはみな、中心にある星《スター》の引力によって軌道を保ちながら、それぞれの性質に影響されて互いに引き合う。

ある主人公がいるとしよう。この人物は愉快で楽観的だが、気むずかしく悲観的でもある。情け深いが残酷で、こわいもの知らずだが怯えることもある。四次元の主人公の矛盾を描き出すには、取り囲む人物たちが必要であり、時と場所を変えてつぎつぎ対峙することで、主人公に多様なアクションとリアクションが生まれる。脇役は、主人公の複雑な人物像を、信頼できる一貫したものへと仕上げる存在でなくてはならない。たとえば、人物Aが主人公の悲しみと不信感をあおり、一方で人物Bは主人公の機知に富んで希望に満ちた側面を引き出す。人物Cは主人公の愛情と勇気を呼び起こすが、人物Dは主人公を恐怖で萎縮させて、そのあと激怒させる。人物A、B、C、Dをいかに造形し、配置するかは、主人公が何を必要とするかで決まる。その四人の存在意義は、アクションとリアクションを通して、主人公の複雑な人物像を明確にし、信頼性を付加することだ。

脇役は、主人公ほど存在感があってはならないが、複雑であってもよい。たとえば、人物Aを二次元にすることもできる。外見は美しく愛らしいが、内面は異様にゆがみ、緊迫した状況で選択を迫られると、突如として冷たい欲求をあらわにする人物だ。また、一次元であっても、魅力のある脇役になりうる。人物Bに、魅力に満ちた矛盾をひとつ持たせたらどうか。ターミネーターの場合は、機械でも人間でもあることだ。ターミネーターが単なるロボットや未来人間だったら、おもしろみがない。機械でありながら人間であるという矛盾があるからこそ、最高の悪役となるわけだ。

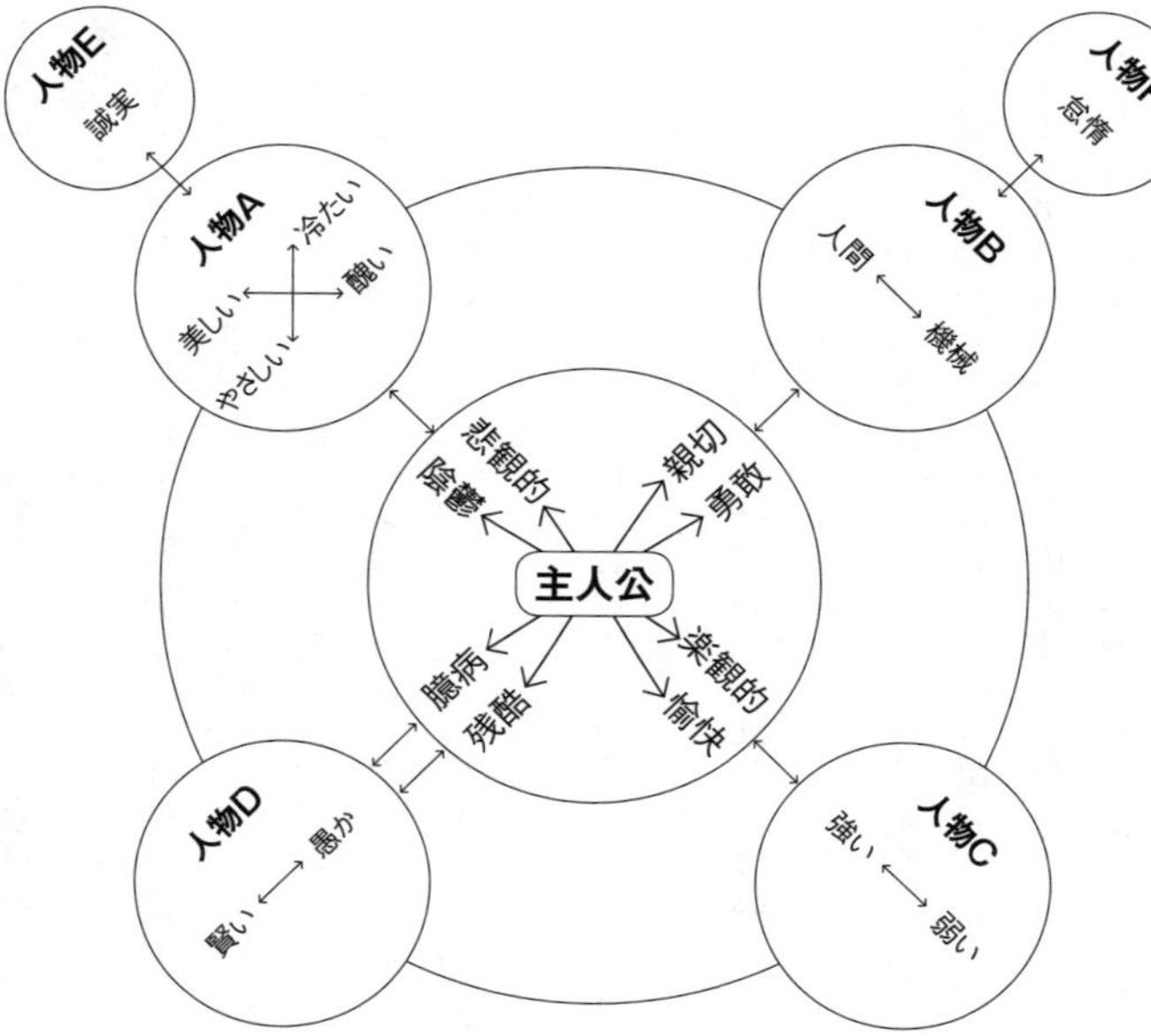

登場人物は物質的・社会的な世界で生きているため、たとえば仕事や住環境といった要素も性格描写のひとつの側面となる。だから、それに反する要素を加えれば、立体感を生み出せる。珍しい生い立ちなのに平凡な人物や、よくある保守的な町に現れた謎めいた奇人を登場させれば、すぐに興味を引くことができる。

端役はあえて平面的に……だが退屈にはならないように描くべきだ。どの人物にも新鮮な個性を与えて、その役柄を演じるに値するものにすべきだが、それは俳優が画面に映っている時間だけのことで、それ以上にする必要はない。

たとえば、ある女がはじめてニューヨークを訪れるとしよう。ケネディ国際空港から出て、はやる気持ちで未体験のニューヨークのタクシーに乗りこむ。このとき、運転手をどう描くか。野球帽を斜めにかぶって、人生哲学を語る風変わりな男？　これは勘弁してもらいたい。この六十年というもの、ニューヨークが舞台の映画で出くわすタクシー運転手は、例外なくいかれている。

そこで、ニューヨーク映画史上初の無言のタクシー運転手を登場させてみる。女はニューヨークにまつわる話をしようと、ヤンキースからはじめてニックス、市庁舎と話題を振っていくが、運転手はネクタイを直しただけで、ひたすら運転をつづける。女はバックシートに背をもどし、ニューヨークではじめて落胆を味わう。

では、どんなタクシー運転手にも負けない豊かな個性の持ち主に仕立てたらどうか。しゃがれ声だが愛想のいい変わり者で、大都会で生き残るための心得決定版を披露して、どんなふうにハンドバックを斜め掛けするのか、どこに催涙スプレーを忍ばせておくかなどを伝授する。ところが、連れていった先はブロンクス。百五十ドルを請求し、マンハッタンに着いたと言う。親切に見せかけた、とんでもない詐欺師――まさしく性格描写と実像の矛盾だ。これ以降、観客は映画を観ながら運転手の姿を探しつづける。それは、たった一度しか登場しない人物に脚本家が立体感を持たせたりしないことを知っているからだ。運転手が二度と現れずに映画が終わると、観客はひどく混乱する。必要以上に端役をおもしろくして、無用の期待を持たせてはいけない。

スターが演じる主人公を中心に、ほかの登場人物たちが周囲の軌道をまわっている。脇役は主人公に刺激されつつ、主人公の複雑な立体感を表現するように設計される。準主役としては、主人公の相手役だけでなく、それぞれに立体感を加えてくれる人物がさらに必要だ。第三のグループ（図のEとF）は、主人公や準主役級の人物たちとともにシーンに登場し、さらなる立体感が出るよう働きかける。理想を言えば、すべてのシーンで登場人物がほかの人物の資質を引き出し、その資質によってほかの人物たちの立体感をさらに増しながら、中心にいる主人公の吸引力によってすべてがひとつの体系をなす形となるのがいい。

コメディの登場人物

登場人物はみな、欲求をかなえるために敵対する力に立ち向かう。とはいえ、ふつうは臨機応変に対処できるので、危険であれば「このままだと殺されるかもしれない」と思って、一歩さがる。だが、コメディの登場人物はちがう。病的なまでの執着がその特徴だ。おもしろいはずの人物がおもしろくならない場合、まずは、その人物にとっての異常なこだわりを見つけるといい。

政治を風刺したアリストファネスと、恋愛を笑劇にしたメナンドロスの時代が終わると、喜劇は悲劇と抒情詩の粗野な親戚に堕した。しかし、ルネサンスが到来したあとは――イタリアのゴルドーニやフランスのモリエール、（ドイツは飛ばして）シェイクスピア、ジョンソン、ウィチャリー、コングリーヴ、シェリダン、さらにはショー、ワイルド、カワード、チャップリン、アレンなど、機知あふれるイギリス、アイルランド、アメリカの才人へと――喜劇は今日のような輝かしい芸術にまで高められ、現代社会の救いとなっている。

こうした達人たちは、作品の質を極限へと高めながら仕事について語るうちに、喜劇の登場人物を作り出すには、本人が気づかない執着をその役に与えればよいことに考え至った。モリエールの劇作家としての名声は、主人公の病的なまでの執着をからかう作品――『守銭奴』、『病は気から』、『人間嫌い』――を世に送り出すことで築かれた。執着の対象はなんでもよい。たとえば、靴だ。イメルダ・マルコスが世界の笑い物になったのは、異常な靴好きであるという自覚がないからで、一説には三千足以上も所有していたという。ところが、ニューヨークでの脱税がらみの裁判で、イメルダはたった千二百足だけだ……しかも、どれもサイズが合わない、と弁明した。それらは靴メーカーからの贈り物で、どこも合うサイズの靴を送ってよこさなかったらしい。

テレビドラマ「オール・イン・ザ・ファミリー」のアーチー・バンカー（キャロル・オコーナー）は偏見に凝り固まった頑固者だ。本人にその自覚がないので、その滑稽さを観客は笑い飛ばす。だが、もしアーチーがだれかに話しかけ、「そうさ、おれは憎悪に凝り固まった人種差別野郎だよ」などと言ったら、コメディではなくなる。

『暗闇でドッキリ』(64)では、富豪ベンジャミン・バロン(ジョージ・サンダース)の邸宅で運転手が殺される。登場するのは、世界一完璧な捜査官であることにご執心のクルーゾー警部(ピーター・セラーズ)。バロンが犯人だと確信すると、クルーゾー警部はビリヤード室で富豪と対決する。証拠を並べ立てるとき、ビリヤード台のフェルトを破って、キューを折ってしまい、最後は取りつくろって、「……で、そんで、くわっとなって、ころしたにょか?」と尋ねる。向きを変えて部屋を出ようとするが、ドアの脇に突進して壁にゴツンと頭をぶつける。あとずさりして、軽蔑するような顔で言う。「ひどい建築家だ」

『ワンダとダイヤと優しい奴ら』のワンダ(ジェイミー・リー・カーティス)は腕のいい詐欺師だ。外国語を話す男にすぐのぼせあがる。オットー(ケヴィン・クライン)は元CIA捜査官。自称インテリ——だが、ロンドンの地下鉄《アンダーグラウンド》を政治目的の地下運動だと勘ちがいして、ワンダに誤りを正される。ケン(マイケル・ペリン)は動物愛好家。オットーはそこにつけこみ、ケンの金魚を呑みこんで脅す。アーチー・リーチ(ジョン・クリース)は体面を失うことを極度に恐れる男だが、本人に言わせると、イギリス人ならだれでも似たようなものらしい。しかし映画の中盤を過ぎたころ、アーチーは自分が恐怖に囚われていることを実感し、それを機に喜劇の主役から恋愛物語の主人公、つまりアーチー・リーチからケーリー・グラントへと変わる(アーチー・リーチはケーリー・グラントの本名だ)。

映画の登場人物を書くための三つの秘訣

1　俳優のためにじゅうぶんな余地を残す

これはハリウッドで以前から言われていることだが、脚本家はそれぞれの俳優が想像力を発揮できるよう、最大限の機会を提供しなくてはならない。脚本のあちらこちらに、身ぶりやひとつひとつの動作や声の調子を細かく書きこんではいけない。

ボブは教卓に寄りかかりながら、一方の脚をもう一方の脚の前に交差させ、片手を腰にあてて肘を張って立つ。生徒たちの顔を見渡してから、じっくりと何か考えるように片方の眉をあげる。

ボブ　（無感動きわまりない様子で）むにゃむにゃむにゃ……

細かい指示で埋めつくされたこのような脚本を受けとった俳優は、それを屑籠に捨てて、「こいつらは俳優じゃなくて操り人形がほしいんだな」と思うだろう。あるいは、この役を引き受けたとしても、赤鉛筆を取り出して、ばかばかしいところ全部に線を引き、削ってしまうだろう。細かい指示は意味がない。俳優が知りたいのは、自分は何を求めているのか、なぜそうなのか、それを手に入れるにはどうしたらいいのか、その邪魔をしているのは何か、自分を妨げているものは何か、どんな結果になるのか、ということだ。俳優はサブテクストをもとに登場人物に命を吹きこむ。知りたいのは自分の欲求と、敵対する力だ。カメラを前にした俳優は、そのシーンで必要なことを言い、必要なことをするが、性格描写は脚本家の仕事である以上に俳優の仕事でもある。

演劇であれば、自分の脚本が国内や海外でいま、そしてこれからと、何千回とは言わないまでも何百回かは演じられるだろうが、映画の場合、演じられるのは一度かぎりであり、それぞれの俳優にとってたった一度の演技が作品となって永遠に上映される。脚本家と俳優のよい相乗作用が生まれるのは、脚本家が架空の人物に思いを馳せるのをやめて、理想の配役を考えるときだ。作品の主人公にしたい俳優を決めて、書きながらその姿を想像すれば、すぐれた俳優が力強いシーンを作りあげるのによけいな指示は要らないことが自然にわかる。そうなれば、こんなふうには書かないだろう。

バーバラ　（ジャックにカップを手渡しながら）コーヒー飲む？　ねえ、あなた。

そこにコーヒーカップがあることは、観客の目にも見えている。「コーヒー飲む？」はしぐさだけで伝わり、「ねえ、あなた」は何も伝えていないのと同じだ。よけいなものはないほうがいいと思い、女優は監督に言う。「ラリー、〝コーヒー飲む？　ねえ、あなた〟は言わなくていいんじゃない？　だって、実際にカップを差し出すわけだし。これはカットしましょうよ」台詞は削除され、女優は無言で男にコーヒーを差し出して、熱い思いが伝わるシーンになるが、脚本家は「おれが書いた台詞を勝手に削るとは！」と腹を立てる。

2　すべての登場人物に愛情を注ぐ

映画を観てありがちなのは、すばらしい登場人物がそろっているな……だが、このひとりだけひどい、と感じることだ。なぜだろうと考えてみると、脚本家自身がその人物をきらっていることに気づく。事あるごとにこの役をひどく扱って、つまらないものにする。わたしにはどうしても理解できない。自分が作った登場人物をなぜきらうことができるのか。登場人物は自分の子供だ。生んだ子をどうして憎めるのか。自分が世に送り出した者たち全員を大切にしよう。特に、悪者たちを。ほかの者を慈しむのと同じように、悪人にも愛情を注ぐべきだ。

ハートとキャメロンは、ふたりで作ったターミネーターに愛着を持っていたにちがいない。ターミネーターのために用意されたすばらしいエピソードを紹介しよう。モーテルの部屋で、ターミネーターはペン型のナイフを手に持って、壊れた目を直す。洗面台の前で目の玉をえぐり出すと、水のなかへほうり、タオルで血をぬぐいとってから、眼窩を隠そうとガーゴイルズのサングラスをかけ、鏡に映った自分を見て、乱れた髪を整える。観客は驚く。「顔から目玉を取り出しておいて、髪が決まってるかチェックしてる！　かっこいいと思われたいんだ！」

そのとき、何者かがドアをノックする。ターミネーターが視線をそちらへ向けると、カメラの視点に変わり、ターミネーターの目に見えているコンピューター画面がドアに重なる。画面には、ノックする者への返答例がいくつか表示される。「こっちへ来るな」、「あとで出直してください」、「失せろ」、「おととい来やがれ」と。選ぼうとするターミネーターの思考とともにカーソルが移動し、「おととい来やがれ」で止まる。ロボットにユーモアのセンス。意外な面を垣間見た観客は、恐ろしいだけだったこの怪物がこれから何をしでかすのか、まったくわからなくなり、最悪の事態を想像する。登場人物へ愛情を注ぐ脚本家だけが、こうした瞬間を作り出す。

悪党についてのヒントをひとつ。登場人物が悪事を働くシーンを書こうと思い、脚本家がその立場になって、「この状況で、自分だったらどうするか」と自問したとする。その場合は、どうにかばれないように手を尽くすだろう。そのためには、悪党だとわからないようにふるまうはずだ。つまり、口ひげをひねったり、いかにも悪者といった行動は避ける。むしろ、反社会的人間は人を強く引きつける――あたかも相手の問題を真剣に心配して聞き入るように見せかけて、地獄へ引きずりこむ。

リー・マーヴィンは、以前受けたインタビューで、こう尋ねられた。三十年ものあいだ、ずっと悪者を演じてきて、ずいぶんとつらかったでしょうね、と。そのとき、笑って答えた。「わたしが？　悪者なんか演じてないよ。演じてるのは、懸命に日々を生き抜く人、最善を尽くして自分に与えられた人生を生きる人たちだ。悪者だと思う人がいるかもしれないが、わたしはちがう。悪者を演じたことは一度もない」と。だからこそ、マーヴィンは最高の悪役になれたのだろう。マーヴィンは人間の本質を深く理解している職人だった。自分が悪者だと思っている人間はいない。

愛情を注げない人物なら、書かないことだ。逆に、共感や反感をいだいて、メロドラマや紋切り型の人物を作ってしまわないこと。脚本家はすべての登場人物を冷静に愛さなくてはならない。

3　登場人物は自己認識である

わたしは人間の本質についてのすべてを自分自身から学んだ。

――アントン・チェーホフ

登場人物は、どうすれば見つかるのか。あるレベルまでは観察を通して見つけることができる。脚本家はメモ帳や小型録音機を日ごろ持ち歩きながら、人生を通り過ぎていくさまざまな人々を観察し、あれこれ集めては自分の抽斗へ手あたりしだいに詰めこむ。アイディアが枯渇したときは、抽斗のなかを掻きまわして想像力を呼び起こす。

観察するのはよいが、実生活をそのまま脚本に取りこんではいけない。人間はあまりに複雑でわかりにくく、登場人物のようには明確に説明しきれない。だから脚本家は、フランケンシュタイン博士のように、見つけたパーツをいくつも使って登場人物を組み立てる。自分の妹の分析的思考力に、友人が持つ笑いのセンスを組み合わせ、そこへ猫のずる賢さと意地悪さ、さらにリア王の執拗なこだわりを加える。そこかしこから持ち寄った人間性の断片と、生々しい想像と、入手先はどこであれ、観察から得た要素を採り入れて、矛盾を含んだ立体構造を作り、登場人物という生き物に仕上げる。

観察は性格描写に欠かせない手立てではあるが、性格を深くとらえるには別の手立ても必要だ。登場人物をしっかりと作りこもうとするとき、その原点は自己認識にある。

生きていくうえで悲しい真実のひとつは、自分がほんとうに理解できる人間は、この世でただひとり、自分自身だけということだ。人は本来、そして永遠にひとりだ。他人とのあいだには縮まることのない一定の距離があり、変わりつづける相手をほんとうの意味では理解することができない。そのうえ、年齢、性別、生い立ち、文化といった歴然たるちがいはもちろんのこと、個々の人間による明らかな差異もある。とはいえ、実はわれわれには相違点よりも多くの共通点がある。だれもが人間だからだ。

われわれはみな、人間であるがゆえの特別な経験を共有している。だれもが苦しみ、楽しみ、夢をいだき、何か価値のあることをして日々を過ごしたいと願う。あなたが脚本家なら、自分に向かって通りを歩いてくる人々が、それぞれに異なる動きをしていても、思考や感情の土台は自分を含めて同じだと確信できるはずだ。だからこそ「自分が登場人物だったら、この状況でどうするか」と問いかけたとき、正直な答えはいつも正しい。あなたもまた人間だからだ。謎に満ちたみずからの人間性を突きつめて、自分を理解できるようになればなるほど、他人のこともさらに深く理解することができる。

ここまで、さまざまな登場人物を採りあげて説明してきたが、ホメロス、シェイクスピア、ディケンズ、オースティン、ヘミングウェイ、ウィリアムズ、ワイルダー、ベルイマン、ゴールドマンをはじめとするストーリーの名手の想像力からつぎつぎと生まれた登場人物たちは、みな魅力にあふれ、自分らしさを持ち、いかにも人間らしい。そして、そのような人物がこれほどまで多く作り出されたにもかかわらず、だれもが人間という同じ生き物として生まれてきたことを思うと、驚嘆を禁じえない。

18 ことばの選択

ダイアローグ

ストーリーと登場人物の設計に費やした創造性と労力は、すべて脚本として結実しなくてはならない。この章では、ダイアローグやト書きを含めた脚本の本文に着目し、それらを書く手引きとなる技巧を紹介する。さらに、範囲を拡大して、ストーリーを詩的に表現するイメージ系統についても考察する。テクストのなかに埋めこまれたイメージ系統が最終的に全体のイメージとなって、映画の含意と感情を豊かにしてくれる。

ダイアローグは会話ではない。

カフェで交わされる話を盗み聞きすればすぐ、あんなでたらめな会話は映画で使えないと気づくはずだ。現実の会話には、ぎこちない間、お粗末なことばや言いまわし、脈略のない発言や意味のない繰り返しがいっぱいで、要点や結論に達したりすることはめったにない。しかし、会話の目的は要点や結論に達することではないのだから、それはそれでかまわない。話をすることで「コミュニケーションの道を閉ざさないでおく」のだと心理学者は言う。会話は人間関係を発展させ、変化させるための手段だ。
道でばったり出会った友人同士が天気を話題にしても、実は天気について語っているわけではないのは、だれでも知っているだろう。では、なんの話をしているのか。「わたしはあなたの友人だ。互いに忙しい身だけど、ほんの数分でいいから足を止めて、わたしたちは友人同士だということをあらためて確認し合おう」といったことだ。話題はスポーツでも、天気でも、ショッピングでもなんでもいい。だが、表向きの話題はサブテクストとは異なる。言動は思考や感情と一致しない。映画のシーンは、一見そうと思えることを映すものではない。だから映画のダイアローグは、日常会話のリズムを刻みつつ、それよりはるかに多くの内容を含んだものにしなくてはならない。

第一に、映画のダイアローグには圧縮と節約が求められる。なるべく少ないことばで言い表さなくてはならない。第二に、ダイアローグには方向性が求められる。個々の台詞のやりとりは、一方からもう一方へと、反復のない言動の変化によって、シーンのビートを転換させなくてはならない。第三に、ダイアローグには目的が求められる。ひとつひとつの台詞のやりとりがシーン設計のもとになり、それがシーンを築いて転換点を作り出す。ダイアローグにはそのような緻密さが要求されるばかりか、ふつうの会話のように砕けた自然な語彙を使い、短縮形やスラング、さらには必要なら汚いことばまでも取り混ぜなくてはならない。「凡人のごとく話し、賢人のごとく考えよ」とアリストテレスは助言している。

映画は小説ではないことを忘れてはいけない。台詞は口から出た瞬間に消える。俳優が発したことばをすぐに理解できなければ、苛立った人々が「いまなんて言った？」といっせいにささやきだす。映画は演劇でもない。映画は観るものだが、演劇は聞くものだ。映画という芸術は、八十パーセントが視覚、二十パーセントが聴覚によって成り立つ。観客は映画を聞くのではなく観るのであり、目のほうにエネルギーを注いで音声のほうは半分聞き流す。逆に、演劇は聴覚が八十パーセントで視覚が二十パーセントだ。集中力は耳のほうへ向かい、舞台をながめる目は半ばぼうつろになる。劇作家は表現を凝らした装飾的なダイアローグをつむぐが、脚本家はちがう。映画のダイアローグには、短くて単純な構成の文が求められる。

たとえば、こんな台詞はありえない。「チャールズ・ウィルソン・エヴァンズは、マンハッタンの五番街に建つ666ビルにオフィスを構えるデータ・コーポレーション社の最高財務責任者であり、ハーヴァード・ビジネス・スクールを成績上位で卒業したのち、現在のポストには六年前に昇進したけれど、会社の年金基金を横領して、その損失を隠蔽しようとした不正行為によって当局から告発され、きょう逮捕されたとのことだ」

これに少し手を加えると、こうなる。「チャーリー・エヴァンズを知ってるだろ、データ・コープ社のCFOの。なんと、捕まったんだってさ！　会社の金蔵に手を突っこんだらしい。ハーヴァード卒なんだから、その気になりゃ、うまいこと金を持ち逃げできるだろうに」同じ趣旨でも、こちらは短くて単純な構成の砕けた口調の文が連なって、観客に情報を小出しに与えている。

ダイアローグには完全な文は求められない。省略したり、途切れ途切れに話したり、不満声を漏らしたりするのがふつうだ。

書きあげたダイアローグを声に出して読むか、さらによいのは録音することだ。早口ことばや、「車が来るまで毛布にくるまっていた」のように無意味な韻を踏むのを避けよう。ダイアローグだけが注目されるもの、ページから飛び出して「これって名文句でしょ！」と叫んでいるようなものを書いてはいけない。際立って上品で文学的なダイアローグを書きあげたと思ったら――捨てるべきだ。

短い台詞

映画のダイアローグの原点は、古代ギリシャ劇で用いられた隔行対話――短い台詞のすばやいやりとり――という形式だ。長い台詞は映画という形式にはそぐわない。ひとつの台詞がページの端から端へ及ぶ場合、カメラは一分にわたってそれを話す俳優の顔を映しつづけることになる。時計の文字盤をまわる秒針を六十秒追いつづければ、一分がどれほど長いか実感できるだろう。十秒か十五秒のうちに、観客は視覚に訴えるものがあれば、そっちへ目移りし、そのショットは冗長になる。傷ついたレコードから同じメロディーが繰り返し流れてくるのと同じだ。目が退屈するとスクリーンから離れる。スクリーンから目が離れると、映画は観客を失う。

文学的野心を持つ者は、そんなことをあまり問題にせず、編集で長台詞の途中から聞き手の顔へショットを切り替えればいいと思いがちだ。しかし、これは新たな問題を生じさせるにすぎない。そうなると、台詞を話している俳優は画面の外へ追いやられる。肉体から声が離れれば、その俳優はゆっくりと明確にしゃべらなくてはならない。というのも、実のところ、観客は唇の動きでことばを聞き分けているからだ。観客は話の内容の五十パーセントを視覚から理解し、話者の顔が見えなくなると、聞くのをやめる。だから、画面外の話し手は観客が聞き逃さないように注意深くことばを発しなくてはならない。また、画面外に追いやられると、話し手は言外の意味をこめられなくなる。観客は聞き手側のサブテクストを汲みとることはできるが、もはやそこに関心がないかもしれない。

したがって、長い台詞を書くことには、ことさらに慎重を期するべきだ。それでも、だれもが黙したなかでひとりが語る絶好の瞬間だと判断したのなら、長い台詞を書けばよい。ただし、独白のようなことは実生活では起こりえないと肝に銘じておくこと。人生はアクションとリアクションが成すダイアローグだ。

たとえば、わたしが俳優で、別の人物が登場したのをきっかけとして、長い台詞を言う場面があるとする。そして、その台詞が「ずいぶん待ったぞ」からはじまるとしたら、この最初の発言に対するリアクションを見なければ、つぎに何をどう言うかを判断しようがない。相手のリアクションが申しわけなさそうで、きまり悪げに頭をさげて登場してくるのであれば、それに合わせて、こちらのつぎのアクションも台詞も和らぐ。だが、相手のリアクションが敵対心むき出しで、険悪なまなざしを向けてきたら、こちらの台詞は怒りのこもったものになる。自分の発言に対する反応を察知する前に、つぎの言動を瞬時に判断できる者がいるだろうか。だれにもできないはずだ。人生はつねにアクション／リアクションのやりとりであり、独白ではない。前もって準備した台詞でもない。大舞台に向けて、いくらか心のなかでリハーサルを重ねることはあるだろうが、人生は即興だ。

だから、映画というものの本質を理解しているなら、長台詞をアクション／リアクションに分割して、話者の言動を明確にすべきだ。ここでは、無言のリアクションで台詞を分断して、話者にビートの変化を促す例として、『アマデウス』でサリエリが神父に告解するシーンを見てみよう。

サリエリ　わたしの望みは歌うことだけだった。神の栄光を。神が与えたもうたのだ、その切望を。なのに、わたしの声を奪い去った。なぜだ。教えてくれ。

神父は顔をそむける。苦しげで困惑気味だ。そこでサリエリは、みずからの問いに対して、弁舌巧みに返答する。

サリエリ　わたしの賛美を望まぬなら、なぜ神は与えたのだ。この……肉欲さながらの欲望を。それなのに、なぜ才能はくださらない。

あるいは、同じシーンのあとのほうで見られるように、ダイアローグ中に括弧で説明を挿入しても、同じ効果が期待できる。

サリエリ　おわかりでしょうが、わたしは恋に落ちました。あの女に……（自身のことばの選択に驚く）……少なくとも、欲情を覚えました。（神父が膝の上の十字架へ目を落とすのを見る）だが誓います、けっして指一本ふれたことはなかった。一度たりとも。（神父が顔をあげる。厳粛で批判的な面持ち）とにかく、耐えられなかったのです。ほかのだれにもふれさせたくなかった。（モーツァルトの姿が頭をよぎり、怒りがこみあげる）とりわけ……あの下品な男には。

サリエリがしているように、登場人物は自分自身に対して、みずからの思念や感情に対して、リアクションを起こすことができる。これもまたシーンを動かすもののひとつだ。「アクション／リアクション」の組み合わせを登場人物の内側や、登場人物同士や、人物と現実世界とのあいだで引き起こして、それをページに記せば、読み手の頭には映画を観ている感覚が呼び覚まされ、あなたの脚本が顔のアップばかりの映画にならないと理解できる。

サスペンス型の文

出来の悪いダイアローグは、無用なことばが文末で漂っている。そのせいで、重要な意味は中間付近にあるのに、あとにつづく無用なことばまで聞かざるをえないので、その一秒か二秒のあいだ、観客は退屈する。また、スクリーンのなかの俳優も、それをきっかけに動きたいのに、台詞が終わるまでぎこちなく待たないといけない。現実の世界では、われわれは互いのことば尻を削り合っている。文末で揺らぐ尻尾を互いに断ち切って、日常会話を転がしていく。このこともまた、俳優や監督らが現場でダイアローグを書きなおす理由のひとつであり、ことばを刈りこんでシーンの力強さを増幅させ、やりとりのリズムに勢いをつけているわけだ。

映画のなかの秀逸なダイアローグは、掉尾文（核となるアイディアを最後で明かす文）の形をとる傾向がある。「わたしのしたことが気に入らないというなら、なんだったのよ、あのときのあなたの……」このあとにつづくのは「目つきは？」、または「銃は？」、または「キスは？」だろうか。掉尾文は、いわばサスペンス型の文だ。文の意味を最後に明かすことで、俳優と観客のどちらも台詞の終わりまで耳を傾けることになる。先ほどのピーター・シェーファーのすばらしいダイアローグを再読すると、多くの台詞がサスペンス型の文であることに気づくだろう。

台詞を排した脚本

映画のダイアローグを書くにあたっての最高の助言は、「書かないこと」だ。映像で表現できる場合には、台詞を一行も書く必要はない。どのシーンを書くにあたっても、まずはダイアローグに頼らずに、映像だけでどう処理するかを考えるべきだ。収穫逓減の法則に従うのだ。つまり、書けば書くほどダイアローグの効果は薄れていく。台詞につぐ台詞を書いたのち、登場人物を部屋に入れて椅子にすわらせ、のべつ幕なしにしゃべらせれば、上質なダイアローグの勢いがことばの雪崩れに埋もれてしまう。だが、目で見るために書き、どうしても必要なときだけダイアローグが交わされるようにすれば、台詞に飢えた観客の関心に火がつく。無駄のないダイアローグは、視覚を重んじた作品のなかでは、さらに際立って力強くなる。

『沈黙』のエステルとアナ（イングリッド・チューリンとグンネル・リンドブロム）の姉妹はレズビアンで、いくぶんサドマゾヒズムの傾向がある。エステルは重い結核を患っている。バイセクシャルのアナは婚外子の息子を持ち、姉のエステルに苦痛を与えることを楽しんでいる。映画は、エステルとアナとその息子がスウェーデンへ帰る途中に滞在するホテルからはじまる。アナはホテルのレストランへ向かい、昼さがりの情事で姉を挑発しようとして、ウェイターの誘いに乗る。ウェイターが客を誘惑するこのシーンを……あなたならどんなふうに書くだろうか。

ウェイターが本日のお勧め料理が載ったメニューを手渡す？　このホテルに宿泊しているかを尋ねる？　遠方からやってきたのか？　女の着こなしを褒める？　この街を知っているかと尋ねる？　もう仕事が終わるから街を案内したいと申し出る？　どれも台詞だらけだ。

ベルイマンはつぎのようにした。ウェイターがテーブルに歩み寄り、偶然を装って床にナプキンを落とす。拾いあげようとしてゆっくりと身をかがめ、膝を折るときに、ウェイターはアナのにおいを頭から、太もも、足の先まで嗅ぐ。アナはそれに反応し、深く息を吸いこんで、歓喜に満ちた吐息を漏らす。そして、ホテルの一室。完璧と言っていいだろう。エロティックで視覚に訴え、必要最小限のことばしか交わされない。これこそが映画の脚本だ。

かつてアルフレッド・ヒッチコックはこう言っている。「シナリオが書きあがって、ダイアローグが加わったら、撮影開始だ」

最初に選択すべきは映像で、残念ながらダイアローグは二番目にすぎない。ダイアローグは脚本に加える最後の層だ。もちろん、すばらしいダイアローグはだれもが大好きだが、少ないほうがいい。視覚的に豊かな映像がダイアローグへ移行するとき、その刺激で映画は活気に満ち、観客の耳を大いに楽しませる。

ト書き

読み手の頭のなかに映画を投影する

脚本家の悲哀は、詩人になれないことだ。隠喩や直喩、類韻や頭韻、リズムや押韻、代喩や換喩、誇張法や緩叙法、壮大な修辞といった技巧を使えないからだ。その代わりに、文学のあれこれを文学ではない形で作品に取りこまなくてはいけない。文学作品はそれ自体で完結するが、脚本はカメラを待っている。脚本が文学でないとして、脚本家がめざすものはなんだろうか。脚本のページをめくるたびに映像が頭のなかを流れていく、そんな叙述、そんなト書きをめざすことだ。

それはたやすいことではない。まずは叙述すべき事柄を――スクリーンを見る者に与えたい情報や感覚を――正確に認識することだ。言語による表現の九十パーセントは、映像に置き換えることができない。「彼はそこに長時間すわっている」――これは撮影できない。だから脚本家は、スクリーンに見えるものは何かと自問して、つねに想像力を鍛えあげていく。そして、映像化できることだけを書く。たとえば、「十本目の煙草を揉み消す」、「いらいらと腕時計を見やる」、「あくびを噛み殺して眠気と闘う」とすれば、長時間待っていることを間接的に表現できる。

いま、この瞬間の鮮明な表現

スクリーンに映し出されるものは、「絶え間なくつづく生気あふれる活動の絶対現在時制による表現」だと言える。脚本のト書きが現在時制で書かれるのは、映画は小説とはちがって、いま現在というナイフの刃に載った不安定なものだからだ。過去へもどろうが未来へ進もうが、新たな現在へと飛んで帰る。映画はとめどなくつづく活動を表現し、静的なショットであっても、生き生きとしている。映像に動きがなくても、観客の目がつねにスクリーンを探り、静止した映像にエネルギーを与えるからだ。また、映画は人生とちがって、つねに輝きつづけている。代わり映えしない日常が、ビルに反射する光や、店先に飾られた花や、人混みのなかの女の顔で彩られることも、ときにはあるだろう。だが、日々の生活を送っているとき、われわれの意識はたいがい内へ向き、外の世界へ目や耳を向けることは少ない。一方、映画は数時間にわたって休むことなく輝きつづける。

脚本では、鮮明さは物の名前から生じる。名詞とは物の名前であり、動詞は行動の名前である。鮮明に書くためには、修飾語のついた包括的な名詞や動詞は避け、具体的な物の名前を選ぶことだ。つまり、「大工が小さな留め具を活用する」ではなく、「大工が釘を打つ」と表現する。「留め具」は包括的な名詞で、「小さな」は形容詞だ。「釘」という簡潔な名詞は、読む者の脳裏に鮮明なイメージを結ぶ。「留め具」だけでは曖昧で、大きさもはっきりしない。

同じことは動詞にも言える。特徴のない典型的な例として、「男はゆっくりと動いて部屋を横切りはじめる」という文を考えてみよう。映画のなかで、人はどのように部屋を横切り「はじめる」のだろうか。登場人物は部屋の向こう側へ行くか、足を踏み出して止まるだけだ。また、「ゆっくりと動いて」はどうか。「ゆっくりと」は副詞で、「動いて」は曖昧で抽象的な動詞だ。代わりに具体的なイメージが湧く表現を選ぼう。「彼は足を踏み鳴らして部屋を横切る」や、「彼は（悠然と、重い足どりで、よろよろと、足を引きずって、音もなく、重々しく、忍び足で、這いつくばって、前かがみで、すり足で、ぐらつきながら、千鳥足で、手探りで、ぎこちない足どりで）部屋を横切る」などだ。どれも速くない動きを表現するものだが、それぞれが鮮明で、ほかとの差異がわかる。

状態を表す「〜は〜である」は、全面的に排除しよう。スクリーン上では、ただ存在している状態のものは何もない。ストーリーのなかの人生は、変化や成長の流れが果てしなくつづく。「小さな町を見おろす小高い土地に大きな家がある」としてはいけない。「〜がある」、「それは〜だ」、「それらは〜だ」、「彼／彼女は〜だ」は貧弱な表現だ。それに、「大きな家」とは何か。大邸宅？　大農園の母屋？　「小高い土地」とは何か。丘？　断崖？　「小さな町」とは何か。田舎町？　集落？　たとえば、「村の上で館が岬を守っている」としてみたらどうだろう。ヘミングウェイが回避したように、ラテン語由来の堅苦しいことばや抽象的な語句、それに形容詞や副詞を使わずに、明快な能動態の動詞と、できるだけ具体的な名詞を優先すれば、エスタブリッシング・ショットでもじゅうぶんに生き生きしている。すぐれたト書きを書くためには、想像力と語彙力が必要だ。

つぎのテストに合格できない隠喩や直喩を排除しよう――「スクリーンには何が見える（聞こえる）のか」。ミロス・フォアマンは、「映画のなかでは、木は木である」と述べている。たとえば、「まるで〜のような」は、スクリーン上に存在しないことばの綾だ。映画では、登場人物が「〜のように」ドアからはいってくることはできない。彼はドアからはいってくる――以上。「村の上で館が岬を守っている」という隠喩や、「ドアが銃声のような音を立てて閉まる」という直喩は、眼下にひろがる村を保護する印象を与えるよう、前景のアングルから館を撮影できるので、テストに合格できる。同様に、ドアを勢いよく閉めれば、銃声のように耳をつんざく音が出る。実のところ、『ミッシング』では、ドアを荒っぽく閉めるときの音響にすべて銃声が使われている。そうすることで、意識ではドアが叩きつけられる音だが、無意識では銃声に反応するので、潜在的に緊張感が高まる。

一方、若手の脚本に投資するヨーロッパの基金に提出される作品には、「虎の目が閉じるかのごとく太陽がジャングルに沈む」や「道路は曲がりくねり、丘の中腹を切りつけ、えぐり、もがきながら縁まで達し、急に消え去ったかと思うと、地平線上に突然現れる」といったト書きが見られる。こうした記述に映画監督は頭をかかえる。魅力的だが撮影不可能だからだ。このように叙述するヨーロッパの脚本家は、訓練が足りないわけだが、彼らはすぐれた表現を生み出そうとひたむきに取り組んでいる。それに対してアメリカの脚本家は、皮肉好きの気質と怠惰から風刺に頼りがちだ。

「三十代のベニーは、小柄でがっしりした体つきのイギリス人で、これまでの人生で最低でも一回は鶏の頭を食いちぎったことがあると思わせるような、狂気じみた雰囲気がある」や「想像どおり、ここから濡れ場だ、と言いたいところだが、おふくろの目に留まるとまずいんだよ」などなど。楽しい。だが、本物の脚本を書けないし、書く気もないことを選考者に気づかせないように、こんな書き方をしているだけだろう。彼らは皮肉でくるんだ大胆な語り口に頼っている。きわめて単純なアイディアを実現するシーンすら、創作する腕も才能も誇りも持ち合わせていないからだ。

「われわれには見える」や「われわれには聞こえる」という書き方も排除しよう。脚本に「われわれ」は存在しない。ストーリーの儀式にはいってしまえば、映画館が空っぽであろうと関係ない。「われわれには見える」という言い方は、撮影クルーがレンズを通して見ているイメージを注入し、観客が思い描く像を破壊する。

カメラと編集に対する注釈も排除しよう。俳優がしぐさやふるまいについての描写を無視するのと同じように、「ピント送り」、「パン」、「ツー・ショット」などなど、紙のページから演出しようとあれこれ書いたところで、監督に鼻で笑われるだけだ。「トラック」と書いたら、読む者の頭のなかに映像が流れこんでくるだろうか。そうはならないだろう。読み手は映画の制作過程を見ることになるだけだ。「カット」、「スマッシュ・カット」、「ディゾルブ」などのつなぎの専門用語も捨てていい。読む側はそんなことに興味がない。

現代の映画脚本は、ストーリーを語るうえで最低限必要なカメラアングルだけを記したマスターショットの形式で書かれる。以下に例をあげる。

○屋内　ダイニング――昼
ジャックがはいってくる。ドアの脇のアンティーク調の椅子に書類鞄を置く。ダイニングのテーブルの上にメモが立てかけてあるのが目にはいる。そちらへ歩いていって、メモを手にとり、封を切って読む。ジャックはメモをくしゃくしゃにまるめ、椅子にくずおれて頭をかかえる。

これより前のシーンで、観客がメモの内容を知っている場合、ここでの描写はメモを読んで椅子にくずおれるジャックにとどまる。だが、観客がジャックと同時にメモを読み進めることが重要なら、そうせずに、つぎのようにする。

○屋内　ダイニング――昼
ジャックがはいってくる。ドアの脇のアンティーク調の椅子に書類鞄を置く。ダイニングのテーブルの上にメモが立てかけてあるのが目にはいる。そちらへ歩いていき、メモを手にとり、封を切って読む。

メモを挿入。

（筆記体で書かれた文面で）ジャック、荷物をまとめて出ていきます。連絡をとろうなんて思わないで。弁護士を雇ったから、じきに連絡が行くでしょう。バーバラ。

○同

ジャックはメモをくしゃくしゃにまるめ、椅子にくずおれて頭をかかえる。

別の例をあげる。ジャックが頭をかかえているときに、外で車が停止する音が聞こえて、窓へ駆け寄るとしたら、ジャックがその瞬間に見るものを観客も見て理解することが重要になるので、つぎのようにつづける。

○同

ジャックはメモをくしゃくしゃにまるめ、椅子にくずおれて頭をかかえる。

突然、外に車が停まる。ジャックは窓へ駆け寄る。

ジャックの視点。

カーテン越しに道路を見る。バーバラがステーション・ワゴンからおりてきて、ハッチをあけてスーツケースを取り出している。

ジャックは窓に背を向けて、バーバラのメモを部屋の向こう側へ投げつける。

だが、停まった車に乗っているのが、ジャックのもとにもどってきたバーバラであることや、これまでに二度出ていったことがあり、ジャックの怒りのリアクションから明らかであることを観客が推察できるのであれば、ト書きはダイニングのジャックのマスターショットにとどまる。

カメラアングルを決めることのほかにも、マスター・ショット形式で書かれた脚本は、映画の演出に対して強い影響を及ぼす力を書き手に与える。アングルの種類を明記するより、行間をあけずに書いた段落をイメージとことばで表現したト書きに分割して、さりげなくカメラの距離や構図を示すほうがいい。

○屋内　ダイニング——昼
ジャックがはいってきて空っぽの部屋を見まわす。書類鞄を頭上に持ちあげ、ドアの脇のアンティーク調の華奢な椅子に叩きつける。ジャックは耳を澄ます。音はしない。

気をよくしたジャックは、キッチンへ悠然と歩いていき、急に足を止める。

ダイニングテーブルを見ると、バラの花を生けた花瓶にメモが立てかけてあるのがわかる。

ジャックは不安げに結婚指輪を指でまわす。

息を吸ってから、テーブルへ歩いていくと、メモを手にとり、封を切って読む。


ひと塊の散文体で書くより、このように改行し、五つに分けて順序を示唆するとよい。つまり、部屋のほぼ全体を含める広域のアングル、部屋を歩いていくときの移動ショット、メモのクローズアップ、ジャックの指輪をはめた指の接写、テーブルへ向かうときのミディアム・ショットという具合に。

バーバラのアンティークの椅子に書類鞄を叩きつける行為と、結婚指輪を不安げにいじる行為が、ジャックの感情の推移を表現している。俳優や監督は、即興で好きなように自分の仕事を進めるが、これを読むとジャックと部屋、ジャックと自分の感情、ジャックと妻、それぞれのあいだの「アクション／リアクション」のパターンへと、自然に心の目が導かれる。これがこのシーンの中核だ。監督や俳優はこのパターンから影響を受けながら、この中核をとらえて表現しなくてはならない。いかに正確に表現しうるか、それが彼らのつとめだ。また、この形式で書かれた脚本は読みやすさが向上し、映画を観ている感覚を引き起こす効果がある。

イメージ系統

詩人としての脚本家

少し前に、脚本家の悲哀は詩人になれないことだと書いたが、実はこれは正しくない。映画は詩心を持つ者にとってすばらしい媒体だ。そのためには、ストーリーの詩的表現の本質と、それが映画のなかで作用する仕組みを理解する必要がある。

詩的とは、美しいという意味ではない。観客が失望し、「でも映像はみごとだった」とつぶやきながら席を立つような装飾の凝った映像は、詩的ではない。『シェルタリング・スカイ』(90)は、人間の乾ききった心、虚無感——かつて実存的危機と称されたもの——を描いている。原作の小説では、舞台となる砂漠が主人公たちの不毛な人生の隠喩として機能している。だが映画では、旅行会社の宣伝映像を思わせる絵葉書めいた映像美を堪能できるが、心に響く苦悩がほとんど、まったくと言っていいほど感じられない。澄みきった美しさは、『サウンド・オブ・ミュージック』(65)のように、澄みきった美しさを描く映画にふさわしい。

詩的というのは、高い表現力を具えていることだ。ストーリーの内容が美しかろうとグロテスクだろうと、宗教的だろうと世俗的だろうと、静謐だろうと暴力的だろうと、牧歌的だろうと都会的だろうと、壮大だろうと日常的だろうと、必要なのは充実した表現だ。よいストーリーが巧みに語られ、巧みに監督されて演じられると、おそらくよい映画になるだろう。それらすべてに詩的表現の豊かさと深みが加われば、第一級の映画になる。

何よりまず、ストーリーの儀式に身をまかせた観客は、視覚的か聴覚的かを問わず、あらゆるイメージが象徴するものに反応する。観客は、映されているひとつひとつのものに見かけ以上の意味があることを直感的に見てとるので、それぞれの明示的な意味に含意を加える。ある場面に車が登場すれば、それを「乗用車」のような抽象的なイメージではとらえず、含意を見いだす。観客はこんなふうに考える。「ふうん、メルセデスか……金持ちだな」、「ランボルギーニ……あほらしいほど金持ちだな」、「おんぼろのフォルクスワーゲン……芸術家か」、「ハーレーダビッドソン……危険だ」、「赤いトランザム……性的アイデンティティに問題がありそうだ」などなど。観客の心のなかにできたこの自然な起伏の上に、脚本家はストーリーを構築していく。

良質のストーリーを詩的な作品に仕上げる最初の一歩は、現実の九十パーセントを排除することだ。どんな映画を作るにせよ、世の中にあるものの大半は、その作品の流れにそぐわない。だから、イメージをしっかり絞りこんで、作品に即した含意を持つものを使わなくてはいけない。

たとえば、監督があるシーンに花瓶が要ると考えれば、一時間に及ぶ話し合いがおこなわれ、そこで重要なことを決める。どんな種類の花瓶なのか。どの時代のものか。どんな形状か。どんな色か。陶製か、金属製か、木製か。花は生けてあるのか。花の種類は？　置き場所は？　前景？　中景？　背景？　画面の左上？　右下？　焦点は合わせる？　照明は？　何かをもたせかける？　そこまで考えるのは、これがただの花瓶ではないからだ。この花瓶は多くの意味がこめられた象徴であり、画面に映っているあらゆるものと意味を共鳴して、映画全体に影響を及ぼす。どんな芸術作品にも言えることだが、映画もまた、それぞれの要素がほかの要素やイメージと結びついてできた集合体である。

使えるものがかぎられているため、脚本家はイメージ系統を用いて映画を豊かにする。複数のイメージ系統を使うこともよくある。

イメージ系統とは、主題を表現したいときに使う手法のひとつで、映画に埋めこまれるイメージをカテゴリー化したものである。作品のはじめから終わりまで、これらのイメージに微妙な変化をつけて、さまざまな形で繰り返し、視覚と聴覚に訴える。それによって潜在意識に働きかけ、美的感情に深みや複雑さを与えるのが狙いだ。

ここで言う「カテゴリー」とは、物理的な世界から集めた題材のまとまりのことで、さまざまな取り合わせを包含できる広さを持つ。たとえば、自然の分野なら「動物」、「四季」、「光と闇」などが、文化の分野なら「建造物」、「機械」、「芸術」などがある。カテゴリーは、ひとつかふたつの孤立したシンボルではほとんど効果が得られないので、繰り返さなくてはならない。だが、さまざまな形のイメージを積み重ねていくと、それは観客の無意識の奥底まで届き、集積されたイメージの力は圧倒的なものになる。とはいえ――いちばん肝心なことだが――映画における詩的表現は、ほとんど目に見えない形でおこなって、観客に悟られないようにする必要がある。

イメージ系統は、外部イメージあるいは内部イメージのどちらかによって作られる。外部イメージは、映画の外でも象徴的な意味をすでに持ち、その意味をそのまま映画に持ちこんだものだ。たとえば、国旗――国家への忠誠心と愛の象徴――を使用すれば、そのまま国家への忠誠心と愛を示すことになる。『ロッキー4　炎の友情』(85) では、ロッキーがロシア人ボクサーを打ち負かしたのち、巨大な星条旗を身にまとう。神への愛と信仰の象徴である十字架を使用すれば、すなわち神への愛と信仰を表すことになる。蜘蛛の巣は罠を、涙のしずくは悲しみを表す。あえて言わせてもらえば、外部イメージは学生映画でよく見られる特徴だ。

内部イメージは、映画の外で象徴的な意味を持つ場合と持たない場合があるが、まったく新しい適切な意味をその映画だけに与える。

『悪魔のような女』（55）はピエール・ボワローとトーマス・ナルスジャックによる小説の映画版で、アンリ＝ジョルジュ・クルーゾーが監督と脚本を担当した。クリスティーナ（ヴェラ・クルーゾー）は、魅力に満ちた若い女だが、とても内気で物静かで繊細な性格の持ち主だ。子供のころから心臓の持病に苦しみ、健康体になったことが一度もない。数年前に、パリ郊外にある立派な家屋敷を相続し、それを上流階級対象の寄宿学校にしていた。クリスティーナはこの学校を夫のミシェル（ポール・ムーリス）とともに経営している。この夫は、残虐を好む口汚い男で、妻をごみ同然に扱うことに喜びを見いだす悪質なろくでなしだ。ミシェルは学校の教師ニコール（シモーヌ・シニョレ）と愛人関係にあり、妻と同じく、愛人に対する仕打ちも容赦がない。

この情事については、だれもが知っている。それどころか、妻と愛人は親友同士となっていて、どちらも野蛮な男の支配に苦しんでいる。映画の序盤で、この状況から抜け出す唯一の手立てはミシェルを殺害することだとふたりは結論づける。

ある夜、ふたりは、学校から遠く離れた町のアパートメントの一室へミシェルをおびき出す。バスタブにはあらかじめ水を張ってある。三つぞろいのスーツ姿のミシェルが部屋にはいってくる。ミシェルは横柄にふたりを嘲り、愚弄する。ふたりの女はミシェルを酔えるだけ酔わせ、バスタブに沈めようとする。ところが、ミシェルはさほど酔いがまわってはいなくて、バスルームは修羅場と化す。恐怖が虚弱な妻の命とりになりかけたところで、ニコールが居間へ駆けこみ、コーヒーテーブルに載った陶製の豹の置き物をとって、それをミシェルの胸に押しつける。置き物の重みとニコール自身の力で、ミシェルは水中から逃れられず、やがて溺れ死ぬ。

ふたりの女は死体を防水シートでくるみ、小型トラックの荷台に隠して、真夜中にこっそりと学校へもどる。学校のプールは冬季には使われないので、水面が一インチほどの藻で覆われている。死体をプールへ投げこむと、沈んで視界から消えていく。ふたりはすぐにその場を去り、翌日に死体が浮きあがって発見されるのを待つことにする。ところが、翌日になっても死体は浮いてこない。数日が経過しても、その気配がない。

しびれを切らしたニコールは、故意にプールに車の鍵を落とし、上級の生徒に探してくれと頼みこむ。生徒は藻の浮いたプールへ飛びこんで探しまわる。空気を求めて水から顔を出し、またもぐって探しに探す。息継ぎするために顔を出し、さらにもぐって徹底的に探す。そしてまた浮きあがるが……手にしているのは鍵だった。

女たちはプールを掃除することにする。プールの水を抜くように命じ、プールサイドにたたずみながら、藻で覆われた水面がさがっていくさまを見ているうちに、水がすっかり流れてしまうが……死体は見あたらない。その午後、クリーニング業者の車がパリからやってきて、一着のスーツを届ける。ミシェルが死んだときに着ていたものだ。ふたりはパリのクリーニング店へ急行し、伝票を発見する。そこには下宿屋の所番地が記されていた。その下宿屋へ出向いて管理人に尋ねると、「ええ、さようです。ここには男の人が住んでましたけど……けさ出ていきました」と言う。

学校へもどると、さらに奇妙な出来事が待ち受けている。窓にミシェルの姿が現れたかと思うと、急に消える。上級学級の卒業写真を見ると、生徒たちの背後にぼんやりとミシェルの姿が写っている。何がどうなっているのか、まったくわからない。これは幽霊？　溺れるのをどうにか免れて、わたしたちにこんな仕打ちを？　何者かが死体を発見した？　その人物のしわざ？

夏休みにはいり、すべての生徒と教師が学校を去る。ニコールもまた学校をあとにする。荷物をまとめ、もう耐えられないと言って、哀れなクリスティーナを置き去りにする。

その夜、クリスティーナは眠れずにベッドで身を起こす。すっかり目が冴えて、心臓が早鐘を打っている。突然、夜の静寂を破り、夫の執務室からタイプライターを打つ音が聞こえる。クリスティーナはゆっくりベッドから出て、胸に手をあてながら長い廊下をじりじりと進んでいく。だが、執務室のドアノブに手をかけたとたん、タイプの音がやむ。

おそるおそるドアをあけると、タイプライターの横に夫の手袋が置いてある……巨大なふたつの手のように。そして、考えうるかぎり最も恐ろしい音が聞こえてくる──水のしたたる音だ。クリスティーナは執務室を離れてバスルームへ向かう。心臓が暴れまくっている。細くドアをあけてみると、そこにミシェルがいる──いまも三つぞろいのスーツ姿で、水をいっぱいに張ったバスタブのなかに沈み、そこへ蛇口から水がしたたり落ちている。

死体が起きあがって水があふれ出る。目は開いているが目玉がない。死体は両手を突き出す。クリスティーナは自分の胸をかきむしる。致命的な心臓発作が起こり、クリスティーナは床にくずおれて絶命する。ミシェルは自分のまぶたに手をやり、白いプラスチックの挿入物を取り去る。クロゼットのなかからニコールが飛び出してくる。ふたりは抱き合ってささやく。「ついにやった！」

『悪魔のような女』のオープニングタイトルは、グレーと黒の抽象画が背景となっているように見える。だが、それが終わると、トラックのタイヤが突然画面の下から上へ飛沫を跳ねあげ、観客はこれまで泥混じりの水たまりを見おろしていたことに気づく。カメラは雨模様の景色を映していく。この最初の瞬間から、「水」というイメージ系統は、途切れることなく潜在的に繰り返される。つねに霧雨が降り、靄が立ちこめている。窓の結露が小さなしずくとなって窓枠へ流れる。夕食には魚を食べる。登場人物たちはワインや紅茶を飲み、クリスティーナは心臓の水薬を口にする。教師たちが夏休みについて語り合うとき、湯治のために南仏へ行くことを検討する。プール、バスタブ……『悪魔のような女』は、映画史上屈指の湿気をはらんだ映画だ。

この映画の外では、水はプラスのイメージを持つ万国共通の象徴である。聖別、浄め、女性──まさに生命そのものの元型だ。しかし、クルーゾーは水の価値要素が死や恐怖や邪悪の色合いを帯びるように転換させ、蛇口から水がしたたり落ちる音で観客を座席から跳びあがらんばかりに驚かせた。

『カサブランカ』には、三つのイメージ系統が織りこまれている。第一のイメージ系統は「拘束されている」という感覚であり、これはカサブランカの街が事実上の刑務所となっていくにつれて生じる。登場人物たちは、警察が刑務所の看守であるかのように逃亡計画をささやき合う。空港の管制塔のビーコンが、刑務所構内を照らし出すサーチライトさながらに通りから通りを照らし、窓のブラインドや部屋の間仕切りや階段の手すり、それに鉢植えの椰子の葉までもが、刑務所の房の鉄格子を連想させる影を落とす。

第二のイメージ系統は、「特殊から元型への変化」を伝えている。カサブランカは亡命者の集まる街だったが、やがてアラブ人やヨーロッパ人だけでなく、アジア人やアフリカ人も入り交じる国際連合の小型版と化す。映画に登場するなかでは、リックと友人のサムだけがアメリカ人だ。リックがアメリカそのものであるかのように登場人物たちが語りかける台詞をはじめ、リックとアメリカを関連づけるイメージが繰り返されるので、やがてリックはアメリカを象徴し、カサブランカは世界を象徴するようになる。一九四一年当時のアメリカ合衆国と同じく、リックは断固として中立の姿勢を保ち、新たな世界大戦にかかわろうとしない。戦いに転じたリックの変化は、ついに暴政に立ち向かう立場に転じたアメリカを潜在的に祝福している。

第三のイメージ系統は、「結びつきと隔たり」を表現している。リックとイルザを結びつけるようなイメージと構図がたびたび使われ、物理的には離れているものの、心はひとつだということを暗示する。それと対照をなすのが、ラズロとイルザを分かつ一連のイメージや構図だ。ふたりはいっしょにいるにもかかわらず、一体感がないという印象を与える。

『鏡の中にある如く』は、六つのストーリーがあるマルチプロット映画だ。三つのプラスのクライマックスが父親に与えられ、逆に三つのマイナスの結末が娘に与えられる。その対照的な設計のなかに、少なくとも四つのイメージ系統が織りこまれている。父親のストーリーは、開けた空間、光、知性、言語表現が特徴的で、娘のほうは、閉じた空間、暗闇、動物的なイメージ、性欲によって葛藤が表現されている。

『チャイナタウン』も四つのイメージ系統を採り入れていて、ふたつは外部イメージ、もうふたつは内部イメージだ。第一の内部イメージは、「見る目がない」、すなわち、誤った物の見方という主題がある。窓、バックミラー、眼鏡（とりわけ、壊れた老眼鏡）、カメラ、双眼鏡、登場人物の目、さらには、見開かれた何も見ていない死体の目。これらすべてが、悪の源を見つけようと外の世界へ目を向けているが、方向が誤っていることを力強く伝えている。邪悪の根源はここに――われわれのなかにある。かつて毛沢東が言ったとおり、「歴史は兆候にすぎず、われわれ自体が病」なのだ。

第二の内部イメージは、政治的腐敗を採り入れて、それを社会的なつながりのシンボルとしている。偽の契約、法の堕落、汚職行為が社会と馴れ合って、「進展」を作り出す。水と干ばつ、性的虐待と愛欲というふたつの外部イメージはごくふつうの意味をはらむが、これらも鋭い切れ味で用いられている。

『エイリアン』が公開された当初、「タイム」誌はスチール写真やイラスト入りの記事に十ページを費やして、こんな問いを投げかけた――ハリウッドはやりすぎでは？　というのも、『エイリアン』にはきわめて煽情的なイメージ系統が組みこまれていて、生々しい「レイプ」シーンが三つあったからだ。

続編の『エイリアン２』を制作したゲイル・アン・ハードとジェームズ・キャメロンは、ホラーからアクション・アドベンチャー物へとジャンルを変更したばかりか、母性というイメージ系統を再発明して、リプリーを少女ニュート（キャリー・ヘン）の母代わりに、またニュートを壊れた人形の母代わりに仕立てた。ふたりは全宇宙で最も恐ろしい「母親」、子宮状の巣に産卵する巨大なモンスタークイーンと対決する。リプリーの台詞に、「怪物の子を宿す」というものもある。

『アフター・アワーズ』にはひとつの内部イメージがあるだけだが、それが種々さまざまに繰り返される。そのイメージは芸術だ。しかし、人生に彩りを与えるものとしてではなく、凶器として扱われる。マンハッタンのソーホー地区の芸術作品と芸術家たちが、主人公のポール（グリフィン・ダン）に際限なく襲いかかり、しまいにホールは石膏細工のなかに閉じこめられて、ふたり組の泥棒に運び去られる。

もっと古い映画では、ヒッチコックのスリラーは宗教的なものを性的イメージと組み合わせ、ジョン・フォードの西部劇は都会的なイメージとの対比で野生を際立たせている。それどころか、はるか昔へさかのぼっても、イメージ系統はストーリーと同じくらい古くから存在することに気づくはずだ。ホメロスはみずからの叙事詩のために美しい主題を考案し、アイスキュロス、ソフォクレス、エウリピデスは次作の悲劇のために同様のことをした。シェイクスピアはそれぞれの作品に独特なイメージを埋めこんだ。メルヴィル、ポー、トルストイ、ディケンズ、オーウェル、ヘミングウェイ、イプセン、チェーホフ、ショー、ベケット――偉大な小説家や戯曲家は、だれもがこの原理を歓迎している。

では、脚本を発明したのはだれなのか。映画の揺籃期に、ハリウッド、ロンドン、パリ、ベルリン、東京、モスクワといった都に集まった小説家や劇作家が、無声映画の脚本を書いたのがはじまりだ。初期の立役者であるD・W・グリフィス、エイゼンシュテイン、ムルナウといった監督は、若いころは演劇界に身を置いていた。すぐれた演劇作品と同じく、映画もまた、潜在意識に訴える詩的表現の繰り返しによって崇高のきわみに達することができることに彼らは気づいたのだ。

イメージ系統は、意識下で働かなくてはならない。観客に感づかれてはいけない。何年か前に、ブニュエルの『ビリディアナ』(61)を観ていたとき、わたしはブニュエルが縄のイメージ系統を採り入れていることに気づいた。縄跳びをする子供、縄で首を吊る裕福な男、ベルト代わりに縄を使う貧しい男などだ。スクリーンに縄が登場するのが五回目あたりで観客は口をそろえて叫ぶだろう――「シンボルだ！」

シンボルには強力な効果があり、おそらく多くの人の想像以上だろうが、それは意識を迂回して無意識に滑りこませる場合にかぎる。つまり、夢を見ているときと同じだ。シンボルの使い方は、映画に音楽をつけるときと同じ原理に従えばいい。音は認識を必要としないものなので、音楽は無意識のうちにわれわれに深く影響を及ぼすことができる。同じ要領で、シンボルも心に届いて感動を呼び起こすが、それはシンボルだと気づかない場合にかぎる。シンボルだとわかってしまうと、感動が引っこんで知的好奇心へと変わり、シンボルの力は失われて無意味同然になる。

ではなぜ、現代のあまりに多くの作家や映画監督が、シンボルを隠さずに使ってしまうのだろうか。あからさまな例を三つあげるとすると、『恐怖の岬』(62)のリメイク作品『ケープ・フィアー』(91)、『ドラキュラ』、『ピアノ・レッスン』(93)では、シンボルとなるもののイメージをうまく扱えていない。思うに、つぎのふたつが理由ではないだろうか。第一に、エリートの観客——安全で冷静になれる距離を置いて映画をながめつつ、鑑賞後のカフェでの批評会という儀式に備えて情報を収集する自称知識人——におもねるためだ。第二に、そういう手合いが書く批評やレビュー記事に、統制とまでは言わないが影響を及ぼすためだ。大げさにシンボルを用いるのは鬼才でもなんでもなく、ユングやデリダを誤読して火がついた独善にすぎない。そのような虚栄心は芸術を卑しめ、腐敗させる。

映画のイメージ系統作りは監督の仕事であり、監督ひとりで作りあげるものだと主張する者もいる。それに対して異論はない。監督は最終的に映画の全ショットの隅々まで責任を負うのだから。ただ……現役の監督のなかで、わたしがいま説明したことを理解する者はどのくらいいるだろうか。ほとんどいまい。現在、世界で二、三十人といったところだ。ほんのひと握りの精鋭が理解しているものの、残念ながら、装飾的な撮り方と表現豊かな撮り方のちがいがわからない者が大半だ。

わたしが主張したいのは、映画のイメージ系統は脚本家が作り出し、仕上げを監督と設計者が担うべきだということだ。ストーリーがどんな物理的世界、どんな社会で展開するのか、そのすべてのイメージの素地を作るのは脚本家である。わたしはよく、脚本を書きながら気づかないうちにその作業をしている。系統を持ったイメージが、ト書きやダイアローグにすでにはいりこんでいるのだ。そのことに気づくと、さまざまな変化を編み出して、ストーリーのなかにこっそりと装飾を施す。イメージ系統がひとりでにできあがらないなら、考案すればよい。どうやって作りあげたかなど、観客は気にかけないし、うまく仕上がればそれでいい。

タイトル

映画のタイトルはマーケティングの主眼となるもので、行く手に待ち受ける体験に備えて、観客を「位置づける」ものだ。だから脚本家は、商業的成功など気にかけない高尚な題名をつけるわけにはいかない。たとえば『テスタメント』〔神と人との契約、聖約の意〕』(83)は、実際は核戦争後の大虐殺についての映画だ。『まなざしと微笑み』(81)は、福祉援助を受けた荒廃した暮らしを描写する。わたしが気に入っているタイトルは『モーメント・バイ・モーメント』〔『年上の女』(78)の原題〕だ。これは、正式なタイトルを思いつくまで、わたしがいつも使う作業中の作品の仮題でもあるが。

タイトルをつけるのは、まさしく命名することだ。効果的なタイトルは、ストーリーのなかに実際にある強固なもの――登場人物、設定、テーマ、ジャンル――を示している。傑出したタイトルは、これらの要素のうち、ふたつ以上を同時に言い表していることが多い。

『ジョーズ』は登場するサメの名前から採られているが、自然界が舞台であること、人間対自然というテーマであること、ジャンルが「アクション／冒険」であることも同時に伝えている。『クレイマー、クレイマー』は同じ苗字を持つふたりの登場人物の対立を表している〔原題は KRAMER VS. KRAMER〕。このタイトルから、テーマが離婚、そしてジャンルが家庭ドラマだとわかる。『スター・ウォーズ』は、まさしく、銀河の戦士たちの闘争を語る叙事詩だ。『仮面／ペルソナ』は、心理的に問題をかかえた登場人物と、その隠された正体を暗示している。『甘い生活』は、都会の裕福な人々の退廃的な暮らしを描いている。『ベスト・フレンズ・ウェディング』は登場人物と設定、そして恋愛コメディのジャンルであることを明らかにしている。

当然ながら、題名だけがマーケティングの検討材料ではない。伝説の人物ハリー・コーン〔独裁的と言われたコロンビア映画社長）は、かつてこんなふうに述べている。「『モガンボ』（53）はひどいタイトルだ。だが、〝『モガンボ』　主演――クラーク・ゲーブル、エヴァ・ガードナー〟なら、絶倫……いや、絶品のタイトルだ」

19 脚本家の創作術

プロの脚本家には、批評家から評価される者もあれば、されない者もいる。だが、みな自分の技巧を駆使し、才能を生かして、年を追うごとに質の高い作品を書き、生活の糧を得ている。世に認められない脚本家は、ときに質の高い作品を書くものの、いつも思いどおりに才能を発揮できるわけではなく、作品の質もあがらず、ほとんどと言っていいほど収入が少ない。だいたいにおいて、成功する作家と芽が出ない作家とでは、創作方法が対照的だ。それは、内側から書くか、外側から書くかという点である。

外側から書く

芽が出ない脚本家の創作方法は、たいがい、つぎのようなものだ。まず、アイディアを思いつき、しばらくとりとめもなく考えをめぐらしてから、キーボードに向かう。

○屋外　家——昼

ト書き、ト書き、ト書き。人物AとBが登場する。

A　台詞、台詞、台詞。
B　台詞、台詞、台詞。
ト書き、ト書き、ト書き、ト書き、ト書き。

考えながら書き進み、書き進みながら考えて、百二十ページまで来たところで中断する。そこでコピーしたものを友人たちに配って、感想を聞く。「うん、おもしろかったよ。ガレージでみんながペンキをかけ合うところ、あれは最高だね。それと、子供が夜中にパジャマ姿でおりてくる場面がかわいい。ビーチの場面もロマンティックだし、車が吹っ飛んだときはハラハラしたよ。でも、なんて言うか……最後がちょっと……真ん中あたりも……それにはじまりも……なんだかしっくりこないんだよね」

そこで、売れない脚本家は友人の感想と自分の考えをまとめて、第二稿に取りかかる。こんなふうに構想を練りながら――「自分が気に入ってる六つの場面は、友人たちもいいと言ってくれたから残そう。この六つの場面を中心にまとめられるか、やってみよう」。少し考えたあと、ふたたびキーボードに向かう。

○室内　家――夜
ト書き、ト書き、ト書き。人物AとCが登場し、Bが物陰からそれを見ている。
A　台詞、台詞、台詞。
C　台詞、台詞、台詞。

ト書き、ト書き、ト書き、ト書き、ト書き。

考えながら書き進み、書き進みながら考えていくが、お気に入りの場面は命綱のように手放さないまま、書きなおしを終える。コピーしたものをまた友人たちに配り、感想を聞く。「ずいぶん思いきって書きなおしたね。でも、ガレージの場面と、パジャマ姿の子供の場面、それに海岸に車を停めるところが残っててよかったよ。最高の場面だからね。でも……まだ最後のところと中間と、それにはじまりがなんだかしっくりこないな」

脚本家は第三稿、第四稿、第五稿と書きなおすが、やり方は変わらない。自信がある場面に執着し、新しい話をひねり出して、どうにかまとめようとする。やがて一年が過ぎ、行きづまった脚本家は、これ以上書きなおすところはないと結論をくだし、エージェントに原稿を渡す。一読したエージェントは、さして興味を覚えないが、エージェントとしてのつとめを果たすため、コピーをハリウッドに送る。査読者から返ってきた回答は、「よく書けている。演技がしやすく歯切れがいい台詞、状況描写も鮮やかで、細部もよく書きこまれている。だが、ストーリーは最悪だ。よって、却下」。脚本家はハリウッドの俗物的な趣味を呪い、つぎの作品に取りかかる。

内側から書く

成功している脚本家のやり方は、これとは逆だ。一本の脚本を仕上げるのに、最初のアイディアから最終稿の完成まで、うまくいけば六カ月で終わると仮定すると、そのうち四カ月間を三インチ×五インチの大きさのカードの束に構成を書くことに費やす。一幕に対して一束のカードを用意する。通常は三束か四束だが、それ以上になることもある。このカードに書くものがストーリーのビートシートだ。

ビートシート

ビートシートとは、ストーリーをステップに分けて書いたものである。

各シーンで何が起こり、どう進展していくのかを一行から二行で簡潔に記す。たとえば、「男は妻が家にいるものと思って帰宅するが、そこにあったのは、妻からの別れを告げる置き手紙だった」。

カードの裏には、そのシーンがストーリーのなかで——少なくとも現時点で——どんな役割を果たすためのものかを書く。契機事件の引き金となるシーンはどれか。契機事件となるものは。第一幕のクライマックスは。中間部のクライマックスとなりうるものは。第二幕は。第三幕は。第四幕は。その先は。主要プロットだけでなく、サブプロットについても作成する。

カードの束に数カ月間かかりきりになるのは、自分の作品をいったん壊したいからだ。美的感覚とこれまでの経験から、たとえ才能があっても、自分が書くものの九十パーセントはよく言っても平凡だとわかっている。質の高い作品をひたすら追求するなかで、使いきれないほどの題材を作り出しては壊していく。ひとつの場面を十通り以上は考えたうえで、あらすじからその場面そのものをはずすこともある。ひとつのシークエンスや、一幕すべてを没にすることもある。自分の才能を信じている脚本家は、創造性が尽きることはないと知っているので、きらめく宝石のようなストーリーを書けるまで、自分のベストと思えるもの以外はすべてごみ箱行きにする。

そうは言っても、この段階で何も書いていないわけではない。机の脇には、紙の山が日々積み重なっていく。だがそれは、人物紹介であったり、架空の世界とその歴史であったり、テーマに関するメモであったり、イメージであったり、断片的なことばや表現だったりする。あらゆる調査と想像力の産物で整理棚が埋まり、ストーリーがビートシートにまとめられていく。

そして、何週間か何カ月か経ったころ、ストーリー・クライマックスを思いつく。それをもとに、エンディングから逆にたどって修正していく。こうしてストーリーが形を成す。友人の意見を求めるのはこの段階だが、貴重な一日を犠牲にさせるようなことはしない――誠実な人間に脚本を読んでもらうと、そうなるからだ。その代わりに、コーヒーを一杯おごり、十分間だけ時間をもらうことにして、ストーリーを聞かせる。

この脚本家は、けっして他人にビートシートを見せない。ビートシートは単なる道具であり、暗号めいていて他人にはわからないからだ。そこで、この大切な段階で自分のストーリーを語って聞かせ、テンポよくストーリーが展開するかどうか、ほかの人間の思考や感情にどう働きかけるかを見る。相手の目に浮かぶ表情から、ストーリーの効力を読みとるのだ。こうして、ストーリーを聞かせながら反応を見ていく。自分の作り出した契機事件に引きつけられたか。ストーリーに耳を傾けて、その世界に引きこまれているか。目は落ち着いているか。ストーリーの展開についてきているか。そして、クライマックスで思いどおりの強い反応を引き出せたか。

ビートシートをもとに語ったストーリーは、知的で感受性が豊かな人間の関心を引き、十分間のあいだ心をとらえて、有意義で感動的な体験をもたらすようでなくてはならない――わたしが語った『悪魔のような女』があなたの心をとらえ、引きつけて、感動をもたらしたように。ジャンルにかかわらず、十分で人の心をつかむことができないストーリーが百十分でうまくいくだろうか。長くなればうまくいくというものではない。十分間でうまくいかないものは、映画になったら十倍悪くなる。

ストーリーを聞かせた相手の大半から熱狂的な反応が返らなければ、先へ進む意味はない。「熱狂的な反応」といっても、躍りあがって頬にキスを浴びせてくるわけではない。むしろ、小さく感嘆の声をあげて、だまりこむはずだ。すぐれた芸術作品は――音楽、舞踏、絵画、ストーリーを問わず――波立つ心を静め、異次元へとわれわれをいざなう。ビートシートから語ったストーリーが強い力を持ち、聞いた者が黙するようなら――意見も批判もなく、喜びの表情だけが浮かんでいるなら――それほどすばらしいことはない。そこまでの力がないストーリーなら、それ以上は時間の無駄だ。うまくいったら、つぎの段階へ進む――トリートメントだ。

トリートメント

トリートメントとは、ビートシートに一行から二行で書かれた各シーンを、ひとつの段落あるいはそれ以上の長さへと展開させ、時間を追って、原則として現在形で書いたものである。

○ダイニングルーム――昼

ジャックが部屋にはいり、書類鞄をドアの脇の椅子に投げ出す。まわりを見まわす。だれもいない。妻の名を呼ぶ。答えはない。繰り返し呼ぶうちに声が大きくなっていく。依然として返事はない。キッチンに足を踏み入れたとき、テーブルに置き手紙があるのに気づく。手にとって読む。別れを告げる内容だ。ジャックは椅子に倒れこみ、頭をかかえて泣きだす。

トリートメントでは、登場人物たちが話す内容を示す――たとえば、「男は妻にそうしてもらいたいと伝えるが、妻は拒絶する」――が、ダイアローグは書かない。その代わりに作るのがサブテクスト――表面的な行動や発言の根底にある偽らざる考えや感情だ。自分の作品の登場人物が何を考え、どう感じているか、わかっているつもりでも、実際に書き記すまで、はっきりわかっていない場合もある。

○ダイニングルーム――昼

ドアが開き、ジャックがドア枠にもたれている。仕事が思いどおりに進まず、疲れる一日だった。部屋を見まわすと妻の姿はないが、留守であってほしいと強く願う。きょうは妻の顔を見たくない。だれもいないことを確認するために妻の名を呼ぶ。返事はない。繰り返し呼ぶうちに声が大きくなる。なお返事はない。いいことだ。やっと、ひとりになれた。書類鞄を持ちあげ、ドア脇にある高価なチッペンデールの椅子へと乱暴に投げ出す。妻が大事にしているアンティークだから、傷でもつけたら大変だが、きょうはどうにでもなれという気分だ。

空腹を覚えてキッチンに向かう。部屋を横切るとき、ダイニングテーブルに置き手紙があるのに気づく。またお得意のろくでもない手紙だ。いつも洗面所の鏡やら冷蔵庫やら、いたるところに貼りつけてある。かっとなって取りあげ、乱暴に封を切る。別れを告げる内容だ。足の力が抜け、椅子に倒れこむ。胃が締めつけられるようだ。頭をかかえて泣きだす。激しい心の動きに驚きつつも、まだ感情が残っていることがうれしく感じられる。だが、涙は悲しみの涙ではない。妻との関係をやっと断ち切れるという喜びが堰を切って、あふれ出したのだ。

一般的な脚本を構成する四十から六十のシーンについて、時間を追ってすべてのアクションを書き記し、すべての登場人物の思考や感情を意識的なものも無意識なものも含めてサブテクストとして根底に置くと、六十から八十、ときには九十ページに及ぶ。一九三〇年代から五〇年代にかけてのスタジオシステムの時代には、プロデューサーからの依頼で二百から三百ページのトリートメントを書く脚本家も多かった。スタジオ専属の脚本家は、長いトリートメントから抜き出して書くという方法で脚本を完成させた。こうすれば何も見落とさず、すべてに気を配れるからだ。

現代のショービジネスの世界で見られる十ページから二十ページの「トリートメント」は、トリートメントというよりは、ストーリーを追える程度に書かれたあらすじである。十ページほどのあらすじでは、脚本を書くには題材が足りない。現代の脚本家がスタジオシステムの時代の長大なトリートメントに立ちもどることはないだろうが、ビートシートを展開していって六十ページから七十ページのトリートメントにすれば、それに応じて独創性もひろがっていく。

トリートメントの段階では、ビートシートではうまく行きそうに思えた場面の変更を余儀なくされることもある。調査と想像はとどまるところを知らない。登場人物とその世界はひろがりつづけ、進化しつづけるので、多くのシーンを書き換える必要が生じるのは当然だ。語って聞かせたときによい反応を得られたのなら、ストーリー全体の設計を変えることはない。だが、その構成のなかで、シーンの追加や削除をおこない、順番を変える必要はあるだろう。すべての場面がサブテクストも含めて生き生きと描写されるまでトリートメントを見なおしていく。それが完成してはじめて、作家は脚本そのものに取りかかる。

脚本

完璧なトリートメントから脚本を書くのは楽しい作業であり、一日に五ページから十ページという速さで進むこともある。ここでは、トリートメントの描写を映画としての描写に書き換え、ダイアローグを加えていく。この段階で書く台詞は、かならずこれまでで最高の台詞となる。登場人物は長いあいだ口にテープを貼られた状態だったので、話すのが待ちきれない。多くの映画で、登場人物がすべて同じ語彙と同じスタイルで話すのに対し、綿密な準備のもとに書かれる台詞は登場人物ごとに独自の声を持つ。ほかの登場人物とは異なる話し方をし、脚本家自身とも似ていない。

初稿の段階では、修正や変更がまだ必要となる。登場人物が話しはじめると、トリートメントで書いたシーンでうまく行くと思っていたものに軌道修正が必要となることもある。こうした部分は、台詞や行動を簡単に手なおしするだけでは修正しきれない。トリートメントにもどって構成を見なおし、問題のシーンだけでなくクライマックスにも修正を加えざるをえない場合もあるだろう。最終稿に行き着くまで何度も磨きをかけるべきだ。自分の判断力や審美眼、悪い部分を嗅ぎ分ける感覚を高め、大いなる勇気をもって弱点を探し出し、それを長所に変えていかなくてはならない。

先を急いで、あらすじからいきなり脚本を書くと、初稿は脚本とは言いがたく、せいぜいトリートメント程度のものになる——底が浅く、調査も行き届かず、工夫もない、紙のように薄っぺらなトリートメントだ。出来事を考え抜いてストーリーを設計するには、想像力と知識を駆使しなくてはならない。転換点を考えては捨て、また考えたうえでダイアローグとサブテクストを書く。そうしなければ、すぐれた作品は望めない。では、いつ書けばいいだろうか。トリートメントの段階か、それとも脚本か。どちらでもかまわないが、たいていの場合、トリートメントでおこなうのは危ない。賢明な作家は、ダイアローグをできるだけ遅い段階で書くようにする。早く書きすぎると独創性が損なわれるからだ。

外側から書く——まずダイアローグを書いてからシーンを考え、シーンを書いたらストーリーを考えていく——のは、独創性を損なう方法である。脚本家はダイアローグというものを過大評価する傾向がある。自分が書いたことばで、観客に直接届く唯一のものだからだ。その他はすべて映像で表現される。どんな展開になるのか見えないうちにダイアローグを書いてしまうと、自分で書いたことばに縛られる。そうなると、出来事を考え出して、登場人物の魅力を表現することに気持ちがはいらなくなる。自分の大切な台詞を切り刻む必要が生じるからだ。なんの工夫もなくなり、書きなおすといっても台詞をほんの少しいじる程度になってしまう。

そのうえ、あまり早い段階でダイアローグを書くと、時間の無駄になる場合がある。何年間も堂々めぐりしたあげく、自分が生み出したものがすべてスクリーンに登場するわけではないと気づくこともあるだろう。映画にするには値しないアイディアもあるのだ。それにいつ気づくかが問題だ。二年後だろうか。二カ月後だろうか。最初にダイアローグを書くと、そのことに気づかないまま、永遠にさまよいつづけることになる。内側から書けば、あらすじの段階でこのストーリーは物にならないとわかる。だれからもいい反応を得られないからだ。何よりも、自分が気に入らないので、抽斗の奥にしまいこむ。何年か経って取り出せば、解決策が見つかるかもしれないが、いまはつぎのアイディアに取りかかろう。

ここまで、ひとつの方法を提唱してきたが、ひとりひとりが試行錯誤しながら独自のやり方を見つけなくてはならないのもまた真実である。トリートメントの段階を省いてすぐれた脚本を書く作家もいれば、外側から書いてもすばらしい作品を生み出す作家もいる。だが、苦労を惜しまなければ、さらに輝かしい作品を書けただろうと思わずにはいられない。内側から書く方法は、規律がありながら自由であり、最高の作品を生み出すことができるよう考えられたものだ。

フェードアウト

最終章まで探求をつづけてきたあなたは、いま、多くの脚本家が恐れる方向へと進路をとったことになる。脚本家のなかには、方法論を学ぶと自然な発想ができなくなることを危惧して、技巧を学ぶことを拒む者もいる。その代わりに、無意識のうちに習慣となった融通のきかない流儀を本能だと思いこんでひた走る。だが、力強く驚きに満ちた独創的な作品を書くという夢がかなうことは、ほとんどない。長く、つらい日々を過ごすことになるが、どんな道を選んでも、脚本家の道とは険しいものだ。持って生まれた才能から、ときには賞賛を浴びることもあるが、心のなかでは、才能を小出しにしているだけだと感じている。そういう脚本家を見ていると、父がよく聞かせてくれた寓話の主人公を思い出す。

森の高い梢で、一匹のヤスデが枝をゆっくりと進んでいた。たくさんの足を楽しげに動かしながら。木のてっぺんから小鳥たちがヤスデの足どりに見とれている。「よくそんなことができるね！」小鳥たちは元気よく声をかけた。「数えきれないぐらい足があるのに。どうやったらそんなふうに歩けるの？」生まれてはじめて、ヤスデはそのことを考えた。「ほんとうだね」自分でも不思議だった。「どうやってるんだっけ？」振り返ってみたとき、びっしり生えた足が他の足にからんで、ツタの蔓のようにからまった。すっかり混乱したヤスデは結び目のようになって、地面へと落ちていった。小鳥たちは笑った。

あなたならその気持ちがわかるだろう。新しい物の見方が自分のなかで湧きあがってきたとき、経験豊かな作家であっても乱調に陥ることがある。さいわい、父の話にはつづきがある。

地面に落ちたヤスデは、傷ついたのは自分の誇りだけだと知り、ゆっくりと、注意深く、一本一本足をほどいて、体の自由を取りもどしていった。根気よく取り組んで自分の足について研究し、曲げ伸ばししては試し、やっと立って歩けるようになった。かつては本能でおこなっていたことが、いまは知識になった。もう以前のようにゆっくりと機械的に足を動かさなくてもいいとわかった。のんびり歩いても、気どって歩いても、踊るように歩いてもいい。飛んだり跳ねたりしてもいい。そして、生まれてはじめて小鳥たちの歌声に耳を傾けると、音楽が心に響いた。そしていま、たくさんの器用な足を自由に操り、勇気を奮って、ヤスデは自分にしかできない踊り方でみごとなダンスを踊った。そのすばらしい動きのひとつひとつに、すべての生き物が夢中になった。

毎日書きつづけることだ。一行一行、一ページ一ページ、ずっと書きつづける。この本をいつも手もとに置くといい。ここから学んだことを手引きとすれば、いつかその原則を、持って生まれた才能と同じように使いこなせるようになる。恐れずに取り組むといい。世界があなたに求めるものは、想像力や技巧だけではない。何よりも、拒絶や嘲笑や失敗を恐れない勇気こそが求められている。鮮やかで感動に満ちたストーリーをめざして、慎重に学び、大胆に書くとよい。そうすれば、いまの寓話の主人公のように、あなたのダンスは世界を夢中にさせる。

推薦図書

ストーリーの技法について、数々の作者の著作や論文から学びえたことに感謝する。以下にあげるのは、中でも特に英知に富み、多くの影響を受けたものである。

『アリストテレース詩学／ホラーティウス詩論』（松本仁助、岡道男訳／岩波文庫、一九九七）

Stig Bjorkman, Torsten Manns, and Jonas Sima, *Bergman on Bergman* Translation by Paul Britten Austin (New York: Simon & Schuster, 1983)

ウェイン・C・ブース『フィクションの修辞学』（米本弘一、渡辺克昭、服部典之訳／水声社、一九九一）

ケネス・バーク『文学形式の哲学――象徴的行動の研究』（森常治訳／国文社、一九八三）

Hallie and Whit Burnett, *The Fiction Writer's Handbook* (New York: Barnes & Noble, 1979)

ジョーゼフ・キャンベル『千の顔を持つ英雄』〔新訳版〕（倉田真木、斎藤静代、関根光宏訳／ハヤカワ・ノンフィクション文庫、二〇一五）

Norman Friedman, *Form and Meaning in Fiction*（Athens: University of Georgia Press, 1975）

John Gardner, *On Becoming a Novelist*（New York: Harper & Row, 1983）

ヘンリー・ジェイムズ『小説の技法』（高村勝治訳／研究社出版、一九七〇）

アーサー・ケストラー『創造活動の理論』
（大久保直幹、松本俊、中山未喜、吉村鎮夫訳／ラテイス、一九六六）

スザンヌ・K・ランガー『感情と形式』（大久保直幹訳／太陽社、一九七〇）

ジョン・ハワード・ローソン『映画芸術論』（岩崎昶訳／岩波書店、一九六七）

ジョン・ハワード・ローソン『劇作とシナリオ創作――その理論と方法』
（岩崎昶、小田島雄志訳／岩波書店、一九五八）

David Mamet, *On Directing Film*（New York: Viking Press, 1981）

Kenneth T. Rowe, *Write That Play*（New York: Funk & Wagnalls, 1939, 1968）

Robert Scholes and Robert Kellogg, *The Nature of Narrative*（Oxford: Oxford University Press, 1966）

フィルモグラフィー

『愛がこわれるとき』（アメリカ・91）
脚色　ロナルド・バス
原作　ナンシー・プライス

『愛と哀しみの果て』（アメリカ・85）
脚色　カート・リュードック
原作　イサク・ディーネセン『アフリカの日々』、ジュディス・サーマン *Isak Dinesen: The Life of a Story Teller*、エロール・トルゼビンスキー *Silence Will Speak*

『愛と青春の旅だち』（アメリカ・82）
脚本　ダグラス・デイ・スチュアート

『愛と追憶の日々』（アメリカ・83）
脚色　ジェームズ・L・ブルックス
原作　ラリー・マクマートリー

『愛の嵐』（イタリア・73）
脚本　リリアーナ・カヴァーニ、イタロ・モスカーティ

『愛の狩人』（アメリカ・71）
脚本　ジュールス・ファイファー

『愛の絆』（イギリス・61）
脚色　シドニー・バックマン、スタンリー・マン
原作　チャールズ・イスラエル

『愛のコリーダ』（フランス／日本・76）
脚本　大島渚

『逢びき』（イギリス・45）
脚色　ノエル・カワード、アンソニー・ハヴロック＝アラン、デヴィッド・リーン、ロナルド・ニーム
原作　ノエル・カワードの一幕劇『静物画』

『アイ・ネバー・プロミスト・ア・ローズ・ガーデン』（アメリカ・77）（日本未公開）
脚色　ギャビン・ランバート、ルイス・ジョン・カリーノ
原作　ハナ・グリーン

『逢う時はいつも他人』（アメリカ・60）
脚色　エヴァン・ハンター
原作　エヴァン・ハンター

『アウトブレイク』（アメリカ・95）
脚本　ローレンス・ドゥウォレット、ロバート・ロイ・プール

『青いパパイヤの香り』（フランス・ベトナム・93）
脚本　トラン・アン・ユン

『赤い砂漠』（イタリア／フランス・64）
脚本　ミケランジェロ・アントニオーニ、トニーノ・グエッラ

『赤い薔薇ソースの伝説』（メキシコ・92）
脚色　ラウラ・エスキヴェル
原作　ラウラ・エスキヴェルによる小説

『赤い風車』（イギリス／アメリカ・52）
脚色　ジョン・ヒューストン、アンソニー・ヴェイラー
原作　ピエール・ラミュール

『赤ちゃん教育』（アメリカ・38）
脚色　ダドリー・ニコルズ、ヘイガー・ワイルド
原作　ヘイガー・ワイルド

『赤ちゃんはトップレディがお好き』（アメリカ・87）
脚本　ナンシー・マイヤーズ、チャールズ・シャイア

『あきれたあきれた大作戦』（アメリカ・79）
脚本　アンドリュー・バーグマン

『悪人と美女』（アメリカ・52）
脚色　チャールズ・シュニー
原作　ジョージ・ブラッドショウによる短編集

『悪魔のような女』（フランス・55）
脚本　アンリ＝ジョルジュ・クルーゾー、ジェローム・ジェロミニ、フレデリック・グレンデル、レネ・マッソン

原作　ピエール・ボワロー、トーマス・ナルスジャック

『アジアの嵐』（ソ連・28）
脚本　オシプ・ブリーク

『アダム氏とマダム』（アメリカ・49）
脚本　ルース・ゴードン、ガーソン・ケニン

『アニー・ホール』（アメリカ・77）
脚本　ウディ・アレン、マーシャル・ブリックマン

『アニマル・ハウス』（アメリカ・78）
脚本　ハロルド・ライミス、ダグラス・ケニー、クリス・ミラー

『アフター・アワーズ』（アメリカ・85）
脚本　ジョセフ・ミニオン

『甘い生活』（イタリア／フランス・60）
脚本　フェデリコ・フェリーニ、トゥリオ・ピネッリ、ブルネッロ・ロンディ、エンニオ・フライアーノ

『甘い毒』（アメリカ・94）
脚本　スティーヴ・バランシック

『アマデウス』（アメリカ・84）
脚色　ピーター・シェーファー
原作　ピーター・シェーファーによるオリジナル舞台劇

『雨』（アメリカ・32）
脚色　マックスウェル・アンダーソン
原作　サマセット・モームの小説に基づくジョン・コルトンとクレメンス・ランドルフ作の戯曲

『雨を降らす男』（アメリカ・56）
脚色　N・リチャード・ナッシュ
原作　N・リチャード・ナッシュの戯曲

『荒馬と女』（アメリカ・61）
脚本　アーサー・ミラー

『アラクノフォビア』（アメリカ・90）
脚色　ドン・ジャコビー、ウェズリー・ストリック
原作　ドン・ジャコビー、アル・ウィリアムズ

『アリスの恋』（アメリカ・74）
脚本　ロバート・ゲッチェル

『ありふれた事件』（ベルギー・92）
脚本　レミー・ベルヴォー、アンドレ・ボンゼル、ブノワ・ポールヴール、ヴァンサン・タヴィエ

『アルジェの戦い』（アルジェリア／イタリア・66）
脚本　フランコ・ソリナス、ジッロ・ポンテコルヴォ

『ある日どこかで』（アメリカ・80）
脚色　リチャード・マシスン
原作　リチャード・マシスン

『アンダルシアの犬』（フランス・28）
脚本　ルイス・ブニュエル、サルバドール・ダリ

『イーストウィックの魔女たち』（アメリカ・87）
脚色　マイケル・クリストファー
原作　ジョン・アップダイク

『イエロー・サブマリン』（イギリス・68）
脚本　リー・ミノフ、アル・ブロダックス、ジャック・メンデルソーン、エリック・シーガル
原案　ジョン・レノンとポール・マッカートニーによる楽曲

『生きてこそ』（アメリカ・93）
脚色　ジョン・パトリック・シャンリー
原作　ピアズ・ポール・リードによるドキュメンタリー小説

『活きる』（中国・94）
脚色　余華、盧葦
原作　余華『活きる』

『イゴールの約束』（ベルギー／フランス／ルクセンブルク・96）
脚本　リュック・ダルデンヌ、ジャン＝ピエール・ダルデンヌ

『偽りのヘブン』（アメリカ・88）
脚本　トッド・キャロル

『イブの三つの顔』（アメリカ・57）
脚本　ナナリー・ジョンソン
『イル・ポスティーノ』（イタリア／フランス／ベルギー・94）
脚色　アンナ・パヴィニャーノ、マイケル・ラドフォード、フリオ・スカルペッリ、ジャコモ・スカルペッリ、マッシモ・トロイージ
原作　アントニオ・スカルメタ
『イングリッシュ・ペイシェント』（イギリス・96）
脚色　アンソニー・ミンゲラ
原作　マイケル・オンダーチェ
『インタビュー・ウィズ・ヴァンパイア』（アメリカ・94）
脚色　アン・ライス
原作　アン・ライス
『イントレランス』（アメリカ・16）
脚本　D・W・グリフィス
『ウイークエンド』（フランス／イタリア・67）
脚本　ジャン＝リュック・ゴダール
『ウェインズ・ワールド』（アメリカ・92）
脚本　マイク・マイヤーズ、ボニー・ターナー、テリー・ターナー
『ウエスト・サイド物語』（アメリカ・61）
脚本　アーネスト・レーマン
『ウエディング』（アメリカ・78）
脚本　ジョン・コンシダイン、パトリシア・レズニック、アラン・ニコルズ、ロバート・アルトマン
『ウォーターシップダウンのうさぎたち』（イギリス・78）
脚色　マーティン・ローゼン
原作　リチャード・アダムス
『ウォール街』（アメリカ・87）
脚本　スタンリー・ワイザー、オリバー・ストーン
『ウディ・アレンの重罪と軽罪』（アメリカ・89）
脚本　ウディ・アレン
『ウンベルト・D』（イタリア・52）
脚本　チェザーレ・ザヴァッティーニ、ヴィットリオ・デ・シーカ
『運命の逆転』（アメリカ・90）
脚色　ニコラス・カザン
原作　アラン・ダーショウィッツによるノンフィクション
『エイリアン』（アメリカ・79）
脚色　ダン・オバノン
原作　ダン・オバノン、ロナルド・シャセット
『エイリアン2』（アメリカ・86）
脚色　ジェームズ・キャメロン
原作　ジェームズ・キャメロン、デヴィッド・ガイラー、ウォルター・ヒル
キャラクター創作　ダン・オバノン、ロナルド・シャセット
『エクウス』（イギリス／アメリカ・77）
脚色　ピーター・シェーファー
原作　ピーター・シェーファーによる戯曲
『エビータ』（アメリカ・96）
脚色　アラン・パーカー、オリバー・ストーン
原作　アンドリュー・ロイド・ウェバー作曲、ティム・ライス作詞によるミュージカル作品
『エレファント・マン』（アメリカ・80）
脚色　クリストファー・デ・ヴォア、エリック・バーグレン、デヴィッド・リンチ
原作　フレデリック・トリーブス『エレファント・マンとその他の思い出』、アシュレー・モンタギュー *The Elephant Man: A Study in Human Dignity*
『エンゼル・ハート』（アメリカ・87）
脚色　アラン・パーカー
原作　ウィリアム・ヒョーツバーグ『堕ちる天使』
『黄金』（アメリカ・48）
脚色　ジョン・ヒューストン
原作　B・トレヴン

『王様の剣』（アメリカ・63）
脚色　ビル・ピート
原作　T・H・ホワイト『永遠の王』

『王になろうとした男』（アメリカ・75）
脚色　ジョン・ヒューストン、グラディス・ヒル
原作　ラドヤード・キプリングの短編小説「王になろうとした男」

『大いなる幻影』（フランス・37）
脚本　ジャン・ルノワール、シャルル・スパーク

『狼の時刻』（スウェーデン・68）
脚本　イングマール・ベルイマン

『狼よさらば』（アメリカ・74）
脚色　ウェンデル・メイズ
原作　ブライアン・ガーフィールド

『オーソン・ウェルズのフォルスタッフ』（スペイン／スイス・66）
脚本　オーソン・ウェルズ
原作　ウィリアム・シェイクスピア、ラファエル・ホリンズヘッド

『オール・ザット・ジャズ』（アメリカ・79）
脚本　ロバート・アラン・アーサー、ボブ・フォッシー

『オズの魔法使』（アメリカ・39）
脚色　ノエル・ラングレー、フローレンス・ライアソン、エドガー・アレン・ウルフ
原作　L・フランク・ボーム『オズの魔法使い』

『お達者コメディ／シルバー・ギャング』（アメリカ・79）
脚本　マーティン・ブレスト

『夫たち、妻たち』（アメリカ・92）
脚本　ウディ・アレン

『大人は判ってくれない』（フランス・59）
脚本　フランソワ・トリュフォー、マルセル・ムーシー

『鬼火』（フランス・63）
脚色　ルイ・マル
原作　ピエール・ドリュ・ラ・ロシェル

『オペラは踊る』（アメリカ・35）
脚本　ジョージ・S・カウフマン、モリー・リスキンド

『泳ぐひと』（アメリカ・68）
脚色　エレノア・ペリー
原作　ジョン・チーバーによる短編小説

『愚か者の船』（アメリカ・65）
脚色　アビー・マン
原作　キャサリン・アン・ポーター

『音楽サロン（音楽ホール）』（インド・58）
脚色　サタジット・レイ
原作　タラションコル・ボンドパッダエ

『女と男の名誉』（アメリカ・85）
脚色　リチャード・コンドン、ジャネット・ローチ
原作　リチャード・コンドン

『鏡の中にある如く』（スウェーデン・61）
脚本　イングマール・ベルイマン

『革命児サパタ』（アメリカ・52）
脚本　ジョン・スタインベック

『影なき狙撃者』（アメリカ・62）
脚色　ジョージ・アクセルロッド
原作　リチャード・コンドン

『カサブランカ』（アメリカ・42）
脚色　ジュリアス・J・エプスタイン、フィリップ・G・エプスタイン、ハワード・コッチ
原作　マレイ・バーネットとジョアン・アリスンによる未刊行の戯曲『皆がリックの店にやってくる』

『カジノ』（アメリカ・95）
脚色　ニコラス・ピレッジ、マーティン・スコセッシ
原作　ニコラス・ピレッジ

『風と共に去る20ドル!?』（アメリカ・93）
脚本　レスリー・ボーム、エンドレ・ボーム

『勝手にしやがれ』（フランス・59）

脚色　ジャン＝リュック・ゴダール
原作　フランソワ・トリュフォーによるオリジナル・トリートメント
『カメレオンマン』（アメリカ・83）
脚本　ウディ・アレン
『仮面／ペルソナ』（スウェーデン・66）
脚本　イングマール・ベルイマン
『カリガリ博士』（ドイツ・20）
脚色　カール・マイヤー、ハンス・ヤノヴィッツ
原作　カール・マイヤー、ハンス・ヤノヴィッツ
『カルテット』（イギリス／フランス・81）
脚本　ジェームズ・アイボリー、ルース・プラバー・ジャブヴァーラ
原作　ジーン・リース
『華麗なるギャツビー』（アメリカ・74）
脚色　フランシス・フォード・コッポラ
原作　F・スコット・フィッツジェラルド
『ガンジー』（イギリス・82）
脚本　ジョン・ブライリー
『カンバセーション…盗聴…』（アメリカ・74）
脚本　フランシス・フォード・コッポラ
『帰郷』（アメリカ・78）
脚色　ウォルド・ソルト、ロバート・C・ジョーンズ
原作　ナンシー・ダウド
『危険な遊び』（アメリカ・93）
脚本　イアン・マキューアン
『危険な関係』（アメリカ・88）
脚色　クリストファー・ハンプトン
原作　コデルロス・ド・ラクロの小説を翻案したクリストファー・ハンプトンの戯曲『危険な関係』
『傷だらけの栄光』（アメリカ・56）
脚色　アーネスト・レーマン
原作　ロッキー・グラジアノ自身とローランド・バーバーによる伝記
『キッド』（アメリカ・21）
脚本　チャールズ・チャップリン
『恐怖の岬』（アメリカ・62）
脚本　ジェームズ・R・ウェッブ
原作　ジョン・D・マクドナルド『ケープフィアー――恐怖の岬』
『虚栄のかがり火』（アメリカ・90）
脚色　マイケル・クリストファー
原作　トム・ウルフ
『極北の怪異（極北のナヌーク）』（アメリカ・22）
脚本　ロバート・フラハティ
『巨象の道』（アメリカ・54）
脚色　ジョン・リー・メイヒン
原作　ロバート・スタンディッシュ
『去年マリエンバートで』（フランス／イタリア・61）
脚本　アラン・ロブ＝グリエ
『クイズ・ショウ』（アメリカ・94）
脚本　ポール・アタナシオ
原作　リチャード・N・グッドウィン『クイズ・ショウ　60年代アメリカ衝撃の真実』
『偶然の旅行者』（アメリカ・88）
脚色　フランク・ガラチ、ローレンス・カスダン
原作　アン・タイラー
『蜘蛛女のキス』（ブラジル／アメリカ・85）
脚色　レナード・シュレイダー
原作　マヌエル・プイグ
『クライング・ゲーム』（イギリス・92）
脚本　ニール・ジョーダン
『暗闇でドッキリ』（イギリス／アメリカ・64）
脚色　ブレイク・エドワーズ、ウィリアム・ピーター・ブラッティ
原作　マルセル・アシャールの戯曲に基づくハリー・カーニッツの舞台劇
『暗闇のささやき』（アメリカ・92）
脚本　クリストファー・クロウ

『グランド・ホテル』（アメリカ・32）
脚色　ウィリアム・A・ドレイク
原作　ヴィッキー・バウム

『グリード』（アメリカ・24）
脚色　エリッヒ・フォン・シュトロハイム、ジューン・メイシス
原作　フランク・ノリス『死の谷　マクティーグ』

『クレイマー、クレイマー』（アメリカ・79）
脚色　ロバート・ベントン
原作　アヴェリー・コーマン

『クレールの膝』（フランス・70）
脚本　エリック・ロメール

『グローリー』（アメリカ・89）
脚色　ケヴィン・ジャール
原作　リンカーン・カーステイン *Lay this Laurel*、ピーター・バーチャード *One Gallant Rush*、ロバート・グールド・ショー『大佐の書簡』

『黒豹のバラード』（アメリカ・93）
脚本　サイ・リチャードソン、ダリオ・スカーダペイン

『刑事グラハム／凍りついた欲望』（アメリカ・86）
脚色　マイケル・マン
原作　トマス・ハリス『レッド・ドラゴン』

『刑事ジョン・ブック　目撃者』（アメリカ・85）
脚本　アール・W・ウォレス、ウィリアム・ケリー
原案　アール・W・ウォレス、ウィリアム・ケリー、パメラ・ウォレス

『ケープ・フィアー』（アメリカ・91）
脚色　ウェズリー・ストリック
原作　ジェームズ・R・ウェッブによる脚本（原作はジョン・D・マクドナルドの小説『ケープフィアー――恐怖の岬』）のリメイク

『結婚しない女』（アメリカ・77）
脚本　ポール・マザースキー

『恋する惑星』（香港・94）
脚本　ウォン・カーウァイ

『恋におぼれて』（アメリカ・97）
脚本　ロバート・ゴードン

『恋におちて』（アメリカ・84）
脚本　マイケル・クリストファー

『恋のゆくえ　ファビュラス・ベイカー・ボーイズ』（アメリカ・89）
脚本　スティーヴ・クローヴス

『恋はデジャ・ブ』（アメリカ・93）
脚本　ダニー・ルービン、ハロルド・ライミス

『恋人たちの食卓』（台湾・94）
脚本　ワン・フイリン、ジェームズ・シェイマス、アン・リー

『恋人たちの予感』（アメリカ・89）
脚本　ノーラ・エフロン

『絞死刑』（日本・68）
脚本　田村孟、佐々木守、深尾道典、大島渚
実話に基づく

『ゴースト　ニューヨークの幻』（アメリカ・90）
脚本　ブルース・ジョエル・ルービン

『ゴーストバスターズ』（アメリカ・84）
脚本　ダン・エイクロイド、ハロルド・ライミス

『氷の微笑』（アメリカ・92）
脚本　ジョー・エスターハス

『午後の網目』（アメリカ・43）
脚本　マヤ・デレン、アレクサンダー・ハミッド

『心の旅』（アメリカ・91）
脚本　ジェフリー・エイブラムス

『コックと泥棒、その妻と愛人』（イギリス／フランス・89）
脚本　ピーター・グリーナウェイ

『ゴッドファーザー』（アメリカ・72）

脚色　フランシス・フォード・コッポラ、マリオ・プーゾ
原作　マリオ・プーゾ

『ゴッドファーザー　PARTⅡ』（アメリカ・74）
脚色　フランシス・フォード・コッポラ、マリオ・プーゾ
原作　マリオ・プーゾ

『コヤニスカッツィ』（アメリカ・83）
脚本　ロン・フリッケ、ゴッドフリー・レジオ、マイケル・ホーニッグ、アルトン・ウォルポール

『殺したい女』（アメリカ・86）
脚本　デイル・ローナー

『サイコ』（アメリカ・60）
脚色　ジョセフ・ステファノ
原作　ロバート・ブロック

『サウンド・オブ・ミュージック』（アメリカ・65）
脚色　アーネスト・レーマン
原作　リチャード・ロジャースとオスカー・ハマースタイン二世によるミュージカル劇

『サクリファイス』（スウェーデン／フランス・86）
脚本　アンドレイ・タルコフスキー

『叫びとささやき』（スウェーデン・72）
脚本　イングマール・ベルイマン

『誘う女』（アメリカ・95）
脚色　バック・ヘンリー
原作　ジョイス・メイナード

『サタデー・ナイト・フィーバー』（アメリカ・77）
脚色　ノーマン・ウェクスラー
原作　ニック・コーンによる雑誌記事「新しい土曜の夜の部族儀式」

『裁かるるジャンヌ』（フランス・28）
脚本　カール・ドライヤー、ジョゼフ・デルテーユ
原案　ジョゼフ・デルテーユ

『さよならゲーム』（アメリカ・88）
脚本　ロン・シェルトン

『さらば、わが愛　覇王別姫』（香港／中国・93）
脚色　李碧華、盧葦
原作　李碧華

『さらば愛しき女よ』（アメリカ・75）
脚色　デヴィッド・ゼラッグ・グッドマン
原作　レイモンド・チャンドラー

『サリヴァンの旅』（アメリカ・41）
脚本　プレストン・スタージェス

『サルバドル／遥かなる日々』（アメリカ・86）
脚本　オリバー・ストーン、リチャード・ボイル

『サンセット大通り』（アメリカ・50）
脚色　チャールズ・ブラケット、ビリー・ワイルダー、D・M・マーシュマン・ジュニア
原作　チャールズ・ブラケットとビリー・ワイルダーによる物語「豆の缶詰」

『三人の女』（アメリカ・77）
脚本　ロバート・アルトマン

『サンライズ』（アメリカ・27）
脚色　カール・マイヤー
原作　ヘルマン・ズーダーマン *Die Reise nach Tilsit*

『ザ・エージェント』（アメリカ・96）
脚本　キャメロン・クロウ

『ザ・コップ』（アメリカ・88）
脚色　ジェームズ・B・ハリス
原作　ジェイムズ・エルロイ『血まみれの月』

『ザ・プレイヤー』（アメリカ・92）
脚色　マイケル・トルキン
原作　マイケル・トルキン

『ザ・リバー』（アメリカ・84）
脚本　ロバート・ディロン、ジュリアン・ダリー

『ザ・ルーリング・クラス』（イギリス・72）（日本未公開）

脚色　ピーター・バーンズ
原作　ピーター・バーンズによる戯曲

『シー・オブ・ラブ』（アメリカ・89）
脚本　リチャード・プライス

『ジェラシー』（イギリス・80）
脚本　エール・ユドフ

『シェルタリング・スカイ』（イギリス／イタリア・90）
脚色　マーク・ペプロー、ベルナルド・ベルトルッチ
原作　ポール・ボウルズ

『地獄の黙示録』（アメリカ・79）
脚本　ジョン・ミリアス、フランシス・フォード・コッポラ
原案　ジョゼフ・コンラッド『闇の奥』

『詩人の血』（フランス・30）
脚本　ジャン・コクトー

『七人の侍』（日本・54）
脚本　橋本忍、黒澤明、小国英雄

『シビル』（アメリカ・76）（日本未公開）
脚色　スチュワート・スターン
原作　フローラ・リータ・シュライバー

『市民ケーン』（アメリカ・41）
脚本　ハーマン・J・マンキーウィッツ、オーソン・ウェルズ

『シャイニング』（アメリカ・80）
脚色　ダイアン・ジョンソン、スタンリー・キューブリック
原作　スティーヴン・キング

『シャイン』（オーストラリア・96）
脚色　ジャン・サーディ
原作　スコット・ヒックス

『ジャスティス』（アメリカ・79）
脚本　ヴァレリー・カーティン、バリー・レヴィンソン

『十二人の怒れる男』（アメリカ・57）
脚本　レジナルド・ローズ
原案　レジナルド・ローズによるテレビドラマ

『自由の幻想』（フランス・74）
脚本　ルイス・ブニュエル、ジャン＝クロード・カリエール

『ジュラシック・パーク』（アメリカ・93）
脚色　マイケル・クライトン、デヴィッド・コープ
原作　マイケル・クライトン

『ジョイ・ラック・クラブ』（アメリカ・93）
脚色　エイミ・タン、ロナルド・バス
原作　エイミ・タン

『ジョーズ』（アメリカ・75）
脚色　ピーター・ベンチリー、カール・ゴッドリーブ
原作　ピーター・ベンチリー

『ショート・カッツ』（アメリカ・93）
脚色　ロバート・アルトマン、フランク・バーハイト
原作　レイモンド・カーヴァー

『ジョンとメリー』（アメリカ・69）
脚色　ジョン・モーティマー
原作　メルヴィン・ジョーンズ

『白雪姫と道化もの』（アメリカ・61）
脚本　ノエル・ラングレー、エルウッド・ウルマン

『白いドレスの女』（アメリカ・81）
脚本　ローレンス・カスダン

『新学期　操行ゼロ』（フランス・33）
脚本　ジャン・ヴィゴ

『真実の囁き』（アメリカ・96）
脚本　ジョン・セイルズ

『シンドラーのリスト』（アメリカ・93）
脚本　スティーヴン・ザイリアン
原作　トーマス・キニーリー

『人類創世』（フランス／カナダ・81）
脚色　ジェラール・ブラッシュ

原作　J・H・ロスニー

『スーパーマン』（アメリカ・78）
脚本　マリオ・プーゾ、デヴィッド・ニューマン、レスリー・ニューマン、ロバート・ベントン

『スカーレット・レター』（アメリカ・95）
脚色　ダグラス・デイ・スチュワート
原作　ナサニエル・ホーソーン『緋文字』

『スター・ウォーズ』（アメリカ・77）
脚本　ジョージ・ルーカス

『スター・ウォーズ　ジェダイの帰還』（アメリカ・83）
脚本　ローレンス・カスダン、ジョージ・ルーカス
原案　ジョージ・ルーカス

『スター・ウォーズ　帝国の逆襲』（アメリカ・80）
脚色　リイ・ブラケット、ローレンス・カスダン
原作　ジョージ・ルーカス

『スター80』（アメリカ・83）
脚色　ボブ・フォッシー
原作　テレサ・カーペンターによる雑誌記事"Death of a Playmate"

『スタンド・バイ・ミー』（アメリカ・86）
脚色　レイノルド・ギデオン、ブルース・A・エヴァンス
原作　スティーヴン・キング

『ストレンジャー・ザン・パラダイス』（アメリカ／西ドイツ・84）
脚本　ジム・ジャームッシュ

『スパイナル・タップ』（アメリカ・84）
脚本　クリストファー・ゲスト、マイケル・マッキーン、ハリー・シェアラー、ロブ・ライナー

『素晴らしき戦争』（イギリス・69）
脚色　レン・デイトン
原作　ジョーン・リトルウッド、チャールズ・チルトンによる舞台劇

『スパルタカス』（アメリカ・60）
脚色　ダルトン・トランボ
原作　ハワード・ファスト

『スピード』（アメリカ・94）
脚本　グレアム・ヨスト

『スミス都へ行く』（アメリカ・39）
脚色　シドニー・バックマン
原作　ルイス・R・フォスター

『スリング・ブレイド』（アメリカ・96）
脚色　ビリー・ボブ・ソーントン

『成功の甘き香り』（アメリカ・57）
脚色　クリフォード・オデッツ、アーネスト・レーマン
原作　アーネスト・レーマン *Tell Me About It Tomorrow*

『青春群像』（イタリア／フランス・53）
脚本　フェデリコ・フェリーニ、エンニオ・フライアーノ、トゥリオ・ピネッリ

『世界中がアイ・ラヴ・ユー』（アメリカ・96）
脚本　ウディ・アレン

『セブン』（アメリカ・95）
脚本　アンドリュー・ケヴィン・ウォーカー

『セルピコ』（アメリカ・73）
脚色　ウォルド・ソルト、ノーマン・ウェクスラー
原作　ピーター・マーズによるノンフィクション

『戦火のかなた』（イタリア・46）
脚本　セルジオ・アミディ、フェデリコ・フェリーニ、ロベルト・ロッセリーニ

『戦艦ポチョムキン』（ソ連・25）
脚本　セルゲイ・エイゼンシュテイン

『戦場にかける橋』（イギリス／アメリカ・57）
脚本　カール・フォアマン、マイケル・ウィルソン
原作　ピエール・ブール

『戦場の小さな天使たち』（イギリス・87）
脚本　ジョン・ブアマン

『戦争と平和』（イタリア／アメリカ・56）
脚色　ブリジット・ボランド、マリオ・カメリー

ニ、エンニオ・デ・コンチーニ、イヴォ・ペリリ、キング・ヴィダー、ロバート・ウェスタービー
原作 レフ・トルストイ
『戦慄の絆』（カナダ／アメリカ・88）
脚色 デヴィッド・クローネンバーグ、ノーマン・スナイダー
原作 バリ・ウッド、ジャック・ギースランド『双生児』
『卒業』（アメリカ・67）
脚色 カルダー・ウィリンガム、バック・ヘンリー
原作 チャールズ・ウェッブ
『卒業白書』（アメリカ・83）
脚本 ポール・ブリックマン
『存在の耐えられない軽さ』（アメリカ・88）
脚色 ジャン＝クロード・カリエール、フィリップ・カウフマン
原作 ミラン・クンデラ
『ダーティハリー4』（アメリカ・83）
脚本 ジョセフ・C・スティンソン
『ターミネーター』（アメリカ・84）
脚本 ジェームズ・キャメロン、ゲイル・アン・ハード
『第一の大罪』（アメリカ・80）
脚色 マン・ルビン
原作 ローレンス・サンダース
『大逆転』（アメリカ・83）
脚本 ティモシー・ハリス、ハーシェル・ワイングロッド
『大地震』（アメリカ・74）
脚本 ジョージ・フォックス、マリオ・プーゾ
『タイトロープ』（アメリカ・84）
脚本 リチャード・タッグル
『ダイナー』（アメリカ・82）
脚本 バリー・レヴィンソン
『第七の封印』（スウェーデン・57）
脚本 イングマール・ベルイマン
『太陽はひとりぼっち』（イタリア／フランス・62）
脚本 ミケランジェロ・アントニオーニ、トニーノ・グエッラ、エリオ・バルトリーニ、オッティエロ・オッティエリ
『大列車強盗』（アメリカ・03）
監督・脚本 エドウィン・S・ポーター
『ダイ・ハード』（アメリカ・88）
脚色 ジェブ・スチュアート、スティーヴン・E・デ・スーザ
原作 ロデリック・ソープ
『タクシードライバー』（アメリカ・76）
脚本 ポール・シュレイダー
『旅立ちの時』（アメリカ・88）
脚本 ナオミ・フォナー
『ダンス・ウィズ・ア・ストレンジャー』（イギリス・85）
脚本 シェラ・デラニー
『ダンス・ウィズ・ウルブズ』（アメリカ・90）
脚色 マイケル・ブレイク
原作 マイケル・ブレイク
『男性・女性』（フランス・66）
脚本 ジャン＝リュック・ゴダール
『小さな巨人』（アメリカ・70）
脚色 カルダー・ウィリンガム
原作 トーマス・バーガー
『小さな旅人』（イタリア／フランス／スイス・92）
脚本 サンドロ・ペトラリア、ステファーノ・ルッリ、ジャンニ・アメリオ
『誓い』（オーストラリア・81）
脚本 デビッド・ウィリアムソン
『チャイナタウン』（アメリカ・74）
脚本 ロバート・タウン

『チャップリンの黄金狂時代』（アメリカ・25）
脚本　チャールズ・チャップリン

『チャンス』（アメリカ／西ドイツ・79）
脚色　ジャージ・コジンスキー
原作　ジャージ・コジンスキー

『菊豆』（中国・90）
脚色　劉恒
原作　劉恒

『チューズ・ミー』（アメリカ・84）
脚本　アラン・ルドルフ

『長距離ランナーの孤独』（イギリス・62）
脚色　アラン・シリトー
原作　アラン・シリトーによる短編小説

『沈黙』（スウェーデン・63）
脚本　イングマール・ベルイマン

『月の輝く夜に』（アメリカ・87）
脚本　ジョン・パトリック・シャンリー

『襤褸と宝石』（アメリカ・36）
脚本　モリー・リスキンド、エリック・ハッチ、グレゴリー・ラ・カーヴァ

『罪と罰』（フランス・35）
脚色　ピエール・シュナール、クリスチャン・スタンジェル、ウラジミール・ストリシェフスキー
原作　フョードル・ドストエフスキー

『出逢い』（アメリカ・79）
脚本　ロバート・ガーランド

『ディア・ハンター』（アメリカ・78）
脚色　デリック・ウォッシュバーン
原作　デリック・ウォッシュバーン、クイン・K・レデカー、ルイス・ガーフィンクル、マイケル・チミノ

『テスタメント』（アメリカ・83）
脚本　ジョン・セイクレット・ヤング
原作　キャロル・エイメン *The Last Testament*

『テナント／恐怖を借りた男』（フランス・76）
脚色　ジェラール・ブラッシュ、ロマン・ポランスキー
原作　ローラン・トポール

『テルマ&ルイーズ』（アメリカ・91）
脚本　カーリー・クーリ

『テン』（アメリカ・79）
脚本　ブレイク・エドワーズ

『テンダー・マーシー』（アメリカ・83）
脚本　ホートン・フート

『動物農場』（イギリス・54）（アニメーション映画）
原作　ジョージ・オーウェル

『逃亡者』（アメリカ・93）
脚色　ジェブ・スチュアート、デヴィッド・トゥーヒー
原作　デヴィッド・トゥーヒー
テレビ版のキャラクター創作　ロイ・ハギンズ

『ドゥ・ザ・ライト・シング』（アメリカ・89）
脚本　スパイク・リー

『トータル・リコール』（アメリカ・90）
脚本　ロナルド・シュゼット、ダン・オバノン、ゲイリー・ゴールドマン
原作　ロナルド・シュゼット、ダン・オバノン、ジョン・ポヴィル
原案　フィリップ・K・ディックによる短編小説「追憶売ります」

『ドクター』（アメリカ・91）
脚色　ロバート・キャスウェル
原作　エド・ローゼンバーム *A Taste of My Own Medicine*

『突撃』（アメリカ・57）
脚色　スタンリー・キューブリック、カルダー・ウィリンガム、ジム・トンプソン
原作　ハンフリー・コッブ

『特攻大作戦』（アメリカ／イギリス・67）
脚色　ナナリー・ジョンソン、ルーカス・ヘラー
原作　E・M・ナサンソン

『トッツィー』(アメリカ・82)
脚本 ラリー・ゲルバート、マレー・シスガル

『トップ・ハット』(アメリカ・35)
脚本 ドワイト・テイラー、アラン・スコット

『飛べ! フェニックス』(アメリカ・65)
脚色 ルーカス・ヘラー
原作 エルストン・トレヴァー

『ドラッグストア・カウボーイ』(アメリカ・89)
脚色 ガス・ヴァン・サント、ダニエル・ヨスト
原作 ジェームズ・フォーグル

『鳥』(アメリカ・63)
脚色 エヴァン・ハンター
原作 ダフネ・デュ・モーリエによる短編小説

『トリコロール/赤の愛』(フランス/ポーランド/スイス・94)
脚本 クシシュトフ・ピエシェヴィッチ、クシシュトフ・キェシロフスキ

『奴隷戦艦』(イギリス・62)
脚色 ピーター・ユスティノフ、ロバート・ロッセン
原作 ハーマン・メルヴィル

『トレインスポッティング』(イギリス・96)
脚本 ジョン・ホッジ
原作 アーヴィン・ウェルシュ

『とんだりはねたりとまったり』(イギリス・59)
“考案” ピーター・セラーズ、リチャード・レスター

『眺めのいい部屋』(イギリス・86)
脚本 ルース・プラワー・ジャブヴァーラ
原作 E・M・フォースター

『ナスティ・ハビッツ』(イギリス・77)(日本未公開)
脚色 ロバート・エンダーズ
原作 ミュリエル・スパーク *The Abbess of Crewe*

『ナッシュビル』(アメリカ・75)
脚本 ジョーン・テュークスベリー

『南極のスコット』(イギリス・48)
脚本 アイヴァー・モンタギュ、ウォルター・ミード、メアリー・ヘイリー・ベル

『ニクソン』(アメリカ・95)
脚本 スティーヴン・J・リヴェル、クリストファー・ウィルキンソン、オリバー・ストーン

『ニッキーとジーノ』(アメリカ・88)
脚色 アルヴィン・サージェント、コリー・ブレックマン
原作 ダニー・ポーフィリオ

『日本人の勲章』(アメリカ・55)
脚色 ミラード・カウフマン
原作 ハワード・ブレスリンの短編"Bad Time at Honda"

『ネイキッド』(イギリス・93)
脚本 マイク・リー

『ネットワーク』(アメリカ・76)
ストーリーおよび脚色 パディ・チャイエフスキー

『野いちご』(スウェーデン・57)
脚本 イングマール・ベルイマン

『ノース・ダラス40』(アメリカ・79)
脚本 フランク・ヤブランス、テッド・コッチェフ、ピーター・ジェント
原作 ピーター・ジェント

『バートン・フィンク』(アメリカ・91)
脚本 イーサン・コーエン、ジョエル・コーエン

『ハード・プレイ』(アメリカ・92)
脚本 ロン・シェルトン

『ハイ・ホープス キングス・クロスの人々』(イギリス・88)
脚本 マイク・リー

『博士の異常な愛情/または私は如何にして心配するのを止めて水爆を愛するように

なったか』（イギリス／アメリカ・64）
脚色　スタンリー・キューブリック、テリー・サザーン、ピーター・ジョージ
原作　ピーター・ブライアント『破滅への二時間』
『白鯨』（アメリカ・56）
脚色　レイ・ブラッドベリ、ジョン・ヒューストン
原作　ハーマン・メルヴィル
『白熱』（アメリカ・49）
脚本　アイヴァン・ゴッフ、ベン・ロバーツ
原案　ヴァージニア・ケロッグ
『パスカリの島』（イギリス・87）
脚色　ジェームズ・ディアデン
原作　バリー・アンズワース
『ハズバンズ』（アメリカ・70）
脚本　ジョン・カサヴェテス
『ハスラー』（アメリカ・61）
脚色　ロバート・ロッセン、シドニー・キャロル
原作　ウォルター・テヴィス
『裸の銃《ガン》を持つ男』（アメリカ・88）
脚本　ジェリー・ザッカー、ジム・エイブラハムズ、デヴィッド・ザッカー、パット・プロフト
『裸足のイサドラ』（イギリス・68）
脚本　メルヴィン・ブラッグ、クライヴ・エクストン
『バッグス・バニー』（38－）
『バックマン家の人々』（アメリカ・89）
脚本　ローウェル・ガンツ、ババルー・マンデル
『パッション・フィッシュ』（アメリカ・92）
脚本　ジョン・セイルズ
『パットとマイク』（アメリカ・52）
脚本　ルース・ゴードン、ガーソン・ケニン
『波止場』（アメリカ・54）
脚色　バッド・シュールバーグ
原作　バッド・シュールバーグ
『バベットの晩餐会』（デンマーク・87）
脚色　ガブリエル・アクセル
原作　イサク・ディーネセン
『パラダイス・アーミー』（アメリカ・81）
脚本　レン・ブラム、ダン・ゴールドバーグ、ハロルド・ライミス
『バリー・リンドン』（イギリス／アメリカ・75）
脚色　スタンリー・キューブリック
原作　W・M・サッカレー
『ハリウッドにくちづけ』（アメリカ・90）
脚色　キャリー・フィッシャー
原作　キャリー・フィッシャー
『ハリケーン』（アメリカ・79）
脚色　ロレンツォ・センプル・ジュニア
原作　チャールズ・ノードホフ、ジェームズ・ノーマン・ホール
『パリ、テキサス』（西ドイツ／フランス・84）
脚本　サム・シェパード
『パルプ・フィクション』（アメリカ・94）
脚本　クエンティン・タランティーノ
原案　クエンティン・タランティーノ、ロジャー・エイヴァリー
『ハロルドとモード　少年は虹を渡る』（アメリカ・71）
脚本　コリン・ヒギンズ
『ハンナとその姉妹』（アメリカ・86）
脚本　ウディ・アレン
『ハンバーガー・ヒル』（アメリカ・87）
脚本　ジェームズ・カラバトソス
『バンビ』（アメリカ・42）（アニメーション映画）
原作　フェーリクス・ザルテンによる童話
『ピアノ・レッスン』（オーストラリア・93）
脚本　ジェーン・カンピオン
『ヒズ・ガール・フライデー』（アメリカ・40）
脚色　チャールズ・レデラー
原作　ベン・ヘクト、チャールズ・マッカーサーによる戯曲『フロント・ページ』

『ビッグ』(アメリカ・88)
脚本 ゲイリー・ロス、アン・スピルバーグ
『ビッグ・ウェンズデー』(アメリカ・78)
脚本 ジョン・ミリアス、デニス・アーバーグ
『羊たちの沈黙』(アメリカ・91)
脚色 テッド・タリー
原作 トマス・ハリス
『ひとりぼっちの青春』(アメリカ・70)
脚色 ジェームズ・ポー、ロバート・E・トンプソン
原作 ホレス・マッコイ
『ビトレイヤル』(イギリス・83)(日本未公開)
脚色 ハロルド・ピンター
原作 ハロルド・ピンターによる戯曲
『日の名残り』(イギリス/アメリカ・93)
脚色 ルース・プラワー・ジャブヴァーラ
原作 カズオ・イシグロ
『評決』(アメリカ・82)
脚色 デヴィッド・マメット
原作 バリー・リード
『ビリディアナ』(スペイン/メキシコ・61)
脚本 ルイス・ブニュエル、フリオ・アレハンドロ
原作 ルイス・ブニュエル

『ファイブ・イージー・ピーセス』(アメリカ・70)
脚色 エイドリアン・ジョイス
原作 エイドリアン・ジョイス、ボブ・ラフェルソン
『フィツカラルド』(西ドイツ/ペルー・82)
脚本 ヴェルナー・ヘルツォーク
『フィッシャー・キング』(アメリカ・91)
脚本 リチャード・ラグラヴェネーズ
『フィフス・エレメント』(フランス・97)
脚本 リュック・ベッソン、ロバート・マーク・ケイメン
『フェイシズ』(アメリカ・68)
脚本 ジョン・カサヴェテス
『フェリーニのアマルコルド』(イタリア/フランス・73)
脚本 フェデリコ・フェリーニ、トニーノ・グエッラ
『フェリーニの道化師』(イタリア・70)
脚本 フェデリコ・フェリーニ、ベルナルディーノ・ザッポーニ
『フェリーニのローマ』(イタリア/フランス・72)
脚本 フェデリコ・フェリーニ、ベルナルディーノ・ザッポーニ

『フォーリング・ダウン』(アメリカ・93)
脚本 エブ・ロー・スミス
『フォー・ウェディング』(イギリス・94)
脚本 リチャード・カーティス
『フォレスト・ガンプ/一期一会』(アメリカ・94)
脚色 エリック・ロス
原作 ウィンストン・グルーム
『福祉』(アメリカ・75)(ドキュメンタリー映画)
制作・監督 フレデリック・ワイズマン
『ふしぎの国のアリス』(アメリカ・51)(アニメーション映画)
原作 ルイス・キャロル『不思議の国のアリス』、『鏡の国のアリス』
『普通の人々』(アメリカ・80)
脚色 アルヴィン・サージェント
原作 ジュディス・ゲスト
『不法侵入』(アメリカ・92)
脚本 ルイス・コリック
『冬の光』(スウェーデン・62)
脚本 イングマール・ベルイマン
『プライベート・ベンジャミン』(アメリカ・80)
脚本 ナンシー・マイヤーズ、チャールズ・シャイア、ハーヴェイ・ミラー

『フライングハイ』（アメリカ・80）
脚本 ジム・エイブラハムズ、デヴィッド・ザッカー、ジェリー・ザッカー
『ブラインド・デート』（アメリカ・87）
脚本 デイル・ローナー
『ブラック・ウィドー』（アメリカ・87）
脚本 ロナルド・バス
『プリティ・リーグ』（アメリカ・92）
脚色 ローウェル・ガンツ、ババルー・マンデル
原作 キム・ウィルソン、ケリー・キャンディール
『ブルーベルベット』（アメリカ・86）
脚本 デヴィッド・リンチ
『ブルジョワジーの秘かな愉しみ』（フランス・72）
脚本 ルイス・ブニュエル、ジャン＝クロード・カリエール
『フルメタル・ジャケット』（イギリス／アメリカ・87）
脚色 スタンリー・キューブリック、マイケル・ハー、グスタフ・ハスフォード
原作 グスタフ・ハスフォード
『ブレージングサドル』（アメリカ・74）
脚本 ノーマン・スタインバーグ、メル・ブルックス、アンドリュー・バーグマン、リチャード・プライヤー、アラン・ユーガー
『ブレードランナー』（アメリカ／香港・82）
脚色 ハンプトン・ファンチャー、デヴィッド・ピープルズ
原作 フィリップ・K・ディック『アンドロイドは電気羊の夢を見るか？』
『ブレックファスト・クラブ』（アメリカ・85）
脚本 ジョン・ヒューズ
『ブロードウェイと銃弾』（アメリカ・94）
脚本 ウディ・アレン、ダグラス・マクグラス
『プロデューサーズ』（アメリカ・67）
脚本 メル・ブルックス
『ベイブ』（オーストラリア／アメリカ・95）
脚色 ジョージ・ミラー、クリス・ヌーナン
原作 ディック・キング＝スミスによる童話 *The Sheep-Pig*
『ペーパーチェイス』（アメリカ・73）
脚色 ジェームズ・ブリッジス
原作 ジョン・ジェイ・オズボーン・ジュニア
『ベスト・フレンズ・ウェディング』（アメリカ・97）
脚本 ロナルド・バス
『ベティ・ブルー　愛と激情の日々』（フランス・86）
脚色 ジャン・ジャック・ベネックス
原作 フィリップ・ジアン
『ベニスに死す』（イタリア・71）
脚色 ルキノ・ヴィスコンティ、ニコラ・バダルッコ
原作 トーマス・マン
『蛇の穴』（アメリカ・48）
脚色 フランク・パートス、ミレン・ブランド
原作 メアリー・ジェーン・ウォード
『ペレ』（デンマーク／スウェーデン・87）
脚色 ビレ・アウグスト
原作 マーティン・アナセン・ネクセ
『ベン・ハー』（アメリカ・59）
脚色 カール・タンバーグ
原作 ルー・ウォレス
『ポイント・ブランク』（アメリカ・97）
脚本 トム・ジャンキウィッツ、D・V・デヴィンセンティス、スティーヴ・ピンク、ジョン・キューザック
『暴力脱獄』（アメリカ・67）
脚色 ドン・ピアース、フランク・R・ピアソン
原作 ドン・ピアース
『僕たちのサマーキャンプ／親の居ぬ間に……』（アメリカ・94）
脚本 アンドリュー・カーツマン、エリオット・

ウォルド

『ボストニアン』(イギリス/アメリカ・84)
脚本 ルース・プラワー・ジャブヴァーラ
原作 ヘンリー・ジェイムズ『ボストンの人々』

『ホスピタル』(アメリカ・71)
脚本 パディ・チャイエフスキー

『ポセイドン・アドベンチャー』(アメリカ・72)
脚色 スターリング・シリファント、ウェンデル・メイズ
原作 ポール・ギャリコ

『炎のランナー』(イギリス・81)
脚本 コリン・ウェランド

『ボブ★ロバーツ/陰謀が生んだ英雄』(アメリカ・92)
脚本 ティム・ロビンス

『ポリスアカデミー』(アメリカ・84)
脚本 ニール・イズラエル、パット・プロフト、ヒュー・ウィルソン

『ポンペイ最後の日』(イタリア・13)
原作 エドワード・ブルワー=リットン

『マーティ』(アメリカ・55)
脚色 パディ・チャイエフスキー
原作 パディ・チャイエフスキーによるテレビドラマ脚本

『マイクス・マーダー』(アメリカ・84)
脚本 ジェームズ・ブリッジス

『マイケル・コリンズ』(イギリス・96)
脚本 ニール・ジョーダン

『マイ・ディナー・ウィズ・アンドレ』(アメリカ・81)
脚本 ウォーレス・ショーン、アンドレ・グレゴリー

『マグノリアの花たち』(アメリカ・89)
脚色 ロバート・ハーリング
原作 ロバート・ハーリングによる戯曲

『マクベス』(イギリス/アメリカ・71)
脚本 ロマン・ポランスキー、ケネス・タイナン
原作 ウィリアム・シェイクスピア

『魔人ドラキュラ』(アメリカ・31)
脚色 ギャレット・フォート
追加台詞 ダドリー・マーフィー
ハミルトン・ディーンとジョン・L・ボルダーストンによるブラム・ストーカー『ドラキュラ』の舞台化作品に基づく

『マッドマックス2』(オーストラリア・81)
脚本 テリー・ヘイズ、ジョージ・ミラー、ブライアン・ハナント

『マディソン郡の橋』(アメリカ・95)
脚色 リチャード・ラグラヴェネーズ

原作 ロバート・ジェームズ・ウォーラー

『摩天楼を夢みて』(アメリカ・92)
脚色 デヴィッド・マメット
原作 デヴィッド・マメットによる戯曲

『まなざしと微笑み』(イギリス・81)
脚本 バリー・ハインズ

『真夏の夜の夢』(アメリカ・35)
脚色 チャールズ・ケニヨン、メアリー・C・マッコール
原作 ウィリアム・シェイクスピア

『真夜中のカーボーイ』(アメリカ・69)
脚色 ウォルド・ソルト
原作 ジェームズ・レオ・ハーリヒー

『マルタの鷹』(アメリカ・41)
脚本 ジョン・ヒューストン
原作 ダシール・ハメット

『マンハッタン』(アメリカ・79)
脚本 ウディ・アレン、マーシャル・ブリックマン

『ミーン・ストリート』(アメリカ・73)
脚本 マーティン・スコセッシ、マーディック・マーティン

『ミセス・パーカー　ジャズエイジの華』(アメリカ・94)
脚本 アラン・ルドルフ、ランディ・スー・コバーン

『道』（イタリア・54）
脚本　フェデリコ・フェリーニ、トゥリオ・ピネッリ、エンニオ・フライアーノ
『ミッシング』（アメリカ・82）
脚色　コスタ＝ガヴラス、ドナルド・スチュワート
原作　トマス・ハウザーによるノンフィクション『チャールズ・ホーマンの処刑』
『三つ数えろ』（アメリカ・46）
脚色　ウィリアム・フォークナー、リイ・ブラケット、ジュールス・ファースマン
原作　レイモンド・チャンドラー『大いなる眠り』
『ミッドナイト・ラン』（アメリカ・88）
脚本　ジョージ・ギャロ
『未亡人ドナ・フロールの理想的再婚生活』（ブラジル・78）
脚色　ブルーノ・バレット
原作　ジョルジェ・アマード
『ミュリエルの結婚』（オーストラリア・94）
脚本　P・J・ホーガン
『未来世紀ブラジル』（イギリス・85）
脚本　テリー・ギリアム、トム・ストッパード、チャールズ・マッケオン
『めぐり逢えたら』（アメリカ・93）
脚本　ノーラ・エフロン、デヴィッド・S・ウォード、ジェフ・アーチ
『メフィスト』（ハンガリー／西ドイツ・81）
脚色　イシュトヴァン・サボー、ペーテル・ドバイ
原作　クラウス・マン
『めまい』（アメリカ・58）
脚色　アレック・コペル、サミュエル・テイラー
原作　ピエール・ボアロー、トーマス・ナルスジャック『死者の中から』
『メン・イン・ブラック』（アメリカ・97）
脚本　エド・ソロモン
『燃えつきるまで』（アメリカ・84）
脚本　ロン・ナイスワーナー
『モーニングアフター』（アメリカ・86）
脚本　ジェームズ・ヒックス
『モーメント・バイ・モーメント』（『年上の女』（アメリカ・78）の原題）
脚本　ジェーン・ワグナー
『モガンボ』（アメリカ・53）
脚本　ジョン・リー・メイヒン
原作　ウィルソン・コリソン *Red Dust*
『モダン・タイムス』（アメリカ・36）
脚本　チャールズ・チャップリン
『モロッコへの道』（アメリカ・42）
脚本　フランク・バトラー、ドン・ハートマン
『モンティ・パイソン・アンド・ホーリー・グレイル』（イギリス・75）
脚本　グレアム・チャップマン、ジョン・クリーズ、テリー・ギリアム、エリック・アイドル、マイケル・ペイリン
『モントリオールのジーザス』（カナダ／フランス・89）
脚本　ドゥニ・アルカン
『ヤング・フランケンシュタイン』（アメリカ・74）
脚本　ジーン・ワイルダー、メル・ブルックス
『ユージュアル・サスペクツ』（アメリカ・95）
脚本　クリストファー・マッカリー
『郵便配達は二度ベルを鳴らす』（イタリア・42）
脚本　ハリー・ラスキン、ニーヴン・ブッシュ
原作　ジェームズ・M・ケイン
『ゆりかごを揺らす手』（アメリカ・92）
脚本　アマンダ・シルヴァー
『許されざる者』（アメリカ・92）
脚本　デヴィッド・ウェッブ・ピープルズ
『ヨーロッパ横断特急』（フランス／オランダ・

66）
脚本 アラン・ロブ＝グリエ

『欲望』（アメリカ／イギリス／イタリア・66）
脚本 ミケランジェロ・アントニオーニ、トニーノ・グエッラ
原作 フリオ・コルタサルによる短編小説

『欲望という名の電車』（アメリカ・51）
脚色 テネシー・ウィリアムズ、オスカー・ソウル
原作 テネシー・ウィリアムズ

『欲望のあいまいな対象』（フランス／スペイン・77）
脚色 ルイス・ブニュエル、ジャン＝クロード・カリエール
原作 ピエール・ルイス『女と人形』

『夜』（イタリア・フランス・61）
脚本 ミケランジェロ・アントニオーニ、エンニオ・フライアーノ、トニーノ・グエッラ

『夜と霧』（フランス・55）
脚本 ジャン・ケイヨール

『夜の大捜査線』（アメリカ・67）
脚本 スターリング・シリファント

『ライオン・キング』（アメリカ・94）
脚本 アイリーン・メッキ、ジョナサン・ロバーツ、リンダ・ウールヴァートン

『羅生門』（日本・50）
脚色 黒澤明、橋本忍
原作 芥川龍之介によるふたつの短編（「羅生門」「藪の中」）

『ラストエンペラー』（イタリア／香港／イギリス・87）
脚本 マーク・ペプロー、ベルナルド・ベルトルッチ、エンツォ・ウンガリ
原作 愛新覚羅溥儀『わが半生――「満州国」皇帝の自伝』

『ラスト・レイプ』（アメリカ・75）
脚本 ヘンリー・スカルペリ

『ラブド・ワン』（アメリカ・65）
脚色 テリー・サザーン、クリストファー・イシャーウッド
原作 イヴリン・ウォー

『ラブ・セレナーデ』（オーストラリア・96）
脚本 シャーリー・バレット

『ラリー・フリント』（アメリカ・96）
脚本 スコット・アレクサンダー、ラリー・カラゼウスキー

『ランボー』（アメリカ・82）
脚色 マイケル・コゾル、ウィリアム・サックハイム、シルベスター・スタローン
原作 デイヴィッド・マレル

『リーサル・ウェポン』（アメリカ・87）
脚本 シェーン・ブラック

『リービング・ラスベガス』（アメリカ・95）
脚色 マイク・フィギス
原作 ジョン・オブライエン

『リサの瞳のなかに』（アメリカ・62）
脚色 エレノア・ペリー
原作 セオドア・アイザック・ルービン

『リトル・ショップ・オブ・ホラーズ』（アメリカ・86）
脚色 ハワード・アシュマン
原案 チャールズ・グリフィス脚本による一九六〇年制作の同名映画をもとにしたハワード・アシュマン、アラン・メンケンによるミュージカル作品

『リトル・マーメイド』（アメリカ・89）
脚本 ジョン・マスカー、ロン・クレメンツ

『リバー・ランズ・スルー・イット』（アメリカ・92）
脚色 リチャード・フリーデンバーグ
原作 ノーマン・マクリーン

『ルームメイト』（アメリカ・92）
脚色 ドン・ルース
原作 ジョン・ラッツ『同居人求む』

『レイジング・ブル』（アメリカ・80）
脚色 ポール・シュレイダー、マーディク・マー

ティン
原作　ジェイク・ラモッタ、ピーター・サベージ
『レイダース／失われたアーク《聖櫃》』（アメリカ・81）
脚色　ローレンス・カスダン
原作　ジョージ・ルーカス、フィリップ・カウフマン
『レインマン』（アメリカ・88）
脚本　ロナルド・バス、バリー・モロー
『レザボア・ドッグス』（アメリカ・92）
脚本　クエンティン・タランティーノ
『レディ・イヴ』（アメリカ・41）
脚色　プレストン・スタージェス
原作　モンクトン・ホフによる戯曲
『レニー・ブルース』（アメリカ・74）
脚色　ジュリアン・バリー
原作　ジュリアン・バリーによる戯曲
『老人と海』（アメリカ・58）
脚色　ピーター・ヴィアテル
原作　アーネスト・ヘミングウェイ
『ローズ』（アメリカ・79）
脚色　ビル・カービイ、ボー・ゴールドマン
原作　ビル・カービイ
『ローズ家の戦争』（アメリカ・89）
脚色　マイケル・リーソン
原作　ウォーレン・アドラー
『ローズマリーの赤ちゃん』（アメリカ・68）
脚色　ロマン・ポランスキー
原作　アイラ・レヴィン
『ロード・ジム』（イギリス／アメリカ・65）
脚色　リチャード・ブルックス
原作　ジョセフ・コンラッド
『ロジャー・ラビット』（アメリカ・88）
脚色　ジェフリー・プライス、ピーター・S・シーマン
原作　ゲイリー・K・ウルフ *Who Censored Roger Rabbit?*
『ロスト・ハイウェイ』（アメリカ／フランス・97）
脚本　デヴィッド・リンチ、バリー・ギフォード
『ロッキー』（アメリカ・76）
脚本　シルベスター・スタローン
『ロッキー4　炎の友情』（アメリカ・85）
脚本　シルヴェスター・スタローン
『ロボコップ』（アメリカ・87）
脚本　エドワード・ニューマイヤー、マイケル・マイナー
『ロミーとミッシェルの場合』（アメリカ・97）
脚本　ロビン・シフ
『若き日のリンカン』（アメリカ・39）
脚本　ラマー・トロッティ
『わが街』（アメリカ・91）
脚本　メグ・カスダン、ローレンス・カスダン
『惑星ソラリス』（ソ連・72）
脚色　アンドレイ・タルコフスキー、フリードリッヒ・ガレンシュテイン
原作　スタニスワフ・レム
『私の好きな季節』（フランス・93）
脚本　パスカル・ボニツェール、アンドレ・テシネ
『わらの犬』（アメリカ・71）
脚色　デヴィッド・ゼラッグ・グッドマン、サム・ペキンパー
原作　ゴードン・M・ウィリアムズ『トレンチャー農場の包囲』
『ワンダとダイヤと優しい奴ら』（アメリカ・88）
脚本　ジョン・クリーズ
原案　ジョン・クリーズ、チャールズ・クライトン

＊　＊　＊

『E.T.』(アメリカ・82)
脚本　メリッサ・マシスン

『if もしも…』(イギリス・68)
脚色　デヴィッド・シャーウィン
原作　デヴィッド・シャーウィン、ジョン・ホレットによるオリジナルスクリプト *Crusaders*

『JFK』(アメリカ・91)
脚色　オリバー・ストーン、ザカリー・スクラー
原作　ジム・ギャリソン『JFK――ケネディ暗殺犯を追え』、ジム・マース *Crossfire: The Plot That Killed Kennedy*

『M』(ドイツ・31)
脚本　テア・フォン・ハルボウ
原案　エゴン・ヤコブソンによる新聞記事

『M★A★S★H　マッシュ』(アメリカ・70)
脚色　リング・ラードナー・ジュニア
原作　リチャード・フッカー

『Q&A』(アメリカ・90)
脚色　シドニー・ルメット
原作　エドウィン・トレス

『Shall we ダンス?』(日本・96)
脚本　周防正行

『ZOO』(イギリス/オランダ・85)
脚本　ピーター・グリーナウェイ

＊　＊　＊

『1984』(イギリス・84)
脚本　マイケル・ラドフォード
原作　ジョージ・オーウェル

『2001年宇宙の旅』(イギリス/アメリカ・68)
脚本　スタンリー・キューブリック、アーサー・C・クラーク
原作　アーサー・C・クラークによる短編小説

『8 1/2』(イタリア/フランス・63)
脚本　フェデリコ・フェリーニ、エンニオ・フライアーノ、トゥリオ・ピネッリ、ブルネッロ・ロンディ

解説

堺三保

「本書で論じるのは原則であって、ルールではない」

本書『ストーリー』のイントロダクションはこの一文から始まる。

このイントロダクションにこそ、本書の真髄が含まれている。本書は、「ストーリー」、すなわち「物語」を語るに際してどのようにすれば観客の心をつかめるのかについて、過去の様々な優れた作品をお手本として、最も成功してきた手法を分析、解説したものだ。しかし、ここに書かれていることを、表面上だけなぞっただけでは、傑作を生み出すことはできない。本書で論じられているのは、物語を語る技術であって、その中で語られる物語の内容そのものではなく、その技術にこそ個々の作家の独自性や才能、情熱などといった、物語の本質が含まれているのだから。

ただし、どんなに優れた本質を含んでいたとしても、それは料理に例えればあくまでも「素材」であることには違いはない。それを「調理」して見事な「料理」に仕立てないことには、人々に「美味い」と言わせることは難しい。物語にも同じことが言える。そして、本書はまさに物語の「調理法」の基礎を説く解説書であり、一九九七年の原書出版以来、十九カ国語に翻訳され、世界中で読まれ、様々な映画学校で参考図書に選ばれている、類い希なる書物なのである。

本書の著者であるロバート・マッキーはおそらく世界で最も著名な脚本講師だ。マッキーは一九四一年生まれ、出身はミシガン州で、十代の頃から役者として活動、ミシガン大学では英文学を専攻した後、ニューヨークで舞台の仕事に就くが、再度ミシガン大学に戻って映画を学び、そこで撮った短編映画で様々な賞を獲得する。そして一九七九年、ロサンゼルスに移動、ストーリーアナリストの仕事をしながら、自身も脚本を書き始めた。

マッキーの脚本講師としてのキャリアは、一九八三年、南カリフォルニア大学の映画芸術学部（当時の名称は映画・テレビ学部）で講師となったときに端を発している。さらに翌年、彼は学外でも同様の講義を、ただしこちらは大学の講義と違う三日間合計三十時間という濃密なスケジュールでおこなうこととした。この《ストーリー》セミナーこそ、本書の内容の原型なのである。

マッキーはこのセミナーを世界各地で開催し始め、一九八四年以降現在に至るまで、十万人以上の人々が受講したと言われている。本書は、そんなマッキーの講義の中から生まれた、まさにマッキー流脚本術を凝縮したものなのだ。

ちなみに、今は当然のように映画関係者の誰もが口にする「映画脚本の三幕構造」を最初に理論化し文章化した、シド・フィールドの『映画を書くためにあなたがしなくてはならないこと　シド・フィールドの脚本術』が出版されたのが一九七九年である（奇しくも、フィールドもまた、マッキー同様一九八〇年代に南カリフォルニア大学で脚本を教えている）。この本もまた、今や世界中で読まれている脚本執筆の基礎教本となっており、本書と並んで、映画脚本執筆を志す人々にとってのバイブル的存在と化している（こちらもまた、本書と同じくフィルムアート社から翻訳が出版されているので、未読の方はぜひとも合わせて読んでいただきたい）。

つまり、現在のハリウッドで、いや世界中で広く受け入れられている脚本理論の基礎は、一九七十年代末から八十年代前半に築かれたのであり、それを為した者こそシド・フィールドと本書の著者ロバート・マッキーの二人なのだと言っても過言ではないのである。

フィールドの手法が特に脚本の構成に着目しているのと比べて、マッキーは構成だけでなく「物語」を形作るあらゆる要素について、それぞれ注意すべき点を挙げており、オールラウンドな手法を取っているところに特色がある。本書を通読すれば、脚本執筆のみならず、あらゆるストーリーテリングにおいて注意すべき基本事項を知ることができるだろう。

アマチュアはもちろんプロの間でも、脚本や小説の執筆に関しては「教えられない」ものであるとして、教育不可能論や教育不要論を唱える人たちがいる。だが、これが他の美術分野、たとえば絵画や彫刻、音楽といったものならどうだろう？　まずは基礎を、それも若い頃から時間をかけて学ぶところから始めることを否定する人は少ないのではないだろうか？　文章を用いて物語を綴るのもまた、これらと同じ創造的作業であると考えれば、その技術を磨くために先達から学ぶことは大変有効な手段であることが、容易に認められるのではなかろうか？

例えば、抽象画で有名なピカソでも、その活動の初期にあたる「青の時代」には鬱屈した心象を青い色合いで表現しつつも、非常に具象性の高い絵画を描いていたように、小説や脚本もまた、まずは基礎的な構成力を知り、充分に身につけた上で、そこから作家独自の破格な作風を探っていくべきだと、筆者は考える。

手前味噌ではあるが、筆者は浅学非才の身ではありつつも、ここ数年、いくつかの講座で小説や脚本の構成について、作家志望の人々に教えている。そこで最も痛切に感じることは、多くの人が「こんな話を書きたい」という語るべき何事かを抱えているにも関わらず、うまくそれを形にすることができずにいるということだ。そういう人たちの場合、登場人物、テーマ、話の発端とエンディングは、おぼろげではあってもすでに心の中で形作られていることがほとんどだ。問題は、それをどうやって映画脚本や小説の形に組み上げていけばいいか、どんなふうに語っていけばいいのかがわからないまま、悩んでいるのだ。逆に言えば、語り方のコツさえつかめば、このような人々はどんどん自分の内にある物語を、他人に伝えられるものとして吐き出していくことができるようになるので、筆者はその実例を幾度か目にしている。彼らに必要なのは、まさにちょっとした手引きなのだ。

本書は、そのような「語るべき何か」を持つ人にとっての福音なのだと、筆者は信じる。さらに言えば、何を語るかはその人の才能と感性次第だが、どう語るかということは技術であり、それを教えることができると筆者は信じている。そして本書こそ、その最良の手引きの一冊として、強くお勧めしたい。

ただし、これは繰り返しになるが、この本の内容を表面上なぞってみせるだけでは傑作は書けないし、ここに書かれている原則を破った傑作もまた存在することは、くれぐれも肝に銘じておいていただきたい。本書は類い希なる良薬だが、使用法を一つ間違えると、クリシェだらけの駄作を生み出す毒薬にもなりうるからだ。

そのクスリの効き方をおもしろおかしく風刺しているのが、スパイク・ジョーンズ監督、チャーリー・カウフマン脚本の映画『アダプテーション』だ。なんとこの映画では、ニコラス・ケイジ扮するカウフマンがとあるノンフィクションの映画化脚本執筆に行き詰まり、マッキー（こちらはブライアン・コックスが演じている）の講座を受けに行くという場面が登場するのである。しかも、映画そのものはメタフィクション的な仕掛けと構成で（実際に、とあるノンフィクションが原作として表記されているのに、その脚色に苦しむ脚本家のドラマが展開するという歪さ！）、普通の映画らしい展開や構成からどんどん遠ざかっていきつつ、創作とは何かを皮肉たっぷりに描いた怪作なのだ。というか、この作品ではマッキーとその講座はかなり批判的に描かれているのだが、それにも関わらずオーケーを出したあたりの、マッキーの懐の深さにこそ、感嘆の念を禁じえない。

もちろん、脚本家を志している最中の人たちだけでなく、映画や小説といった「物語」を楽しむことが好きな人々にとっても、本書は興味深い読み物であることは間違いない。ここには、「なぜ人は物語を語りたがり、そして観たり読んだりしたがるのか」についての考察が、山のように詰め込まれているからだ。自分の好きな作品を思い浮かべ、本書に出てくる要素のどれがどんな風に当てはまっているのか、想像してみると、映画鑑賞や読書の楽しみが倍増することはまちがいない。

さて、近年のマッキーは、従来の《ストーリー》セミナー三日間に加えて、《ジャンル》セミナー一日、《ストーリーノミクス》セミナー一日の、合計五日間のコースをおこなうようになっている。《ジャンル》セミナーは、恋愛映画、スリラー、アクション、ホラー、テレビドラマなど、作品のジャンルごとの特徴について語るもので、《ストーリー》講座の延長線上にあるものだが、《ストーリーノミクス》講座のほうは内容も対象もひと味違う。

ストーリーノミクスとは、ビジネスや宣伝、広告の場において、物語的なストーリーテリングの手法を活用するというものだ。ストーリーテリングの手法をマーケティングに応用するというのは、実のところそんなに新しい手法ではないのだが、近年「ストーリーマーケティング」という言葉と共に、アメリカはもちろん日本でも再注目されるようになってきている。マッキーは、そこからさらに一歩進めて、もっと幅広く経済活動そのものにも、ストーリーテリングの手法を取り入れていこうという、野心的なプログラムを展開しているのだろう。

マッキーは今年（二〇一八年）、この《ストーリーノミクス》講座についてまとめた新刊を出版した。こちらも遠からず翻訳されることに期待したい。

堺三保
（さかい・みつやす）
一九六三年生まれ。文筆業。
テレビアニメ『アイランド』脚本、
劇場用アニメ『ニンジャバットマン』設定考証、
『インフィニティ・ガントレット』翻訳など。

訳者あとがき

ロバート・マッキーによる伝説の名著『ストーリー』を日本の読者に紹介することができて、うれしく思う。これは、同じフィルムアート社から昨年刊行された『ダイアローグ』の二十年前に書かれたもので、時期としては順序が逆になるが、底流にある考えはまったく同じなので、どちらから読んでもまったくかまわない。マッキーならではの精密なシナリオ分析に基づいた壮大な物語論を堪能してもらうためにも、ぜひ両方読んでもらいたい。

『ダイアローグ』のあとがきにも似たことを書いたが、本書の豊富な具体例に基づく実証的な分析は、あらゆる媒体での創作活動にかかわる人、かかわりたい人にとってのバイブルであるだけでなく、単に映画、テレビ、演劇、小説をこれまで以上に深く理解したい人にとっても、数多くのヒントを与えてくれる。ぜひ『チャイナタウン』や『カサブランカ』など、採りあげられている作品を観ながら、本書をじっくり楽しみ、活用していただきたい。

かつて映像論やシナリオ技法を学んでいた者として、そして一映画ファンとして、本書のおもしろさは圧倒的であり、マッキー特有の語法やあまりにも細緻な考察の訳出処理に苦労しつつも、翻訳作業は格別に楽しく充実したものだった。本書が映画を愛するすべての人、そしてストーリーを愛するすべての人の目にふれることを祈るとともに、このような機会を与えてくれたフィルムアート社のみなさんに感謝する。

ロバート・マッキー
Robert Mckee

1941年生まれ。世界で最も名高く、信頼されているシナリオ講師。全米のみならず、世界各地でセミナーを開催している。これまで30年以上にわたって、数々の脚本家、小説家、劇作家、詩人、ドキュメンタリー作家、プロデューサー、演出家などを育成してきた。マッキーの指導を受けたなかからは、アカデミー賞受賞者が60人以上、アカデミー賞候補が200人以上、エミー賞受賞者が200人以上、エミー賞候補が1,000人以上、全米脚本家組合賞受賞者が100人以上、全米監督組合賞受賞者が50人以上生まれている。本書の姉妹編として、会話部分の技術を中心にくわしく解説したのが『ダイアローグ』(フィルムアート社)である。

越前敏弥
(えちぜん・としや)

1961年生まれ。文芸翻訳者。東京大学文学部国文科卒。学生時代には映像論やシナリオ技法なども学び、卒論テーマは「昭和50年代の市川崑」。おもな訳書『ダイアローグ』(フィルムアート社)、『オリジン』『ダ・ヴィンチ・コード』『Xの悲劇』『思い出のマーニー』(以上、KADOKAWA)、『大統領失踪』『解錠師』『生か、死か』(以上、早川書房)、『夜の真義を』(文藝春秋)、『おやすみ、リリー』(ハーパーコリンズ・ジャパン)など。著書『翻訳百景』(KADOKAWA)、『越前敏弥の日本人なら必ず誤訳する英文』(ディスカヴァー)など。

ストーリー

ロバート・マッキーが教える物語の基本と原則

2018年12月20日　初版発行
2023年 9月30日　第4刷

著者　ロバート・マッキー
訳者　越前敏弥

日本語版編集　山本純也（フィルムアート社）
ブックデザイン　水戸部功

発行者　上原哲郎
発行所　株式会社フィルムアート社
〒150-0022
東京都渋谷区恵比寿南1-20-6 第21荒井ビル
tel 03-5725-2001　fax 03-5725-2626
http://www.filmart.co.jp/

印刷・製本　シナノ印刷株式会社

Printed in Japan
ISBN 978-4-8459-1720-4 C0074